通説で学ぶ
財務諸表論

田中　　弘
岡村　勝義
西川　　登
奥山　　茂
戸田　龍介　著

税務経理協会

「会計学」「財務諸表論」を学ぶ皆さんへ

　会計の人気が急速に高まっています。学生諸君は**「公認会計士」**や**「税理士」**といった国家資格を取るために会計を学ぼうとしていますし，会社に勤めながら独学で簿記や会計の勉強をしている人たちも増えました。

　簿記や会計の資格を持っていると**就職に有利**になるとか，**自分が経営する事業に役に立つ**とか，**投資活動に使える**といった実践・実務を目的に簿記・会計を勉強する人たちもたくさんいます。

　この本は，「初めて会計を学ぶ人たち」，「簿記が面白かったので，会計を勉強したくなった人たち」，さらには，「仕事の上で，会計の知識を必要とする人たち」「公認会計士や税理士試験を受験しようと考えている人たち」のために書いたものです。

　会計の本（名前は**会計学，財務諸表論，財務会計論**でも内容は同じです）は，すこし「取っつきにくい」かも知れません。専門用語が多かったり，普通の常識が使えなかったり，数字や仕訳（しわけ）が多かったりします。

　この本は，**簿記の知識がなくても理解できる**ように工夫してあります。数字を使ったり仕訳（しわけ）を使って説明することはできるだけ避けています。多少分からないところがあっても，先に進んでください。100頁ほども読みますと，**会計というものがどういう考え方をするものか**が分かってきます。ひととおり読み終えますと，**会計の全体像**がつかめます。

　会計の全体像がつかめたら，この本を手にした目的は達成されたといっていいでしょう。もう一度読み直す人もいるでしょうし，必要に応じて書棚から

序　文

引っ張り出して読むという人もいると思います。そのときは，一度目とは違って，会計がぐっと身近に感じるでしょうし，きっと「**会計の知識**」から「**知識の活用**」へと発展することと思います。

　この本は，神奈川大学経済学部で会計学を担当している専任教員5名が，それぞれが得意とするところを分担して執筆したものです。

　私たちは，普段はばらばらに研究・教育活動をしていますが，年に数回，多いときは毎月のように研究会を開いて各自の研究成果を報告したり，テーマを決めて意見交換したり，共同で院生の指導にあたったり，同じ大学で同じ会計を研究・教育するメリットを享受してきました。この本は，そうした研究・教育活動の成果でもあります。

　この本を企画してくださったのは，税務経理協会・出版局第二編集部部長の鈴木利美氏でした。きっかけは，私たちが，同社の受験者向け雑誌「税経セミナー」臨時増刊号として出した「財務諸表論　理論学習徹底マスター」が国家試験受験者の皆さんから大変好評であったという，うれしい話でした。

　研究者としても教員としても，自分が書いた本や論文を受験者や同学者に読んでもらえるというのは本当にうれしいことです。この話をいただいたとき，私たちは，内容を最新のものにバージョンアップするのはもちろんですが，「もっと読みやすい」「もっと分かりやすい」「もっと身につく」ものにするために，原稿を持ち寄り，お互いの原稿を厳しくチェックし合うことを約束しました。そうした努力がどこまで実を結んだかを判断するのは，読者の皆さんです。巻末に，執筆者のメール・アドレスを書いてありますので，読んでくださった皆さんからのご意見をお寄せください。

　税務経理協会の大坪嘉春社長，大坪克行常務には，私たちが本を出すたびに

「会計学」「財務諸表論」を学ぶ皆さんへ

ご高配をいただいてきました。記して感謝申しあげます。

2009年春

          神奈川大学経済学部
            教授　田中　　弘
            教授　岡村　勝義
            教授　西川　　登
            教授　奥山　　茂
            教授　戸田　龍介

目　次

「会計学」「財務諸表論」を学ぶ皆さんへ

総　論

1　イントロダクション―会計とは何か……………………………… 1
　1　会計の役割＝期間損益計算………………………………………… 1
　2　利益の計算は会計の専売特許……………………………………… 2
　3　財産計算機能と投資意思決定情報提供機能……………………… 2

2　経済社会と企業会計 ………………………………………………… 4
　1　会計観の変化―静態論から動態論へ……………………………… 4
　2　静態論の欠陥………………………………………………………… 4
　3　収益力は何で測るか………………………………………………… 5
　4　会計は私的自治……………………………………………………… 6

3　財務会計と管理会計 ………………………………………………… 8
　1　財務会計と管理会計………………………………………………… 8
　2　財務会計の役割……………………………………………………… 9
　3　どうやって会計情報を入手するか…………………………………10
　4　受託責任・会計責任・スチュワードシップ………………………11
　5　将来の投資家はどうやって情報を手に入れるか…………………12

4　管理会計の役割 ………………………………………………………13
　1　経営管理に関する意思決定に役立つ管理会計……………………13
　2　経営活動の業績管理・評価に役立つ管理会計……………………15
　3　経営管理のプロセスと管理会計……………………………………17
　4　意思決定のプロセスと管理会計……………………………………19

第1章 財務諸表論の基礎概念

1 財務会計の基礎的前提 …………………………………………………… 25
　1　財務会計の基礎的前提とは何か……………………………………… 25
　2　企業実体の公準………………………………………………………… 26
　3　継続企業の公準………………………………………………………… 27
　4　貨幣的測定の公準……………………………………………………… 28
　5　会計公準の関係はどのようになっているか………………………… 28

2 会計をめぐる法規則 ……………………………………………………… 29
　1　なぜ，会計を規制するのか…………………………………………… 29

3 会社法会計とは何か ……………………………………………………… 32
　1　会社法会計の目的－誰を保護しようとしているのか－…………… 32
　2　なぜ株主を保護するのか……………………………………………… 32
　3　なぜ債権者を保護するのか…………………………………………… 34
　4　株主と債権者の利害の調整はどのように行われるか……………… 36
　5　会社法のディスクロージャー制度…………………………………… 37

4 金融商品取引法会計とは何か …………………………………………… 41
　1　金融商品取引法会計の目的－誰を保護しようとしているのか－…… 41
　2　金融商品取引法のディスクロージャー制度………………………… 45

5 税務会計とは何か ………………………………………………………… 53
　1　税務会計の目的は何か………………………………………………… 53
　2　確定決算主義とは何か………………………………………………… 54
　3　トライアングル体制とは何か………………………………………… 55
　4　会社法会計と金商法会計との関係…………………………………… 56
　5　会社法会計と税務会計との関係……………………………………… 58
　6　金商法会計と税務会計との関係……………………………………… 59

6 会計基準・会計原則 ……………………………………………………… 60
　1　なぜ，会計基準・会計原則があるのか……………………………… 60

	2	会計公準と会計原則………………………………………………………………	60
	3	会計基準の必要性……………………………………………………………………	62
7		**企業会計原則**…………………………………………………………………………	63
	1	企業会計原則の生い立ち……………………………………………………………	63
	2	会計ルールの設定と公認会計士監査……………………………………………	64
	3	企業会計原則の役割は何か（歴史的役割）…………………………………	65
8		**会計の一般原則**………………………………………………………………………	67
	1	真実性の原則…………………………………………………………………………	67
	2	正規の簿記の原則……………………………………………………………………	70
	3	資本取引・損益取引区別の原則…………………………………………………	74
	4	明瞭性の原則…………………………………………………………………………	76
	5	継続性の原則…………………………………………………………………………	80
	6	保守主義の原則………………………………………………………………………	83
	7	単一性の原則…………………………………………………………………………	85

第2章　貸借対照表論

1		**資産会計の課題**………………………………………………………………………	87
	1	「収益・費用アプローチ」と「資産・負債アプローチ」……………	87
	2	資産会計の役割………………………………………………………………………	88
	3	資産の本質……………………………………………………………………………	88
	4	貸借対照表からのアプローチ……………………………………………………	89
	5	資産概念を先に決めるアプローチ………………………………………………	90
	6	静態論における資産概念…………………………………………………………	91
	7	動態論における資産概念…………………………………………………………	91
	8	サービス・ポテンシャル説………………………………………………………	92
	9	貸借対照表能力………………………………………………………………………	93

2　取得原価主義会計 …… 93
1　取得原価主義会計の本質 …… 93
2　取得原価主義会計における資産の原価 …… 94

3　資産の分類(1)－流動・固定分類 …… 95
1　資産の分類に関する基本的考え方 …… 95
2　流動資産と固定資産はどのように分類するのか …… 96
3　なぜ，流動資産と固定資産に分類するのか …… 97
4　資金の循環とは何か …… 98
5　営業循環にある資産と循環しない資産 …… 99
6　営業循環基準 …… 99
7　1年基準（ワン・イヤー・ルール） …… 100

4　資産の分類(2)－貨幣性・非貨幣性分類 …… 101
1　資産の分類基準 …… 101
2　なぜ，貨幣性資産と非貨幣性資産に分類するのか …… 102
3　貨幣性資産と費用性資産とはどう違うのか …… 103

5　金銭債権 …… 104
1　金銭債権の分類と貸借対照表上の表示 …… 105
2　金銭債権の貸借対照表価額 …… 105
3　貸倒見積高の算定 …… 106
4　償却原価法 …… 109

6　有価証券 …… 111
1　会計上の有価証券とは何か …… 111
2　有価証券はどのように分類されるか …… 113
3　有価証券はどのように評価されるか …… 115
4　自己株式はどのような性格を持っているか …… 117

7　棚卸資産 …… 120
1　棚卸資産の範囲 …… 120
2　販売用不動産・開発事業等支出金 …… 121

	3	棚卸資産の数量計算	121
	4	継続記録法	122
	5	棚卸計算法	122
	6	継続記録法における長所と短所	123
	7	棚卸計算法の長所と短所	124
	8	継続記録法と棚卸計算法の使い分け	124
	9	棚卸資産の原価配分	125
	10	棚卸資産の期末評価	125
	11	低価法の強制適用	127
	12	後入先出法の廃止	128
8	**有形固定資産**		**129**
	1	固定資産の分類	129
	2	固定資産の取得原価	130
	3	有形固定資産の定義と種類	134
	4	費用配分の原則	136
	5	減価償却	136
	6	減耗償却	142
	7	取替法と廃棄法	143
	8	有形固定資産の処分	144
	9	個別償却と総合償却	146
9	**減損会計**		**147**
	1	減損会計の概要とその目的	147
	2	減損損失の会計処理	148
10	**無形固定資産**		**153**
	1	無形固定資産の意義	154
	2	のれん（営業権）の意義	156
	3	のれんの取得	157
	4	のれんの評価	157

	5	のれんの評価方法……………………………………… 158
	6	無形固定資産の償却……………………………………… 159
11	**繰延資産の考え方**………………………………………… 160	
	1	繰延資産会計の重要性…………………………………… 161
	2	繰延資産を資産に計上する論拠………………………… 162
	3	連続意見書の強制的資産計上論………………………… 163
	4	企業会計原則の資産計上容認論………………………… 164
	5	繰延資産の範囲とグループ……………………………… 165
12	**資金調達活動の費用**……………………………………… 167	
	1	株式交付費とは何か……………………………………… 167
	2	株式交付費の会計処理…………………………………… 168
	3	社債発行費等とは何か…………………………………… 169
	4	社債発行費等の会計処理………………………………… 169
13	**社債発行差金の本質と会計処理**………………………… 170	
	1	会社法における負債の評価……………………………… 170
	2	社債発行差金の処理……………………………………… 171
14	**企業創業活動の費用**……………………………………… 172	
	1	創立費の意義……………………………………………… 173
	2	創立費は費用なのか資産なのか………………………… 174
	3	開業費の意義……………………………………………… 175
	4	開業費は費用なのか資産なのか………………………… 176
	5	剰余金の分配可能額算定上の制限……………………… 177
	6	創立費と開業費の繰延の論拠…………………………… 178
	7	創立費と開業費の償却とその表示……………………… 179
15	**研究開発活動の費用**……………………………………… 180	
	1	研究開発費等に係る会計基準…………………………… 181
	2	「研究開発費等に係る会計基準」にみる研究開発と ソフトウェアの定義……………………………………… 182

	3	研究開発費等の構成要素と会計処理……………………………… 183
	4	研究開発費等の財務諸表への開示………………………………… 185
	5	研究開発活動が成功した場合の研究開発費用の扱い…………… 185
	6	繰延資産としての開発費…………………………………………… 186

16 負債会計 ……………………………………………………………… 188

	1	負債の分類…………………………………………………………… 188
	2	金融負債……………………………………………………………… 190
	3	社　　　債…………………………………………………………… 193

17 引　当　金 …………………………………………………………… 197

	1	引当金とは何か……………………………………………………… 197
	2	会計上の引当金設定条件…………………………………………… 199
	3	なぜ，将来の費用を当期に計上するのか………………………… 202
	4	会計上の引当金を設定する目的…………………………………… 203
	5	評価性引当金と負債性引当金……………………………………… 204
	6	評価性引当金………………………………………………………… 205
	7	負債性引当金………………………………………………………… 206

18 注解18の引当金 ……………………………………………………… 210

	1	企業会計原則注解・注18に例示される引当金…………………… 210
	2	注解18の例示はいかなるものを列挙したか……………………… 210
	3	注解18の引当金の個別的検討……………………………………… 212
	4	貸倒引当金…………………………………………………………… 213
	5	賞与引当金…………………………………………………………… 216
	6	退職給付引当金……………………………………………………… 218
	7	製品保証引当金……………………………………………………… 220
	8	返品調整引当金……………………………………………………… 221
	9	売上割戻引当金……………………………………………………… 222
	10	債務保証損失引当金・損害補償損失引当金……………………… 224
	11	特別修繕引当金（廃止）…………………………………………… 225

12	修繕引当金………………………………………………	227

19　利益留保性引当金 …………………………………… 228

1	会計の引当金と旧商法の引当金…………………………	228
2	引当金の判定基準…………………………………………	229
3	会計政策としての引当金…………………………………	230
4	特別法上の引当金…………………………………………	231
5	利益留保性引当金…………………………………………	233

20　資 本 会 計 …………………………………………… 234

1	企業の資本は自己資本と他人資本からなる……………	234
2	株式会社の資本を払込資本からみる……………………	236
3	授権資本制度とは何か……………………………………	237
4	資本金はどのように求められるか（原則的方法）……	238
5	資本金の計算には例外がある（例外的方法）…………	239
6	資本金の計算に例外を認めた理由………………………	240
7	会社法上の資本分類の基本的な考え方は何か…………	241
8	資本準備金の概念は債権者保護から生まれている……	243
9	利益準備金の概念も債権者保護から生まれている……	245
10	企業会計原則上の資本分類の基本的な考え方は何か…	246
11	資本分類において性格が曖昧なもの……………………	248
12	会計上の資本の分類………………………………………	249
13	会社法と金融商品取引法の貸借対照表における純資産の部………	250
14	資本剰余金は払込資本の一部である……………………	251
15	企業結合会計における2つの考え方……………………	252
16	「取得」と現物出資説とはどのような考え方か………	252
17	「持分の結合」と人格合一説とはどのような考え方か…	254
18	株式交換剰余金と株式移転剰余金も負ののれんと同じように考えられる……………………………………	254
19	会社分割とはどのようなものか…………………………	256

20	会社分割の会計は企業結合会計と同じ発想である	257
21	資本金減少差益（その他資本剰余金）とは何か	258
22	資本準備金減少差益（その他資本剰余金）とは何か	260
23	自己株式処分差益（その他資本剰余金）とは何か	260
24	自己株式が株主資本に減額計上されるのはなぜか	261
25	受贈資本は資本（剰余金）か，利益（剰余金）か	262
26	なぜ資本（剰余金）とみるのか －企業会計原則（1974（昭和49）年改正前）の立場－	263
27	なぜ利益（剰余金）とみるのか－旧商法と税法の立場－	264
28	圧縮記帳とはどのような方法か	265
29	圧縮記帳方式のほかに，積立金方式もある	267
30	評価替資本は資本（剰余金）か，利益（剰余金）か －保険差益のケース－	268
31	「その他有価証券評価差額金」の「その他有価証券」とは何か	269
32	評価替資本は資本（剰余金）か，利益（剰余金）か －その他有価証券評価差額金のケース－	270
33	評価替資本は資本（剰余金）か，利益（剰余金）か －土地再評価差額金のケース－	271
34	利益剰余金はどのようなものからなるか	272
35	剰余金（利益）の配当はどのように行われるか	272
36	利益準備金の積立と取崩はどのように行われるか	273
37	任意積立金にはどのようなものがあるか	274
38	任意積立金の取崩はどのように行われるか	275
39	資本金の増加（増資）はどのように行われるか	276
40	株式分割とは何か	277

第3章 損益計算論

1 損益計算の課題 …………………………………………………… 279
  1 3種類の損益計算 ……………………………………………… 279
  2 全体損益計算 …………………………………………………… 280
  3 一致の原則 ……………………………………………………… 281
  4 期間損益計算 …………………………………………………… 281
  5 口別損益計算 …………………………………………………… 282

2 損益法と財産法 …………………………………………………… 283
  1 損益法と財産法はパチンコ・ゲーム ………………………… 283
  2 財産法の長所と短所 …………………………………………… 285
  3 損益法の長所と短所 …………………………………………… 285
  4 財産法の致命的欠陥 …………………………………………… 286
  5 損益法と財産法の補完関係 …………………………………… 287

3 損益計算の諸原則 ………………………………………………… 289
  1 損益計算の方式はどのようになっているか ………………… 289
  2 利益感覚の基礎は収支計算である …………………………… 290
  3 収支計算と損益法の関係はどのようになっているか ……… 291
  4 収益・費用の認識・測定とは何か …………………………… 293
  5 収益・費用の計上基準－現金主義－ ………………………… 293
  6 収益・費用の計上基準－発生主義－ ………………………… 295
  7 費用収益対応の原則 …………………………………………… 297
  8 実現主義とは何か－収益の発生と実現－ …………………… 299
  9 実現主義とは何か－実現と未実現－ ………………………… 300
  10 実現主義とは何か
    －なぜ未実現収益を計上してはならないのか－ …………… 301
  11 例外的に収益に発生主義を採るケース－生産基準－ ……… 303

目　次

4　収益の計上基準 … 307
1　通常の販売における収益計上基準 … 307
2　特殊な販売における収益計上基準－委託販売－ … 309
3　特殊な販売における収益計上基準－試用販売－ … 311
4　特殊な販売における収益計上基準－予約販売－ … 313
5　特殊な販売における収益計上基準－割賦販売－ … 314
6　長期請負工事における収益計上基準－工事完成基準－ … 323
7　長期請負工事における収益計上基準－工事進行基準－ … 325
8　工事契約に関する会計基準 … 328

5　損益の見越しと繰延べ … 330
1　収益の見越しと繰延べ … 330
2　収益の見越しと繰延べの意義 … 331
3　費用の見越しと繰延べ … 332
4　費用の見越しと繰延べの意義 … 334
5　現行会計にみる費用の見越し・繰延べ … 335

6　損益の種類と区分 … 337
1　損益の区分 … 337
2　売上総利益と営業損益 … 339
3　売上原価の計算 … 339
4　販売費及び一般管理費 … 341
5　営業外損益 … 341
6　特　別　損　益 … 343
7　法　人　税　等 … 344
8　内部利益の控除 … 345
9　費用の計上基準 … 347
10　費用の認識基準としての現金主義 … 348
11　費用の認識基準としての発生主義 … 349

第4章　財務諸表論

- **1　簿記のシステムと財務諸表** ……………………………………… 351
  - 1　「完全な財務諸表」はあるか ……………………………………… 351
  - 2　会計と複式簿記のシステム ……………………………………… 352
  - 3　ストック表としての貸借対照表 ………………………………… 354
  - 4　フロー表としての損益計算書 …………………………………… 355
  - 5　第三の計算書 ……………………………………………………… 357
  - 6　最近の動向 ………………………………………………………… 360
- **2　貸借対照表の構造** ………………………………………………… 362
  - 1　貸借対照表における表示 ………………………………………… 362
  - 2　貸借対照表の構造 ………………………………………………… 364
  - 3　貸借対照表の役割 ………………………………………………… 366
- **3　損益計算書の構造** ………………………………………………… 370
  - 1　勘定式と報告式 …………………………………………………… 370
  - 2　損益計算書の役割 ………………………………………………… 372
  - 3　当期業績主義の考え方 …………………………………………… 372
  - 4　当期業績主義の欠点 ……………………………………………… 373
  - 5　当期業績主義の悪用 ……………………………………………… 374
  - 6　包括主義の考え方 ………………………………………………… 375
  - 7　現在の損益計算書 ………………………………………………… 375
- **4　キャッシュ・フロー計算書** ……………………………………… 378
  - 1　キャッシュ・フロー計算書の意義 ……………………………… 378
  - 2　キャッシュ・フロー計算書の種類とキャッシュの意義 ……… 379
  - 3　キャッシュ・フロー計算書の構造 ……………………………… 380
  - 4　連結キャッシュ・フロー計算書の様式 ………………………… 382
- **5　連結財務諸表** ……………………………………………………… 385
  - 1　連結財務諸表とはどのようなものか …………………………… 385

	2	連結財務諸表の制度はどのように変化してきたか……………… 386
	3	改正連結財務諸表原則の特徴は何か…………………………… 388
6	**四半期連結財務諸表**………………………………………………… 390
	1	投資者保護のための適時開示の要請…………………………… 390
	2	四半期財務諸表－用語の定義と性格付け……………………… 390
	3	四半期連結財務諸表
		－その範囲および作成における会計処理原則－……………… 391
	4	四半期連結財務諸表
		－簡便的な会計処理および表示科目の集約－………………… 392
7	**株主資本等変動計算書**……………………………………………… 393
	1	株主資本等変動計算書を作成する目的と理由………………… 393
	2	株主資本等変動計算書の様式…………………………………… 398
8	**注　記　表**…………………………………………………………… 401

第5章　特殊論点

1　ストック・オプションの会計 ……………………………………… 405
　1　ストック・オプションとはなにか……………………………… 405
　2　アメリカにおけるストック・オプション会計の変遷………… 407
　3　日本のストック・オプション会計基準………………………… 409
　4　ストック・オプション会計基準の理論的な問題点…………… 413
2　セグメント情報等の開示 …………………………………………… 416
　1　セグメント情報とはどのようなものか………………………… 416
　2　セグメント情報の必要性………………………………………… 416
　3　これまでのセグメント情報開示基準の問題点………………… 418
　4　セグメント情報の開示はどのように変わるのか……………… 419
　5　新しいセグメント情報等の開示基準の特徴…………………… 421
　6　事業セグメント・報告セグメントとは何か…………………… 422

| | | 7 | セグメント情報等の「等」とは何か……………………… | 425 |

3　リース会計 …………………………………………………… 427
	1	リース会計基準整備に対する要望…………………………	427
	2	リース取引の定義およびリース取引の分類………………	427
	3	ファイナンス・リース取引の分類…………………………	428
	4	ファイナンス・リース取引の会計処理……………………	429
	5	オペレーティング・リース取引の会計処理………………	431

4　キャッシュ・フロー会計 ………………………………… 431
	1	キャッシュ・フローとは……………………………………	432
	2	キャッシュには何が入るか…………………………………	433
	3	キャッシュ・フローの源泉別分類…………………………	435
	4	直接法と間接法………………………………………………	436
	5	3つのキャッシュ・フロー…………………………………	439
	6	日本の大企業は資金繰りでは倒産しない…………………	441

5　退職給付会計 ………………………………………………… 442
	1	退職給付会計の必要性………………………………………	442
	2	退職給付会計基準の考え方…………………………………	443
	3	退職給付をめぐる従業員・企業・年金運用機関の関係…	444
	4	退職給付引当金………………………………………………	445
	5	退職給付引当金の会計処理手続き…………………………	446
	6	退職給付費用…………………………………………………	452

6　税効果会計 …………………………………………………… 457
	1	税効果会計の必要性…………………………………………	457
	2	法人税はどのように計算されるか…………………………	458
	3	課税所得の計算には確定決算主義がとられている………	460
	4	益金と収益，損金と費用はどこが違うか…………………	460
	5	企業利益と課税所得との差異の種類………………………	462
	6	一時差異の種類－将来減算一時差異と将来加算一時差異－…………	462

7　将来減算一時差異と税の配分……………………………………… 463
　　　8　将来減算一時差異に関する会計処理……………………………… 464
　　　9　将来加算一時差異と税の配分……………………………………… 467
　　10　将来加算一時差異に関する会計処理……………………………… 471

7　外貨建取引の会計基準 ……………………………………………… 476
　　　1　為替相場（為替レート）の登場…………………………………… 476
　　　2　外貨建取引の会計基準……………………………………………… 477
　　　3　外貨換算における為替相場の選択………………………………… 481
　　　4　外貨建取引が発生したときの会計処理…………………………… 482
　　　5　外貨建金銭債権・債務と為替予約等（ヘッジ会計）…………… 483
　　　6　金融商品会計基準におけるヘッジ会計…………………………… 483
　　　7　期末における外貨建取引の会計処理……………………………… 485
　　　8　在外支店の財務諸表項目の換算…………………………………… 486
　　　9　在外子会社等の財務諸表の換算…………………………………… 487

　　さくいん………………………………………………………………… 489

総論

1　イントロダクション――会計とは何か

1　会計の役割＝期間損益計算

　現代の経済界において，会計にしかできない仕事がある。それは，「**企業のトータルな利益を期間的に区切って計算すること**」である。

　中世に発明された**複式簿記**が世界中で使われるようになったのは，複雑化した**企業の利益をシステマチックに計算する技術**が他にないからであった。

　企業の利益を断片的に計算する方法はいろいろある。例えば，固定資産（土地や建物）を売買して得た利益を計算するとか，お金を貸して受け取る利息を計算するとかは，それほど難しいことではない。**複式簿記**などという面倒なシステムを使わずとも計算できる。

　しかし，現代の大企業のように，世界中に工場やら多数の機械を持ち，大量の原材料を使って複雑な製品を生産している場合には，利益を断片的に計算して合計しても**企業全体の利益**を計算したことにはならない。

　特に，製造業では，何年も何十年にもわたって永続的に事業が営まれるため，利益を断片的に計算することさえ不可能である。そこで，**企業全体の利益を，年度ごとに計算する統合的なシステム**が必要になる。そのシステムとして発明されたのが，**複式簿記**であり，それをベースとした**会計**である。

総論

2 利益の計算は会計の専売特許

　現代経済社会において会計は，**企業の利益を計算する**という仕事を担っている。この仕事は，現在のところ，会計以外にうまくできる仕組みはない。**利益の計算は会計の専売特許**といえるであろう。

3 財産計算機能と投資意思決定情報提供機能

　しかしながら，最近では，会計の仕事として，利益の計算に加えて，あるいは，利益の計算以上に，**財産を計算する機能**や**投資意思決定情報提供の機能**を重視する傾向が強くなってきている。次にその事情を説明しよう。

　アメリカでは，企業の業績（損益）と株価が密接に連動しているという。企業が決算でグッド・ニュースを報告すると，株価は上昇する。株主は，配当という形で利益の分配を受け取るか，あるいは，株価が上昇したところで所有株を売却して売却益を手に入れることができる。

　投資家は，投資の意思決定（株を買うか，売るかの決定）をするのに必要な会計情報をタイムリーに手に入れたいと希望し，アメリカでは，現在，3ヶ月ごとに情報を出すようになった。「**四半期報告**」と呼ばれる。

　その結果，投資家は，四半期ごとの会計情報を使って投資の決定をするようになり，企業は，四半期ごとに投資家に気に入られるような経営成果を出そうとするようになる。投資も経営も，3ヶ月という，きわめて短期的な目標の下に行われているのである。

　これまでの**期間損益計算を重視した会計**は，中・長期（1年から数年）的な企業評価には役に立ったが，3ヶ月とか半年といった短期の評価には向かないと考えられるようになった。

　アメリカの経営者は，かくして四半期（3ヶ月）ごとにその業績が評価される。投資家は，四半期ごとの会計数値を見て株を売ったり買ったりする。アメリカの投資家は次第に**短期的な投資観**しか持たなくなり，アメリカの経営者

は，そうした短期的な投資家の情報ニーズに合わせた会計報告をするようになってきた。

わずか3ヶ月では，利益の額が大きく変動したり増加したりすることは少ない。短期的に変わるとすれば，財産の金額，とくに，価格変動にさらされている**金融商品**（株や社債など）や**デリバティブの価値**，**不動産の価値**などである。

アメリカの会計は，かくして，次第に，**短期的な投資意思決定に必要な情報を提供**するようになり，そうした情報として財産の価値とその変動を報告するようになったのである。そこでは，会計の役割として，「**投資意思決定情報の提供**」と，「**財産の計算**」が重視されるようになったのである。

以上はアメリカの話であるが，アメリカの会計がこうした傾向を持つようになると，それがわが国の会計理論や会計実務にも波及する。波及の仕方は，1つは直接的に同じ制度を「**輸入**」するもので，もう1つは，**国際会計基準**といった**グローバル・スタンダード**を通して「**制度化**」されるというものである。

投資意思決定情報として資産価値を重視する考え方は，国際会計基準を通して，わが国に波及している。例えば，**金融商品の時価評価**や**減損処理**などがそうである。いずれも，保有している**資産の価値変動を財務諸表上で開示**するものである。

総論

2　経済社会と企業会計

1　会計観の変化——静態論から動態論へ

　会計は，歴史的に見ると，**財産の計算手段**として使われていた時期がある。アメリカでは，1920年代まで，企業が銀行から資金を借りようとするときには**財産目録的な貸借対照表**を提出することが要求された。

　ここで**財産目録**とは，企業の財産，つまり，資産と負債を一覧表示する書類をいう。本来は，帳簿を離れて，実際に調査，鑑定，評価して作成する。また**財産目録的貸借対照表**とは，簿記の帳簿記録から離れて，棚卸しした財産を時価で評価して作成した貸借対照表をいう。

　この時代には，会計は，**財産の計算**を役割としていた。この時代の貸借対照表は，期末の財産の有り高を計算表示するものであるから，「**スチール写真のように，静止した状態の企業財産**」を示すと考えられた。

　主たる財務諸表である貸借対照表が，企業財産の「静止した状態」を示すことから，この時代の**会計観**を，「**静態論**」とか「**静的観**」，そこで作成される貸借対照表を「**静的貸借対照表**」と呼んでいる。

2　静態論の欠陥

　ところが，この静態論には，会計学から見ると，重大な欠陥が2つある。

　1つは，**静態的貸借対照表（財産目録的貸借対照表）**を作成するには，**財産の棚卸し**ができればよいのであるから，会計の専門知識も複式簿記による継続的な記録もいらない，ということである。つまり，静態論には，会計の知識も，会計実務を理論づける会計学もいらないのである。

　期首と期末の財産を棚卸しして，それに時価を付せば貸借対照表ができるの

4

であるから，特別な知識を必要としない。在庫の数を数え，それに時価を付すだけで財産の計算ができるのであるから，しろうとにでもできる。**静態論は，会計学になりえない**のである。

静態論のもう1つの欠陥は，「静態的貸借対照表からは，企業の収益力が読めない」ということである。

1930年代以降，アメリカの経済は急速に証券の民主化（多数の国民が有価証券に投資するようになること）が進み，投資大衆に企業の**収益力情報**を知らせることが会計の役割とされるようになってきた。これまでの**静態的貸借対照表**では，その役割を果たせなくなった。

3 収益力は何で測るか

企業の収益力は，**損益計算書**によって示される。損益計算書は，期首から期末までの期間の，収益の大きさと費用の大きさを比較して，その期間の成果を計算・表示する計算書である。

ここで計算された**期間利益**と，貸借対照表に表示されている**資本**（**総資本，自己資本**など）とを見て，企業の**収益力**（または**収益性**）を判断する。その判断において使われるのが，次のような算式（**資本利益率**）である。

$$資本利益率 = \frac{利益（経常利益または純利益）}{資本（総資本または自己資本）}$$

静態論は，企業の「**ストック**」つまり「**財産の有り高**」を計算することを会計の役割とする考え方であった。それに対して，企業の**活動量**（価値のフロー）を重視して，**価値のインフロー**（流入量，**収益**）と価値のアウトフロー（流出量，**費用**）を比較して，当期の成果を計算することが，次第に重視されてきた。

期中における活動量（フロー）の計算を重視することから，**損益計算書を重視する会計観**を，そのダイナミズムを含意して，「**動態論**」とか「**動的会計**

観」と呼んでいる。

現代の会計は，**動態論**に立脚している。その証拠は，収益と費用の差額として利益を計算すること，資産を，原則として，**再評価**しないこと，**原価配分**（減価償却，減耗償却，先入先出法，平均法など）により費用と資産の貸借対照表価額を決めること，**繰延資産**のような**擬制資産**を認めていることなど，いたるところに発見できる。

4　会計は私的自治（じち）

会計は，本来，**私的自治**の世界の話である。最初に，何が「**私的**」で，何が「**自治**」かということを説明し，なぜ，会計が**私的自治**なのかを説明する。会計を学ぶ者には私的自治という言葉はなじみが薄いが，会計とは何かを知る上で，また，後で述べるような，なぜ，**会計規制**が必要なのかを知る上で非常に重要な概念である。

友人が10名ほど集まってお金を出し合い，事業を始めることにしたとする。中国の名産品を輸入して，それを販売することにしたとする。お金に余裕のある人は2千万円とか3千万円とかを出資し，あまり余裕のない人は100万円とか200万円を出したとする。事業に必要な資金はこれでまかない，銀行などからは借りないことにした。

こうした小規模の事業の場合，利益をどうやって計算するか，儲（もう）けを誰にいくら配分するか，みんなで出し合った資本の払戻（はらいもど）しを認めるかどうか，こういったことは10名の仲間で相談して自由に決めればよい。

稼（かせ）いだ利益だけを配分（配当）してもよいし，出資した資本の一部を配当として分配（**たこ配当**）してもよい。儲けを，各自が出した資金の多さに応じて比例配分してもよいし，年齢に応じて高齢者に多く，若年者に少なく分配してもよいし，その逆でもよい。10名全員に均等に分配してもかまわない。

要するに，個人が集まって何かを行うとき，原則として，その個人個人の意思のままに行動したり決定したりすることが許される。**たこ配当**を認めよう

が，利益をどのように計算しようが，出資者全員で何を決めてもかまわない。これを「**私的自治**」という。

「**私的自治**」というのは，『広辞苑』（第5版）によれば，「**個人の私法関係を各人の意思のままに規律すること。近代私法の基本原理**」である。

企業の会計は，本来，こうした私的自治なのである。ところが，わが国に限らず，どこの国でも，企業の会計には，**法律による規制や慣行による拘束**（縛り）がある。後で述べるように，わが国の場合には，**会社法**，**金融商品取引法**，**法人税法**などの法律や**会計基準**などのルールがあって，企業の会計を規制している。

株式会社の場合，**株式を発行**して，一般の投資家から小口の資金を集めて大口の資本とし，大規模な事業を展開することが可能である。会社が規模を拡大するにつれて，出資する株主の数も増え，その所在も全国に，ときには全世界に広がる。企業の活動する場所も，ある地区から全国へ，全世界へと広がる。

そうした会社の場合には，経営に直接に関与しない株主（これを**不在株主**という）が多数おり，企業の経営者は，こうした不在株主に対して，彼らが**出資した資金がどのように運用され**，**いかなる成果を上げたか**，また，その結果，**どれだけの配当を受け取ることができるか**，などの情報を知らせる必要がある。

会社はまた，株主以外からも資金を集めて事業に投下することがある。

例えば，会社が**社債**を発行して資金を調達するとか，銀行や生命保険会社から資金を借りることもある。これらは，会社にとっては「**負債**」であり，所有者である株主以外の他人が出した資金ということから，「**他人資本**」とも呼ぶ。

他人資本の提供者（社債を購入した者や銀行など。**債権者**という）は，**不在株主**と同様，経営には関与しない。彼らも，自分が出した資金が，どのように運用され，いかなる成果を上げているか，その結果，**自分が出している資金が約束どおりの期限に返済してもらえるかどうか**に，強い関心をもっている。そこで，経営者は，株主と同様に，**債権者**にも，**受託した資金の運用結果や資金の現状**を知らせる必要がある。

以上を要約すると,次のようにいうことができる。

株式会社の**経営者**は,多数の,経営に直接関与しない投資家(**株主,債権者**)から資金を集め,それを元手として事業を行う。経営者は,**投資家から預託された資金を**,どのように活用し,それから**どれだけの成果を上げ**,また,預託された**資金が現在どのような形で運用されているかを,資金提供者である投資家に,継続的に報告する義務がある。**

3 財務会計と管理会計

1 財務会計と管理会計

企業が行う会計を,「**企業会計**」という。国や地方自治体,行政機関などが行う会計を,**官庁会計**または**公会計**,国全体を主体とする会計を,**社会会計**という。こうした名称は,会計を行う主体が誰かということを基準にしている。

会計の主体	会計の名称
企　業	企業会計 社会関連会計
官　庁	官庁会計 公会計
国	社会会計

ここで,「社会会計」と「社会関連会計」という,似たような会計領域が紹介されているが,両者は,対象が違う。

社会会計は,企業会計の手法を国の会計に適用するもので,国としての財産計算,国としての損益計算を行うものである。

社会関連会計は,企業会計の一領域で,個々の企業の営利活動と,その企業が社会的に活動している内容を明らかにして,当該企業の社会性を明らかにし

ようというものである。

	目　的
企 業 会 計	個々の企業の経営成績と財務状態を明らかにする。
社 会 会 計	企業会計の手法を国の会計に適用するもので，国としての財産計算，国としての損益計算を行うものである。
社会関連会計	企業会計の一領域で，個々の企業の営利活動と，その企業が社会的に活動している内容を明らかにして，当該企業の社会性を明らかにしようというものである。

　企業会計は，企業を主体とした会計であるが，その目的あるいは報告対象の違いから，「**財務会計**」と「**管理会計**」に分かれる。

　財務会計（financial accounting）は，その名称の通り，「**財務（資金調達）のための会計**」であり，必要な資金を調達するために企業外部者（株主，銀行など）に経営内容や経営成績などを伝達することを目的としている。そこで，**外部報告会計**（external reporting）とも呼ばれる。

　管理会計は，その名称の通り，「**（経営）管理のための会計**」であり，企業経営者に，経営管理に必要な会計情報を作成して伝達することを目的としている。そこで，**内部報告会計**（internal reporting）とも呼ばれる。

　ただし，断りなく「**企業会計**」というときは，通常，「**財務会計**」を指し，また，単に「**会計**」というときも，「**財務会計**」を指すことが多い。

　財務会計は，企業が外部に会計情報を報告することを目的としている。ここで，企業というとき，個人企業から大規模企業まで範囲は広いが，断りなく「**企業**」というときは，一般に「**株式会社**」を指すことが多い。

2　財務会計の役割

　財務会計とは，上で述べたように，「**財務のための会計**」であり，ここで「財務」とは「資金調達」のことをいう。つまり，「**財務会計**」とは「**資金調達のための会計**」をいう。

総　論

　財務会計には，大きく分けて，2つの役割がある。1つは，**新たな資金を調達するために企業の会計情報を広く一般社会に公開**することであり，もう1つは，そうして一般社会から調達した**資金を運用して得た成果（利益）を計算して資金提供者に報告**することである。

　個人企業でも会社でも，資金を使って事業を営む。貴重な資金を使う以上，資金が効率的に使われているかどうかを知ることは重要である。少し具体的にいうと，**資金の運用状況と運用効率**を知ることである。こうした資金の運用状況と運用効率に関する情報を，「**会計情報**」という。

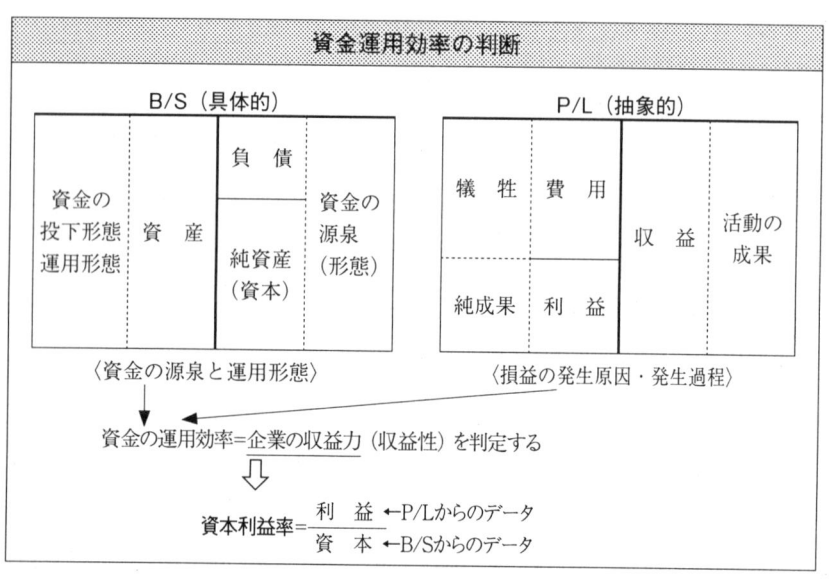

③　どうやって会計情報を入手するか

　会計の用語では，資金の運用状況を「**財政状態**」と呼び，資金の運用効率を「**経営成績**」と呼んでいる。ただし，「財政」状態というと国家の資金の話をしているような響きがあるので，企業の場合は，「**財務**」状態といった方が適切であろう。

個人で事業を営んでいる場合や自分が会社の経営者である場合は，こうした会計情報を手に入れることは難しくない。企業の内部におけるチェック機構（**内部統制組織**）と情報収集のためのシステムを構築して，必要な情報を，必要なときに入手できるように工夫すればよい。

ところが，自分がどこかの大会社の株主であったり社債の購入者（**社債権者**）であったり，これから会社の株や社債を買おうとしている者（これを**潜在的投資者**という）である場合は，会社の情報を手に入れる道はかなり狭い。

4 受託責任・会計責任・スチュワードシップ

株式会社は，多数の投資者から資金を集め，その運用を受託し，**定期的に資金の運用状況と運用成果を報告**する。こうした資金運用の委託（投資者）と受託（会社）の関係を「**スチュワードシップ**」あるいは「**受託責任**」といい，受託責任を果たすことを，「**会計責任**」あるいは「**アカウンタビリティー**」という。

「**会計報告**」は，資金を預かって運用した者が，資金を出している人たちに対して行わなければならない「**結果の報告**」である。学生のサークルでも，子供会でも，マンションの管理組合でも，こうした会計報告が行われる。

そう考えると，会計報告というのは，子供が「おつかい」に出かけたときの話とよく似ている。子供におつかいを頼むと，子供は小さな手の中に百円玉とか千円札を握りしめて，大人の仲間入りをしたような気分になってスーパーや店でダイコンや豆腐を買い，店の人からもらった「おつり」をしっかりと手の中に握りしめて帰ってくる。家に帰ると，「ダイコンが200円で，豆腐が100円で，だからお釣りは……」と一部始終を報告する。

資金の委託と受託という観点から見ると，「**会計の原点**」は，上に見たような「お母さん（投資者）に頼まれて，買い物をする（資金の運用）ことと，その結果を報告すること」なのである。**資金の運用を委託した者（投資者）は，結果の報告を受ける権利を有し，資金の運用を受託した者（企業）は，結果を報**

告する義務がある。

5 将来の投資家はどうやって情報を手に入れるか

　しかし，これから会社の株式や社債を買おうと考えている者（**潜在的投資者**）には，すでに株主となっている者とは違い，会社の情報を受け取る権利はない。

　また，会社が将来，新しい株式や社債を発行して資金を集めるためには，現在の株主以外の人たち（潜在的投資者）に対しても，企業の活動状況や経営成績などを知らせておく必要がある。

　そこで，資金を必要とする企業は，積極的に情報を公開して，**企業の業績と財務状態をアピール**する。潜在的投資者は，企業が公開する情報を吟味して，自分が最適と考える企業に投資するのである。

　こうした，資金運用を受託しようとする企業が，資金の提供者（現在および将来の投資者）に対して行う一般的な情報公開を「**企業内容の開示**」あるいは「**会計ディスクロージャー**」という。

　平たくいえば，企業の会計情報（財務情報といってもよい）を一般社会に公開するのは，当企業の収益力，安全性，成長性，社会貢献度，さらには潜在的将来性などをアピールすることであるから，本来的には，情報を一般に公開するかどうかは，企業の任意である。社会一般に情報を公開しない企業は，自社の収益力，安全性，将来性などを知らせないことによって受ける不利益（株式や社債を発行して資金を調達する機会を失うという不利益）を甘受しなければならない。

4 管理会計の役割

　管理会計もまた情報提供を主要な目的としていることはいうまでもない。管理会計はさまざまなツール（道具）の総称ということもできる。この意味においては，管理会計はいわば「道具箱」であり，この道具箱の中からその都度必要なツール（道具）がその目的に応じて選ばれ活用されているのである。その活用の目的もまた多岐にわたるものの，ここではそれを大きく２つにまとめて，それぞれの目的について概観しておくことにしよう。

1　経営管理に関する意思決定に役立つ管理会計

　例えば，**株式会社という法律上の形態**は同じであっても，その規模には大きな差があり，大企業も小企業も一律に同質・同量の会計情報を必要としているわけではない。しかも，個々の企業の状況は，同一業種であっても異なるので，どの会計情報が重要であるのかは，その企業の事情によってそれぞれ異なっている。つまり，**企業経営に必要な会計情報**は，すべての企業にとって全く同一というわけではないのである。

　ある企業（あるいは企業グループ）において，
　①誰が，
　②どのような立場で，
　③どのような時点・タイミングで，
　④どのようなで場面・局面で，
　⑤どのような期間を対象として，
　⑥どのような予算規模で，
意思決定を行わなければならないのかによって，必要とされる会計情報は異なるのである。要するに「目的が異なれば手段は異なる」ということである。

総　論

「管理会計とは何か」という問いに対するひとつの答えとして，その目的と技術的側面に着目して「企業内部の管理者の意思決定に役立つ会計情報を作成・加工する各種の計算・分析・予測・評価の諸技法」ということができる。その際に，重要なことは，どのような意思決定にどのような具体的な計算・分析・予測・評価の技法が用いられるのかということである。

何らかの**意思決定を行うという目的**を達成するためには，この**目的に最適の技法がその手段**として選択されなければならない。そうでなければ，その目的は十分には達成されないことになる。それでは，そのような最適の技法とはどのようなものであろうか。

いうまでもなく**管理会計**は，**財務会計**のような法律上の規制を受けて強制的に行われるものではなく，あくまでも個々の企業の必要に応じて自発的に行われるものである。つまり，多分に企業にとっての「**簡易性**」・「**有用性**」・「**経済性**」が重要な基準となって，何を意思決定するのかに応じて，具体的にどのような技法が最適であるかが判断されることになる。

ここにいう「**簡易性**」とは，企業がある技法を簡単に利用できることを意味している。たとえどれほど理論的には優れている技法であっても，その実際の適用には過度の労力・時間を必要とするようでは実用性には欠けているといわざるを得ない。

また，「**有用性**」とは，ある技法により得られる会計情報が経営上の意思決定にとって役に立つことを意味している。どれほど高度で膨大かつ詳細な会計情報が得られたとしても，それが意思決定に役立つかどうかは，意思決定の内容と会計情報との対応関係に依存しているのである。

同様に，「**経済性**」とは，企業がある技法を適度な費用負担によって利用できることを意味している。どれほど優れた技法であっても，その実施にあたって過度の費用が発生する場合には，その実施によって得られる**便益**〔ベネフィットともいう：この場合には意思決定を支援するために必要な「**会計情報の質と量**」という効果〕とそのために負担すべき**費用**〔コスト〕とを比較してみる必要があろう。つまり，コスト・ベネフィットの視点が不可欠といえよ

う。

　このように考えてみると，**経営上の意思決定に役立つ会計情報**をできるだけ簡単かつ経済的に提供できる会計技法が企業経営にとって最適であるといえる。そのような会計技法は，いわば最大公約数（大企業を前提としてほとんどすべての企業に共通しているという意味）として，実際に実務に定着し，既に普及している。

　歴史的に見てもその典型は，**原価計算と予算制度**である。**原価計算**は，製品の製造・サービスの提供を主たる事業内容とする業種では最も基本的な会計技法といえる。もちろん原価計算自体も時代に応じて変化してきており，具体的な計算技術も多様化してきているが，管理会計の始まりは原価計算との遭遇にあったといっても過言ではない。この原価計算，なかでも**特殊原価調査**と呼ばれる**制度外の原価計算**（最近では意思決定のための原価計算ということもある）あるいはそこで用いられる各種の**原価概念**を用いた意思決定もまた多様化している。

　また，**予算制度**は，企業の規模を問わずその精粗の程度に相違があるとしてもほとんどすべての企業において導入されている最も基本的な会計技法である。これは，企業に限らず**国・地方自治体，**あるいは非営利組織の会計でも用いられている。特に，経営・事業計画を数値化した予算は，その計画という意思決定を反映した結果であると同時に，その予算を**制約条件**とするその後の意思決定の基礎でもある。

2　経営活動の業績管理・評価に役立つ管理会計

　企業経営のプロセスに意思決定が不可欠であるのと同様に，**業績管理・評価**もまた不可欠といえる。経営計画を一旦実行に移せば，その後のことは成り行きにまかせて傍観しているだけというような方式が現代の企業経営では通用しないことは明らかであろう。

総　論

　経営計画を実行に移した後も，管理者・責任者はその計画の進行状況を**日常的に確認・監視**しなければならない。場合によっては，実際の**経営活動の修正**が必要となることもあろう。もちろん，その活動の最終的な結果を**分析・評価**することもまた必要となる。

　このように日常の経営活動と一体化して行われる業績管理・評価もまたさまざまな立場，時点，場面，期間などにより行われ，そのために必要な情報は多種多様となっている。前述の①〜⑥のうちのどの視点から業績管理・評価を行わなければならないのかによって，必要とされる会計情報は異なるのである。

　「**管理会計とは何か**」という問いに対するもうひとつの答えとして，その目的と技術的側面に着目して「**企業内部の管理者による，経営活動の業績管理・評価に役立つ会計情報を作成・加工する各種の計算・分析・予測・評価の諸技法**」ということができる。その際に，重要なことは，どのような業績管理・評価にどのような具体的な計算・分析・予測・評価の個々の技法が用いられるのかということである。

　経営活動の業績管理・評価を行うという目的を達成するためには，この**目的に最適の技法がその手段**として選択されなければならない。そうでなければ，その目的は十分には達成されないことになる。それでは，そのような最適の技法とはどのようなものであろうか。

　ここでも前述の３つの要件が重要となる。つまり，「**簡易性**」・「**経済性**」・「**有用性**」が最適の技法を識別する際の有益な基準となっているのである。したがって，**経営活動の業績管理・評価に役立つ会計情報**をできるだけ簡単かつ経済的に提供できる会計技法が企業経営にとって最適であるといえる。そのような会計技法もまた，いわば最大公約数（大企業を前提としてほとんどすべての企業に共通しているという意味）として，実際に実務に定着し，既に普及しているのである。

　その典型は，やはり**原価計算**と**予算制度**に他ならない。原価計算の具体的形態である**標準原価計算**あるいは**直接原価計算**という技法の開発による原価計

算の発展，これに伴う各種の**原価概念**の生成さらには最近の**活動基準原価計算**などにより，業績管理・評価に役立つ会計情報は時代を経てより一層充実してきているといえるであろう。

　また，**予算制度**が企業会計と結びつくことによって**責任会計**という考え方が生まれることになる。この責任会計の下で，標準原価による原価管理，利益管理が行われるようになるのである。この責任会計という考え方は，**事業部制**という従来の**職能別の経営組織構造**とは異なる新しい経営組織構造の基礎となっている。

3　経営管理のプロセスと管理会計

　管理会計を利用する企業が「何のために管理会計を利用しているのか」という視点に立てば，おおよそ経営管理に関する「**意思決定**」と経営活動に関する「**業績管理・評価**」という2つの大きな目的に集約される。この2つの目的に応じて，管理会計は，**意思決定のための会計**と**業績管理・評価のための会計**という領域に区分されることになる。この2つの会計が企業の経営活動を支援しているといえる。

　企業の経営活動を1年間という会計期間に区切って概観してみると，次のような一般的な一連のプロセスが見出される。

　まず**経営活動の計画**が立案され，その計画にもとづいて**経営戦略**が定められる。この戦略に従って予算編成が行われ，その後に，実際に経営活動が実施される。この経営活動の結果は，日常的に随時その予算と比較されること（**予算による統制**）によって経営活動の良否という観点からそのつど**業績評価**されることになる。この業績評価は，毎日あるいは毎週，毎月というような一定の期間ごとに実施される。

総　　論

〔例〕業績評価

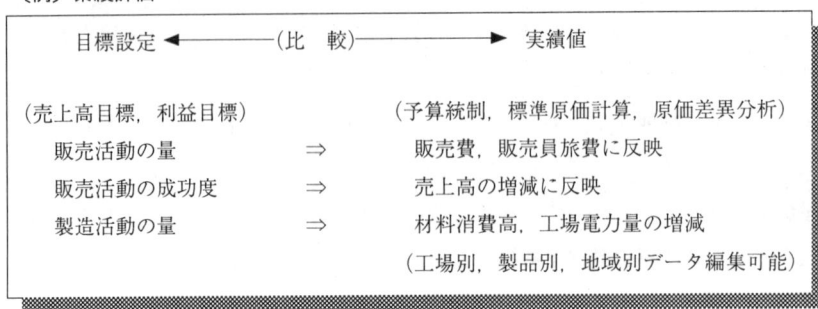

```
        目標設定 ◀──────（比　較）──────▶ 実績値

（売上高目標，利益目標）              （予算統制，標準原価計算，原価差異分析）
    販売活動の量        ⇒        販売費，販売員旅費に反映
    販売活動の成功度    ⇒        売上高の増減に反映
    製造活動の量        ⇒        材料消費高，工場電力量の増減
                                （工場別，製品別，地域別データ編集可能）
```

　要するに，**予算と実績との比較による業績管理（利益管理・原価管理）**である。一般に，このような経営活動の一連のプロセスをPLAN-DO-SEEあるいはPLAN-DO-CHECK-ACTION（PDCA）サイクルといい，**予算と実績との比較による業績管理（利益管理・原価管理）**はこれと対応している。

　この**予算と実績との比較**では，予算は将来の**予測値**であると同時に**目標値**という意味をもっている。これに対して，実績は実際の活動の結果を表している。この両者を比較する意義としては，次の2つが考えられる。まず，1つは，実績が目標値としての予算を超過しないように実際の活動を統制するということである。もう1つは，実績が予算と大きく異なる場合に，その原因を分析した上で予算自体の修正，場合によっては戦略自体の見直しのきっかけとなることである。

　また，企業の経営活動においては，あらゆる局面でさまざまな経営上の意思決定が日常的に行われている。企業の存亡に関わる**経営上の重要度の高い意思決定**から重要度の低い瑣末な意思決定に至るまで，あるいは**長期的・短期的な経営上の意思決定**から即時的な経営上の意思決定まであらゆる階層のいろいろな局面でさまざまな意思決定が日常的に行われている。これらの経営上の意思決定には大なり小なり**判断材料となるような実績・予測情報**が提供されている。要するに**実績・予測情報にもとづく経営上の意思決定**である。

　予算と実績との比較は，**経営上の意思決定**にも重要な役割を果たしている。

例えば，製品・材料の在庫量を適正に維持するためには，現時点での在庫量の把握はもちろん，次月の**需要予測**にもとづく**販売予測**，この予測を基にした**生産量の予測**，さらには材料・部品等の**在庫量の把握**，その**購入・消費量の予測**は一連の意思決定として一体化されることになる。また，製品の製造原価に関する**原価情報**は，**価格戦略・販売戦略**を決定する上で重要な役割を演じることになる。あるいは，毎月の**予算・実績の比較**を通じて，短期の経営計画を修正するというような意思決定が行われることになる。

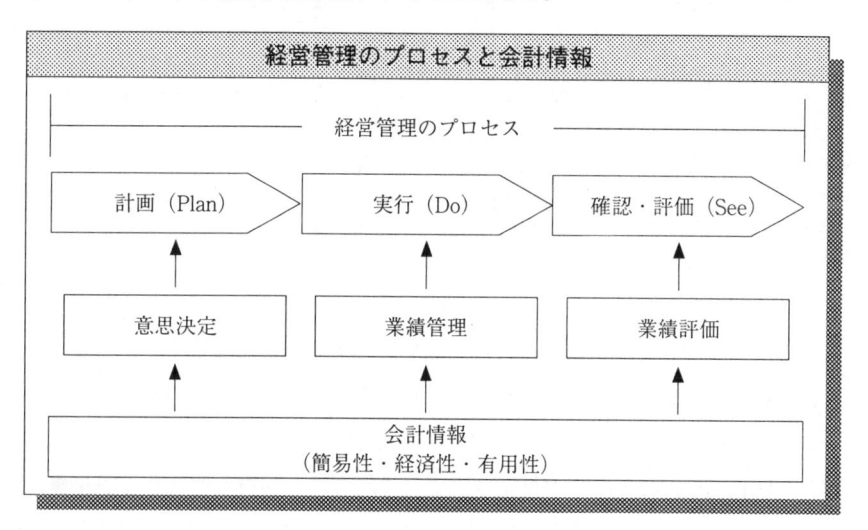

経営管理のプロセスと会計情報

経営管理のプロセス

計画（Plan） → 実行（Do） → 確認・評価（See）

↑　　　　　　　↑　　　　　　　↑

意思決定　　　業績管理　　　業績評価

↑　　　　　　　↑　　　　　　　↑

会計情報
（簡易性・経済性・有用性）

4　意思決定のプロセスと管理会計

　企業経営は，**中・長期経営計画**と**短期経営計画**とに従って行われており，さまざまな局面での意思決定を必要としている。

　特に，長期間の資金の固定化を伴う**設備投資**，多額の資金と大きなリスクを伴う**新規事業への投資**などは，その**投資資金の運用効率（経済性）・回収可能性，収益性**という観点からの**代替案の測定・評価**が必要となる。管理会計は，

総　論

〔例〕代替案の評価

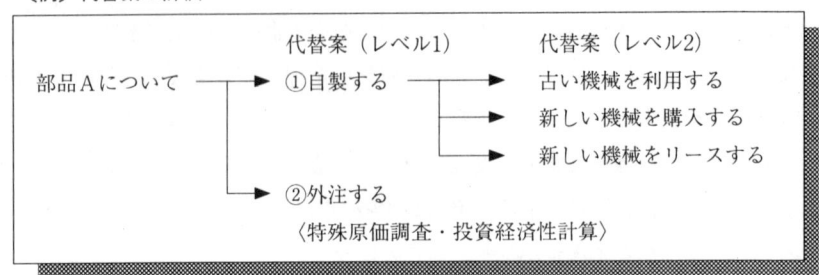

```
                          代替案（レベル1）      代替案（レベル2）
部品Aについて ──┬──→ ①自製する ──┬──→ 古い機械を利用する
                 │                   ├──→ 新しい機械を購入する
                 │                   └──→ 新しい機械をリースする
                 └──→ ②外注する
                       〈特殊原価調査・投資経済性計算〉
```

　代替案（レベル1）では①自製する場合のメリットとして流通マージン，メーカーの利益を負担する必要がないものの，デメリットとして材料調達，労働力のロス，専用工具の購入などの負担が発生する。これに対して，②外注する場合のメリットとして材料調達，労働力のロス，専用工具の購入などの負担が発生しないものの，デメリットとして流通マージン，メーカーの利益を負担する必要が生じる。両者を比較してコスト面から有利・不利を評価することになる。もし，①自製するという代替案が採択された場合には，さらにその次の段階の代替案（レベル2）について主としてコスト面を中心に比較検討が行われることになる。

このような測定・評価に必要な会計情報を提供することに役立っている。

　期間の長短にかかわらず，どのような投資案件にしても，投資額を超える資金回収を実現させることを目的にしていることはいうまでもない。複数の投資案件（**以下，代替案という**）が提案されている場合に，制約条件として予算額に上限があり，最低限の**投資利益率**が設定されていれば，これらの条件にあてはまる案件を採択すればよい。

　とはいえ，そのような代替案の投資期間が長期に及ぶ場合には，その評価には「**時間価値**」という考え方が不可欠となる。

　例えば，現在の1千万円と5年後の1千万円を単純に金額で比較することはできない。現在の1千万円を金利3％の複利で運用すれば，5年後には1,159万円あまりの金額（1千万円×1.03^5＝11,592,740：ただし，円位未満は切り捨て）となる。この金額が現在の1千万円の**将来価値**となる。

　反対に，金利3％の複利という同じ条件で5年後に1千万円となる現在の金額は，862万円あまりの金額（1千万円÷1.03^5＝8,626,088：ただし，円位未満は切り

捨て）となる。この金額が5年後の1千万円の**現在価値**となる。つまり，現在の時点での比較をするのか，5年後の将来の時点での比較をするのか，どちらかでなければならない。このように金額に時間の経過を加味することが代替案の評価には欠かせない。

投資資金の回収というような**資金流入**をキャッシュ・インフロー，あるいは**初期投資・追加投資**というような**資金流出**をキャッシュ・アウトフローという。そして，このような資金の流れを**キャッシュフロー**という。投資に関するキャッシュフローは，すべて**現在価値**に置き換えられて現時点でのキャッシュフローとして把握され，そのインフローとアウトフローとの差としての**投資利益**が求められなければならない。この投資利益の大きさによって，あるいは初期投資・追加投資の回収に必要な期間の長短などによって代替案は評価されることになる。

たとえば，次のような3つの代替案の中でどの案が最も投資利益率が大きくなるのかを現在価値を用いて比較してみると以下のようになる。

現在価値の計算表　　　　　　　　　　　　　　　　（単位百万円）

	代替案A	代替案B	代替案C
初期投資	1,000	1,000	1,000
1年目CIF	500	100	300
2年目CIF	400	200	300
3年目CIF	300	300	300
4年目CIF	200	400	300
5年目CIF	100	500	300
CIFの合計	1,500	1,500	1,500
各CIFの現在価値合計	1,339	1,255	1,297

注）CIF：各年に予想されるキャッシュ・インフロー
　　年利は5％・複利

なお，年利5％で複利という条件の下での現在価値を求めるには，「**複利現価表**」を利用すれば簡単であるが，ここでは必要な値のみを示せば十分であろう。5％で複利の場合には，

総　論

1年目：0.9524

2年目：0.9070

3年目：0.8638

4年目：0.8227

5年目：0.7835

という値が得られる。

ちなみに，これらの値は現価係数と呼ばれ，$1 \div (1+年利)^n$という計算式によって求められる（なお，nは任意の年数）。もちろん，この年利は割引率と言い換えることもできる。

各年の予想キャッシュ・インフローの金額に該当する上記の現価係数を掛けると次の結果が得られる（ただし，百万位未満切捨て）。

	代替案A	代替案B	代替案C
1年目	476	95	285
2年目	362	181	272
3年目	259	259	259
4年目	164	329	246
5年目	78	391	235
現在価値合計	1,339	1,255	1,297

この結果にもとづいて，各案について現在価値合計と初期投資額との差を求めてみると，代替案Aが339（百万円：以下同様），代替案Bが255，代替案Cが297となる。これが各案の**正味現在価値**であり投資利益額である。

そこで，この各案の投資利益額を各案の初期投資額で除して**投資利益率**を求めれば，その結果はそれぞれ次のようになる。

代替案A：33.9%

代替案B：25.5%

代替案C：29.7%

したがって，最も投資利益率が大きい案件は代替案Aということになるので

ある。

　ここで，現在価値を考慮せずに**初期投資額の回収期間**を考えてみると，代替案Aでは3年目の途中（厳密には2.62年，その計算は2年＋(1,000－476－362)÷259＝2.62)，代替案Bでは4年目終了時点，代替案Cでは4年目の途中（厳密には3.74年，その計算は3年＋(1,000－285－272－259)÷246＝3.74）でそれぞれ初期投資額が回収されることになる。この回収期間にもとづいて，代替案の評価を行っても結果は前述の方法と同様に，代替案Aが最も早く初期投資額を回収できると判断されることになる。この評価方法は簡便であり，実務上最も利用されているようである。

第1章 財務諸表論の基礎概念

1 財務会計の基礎的前提

1 財務会計の基礎的前提とは何か

　財務会計は，企業の経済活動を測定して，その結果を**損益計算書**や**貸借対照表**などの**財務諸表**にまとめて，それを**企業外部の利害関係者に報告する会計**である。このため，それは**外部報告会計**ともいわれる。財務会計は決まった手続を使いながら組織的に行われる。

　会計を組織的にしかも体系的に行うためには，会計方法や会計手続といった多くの部品をつなげたり組み立てる設計図がなくてはならない。設計図は，全体の装置の用途や機能などについての基本的なコンセプト（概念）や前提事項をベースにして作られる。基本的な概念や前提事項のない設計図に従って作られた装置は，何に使えるかわからない単なる鉄のかたまりにすぎない。

　会計を**財務会計**として成立させるような設計図が存在する。そして，そのような設計図には最も基本的な概念や前提事項がある。それらが結果的に全体の装置としての財務会計の用途や機能などを定めている。**財務会計を成立させている最も基本的な概念や前提事項が基礎的前提**である。このような財務会計の基礎的前提は**会計公準**といわれる。会計公準として一般的に，**企業実体の公準**，**継続企業の公準**および**貨幣的測定の公準**があげられる。

第 1 章

2 企業実体の公準

　簿記といえば企業で行われている簿記（企業簿記）がイメージされ，会計といえば企業の会計（企業会計）がイメージされているはずである。これは，会計が行われている場所が企業という組織であること，つまり企業を対象として会計が行われていると暗黙に想定されているからである。ここでは，会計の記録や計算が行われる対象の範囲や単位は「企業それ自体」に特定され限定されている。

　「**会計の記録・計算は企業それ自体（企業実体）を対象にして行う**」という概念または前提が，**企業実体の公準**である。

◇企業実体は1つの会社だけを指すのか

　株式会社などの会社組織の企業は法的に独立した組織であり，**法人格**を持っている。法人格を持っているから，会社の名前でいろいろな対外的取引を行うことができるし，会社として独立の会社財産を所有することもできる。会社として独立の会社財産が所有できるということは，出資者の個人的な財産や債務とは別に，会社の資産・負債および資本が独自に区別できるということである。会社としての資産・負債および資本が識別されるから，その変動を記録したり計算したりする会計が成立する。

　規模の大きい企業では，経営管理の必要性からいくつかの部門が編成される。いくつかの事業部を想定すればよい。事業部が編成されると，各事業部の活動の業績が問題になる。事業部の業績評価を行うためには，個々の事業部の業績が測定できなければならない。つまり，個々の事業部が独立の1つの会計単位とされる必要がある。ここでも事業部としての資産・負債および資本が識別されて，それらの変動を記録・計算する会計が成立する。

　また大企業では，それが親会社となって多くの子会社を傘下(さんか)に置き，グループ企業が一体となって経営活動を行う。この場合には，企業グループ（企業集団）そのものを1つの組織とみて**連結財務諸表**が作成される。企業グループ全

体を1つの独立した**会計単位**とする会計が成立することになる。

　会社組織をとらない，したがって法人格をもたない**個人企業**の場合には，商業簿記において，店主の個人的な消費に関して「**引出金勘定**」を使って処理されるように，店（企業）と奥（家計）とを概念的に分離する。つまり，企業を出資者としての個人から独立した存在としてとらえ，企業を1つの会計単位とすることになる。

　このように**企業実体の公準**は，個人企業から会社組織の企業，企業内部の部門，さらには企業グループにいたるまで一貫して成り立っている。

3　継続企業の公準

　「**継続企業**」はゴーイング・コンサーン（going concern）の直訳であり，将来に向けて継続して活動する企業を表している。会計が対象とする企業は，解散や清算を予定しない活動し続ける企業であるので，会計の記録・計算は時間を人為的に区切って「期間」（会計期間）を設定して行われる。

　「**会計の記録・計算は期間を設定して行う**」という概念または前提が，**継続企業の公準**である。期間を区切った会計の記録・計算が行われるので，これは**会計期間の公準**ともいわれる。

　会計期間は通常1年であるので，それは**事業年度**ともいわれる。会計期間の最初の時点は「**期首**」，最後の時点は「**期末**」，期首と期末の間は「**期中**」といわれる。当期間の企業活動の会計記録は期末に整理集計されて，損益計算書や貸借対照表が作成される。これらの会計の作業（会計手続）が「**決算**」といわれる。したがって，期末は「**決算日**」でもある。わが国では，国や地方公共団体等の**財政年度**にあわせて，4月1日から翌年の3月31日までの期間を会計期間とする企業が多い。

第 1 章

4 貨幣的測定の公準

　企業活動の中で登場する財貨等は多種多様である。あるものは個数，またあるものは重量や長さや容積などの物理的な**測定単位**で表され計算される。これらのどの測定単位で財貨を測定しても，財貨のすべてを統一的に測定できないから，多様な財貨を全体的に把握して比較することはできない。

　企業は貨幣をベースにした経済社会で活動しているから，**統一的にして共通の測定尺度**として**貨幣額**が用いられる。貨幣額を測定尺度にすれば，多様な財貨を貨幣額の大きさで計算したり比較したりすることができる。この結果，企業活動を貨幣額で統一的に測定して，報告することができるようになる。

　「会計の記録・計算は貨幣額で行う」という概念または前提が，**貨幣的測定の公準**である。

5 会計公準の関係はどのようになっているか

　企業実体の公準，継続企業の公準および貨幣的測定の公準のほかにも，いくつかの会計公準があげられることがある。どのような会計公準をあげるかは，会計学説によって異なる。それらは「会計公準論」として論じられる。

　一般的にあげられる会計公準は，企業実体の公準，継続企業の公準および貨幣的測定の公準の3つである。これらは会計の記録・計算を成立させる基礎的前提としてとらえられ，「**形式的前提**」といわれる。

　企業実体の公準は，形式的には，企業それ自体（企業実体）を対象にして会計の記録・計算が行われるということである。これによって，会計が行われる「**場**」が限定される。**継続企業の公準**は，形式的には，期間を設定して会計の記録・計算が行われるということである。これによって，会計が行われる「**時間**」が限定される。**貨幣的測定の公準**は，形式的には，貨幣額によって会計の記録・計算が行われるということである。これによって，会計による「**測定**」が限定される。

このように，形式的前提としての会計公準は，会計の記録・計算を成立させる基礎的前提である。これらの公準は，広く一般に行われてきた会計実務を観察して，そこから帰納的に抽出されてきたものである。したがって，会計公準は会計理論を構築するための基礎的前提となり，また会計実務の基礎をなす基本的概念となる。

2　会計をめぐる法規則

1　なぜ，会計を規制するのか

　経済社会の中で活動する企業のすべてが個人企業で，他の企業を支配することもなく互いに支え合って独立の経済活動を営む限りにおいては，企業主の善意にたった私的自治に任せればよい。そこでは会計を規制する理由は見いだしえない。そこに存在する企業の会計は，企業主が財産の管理をし，経営活動を合理的にするうえで役立つものであればよいからである。

◆**株式会社の経営機構はどのようになっているか**

　企業規模が拡大し**共同事業**をおこすようになると，**会社形態の企業**が登場してくる。**株式会社**形態の企業では，株主が出資する資金を主たる原資にして，利益追求のための事業を行っていく。ここでは，一般的な株式会社の経営機構を取りあげてみよう。

　他の会社形態でもそうであるように，**出資者**である**株主**はもともと経営に参加し，経営を決定していく権利を法的に持っている。しかし，規模を著しく拡大した企業では，株主は直接経営にあたることはなく，専門的な経営能力を持つ経営者を選び，その者に経営を任せることになる。

　株主は，年１回，定時に開かれる株主総会において，会社の基本方針等を決めるだけでなく，経営活動についての業績報告や財務報告を経営者から受け，

第 1 章

利益等に基づいて株主への配当金や内部に留保する積立金の設定等を決定していく。必要な場合には，経営者の人事なども行う。要するに，**株主総会**は，株式会社の**最高の意思決定機関**であり，最も重要な役割を持つ。

　株主総会で選ばれた経営者は，法的には**取締役**といわれる。複数の取締役は**取締役会**を作り，株主総会で決定された範囲内で，経営を行う上でいろいろな必要事項を決定していく。取締役は株主から**経営を行うことを委任**され（受託責任），経営上の権限を与えられているからである。つまり，取締役会は**経営上の意思決定機関**である。

　取締役である経営者は，会社を代表し取締役会で決定された事項を実行に移す**社長**すなわち**代表取締役**を選ぶ。代表取締役は，法的には**代表機関**であり，**執行機関**である。代表取締役は会社内部の各部門の活動について指揮命令し，管理して，所期の目的を達成するための経営を行っていく。

　代表取締役や取締役がその地位を悪用して不正を働いていないかどうか，職務を忠実に行っているかどうかなどをチェックする（業務監査という）ために**監査役**が置かれる。監査役は株主総会で選ばれ，**監査機関**となる。監査役は会計帳簿や財務諸表が正しく作成されているかどうかの**会計監査**も行う。

　代表取締役である社長は，経営活動の状況とその結果を**財務諸表**（会社法では「計算書類」という）にまとめる。社長は，監査役の監査を受けた財務諸表について取締役会の承認を受けてのち，最終的に株主総会にそれを報告して承認を受ける。財務諸表が株主総会で承認されるならば，代表取締役をはじめ，他の取締役の**受託責任が解除される**。このように，経営者は経営についての**報告責任**（accountability：アカウンタビリティ；会計責任，説明責任ともいう）を負っている。

◇経営者は利益操作への誘惑に駆られる

　経営者は，経営活動による業績がふるわないとき，あるいは株価を維持してさらに上昇させたいとき，経営成績や財政状態を良好に見せたい誘惑に駆られる。ときには，自己の地位を保全することを狙って，あるいは自己の経営能力

のアピールを目的として，そのような誘惑に駆られることもあろう。

このようなとき，すべての会計判断や会計処理を経営者の自由選択に委ねてしまうならば，どのようなことが起こるであろうか。言い換えれば，経営者を，自己を規律化でき，十分な自治能力を持つとみて，すべてを経営者に任せてしまうとき，どのようなことが起こるであろうか。

◇会計を規制するのはなぜか

経営者は，**恣意的な会計判断や会計処理**を通じて，自己に都合のよい業績や財政状態にするように，**会計数値を操作**する危険性がある。すなわち，財務諸表において**利益操作**が行われるおそれがある。

利益操作が行われて財務諸表の信頼性が損なわれてしまったならば，株主をはじめ債権者などの外部の利害関係者に対してどのような影響が生じるであろうか。また証券市場での投資者に対してどのような影響を及ぼすであろうか。さらには，このような**財務諸表の信頼性の欠如**は，経済全体にどのような影響を与えるであろうか。

株主は，財務諸表を読んだうえで株主総会の決議に加わるが，そこでは**誤った判断**をしてしまう。債権者は企業の支払能力を**誤って評価**してしまう。このため，株主や債権者は権利行使を十分にできず，**権利を侵害**されてしまう。したがって，株主や債権者の権利を保証するためには，**会計への法規制**がどうしても必要になる。

証券市場の投資者は，後日，**不正な財務諸表**によって証券投資が誤ってしまったことを知ったとき，果たして投資を引き続き行うであろうか。答えは「ノー」である。このようになると，経済の血液ともいわれる資金が，円滑に回らないことになってしまう。つまり，経済全体にも悪影響を及ぼす。**証券市場の本来の機能を維持させる**ためには，**会計への法規制**がやはり必要になる。

第 1 章

3　会社法会計とは何か

1　会社法会計の目的　−誰を保護しようとしているのか−

　2006年から適用された新**会社法**は，もとは商法の1つの「編」（第2編　会社）を成していたものを独立させて，そのほかの関連する法律も一緒にして1つの法律にしたものである。会社法ができたからといって，もとの商法がなくなったわけではない。このような出自だから，会社法は商法の考え方を受け継いでいる。会社法が適用される会社には，**株式会社，合名会社，合資会社**および**合同会社**がある。ここでは，株式会社を中心にして考える。

　日本の**商法**は1890（**明治**23）**年**に公布された。これは，1861年のドイツ商法にならってつくられたものである。遡っていくと，ナポレオンが制定した1807年のフランス商法がその土台となっている。つまり，日本の商法は，**フランコ・ジャーマン系**の思想を持つ**大陸法**を受け継いでいる。

　会社法は，企業をめぐる（株主および債権者などの）**外部利害関係者の利害を調整する私法**である。このため，株式会社であれば，株式や社債の権利内容を定め，その権利行使を保証することによって，**株主および債権者の保護**を図る。**会社法会計**も，当然のことながら，**株主と債権者を保護する**ことを目的にしている。

2　なぜ株主を保護するのか

　株式会社の**株主**は**出資者**である。会社の出資者はもともと，企業を経営する権利が認められている（**社員権**という）。法的には，会社は出資者のものであるからである。株式会社の出資者である株主も，当然，企業を経営する権利が認められている。

企業規模が拡大し，企業活動も多岐にわたり，そして複雑な活動を行うようになると，企業の経営には専門的な能力が必要になる。このため，**株主**は，専門的な経営能力を持つ者に**経営を任せる（委託する）**ようになる。このようにして**経営を任された（受託した）**者が経営者である。

◇株主保護の背景には委託－受託関係がある

株主は企業経営を委託した**委託者（委任者）**，**経営者**は企業経営を受託した**受託者（受任者）**という関係が生じる。すなわち，株主と経営者との間には，**委託－受託関係**または**委任－受任関係**が成立する。

株主は，企業の目的の範囲内で経営計画をつくり，それを実践していくような**経営に関する権限を，経営者に与える**。同時に株主は，株主のためになるような経営を，細心の注意を払って行わなければならない義務を経営者に課し，**経営に関する責任（受託責任）**を負わせる。

委託者である株主は，経営者が経営についての受託責任を間違いなく果しているか，委託事項からはずれた経営をしていないかどうかなどを知るために，経営者に対して，**経営の状況を報告**させ，**説明**させることができる。

言い換えるならば，**受託者**である**経営者**は，**報告責任・説明責任**を負う。これは**アカウンタビリティ（会計責任）**ともいわれる。株主は，経営者の報告内容や説明内容によっては，経営者をクビにしたり，場合によっては会社が被った損害を賠償させるための訴訟を起こしたりすることができる（**株主代表訴訟**はその例である）。

◇計算書類は株主保護のためにある

委託－受託関係を基礎にした**株主の権利**は，主として**株主総会で行使**される。行使できる権利としては，企業利益の分配についての「**剰余金配当請求権**」（利益配当請求権）や，企業経営に参加することを目的にした「**議決権**」などがある。

これらの権利行使のためには，株主総会に先立って，あらかじめ**経営に関す**

る情報が提供されていることが必要である。すなわち，経営に関する報告文書あるいは説明文書が，**経営者から事前に提供**されていなければならない。このために作成されるものが「**計算書類**」(財務諸表を会社法ではこのようにいう)である。

計算書類の内容は後述するが，**計算書類を作成する目的**は，株主についていえば，株主が株主総会で自らの権利を行使することができるようにするためである。言い換えるならば，株主総会における**株主の権利行使を保証すること**(**株主保護**)が計算書類作成の主要な目的の1つである。したがって，計算書類作成のための**会社法会計**は，**株主保護を目的**の1つにしていることがわかる。株主保護のための会社法会計は「**受託責任会計**」とも呼ばれる。

3 なぜ債権者を保護するのか

◆債権者保護の背景には株主有限責任の原則がある

株式会社の**株主**は，株式の**払込価額**すなわち**出資額を限度とする責任**だけを負えばよい。これは**株主有限責任の原則**といわれる。これは，簡単にいえば，企業が倒産したとき，**出資額は戻らないが**，それを超える**責任は追及されない**ということである。株主有限責任の原則によって，株主は**リスクを高くとらなくてすむ**ので，企業は多くの人々から出資を募ることができる。その結果，企業は大きな資本(資金)を調達することができるのである。

このことを債権者側からみたら，どのようになるか。債権者の中には，例えば，資金を貸し付けた銀行，社債を購入したことで資金を貸し付けている社債権者，さらに掛や手形で物品等を納入している取引業者などがいる。これらの**債権者**は，支払期日に貸付額等を支払うことを求めることができる(**支払請求権**)。また，利息などの支払いも請求することができる。

企業が倒産したときには，債権者は，株主よりも**優先して債権を回収**することができる(株主側からすれば，**残余財産分配請求権**があることになる)。しかし，

回収すべき債権額よりも少ない会社財産しかなかったならば、どのようになるであろうか。

明らかに、**債権の回収不足**が起こる。それでは債権者は、その回収不足額を株主に対して追加請求することができるであろうか。答えは「ノー」である。**株主有限責任の原則**があるからである。リスクの程度を比較すれば、有限責任の原則によって、**株主はリスクが低い**。しかし、この有限責任の原則によって逆に、**債権者はリスクが高くなる**。

このままでは、**債権者の権利**は保証されない。株主は、自らの権利を行使する場として株主総会を持つが、債権者には、自らの権利行使の場が常時あるわけではない（倒産のときに**債権者集会**が開かれる）。すなわち、**債権者**は株主に比べて「**弱き者**」といわなければならない。債権者は、このままの状態で放置されたならば、企業に資金等を貸し付ける者は激減するであろう。このような事態は、経済に悪影響をもたらすだけである。ここに、**債権者を保護する**ことが必要になる。

◇債権者の保護はどのように行われるか

債権者の保護は、**債権者の権利を保証する**ことによって行われる。債権者の権利を保証するためには、債権の回収を可能にする十分な**企業財産を企業内に蓄えさせる**ことである。なぜならば、債権者にとっては、企業財産が唯一の担保であるからである。

企業内部に留保された企業財産は、計算書類に示される。**貸借対照表**における**純資産の部の株主資本**には、**資本剰余金**や**利益剰余金**がある。そこには、**資本準備金**と**利益準備金**がある。これらの準備金は、会社法によって一定額になるまで積み立てることが強制される。これは、準備金に相当する企業財産が内部に留保されることを意味する。

債権者を保護するためには、**経営内容に関する情報の開示**も重要である。企業の**債務返済能力（支払能力）**を評価できる情報が提供されるならば、それを分析して支払能力が疑問視されることがわかれば、さらなる貸出は行わずに、

第 1 章

他方で担保の積み増しを企業に要求するなど，防衛手段を講ずることができるようになる。会社法は，債権者保護のために情報開示を拡充している。

4 株主と債権者の利害の調整はどのように行われるか

　債権者にとって担保となる企業財産が企業内部に留保されればされるほど，債権者の保護は確かに充実する。**企業財産の内部留保**は利益から行われることになるから，今度は，**株主への配当等が抑えられる**ことになり，**株主の権利の一部が侵害される**ことにもなる。

　このために，株主と債権者の利害がいかに調整されるべきかが問題となってくる。また，**株主と債権者の利害の調整**は対等に行われるのか，それともどちらかにウエイトを置いて行われるのであろうか。

◇貸借対照表による分配可能額の計算が利害調整の場である

　会社法では，当期の利益を含む剰余金について，**分配可能額の計算**が行われる。**分配可能額は，株主に対して配当（分配）することのできる剰余金の額**である。裏返しにいえば，分配可能額の計算は株主に配当してはならない剰余金の額の計算でもある。すなわち，**分配不能額の計算**でもある。分配不能の剰余金は企業内部に企業財産として留保されるということであるから，**債権者保護の考え方**がそこに出てくる。

　言い換えれば，**株主の利害と債権者の利害が，分配可能額の計算において調整される**ということである。分配可能額の計算は**貸借対照表**を使って，次のようなプロセスで進められる。

(1) **期末時点**（最終事業年度の末日）の資産から負債，資本金，準備金（資本準備金・利益準備金），土地再評価差額金その他のものを差し引いて**剰余金**を計算する。その剰余金は**その他資本剰余金**と**その他利益剰余金**の合計額となる。

(2) 配当をしようとした日（「**配当効力発生日**」という）の**剰余金**を計算する。(1)

で計算した剰余金に資本金や準備金の取崩額などを加算し，その他の項目を減算する。

(3) 配当効力発生日の**分配可能額**を計算する。(2)で計算した剰余金から自己株式の帳簿価額，のれん等調整額，その他有価証券評価差損などを減算して求める。

会社法によって一定額まで設定することが求められる**利益準備金や資本準備金**は，当期の利益から差し引いて設定されるので，それは**利益から内部留保した企業財産**である。また，土地再評価差額金のような評価上の利益に相当する財産も内部留保させる。利益であれば，本来，株主に全額配当してもいいはずであるが，会社法が剰余金の計算においてそれをしないのは，**債権者を保護するため**である。

それだけではなく，**分配可能額の計算**において，のれん等調整額やその他有価証券評価差損を剰余金から差し引くのは，それに相応する**会社財産を内部に留保する**ことを意味している。これも**債権者を保護するため**である。これからわかるように，会社法は，株主よりは，むしろ**債権者の利害の方を厚く保護**している。この点を強調して，会社法は**債権者保護を目的としている**といわれる。

分配可能額の計算は，債権者保護の立場にたって，株主と債権者の利害を調整している。**分配可能額の計算を行う会社法会計**は，**株主と債権者の利害の調整を目的としているので，利害調整会計**といわれる。

5 会社法のディスクロージャー制度

ディスクロージャーとは，**情報開示**を意味する。企業はディスクロージャーを自主的にしかも善意で行っているわけではない。情報開示を行うことが**法律によって義務づけ**られているからである。それでは，会社法は，誰に，何を，いつ，どのような形で情報を開示させるのか。

第 1 章

◇何を情報として開示するのか－計算書類と事業報告－

　会社法で開示される情報には，**計算書類**と**事業報告**があり，さらに計算書類と事業報告の**附属明細書**がある。計算書類は会計（財務）情報を記載したものであり，それには次のようなものがある。
① **貸借対照表**
② **損益計算書**
③ **株主資本等変動計算書**
④ **個別注記表**

　貸借対照表は**資産**，**負債**および**純資産**からなり，一定時点の企業の**財政状態**（財務状態）を表示する。また，**損益計算書**では**収益**および**費用**が記載され，一定期間の**経営成績**が表示される。

　株主資本等変動計算書は，貸借対照表の**純資産**の部の一会計期間における変動額のうち，主として株主に帰属する部分である**株主資本の各項目の変動事由を記載**したものである。会社法で新規に計算書類とされたものである。

　個別注記表は，企業の財産や損益の状況を正確に判断するために必要な事項を記載したものであり，1つの書類とせずに，貸借対照表や損益計算書等の末尾に脚注の形で記載することも認められている。例えば，継続企業の前提に関する注記や重要な会計方針に関する注記などがある。

　事業報告は，会社または企業集団の事業の状況の概要を文章の形で記載したものである。これには会計情報は載せない。例えば，会社の状況に関する重要な事項のほかに，内部統制システムの内容や買収防衛策などが記載される。

　附属明細書は，計算書類と事業報告の内容を補足する重要事項の詳細を記載したものである。計算書類の附属明細書としては，例えば引当金の明細や，販売費および一般管理費の明細などがある。

◇開示される情報は会社の規模によって異なる

　1974（昭和49）年の**商法特例法**（正式には「株式会社の監査等に関する商法の特例

に関する法律」）において，株式会社は資本の額と負債総額によって**大会社，中会社**および**小会社**に分類された。**会社法**では，**大会社と大会社以外の会社（中小会社）**というように分類された。**大会社**は，資本の額（5億円以上）か，負債総額（200億円以上）の**いずれかの基準**を満たしたものである。この条件を満たさない会社は**大会社以外の会社**となる。

　大会社以外の会社は先にあげた計算書類と事業報告を開示すればよい。しかし，**大会社**（正確には「大会社かつ有価証券報告書提出会社」，有価証券報告書は後述する）は，計算書類と事業報告のほかに**連結計算書類**を開示しなければならない。連結計算書類には，次のようなものがある。

　① **連結貸借対照表**
　② **連結損益計算書**
　③ **連結株主資本等変動計算書**
　④ **連結個別注記表**

　連結計算書類は，金融商品取引法上で作成されている企業グループ（企業集団）の連結財務諸表が使われる。

◇ディスクロージャーの方法にはどのようなものがあるか

　情報開示の方法には，**直接開示，間接開示**および**公告**がある。直接開示は**株主**を対象とし，間接開示は**株主と債権者**を対象としている。また，公告は**潜在的な株主と債権者**を対象にしている。

◇直接開示とは何か

　直接開示とは，情報を必要とする者の手元に，企業から直接，情報が提供される方法である。**直接開示**は「**直接的ディスクロージャー**」と呼ばれることもある。直接開示は，**株主への情報開示**の方法として使われる。

　株主は株主総会で議決権等の権利を行使する。このような権利行使のためには，株主は株主総会に先だって，提出される議案について知っておく必要がある。株主総会の議案には，計算書類の報告または承認が盛り込まれる。このた

第 1 章

めに，あらかじめ計算書類を株主に提供しておかなければならない。

会社法は，**計算書類**と**事業報告**，さらに監査役等の**監査報告書**を**株主総会招集通知**に添付する形で，株主総会の会日の2週間前に株主に提供することを求める。**大会社**の場合には，**連結計算書類**も添付される。しかし，附属明細書は添付されない。つまり，附属明細書は直接開示の対象となっていない。

直接開示では，株主に**直接郵送する方法**のほかに，一定の条件を満たしたときには，**インターネット**を利用した**電磁的方法**で情報を提供することも認められている（**WEB開示制度**）。WEB開示できるのは，**個別注記表**，連結計算書類および事業報告に限られる。直接開示は**株主保護の観点**からの制度である。

◇間接開示とは何か

間接開示とは，企業が一定の場所に情報提供し，情報を必要とする者がその場所に出向いて情報を得るという方法である。**間接開示は「間接的ディスクロージャー」**と呼ばれることもある。間接開示は，**株主と債権者への情報提供**の方法として使われる。

間接開示の対象は，**計算書類**，**連結計算書類**（**大会社の場合**），監査役等の**監査報告書**，**事業報告**および**附属明細書**である。附属明細書は間接開示でのみ提供される。企業はこのような書類を，**定時株主総会の会日の2週間前より本店・主要な支店に備え置き**，**株主と債権者の閲覧**に供し，**謄本または抄本の交付**に応じる。

株主は，直接開示によって事前に提供された計算書類を読み，さらに詳しく調査したいことがあれば，間接開示を利用することによって，附属明細書を調べることができる。このように，間接開示は株主の権利行使に役立つので，株主保護につながる。

債権者が情報を入手するルートは，間接開示だけである。債権者には，定期的な権利行使の場がないからである。また，分配可能額の計算において，債権者の保護がすでに図られているからである。

◇公告とは何か

「公告」は，宣伝広告で使う「広告」とは異なる。公告は，一般的に「決算公告」といわれる。**公告は潜在的な株主と債権者を対象**にしている。「潜在的な株主と債権者」とは，いま株主や債権者ではないが，将来，株主や債権者になる可能性のある人々を指す。人々のすべては株主や債権者になる可能性があるから，**公告**は，結果的に**一般大衆を対象**にしていることになる。

定時株主総会で計算書類が報告または承認されたとき，**株主総会終了後，遅滞なく**（「すぐに」という意味）**貸借対照表**と**損益計算書**，またはそれらの**要旨**を公告しなければならない（大会社の場合）。**中小会社**の場合には，**貸借対照表**またはその**要旨**を遅滞なく**公告**しなければならない。

公告は，**官報**または**時事日刊新聞**（日本経済新聞が多い）において行われる。公告は，**インターネット**を利用した**電磁的方法**によることも認められている。この場合には，5年間継続してホームページに公開しなければならない（ホームページで公開する企業が増加してきている）。有価証券報告書提出会社は，より詳細な情報をすでに公表しているから，公告が免除される。

4　金融商品取引法会計とは何か

1　金融商品取引法会計の目的
　　－誰を保護しようとしているのか－

会社法上は，株主と債権者は，企業の外部利害関係者として考えられている。このため，株主と債権者の権利を保証し，彼らの利害の調整を目的とする規制が行われる。すなわち，**会社法**は，**企業**と**株主・債権者**との法律関係を考えている。

証券市場に株券や債券等（有価証券）を発行したり，発行した証券を市場で

第 1 章

流通させたりしている企業は**公開企業**と呼ばれる。証券市場でそのような公開企業の株券（株式）を買い入れると，その企業の株主になる。市場で株式を購入するとき，どの企業が収益性や安全性等が高いか，またどの企業の株価が上がりそうか，といったことを考えて，買うかどうかを決める（**投資意思決定**）。

　言い換えれば，証券市場に参加しようとするときには，市場を**投資運用または資金運用**，さらにいえば**利殖・もうけの場**と考える。株式を買うことによって特定の企業の株主になって，株主総会で何かの権利を行使してやろう，とはあまり考えていないものである。

　株式会社だけでなく，会社（合名会社・合資会社・合同会社）であれば，証券市場に**債券を発行して長期の資金を借り入れる**ことができる。この債券は**社債**または**社債券**と呼ばれる。市場を通じて社債を買い入れれば，企業に資金を貸し付けたことになるから，**社債所有者は債権者**になる。

　証券市場に参加して，社債を買い入れるとき，どの企業の社債が安全か，あるいはどの企業の社債利率（利息）が高いかといったことを考えて，社債を買うかどうかを決める（**投資意思決定**）。やはり，社債購入者も証券市場を**投資運用または資金運用の場**と考える。社債を所有することによる債権者の権利がどうであるかは，あまり考えてはいない。

　証券市場に参加して株式や社債を購入しようとしている市場参加者は，株主や債権者の法的権利を考えるのではなく，むしろ証券運用での利殖に関心を持っている。市場参加者は，例えば，預金運用に比べてより有利な資金運用先は何か，を考えている**投資者**あるいは**投資家**である。証券市場では，株式所有者であれ，社債所有者であれ，すべて投資者である。投資者は，法律的な関係ではなく，まさに**経済的関係で証券市場に係わっている**のである。

　従来の**証券取引法**（証取法）は，このような**投資者の保護**を目的としていた。したがって，証取法の下でつくられている会計（証取法会計）も，**投資者保護**を目的としていた。商法に関係して新会社法が2006年から適用されたが，同じ年に証券取引法についても大改正が行われた。証券取引法は「**金融商品取引法**」（金商法）として生まれ変わり，2007年9月30日から全面的に施行され

た。金商法は証取法と同様に，**投資者保護を目的としている**から，金商法の下で作られている会計（金商法会計）もまた，**投資者保護**を目的としている。

◇金融商品取引法はどのような法律か

金証法の前身である**証取法**は，戦後の**1948（昭和23）年にアメリカの法律を範にしてつくられた**。そのアメリカの法律は，証券法（1933年）と証券取引所法（1934年）であり，わが国の証取法はこれら2つの法を1つにまとめて制定された。

商法そして会社法はフランコ・ジャーマン系の大陸法の流れを汲んでいるのに対して，証取法そして金証法は**アングロ・アメリカン系の思想を持つ英米法**の流れを受け継いでいる。

戦前は大陸法，戦後は英米法という具合に，発想の違った考え方の法律が併存している。あたかも「木に竹を接ぐ」ような状態になっている。したがって，**会社法会計と金商法会計は互いに関係するところがあるにしても，本来，目的も性格も違う会計制度**である。

金商法は，**証券市場における投資者を保護する**ために，金融商品の範囲を拡大して，横断的な規制をするとともに，公正な取引ができるように取引所の自主規制を強化した。またディスクロージャー制度もより整備した（例えば，**四半期報告制度**が新たに導入された）。

◇証券市場はどのような働きをしているか

証券市場は，**企業にとって安定した長期資金の調達の場**という役割を持っている。企業は，証券市場で株式を発行することによって，市場を通じて**半永久的な長期資金を調達**することができる。また，社債を発行することによって，市場を通じて**長期資金を借り入れる**ことができる。

証券市場は，**投資者にとって資金運用または利殖の場**という役割を持っている。投資した株式が値上がりして，その状態で株式を売却することによって，**株式売却益**（capital gain：キャピタル・ゲイン）を得ることができる。また，企

業が高収益をあげたことによって、大きな**配当収入**（income gain：インカム・ゲイン）を得ることができる。社債に投資した場合には、預貯金よりも大きな利息収入が期待できる。また、市場金利が低くなれば、市場の債券価格が上昇し、売却すれば、債券売却益を得ることができる。

証券を所有していて、手元資金が入用になれば、証券を市場で売却して現金に換える。したがって、証券は持ち手をかえて、転々と流通し、証券に関する**流通市場**が形成される。つまり、投資者は、証券発行企業に出資額や投資額の返還を要求することはできないのである。

このことを企業側からみれば、株式発行による調達資金は、返還のことを考えずに半永久的に利用できることになる。債券発行による調達資金であれば、支払期限まで、返済のことなど考えずに利用することができる。言い換えれば、まさに安定的な長期資金が調達できる。このことからも、証券市場が経済社会にあってきわめて重要な機能を果たしていることがわかる。

◇なぜ投資者を保護するのか

証券市場において、投資者が株式投資をするとき、何を手がかりに投資するであろうか。有名な評論家が推奨していたからという理由、あるいは株価が上がるといううわさ（「風説」という）があったからという理由もあるかもしれない。このようなものに基づく投資は、結果として納得のいくことが少ない。

賢明な投資者は、企業が提供している情報を比較して、もっとも有利と考える企業の株式に投資するであろう。利用する企業情報の中には、**財務諸表**が中心となった**会計情報**がある。当然であるが、投資者は、財務諸表の中の会計数値は正しいという前提で比較評価して、**投資意思決定**を行っている。

もしも財務諸表の財務情報が、経営者によって意図的に変えられた嘘の情報（**虚偽情報**）であったならば、どうであろうか。その財務情報が正しいと信じて投資決定を行った投資者は、**誤った意思決定**に導かれたことになる。その結果、大きな損失が生じたとすれば、その損失は、結局のところ投資者自身が引き受けることになる。証券投資は自らの判断で行うものであるから、証券投資

による利益も損失も，投資者自身が引き受けなければならないからである。これは「**自己責任の原則**」といわれる。

自己責任の原則が証券投資に貫かれるのであれば，投資者は，**事実を知らされないことによって被る損害から保護**されなければならない。意図的な虚偽情報や何ら根拠のない風説情報が，証券市場にあふれているとすれば，投資者は投資しようとはしない。投資をすることで，損失を受けるリスクがきわめて高くなるからである。このようになれば，証券市場は機能しなくなる。

事実を知らされないことによって被る損害から投資者を保護するためには，何が必要であろうか。この答えは，投資者に事実を知らせるような**ディスクロージャー**すなわち**情報開示**を行わせることである。

金商法では，投資者保護のために「**開示主義**」がとられる。開示主義とは，証券の安全性や価値を保証することはせずに，代わりに証券の価値に関する一定の情報を開示させ，投資者が自己の責任で証券を売買することができるようにする，という考え方である。

このような開示主義の下に，金商法におけるディスクロージャー制度は，**十分な情報開示**（full disclosure：フル・ディスクロージャー）と**適時な情報開示**（timely disclosure：タイムリー・ディスクロージャー）という２つの側面からつくりあげられている。これによって，投資者は**投資意思決定に有用な信頼性のある情報**を得ることができるようになる。したがって，**金商法会計は，投資者保護**を目的にして，**十分にして適時な情報開示**を行う会計ということができる。

2 金融商品取引法のディスクロージャー制度

金商法のディスクロージャー制度は，十分な情報開示（フル・ディスクロージャー）と適時な情報開示（タイムリー・ディスクロージャー）という２つの側面から整備される。これら２つの側面は，相互に関係し合いながら制度化されている。それでは，金商法では，どのような会計情報が，いつ，どのような形で

第 1 章

開示されるのか。

◇どのような情報が開示されるのか

　金商法では，会計情報または財務情報を載せた報告書は「**財務諸表**」といわれる（会社法では，「計算書類」といわれることはすでに述べた）。財務諸表は，大別すると，**連結財務諸表**と**個別財務諸表**とからなる。

　連結財務諸表は企業集団（グループ企業）に関する財務諸表であり，金商法では，それが中心となる。連結財務諸表は，企業の経済的関係を基礎にした企業集団を，**1つの経済主体**と考えて作成される。

　個別財務諸表は，企業集団を構成する**個々の企業の財務諸表**である。個別財務諸表は，法人格を基礎にした**法的主体**として企業をとらえて作成される。つまり，それは企業の法律的関係を基礎にしている。個別財務諸表は，通常，「個別」を付けずに単に「**財務諸表**」といわれる。

　連結財務諸表と個別財務諸表の具体的な種類を示そう。**連結財務諸表は連結財務諸表規則**，また**財務諸表は財務諸表等規則**において定められている。連結財務諸表規則は正式には，「**連結財務諸表の用語，様式及び作成方法に関する規則**」という。また，財務諸表等規則は正式には，「**財務諸表等の用語，様式及び作成方法に関する規則**」という。これらの財務諸表は，会計期末で作成されるものである。金商法上の連結財務諸表と（個別）財務諸表を示すならば，次のようになる。

連結財務諸表	（個別）財務諸表
連結貸借対照表	貸借対照表
連結損益計算書	損益計算書
連結株主資本等変動計算書	株主資本等変動計算書
連結キャッシュ・フロー計算書	キャッシュ・フロー計算書
連結附属明細表	附属明細表

　会社法では，大会社（かつ有価証券報告書提出会社）は連結計算書類を提出しなければならないが，そこには連結キャッシュ・フロー計算書は含まれていな

い。この点は（個別）計算書類でも同じである。したがって，金商法の方が会社法に比べて，より多くの情報が提供され，その意味では，金商法上のディスクロージャーはフル・ディスクロージャーであるといえる。

財務諸表は，会計期間の**期央**すなわち**期間の中間時点**，会計期間が１年のとき，**ちょうど６ヵ月がすぎた時点**でも作成される。中間時点で作成される財務諸表は，一般的に**中間財務諸表**と呼ばれる。中間財務諸表には，**中間連結財務諸表と中間（個別）財務諸表**がある。中間個別財務諸表は，年度末でつくる個別財務諸表を単に財務諸表といっているので，それにあわせて単に「**中間財務諸表**」という。中間財務諸表という語は，このように総称として広く使ったり，中間個別財務諸表を指すときのように，狭く使ったりするので，注意が必要である。

金商法では，有価証券報告書提出会社のうち上場会社・店頭登録会社（後述する）以外の会社は，中間連結財務諸表と中間財務諸表を作成しなければならない（また銀行や保険会社等も作成が特に求められる）。このような会社は年２回，財務諸表を作成することになる。中間財務諸表は会社法にはない。したがってこの点で，金商法ではタイムリー・ディスクロージャーが図られているといえる。

中間連結財務諸表は中間連結財務諸表規則，また中間財務諸表は中間財務諸表等規則において定められている。中間連結財務諸表規則は正式には，「**中間連結財務諸表の用語，様式及び作成方法に関する規則**」という。また，**中間財務諸表等規則**は正式には，「**中間財務諸表等の用語，様式及び作成方法に関する規則**」という。中間連結財務諸表と中間（個別）財務諸表を示すならば，次のようになる。

中間連結財務諸表	中間（個別）財務諸表
中間連結貸借対照表	中間貸借対照表
中間連結損益計算書	中間損益計算書
中間連結株主資本等変動計算書	中間株主資本等変動計算書
中間連結キャッシュ・フロー計算書	中間キャッシュ・フロー計算書

第 1 章

　金商法では，2008年4月1日以降開始の事業年度から「**四半期財務諸表**」の作成が求められることになった。四半期財務諸表とは1年を4等分した3カ月ごとの財務諸表である。上場会社と店頭登録会社は，半期報告書に代えて四半期財務諸表を作成しなければならない。四半期財務諸表は会社法にはない。この点で，金商法ではタイムリー・ディスクロージャーが強化されている。

　四半期財務諸表には，**四半期連結財務諸表**と**四半期（個別）財務諸表**がある。**四半期連結財務諸表は四半期連結財務諸表規則**，また**四半期財務諸表は四半期財務諸表等規則**において定められている。

　四半期連結財務諸表規則は正式には，「四半期連結財務諸表の用語，様式及び作成方法に関する規則」という。また，四半期財務諸表等規則は正式には，「四半期財務諸表等の用語，様式及び作成方法に関する規則」という。四半期連結財務諸表と四半期（個別）財務諸表を示すならば，次のようになる。

四半期連結財務諸表	四半期（個別）財務諸表
四半期連結貸借対照表	四半期貸借対照表
四半期連結損益計算書	四半期損益計算書
四半期連結キャッシュ・フロー計算書	四半期キャッシュ・フロー計算書

◇どのように情報は開示されるか

　証券市場は機能的には，**発行市場**と**流通市場**とに分類される。発行市場とは，新規に発行される証券が発行者から投資者に分散されるような市場をいう。また，流通市場とは，既発行証券が投資者から他の投資者へ移転されるような市場をいう。発行市場と流通市場は相互に密接に関連している。金商法は，証券市場を発行市場と流通市場に分類し，それぞれについてのディスクロージャーを規定する。

　金商法でのディスクロージャーは，基本的には**間接開示**である。現在の投資者だけでなく，潜在的な投資者も対象としているからである。金商法は直接開示も定めるが，これはむしろ例外である。間接開示は，発行市場と流通市場の開示に分けられる。**発行市場における開示**は「**発行開示**」といわれ，**流通市場**

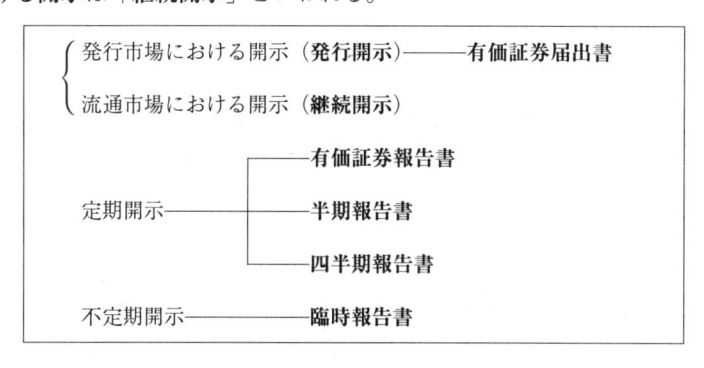

における開示は「**継続開示**」といわれる。

```
        ┌ 発行市場における開示（発行開示）────有価証券届出書
        │ 流通市場における開示（継続開示）
        │                    ┌── 有価証券報告書
        │     定期開示  ──────┼── 半期報告書
        │                    └── 四半期報告書
        └ 不定期開示 ──────────── 臨時報告書
```

◇発行開示とは何か－有価証券届出書－

　有価証券の**発行価額または売出価額の総額**が**1億円以上**となる有価証券の募集または売出を行う場合、企業は**有価証券届出書**を作成して提出しなければならない。有価証券届出書は**発行市場における開示**すなわち**発行開示**のために使われる。有価証券届出書は**金融庁、証券取引所および発行会社の本店**などで備え置き、**5年間**にわたって**縦覧**に供せられる。

　有価証券届出書は基本的には**4部構成**になっている。つまり、**証券情報、企業情報、提出会社の保証会社等の情報**および**特別情報**からなる。このうち、**財務諸表は企業情報の中で開示**される。これについては、次の有価証券報告書の項で触れよう。

　有価証券届出書は、すでに上場会社等になって**継続開示**しているときには、**簡略化**することが認められている。簡略化の方法としては、①**組込方式**および②**参照方式**の2つがある。

　組込方式は、すでに1年間継続して有価証券報告書等を提出している場合、有価証券報告書と半期報告書等を綴じ込むことで有価証券届出書の記載に代えるというものである。参照方式とは、すでに1年間継続して有価証券報告書を提出していて、最近の年間売買金額と平均時価総額が一定金額以上等である場合に、直前の有価証券報告書等を参照すべき旨を記載することで、有価証券届

第　1　章

出書の記載に代えるというものである。

◇継続開示とは何か－有価証券報告書－

　流通市場における開示は**継続開示**といわれる。継続開示は，開示が定期的に行われるか否かによって，**定期開示**と**不定期開示**に分類できる。

　定期開示は企業によっては，**3カ月ごと**に行われる。期首から3カ月ごとに**四半期報告書**が提出される（最初の3カ月は第1四半期，2番目の3カ月は第2四半期，そして3番目の3カ月は第3四半期といい，3回の四半期報告書が提出される）。また，企業によっては，会計期間の期央時点で**半期報告書**が提出される。そして会計期間の期末において**有価証券報告書**が提出される。**不定期開示**は，企業内容に関する**重要な事実が発生したとき**に開示するものであり，**臨時報告書**が提出される。

　期末に作成される**有価証券報告書**から取り上げよう。有価証券報告書は，**事業年度経過後3ヵ月以内に提出**しなければならない。有価証券報告書を提出する会社は，次のような会社である。

(1) **上場会社**
　証券取引所に上場されている有価証券の発行会社
(2) **店頭登録会社**
　店頭市場に登録している有価証券の発行会社
(3) **有価証券届出書提出会社**
　有価証券届出書を提出した有価証券の発行会社
(4) **一定の外形基準を満たした会社**
　最近5年間のいずれかの事業年度末における所有者数が500名以上となる有価証券の発行会社

　有価証券報告書は，有価証券届出書の場合と同じように，**金融庁，証券取引所および発行会社の本店**などで備え置きし，5年間にわたって縦覧に供せられる。

　有価証券報告書は2部構成になっている。つまり，**企業情報**と提出会社の保

証会社等の情報から構成されている。企業情報としては，次のようなものが記載される。すなわち，①会社の概況，②事業の状況，③設備の状況，④提出会社の状況，⑤**経理の状況**，⑥提出会社の株式事務の概要および⑦提出会社の参考情報。

第5の経理の状況において，**連結財務諸表**と**財務諸表**，そして**監査報告書**が記載される。

◇継続開示とは何か－半期報告書－

半期報告書は，1年決算の有価証券報告書提出会社が，事業年度が開始した日以後6ヵ月間の**会社の営業および経理の状況その他の事項を記載**したものである。これは，**適時開示（タイムリー・ディスクロージャー）の考え方**によっている。

1年の会計期間は，**上半期**（上期ともいう）と**下半期**（下期ともいう）に分けられるが，上半期は事業年度開始後6ヵ月であり，下半期はそれに続く6ヵ月である。**半期報告書は上半期情報であり，上半期経過後3ヵ月以内に提出**される。半期報告書は，**金融庁，証券取引所および発行会社の本店などで備え置き，3年間にわたって縦覧**に供せられる。

半期報告書は，有価証券報告書と同じ構成をとるが，有価証券報告書よりも**簡略な内容**となっている。企業情報の中の「**第5・経理の状況**」では，**中間連結財務諸表と中間財務諸表**，そしてそれぞれの**監査報告書**が記載される。

上場会社以外の有価証券報告書提出会社は，半期報告書を提出しなければならない。しかし，この会社は四半期報告書を任意に提出することができるので，四半期報告書を提出する場合には，当該会社は半期報告書を提出する必要はない。また，**銀行・保険会社等**は半期ベースで自己資本比率に関する規制を受けるので，**第2四半期終了後60日以内に中間連結財務諸表と中間財務諸表を提出**しなければならない。

第 1 章

◇継続開示とは何か－四半期報告書－

　四半期報告書は**適時開示**（タイムリー・ディスクロージャー）の考え方から導入されている。**上場会社と店頭登録会社は，四半期報告書を作成しなければならず，各四半期終了後45日以内に提出**する必要がある。四半期報告書は半期報告書と同様に，**金融庁，証券取引所および発行会社の本店**などで備え置き，3年間にわたって**縦覧**に供せられる。

　四半期報告書の記載内容は，半期報告書の枠組みが使われているが，開示のスピードや適時性から半期報告書の場合よりも簡素化されている。企業情報の中の「**第5・経理の状況**」では，**四半期連結財務諸表を作成している会社は四半期連結財務諸表だけ**を記載する。したがって，四半期連結財務諸表を作成していない会社は四半期財務諸表を記載することになる。これらについて監査報告書に代えて**四半期レビュー報告書**が記載される。四半期報告書では，その他の項目についても記載内容を一部集約化している。

◇継続開示とは何か－臨時報告書－

　臨時報告書は，適時開示（タイムリー・ディスクロージャー）の考え方から導入されている。臨時報告書は，有価証券報告書の提出会社が，**企業内容に関して発生した重要な事実の内容を記載**して，**遅滞なく提出**したものである。

　重要な事実としては，例えば，次のようなものをあげることができる。①海外において行われる有価証券の募集等，②重要な災害の発生，③一定の訴訟の提起，あるいは④一定の合併契約の締結などがある。

　臨時報告書は金融庁，証券取引所および発行会社の本店などで備え置き，1年間にわたって**縦覧**に供せられる。

◇インターネットを利用した開示が行われる

　有価証券報告書等の**法定開示書類の提出・縦覧の電子化**は，アメリカではすでに1996年から行われている。日本では，**2000年の証取法の改正**によって，

財務諸表論の基礎概念

ディスクロージャーの電子化の規定が盛り込まれ，2001年6月1日から有価証券報告書や半期報告書等について適用されてきた。2004年6月以降，ディスクロージャーの電子化は原則的に義務づけられた。

金商法では，ディスクロージャーの電子化についてのコンピュータ・システムは，EDINET（エディネット：開示用電子情報処理組織）と呼ばれている。**財務省のホーム・ページから誰でもアクセスできる。**

◇**証券取引所等でも開示が行われている**

証券取引所等が求めるディスクロージャーは，金商法で規定されているわけではない。しかし，そのディスクロージャーは**金商法のそれを補完する役割を**持っている。

証券取引所は東京をはじめ，**全国に6カ所ある**（東京，大阪，名古屋，札幌，福岡，ジャスダック）。証券取引所は独自に**適時開示ルール**を定め，取引所に上場している会社に**情報開示**を求めている。例えば，決算に関する情報をいち早く市場に流すために，「**決算短信**」を作成させ，取引所に提出させている。そこでは，**当期の業績や次期の業績予想などを開示**させる。

5　税務会計とは何か

1　税務会計の目的は何か

私たちの個人の給与や事業所得に対して**所得税**という税が課せられる。これと同じように，**法人形態をとる企業**に対して，**法人税**が課せられる。法人税は，**公平な課税**を目的として，**法人税法，法人税法施行令，法人税法施行規則**などに基づいて計算される。

法人税は，各事業年度ごとに算定される**課税所得の額**に，一定の税率を乗じて計算される。**税務会計は，課税所得を計算することを目的とした会計であ**

53

る。したがって，税務会計は法人税法会計といってもよい。

法人税を計算するための基礎となる**課税所得**は，**益金の額**から**損金の額**を差し引いて求められる。

> 法人税額＝課税所得×法人税率
> 課税所得＝益金－損金

このため，課税所得の計算のためには，益金と損金とは何かが重要になる。**益金**は，「**資本等取引以外のものに係る当該事業年度の収益の額**」（法人税法22②）と定義される。また，**損金**は，**資本等取引以外のものに係る売上原価，販売費・一般管理費その他の費用の額，損失の額**と定義される（法人税法22③）。

益金と損金の定義からわかるように，基本的には，**益金は損益計算書の収益，損金は損益計算書の費用**の金額と同じである。言い換えれば，企業会計において収益から費用を差し引いて求めた**当期純利益**が課税所得のベースとなる。

2 確定決算主義とは何か

課税所得計算は，企業会計上の当期純利益をベースにするが，しかし，それと全く同じわけではない。もしも課税所得と当期純利益が全く同じであれば，税法上，益金や損金といった概念を持ち出す必要がない。

税法と会社法との企業に対する見方の違い，また国の租税政策によって，課税所得と当期純利益とは異なる。言い換えれば，課税所得を計算するときの要素になる益金は収益と異なり，また損金は費用とは異なる。益金や損金の多くの部分は，収益と費用の額を利用しているというだけである。

法人税法が課税所得を計算するときに，収益と費用を益金と損金として利用するといっても，その基礎をなす損益計算書はどのようなものでもよいというわけではない。企業が課税所得の計算に使う損益計算書は，企業の一定の機関によって承認された正式なものでなければならない。ここに**確定決算主義**が出

てくる。

　株式会社の場合，**株主総会で計算書類が報告・承認されたときに**，**計算書類は"確定した"**といわれる。確定した計算書類に基づいて課税所得を計算するという方式が「確定決算主義」といわれる。

　確定決算主義によれば，会社法上の確定した計算書類における**収益および費用の額を基礎**にして，それに対して**税法規定による加算・減算を行った益金および損金**に基づいて課税所得を計算する。これによって，会社法会計と税務会計は密接な関係を持つことになる。

3　トライアングル体制とは何か

　わが国の会計制度は，会社法に基づくもの，金商法に基づくもの，そして法人税法に基づくものがある。会社法に基づく会計は「**会社法会計**」，金商法に基づくものは「**金商法会計**」といわれる。そして法人税法に基づく会計は「**税務会計**」と呼ばれる。これらの会計は総称して，「**制度会計**」といわれる。

```
              ┌ 会社法会計
  制度会計  ┤ 金商法会計
              └ 税務会計
```

　これら3つの会計は相互に関連し合いながら，わが国の会計制度を形作っている。トライアングルという楽器をイメージしてみよう。3角形でどこをたたいても，共鳴して同じような音が出る。それと同じように，それぞれの会計は3角形の頂点にあって，共鳴する関係にある。それだけ密接な関係にあるので，その点をとらえて，わが国の会計は「**トライアングル体制**」と呼ばれている。しかし，新しい会社法によって，この関係が変化してきている。

第 1 章

```
           会社法会計
          /        \
     金商法会計 ―― 税務会計
```

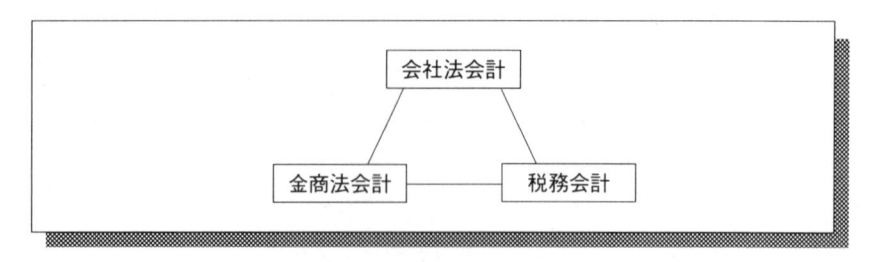

4 会社法会計と金商法会計との関係

　会社法は民法の特別法という関係を持つ。会社法は，企業をめぐる個々の利害関係者の利害の調整を目的に作られている。会社法の適用企業は，小規模の会社企業から十万規模の株主を抱える大企業まで，その**適用範囲は広範**である。

　会社法会計は，**会社法の規定**と**法務省令**の会社計算規則によって体系づけられている。株式会社の計算書類は，それらの規定に従って作成される。

　これに対して，**金証法**は証券市場を通じた国民経済の発展や調和を目的にし，**投資者の保護**を図る。金証法の規制対象になる企業は，上場会社や店頭登録会社などの**一定規模以上の株式会社**である。会社法の適用企業よりもその**範囲は狭い**。

　しかし，金商法の企業は規模が大きいだけに，経済に対する影響も大きい。したがって，そのような企業は詳細にして厳格な規制を受ける。このため，**金商法は，会社法の特別法**であるといわれる。

　投資者保護のために，密度の濃い**ディスクロージャー**制度がつくられている。ディスクロージャーの中心に**財務諸表**がある。財務諸表の作成にあたっては，**企業会計原則**を中心とする数多くの**会計基準**に従って会計処理され，財務諸表の表示については**連結財務諸表規則**や**財務諸表等規則**などに従う。投資者保護を目的として，そのような財務諸表をつくっていく会計が**金商法会計**である。

金商法上の会計基準は，長年にわたって**企業会計審議会**という機関によって設定されてきた。**企業会計原則**は，企業会計審議会の前身である企業会計制度対策調査会によって**1949（昭和24）年に設定**され，過去，4回修正されてきた。監査基準や**連結財務諸表原則**などのほかに，最近では退職給付や企業結合などの数多くの会計基準がこの審議会によって設定されてきた。戦後の金商法上の財務諸表制度は企業会計審議会によってつくられてきたといってもよい。

2001年に財務会計基準機構という機関が新たに作られて，会計基準の設定は，この機構内に設置された**企業会計基準委員会**によって行われることになった。2002年から**企業会計基準**や**企業会計基準適用指針**などがすでに数多く公表されている。

それでは，会社法会計と金商法会計はどのように結びついてきたのであろうか。会社法以前の商法は，歴史的に金商法以前の証取法会計の中心にあった企業会計原則の考え方を徐々に取り入れてきた。

1974（昭和49）年の商法改正では，商法監査と証取法監査を一元化（一本化）するために，「**公正な会計慣行**」を**斟酌する**という規定が導入された。「**公正な会計慣行**」は，具体的には**企業会計原則**を指すと解釈されたので，証取法会計の中心にあった企業会計原則が商法にも取り入れられた。これによって，商法上の計算書類と，証取法上の財務諸表は内容的に基本的に一致することになった。

「公正な会計慣行」が企業会計原則を指すと解釈されたことによって，商法会計の規定に合わせるように，逆に，企業会計原則の修正等がその後行われてきた。その点では，**証取法会計と商法会計との関係は双方向的であった**といえる。

このような，かつての証取法会計と商法会計の双方向的な関係は，会社法と金商法になってさらに深まった。**会社法会計は全面的に金商法会計に合わせるという調整**が行われ，結果的に，**会社法上の計算書類と金商法上の財務諸表との間に種類の違い**（キャッシュ・フロー計算書は金商法にはあるが会社法にはない）はあるけれども，会計処理や表示に関して**差異はなくなっている**。言い換えれ

ば，会社法会計においても，企業会計審議会や企業会計基準委員会が設定してきた会計基準が，計算書類の作成のために使われることになった。

会社法会計は法人格をもつ個別企業の（個別）**計算書類が中心**であり，他方，**金商法会計**は経済的関係で一体とみられるグループ企業（企業集団）の**連結財務諸表が中心**である。会社法の（個別）計算書類と金商法の（個別）財務諸表は一致するようになった。また，会社法上の**大会社**（かつ有価証券報告書提出会社）は，金商法の連結財務諸表と同じ**連結計算書類を作成すること**が義務づけられている（連結キャッシュ・フロー計算書は除く）。

このように，会社法会計と金商法会計は密接な関係を持つことになった。トライアングルの2つの山はフラットになったといえる。**会社法会計の独自の領域は分配可能額の計算**であろう。

```
┌─────────┐     ┌─────────┐
│ 金商法会計 │─────│ 会社法会計 │
└─────────┘     └─────────┘
```

5 会社法会計と税務会計との関係

税務会計は確定決算主義をとっている。確定決算主義によれば，**株主総会で確定した会社法上の計算書類に基づいて課税所得が計算される**。そして，このように計算された課税所得に一定の税率を乗じて法人税額が計算される。会社法会計と税務会計は確定決算主義を通して密接に結びついている。会社法会計と税務会計の密接な関係はこれにとどまるものではない。

法人税法は課税所得計算のために，企業の経理に制限あるいは拘束を設けている。その1つの例が「**損金経理**」である。

法人税額を軽減または回避するためには，課税所得を少なくするようにすればよい。課税所得を少なくするには，益金を減らすか，損金増やすか，あるいはその両方ができればよい。一般的には，益金を減らすよりも，むしろ損金を増やす方がやりやすい。つまり，費用を大きくする。

外部者が係わらない**減価償却**や**引当金**の計上などの内部取引は，費用を多く

計上しやすい。このような処理について，会計処理方法の自由な選択を企業に認めてしまうと，公平な課税に反する事態も生じる。そこで，例えば減価償却について，対象資産ごとに減価償却方法，耐用年数等を定め，**税法が定めた方法等を使用しない限り，損金に算入できる費用とは認めない**ことにする。このような経理の仕方を「**損金経理**」という。

損金経理とは，簡単にいえば，確定した決算において，費用または損失として経理することである。損金経理は，企業における会計処理の基準や方法等を税法が定めてしまうので，基準等の定め方が逆になるという意味で，「**逆基準性**」ともいわれる。

イメージがわきやすいようにいえば，会社法会計から税務会計へという流れとは逆に，税務会計から会社法会計へという流れがあるということである。つまり，**会社法会計と税務会計との関係は双方向的**である。

```
┌─────────┐      ┌─────────┐
│ 会社法会計 │──────│ 税 務 会 計 │
└─────────┘      └─────────┘
```

6 金商法会計と税務会計との関係

金商法会計と税務会計とは直接的な関係はない。金商法会計は会社法会計を介して，間接的に税務会計と関係している。金商法会計と会社法会計との関係はすでに述べた。税務会計の会社法会計への逆基準性は，結果的に金商法会計にも影響を及ぼす。

このことからも，わが国の会計制度は互いに密接に関係していることがわかる。しかし，わが国の会計制度はかつてのようなトライアングル体制ではなく，フラット体制になったといえよう。

```
┌─────────┐     ┌─────────┐     ┌─────────┐
│ 金商法会計 │─────│ 会社法会計 │─────│ 税 務 会 計 │
└─────────┘     └─────────┘     └─────────┘
```

第 1 章

6 会計基準・会計原則

1 なぜ，会計基準・会計原則があるのか

　なぜ，法律の規制以外にも，会計に対する規制（ルール）があるのであろうか。いくつかの理由があるが，主な理由としては，
(1) 法律にはあまり細かな規定を設けることができないので，法律には書いていないが，ルールとして守るべきことを「**基準**」とか「**原則**」とする。
(2) 英米では，**会計実務において慣習として発達**したもののうち，**一般に公正妥当かつ有用と判断される会計手続や処理**を尊重する。
　そうした慣行として成立しているものに，一定の強制力を与えてきた。
　英米では，こうした慣行を**一般に認められた会計原則**（generally accepted accounting standards：GAAP：ギャップと発音する）と呼んでいる。
　本来，こうした**会計原則**は，英米のようなコモンローの国々で発達したものである。英米では，会社法などの法律には，細かな会計規定を置かずに，会計のルール作りを経済界と会計士の団体に任せるという伝統がある。
　なお，**慣習としてのルール**を表現する言葉として，「**会計原則**」と「**会計基準**」がある。以前は，「原則」という表現が一般的であったが，最近では，「基準」という表現が一般的に用いられている。それは，「原則：principles」という表現に厳密な法則のような意味合いがあるために，許容の幅があるという意味を込めて，「基準：standards」と呼ぶようになった。

2 会計公準と会計原則

　「**会計基準**」には，文章化されているものと，文章化されていないものがある。**わが国の企業会計原則は，書かれた原則集である。**

書かれた会計基準は,「企業会計の実務の中に**慣習として発達したもののなかから,一般に公正妥当と認められたところ**」(「企業会計原則の設定について」)を体系的に要約したものである。

では,何をもって「**公正妥当**」と考えるのか,あるいは,いくつもの慣習があって,それらが対立するような場合には,いずれをルールとして選ぶべきであろうか。

上に,財務会計の基礎的前提として**会計公準**を紹介したが,会計基準は,この会計公準を論理展開して実際に実務で使えるようにしたものということができる。

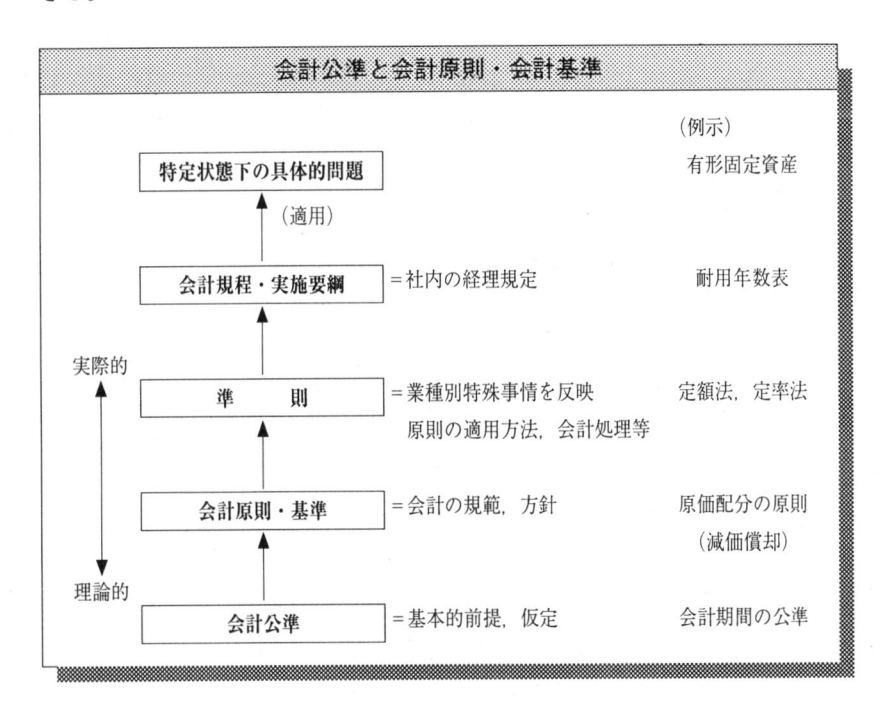

会計公準と会計原則・会計基準

(例示)

階層		内容	例示
特定状態下の具体的問題			有形固定資産
↑(適用)			
会計規程・実施要綱	=	社内の経理規定	耐用年数表
↑			
準則	=	業種別特殊事情を反映 原則の適用方法,会計処理等	定額法,定率法
↑			
会計原則・基準	=	会計の規範,方針	原価配分の原則 (減価償却)
↑			
会計公準	=	基本的前提,仮定	会計期間の公準

左側:実際的 ←→ 理論的

第 1 章

③ 会計基準の必要性

会計の役割は,「**正しい損益**」を計算することである。したがって,会計基準も,「**正しい損益の計算**」とその結果としての「**収益力の表示**」に役立つものでなければならない。

また会計基準には,「**利益操作**」を排除する役割も期待されている。

例えば,一般的にいって,**中小企業の場合**は,利益を過大計上する傾向がある。中堅企業であれば株価を引き上げることによって新株や社債を発行しやすくするとか,小規模企業であれば,業績を嵩上げすることで銀行からの借り入

会計基準の必要性

会計基準＝一般に公正妥当と認められた会計処理・報告の基準

会計基準の必要性
（一次的）正しい**損益計算**および正しい**収益力**の表示
（二次的）**利益操作**　の排除
　　　　　↓
　　　　利益操作の誘因
　　　　中小企業＝利益の過大計上　　　　⇒**粉飾決算**
　　　　　　　　↓
　　　　　　株価引上げ→株式社債発行
　　　　　　　　　　　　　　　　　　　　⇒**資金繰り**
　　　　　　融資を受けやすくなる

　　　　巨大企業＝利益の過小計上　　　　⇒**逆粉飾決算**
　　　　　　　　↓
　　　　　　内部留保（自己金融）
　　　　　　課税対象
　　　　　　賃上げ要求対策

［利益操作の方法例］
① 減価償却－耐用年数の見積,残存価額の見積
　　　　　　［短 ⇔ 長］　［大 ⇔ 小］
② 資産評価－不良資産（債権）の償却,or 計上

③ 資本的支出⇔収益的支出（費用化）

れをしやすくするなどを狙っているのである。つまり，**資金繰りのために利益操作をする。**

大規模企業の場合は，逆に，利益を過小計上する傾向がある。それによって内部留保を厚くし，課税を少なくし，また，労働組合からの賃上げ要求を避けようとするのである。

こうした「**粉飾決算**」(利益を過大に計上) や「**逆粉飾決算**」(利益を過小に計上) を防止するためにも，会計基準が役に立っている。

7　企業会計原則

1　企業会計原則の生い立ち

企業会計原則が設定されたのは，戦後の日本経済を再建するための経済政策の一環として，**企業会計制度を改善・統一する**ことを目的としていた。

戦争によって疲弊した経済を立て直すには，アメリカ等の諸外国から資本を導入する必要があり，そのために，わが国の経済体制を近代化（英米化）する必要があった。

経済体制の近代化には，とりわけ，**企業経営を合理化**し，**公平な課税の制度**を作り，資金調達のための**証券市場を拡充**し，幅広い国民が安心して**証券投資**できるようにする必要があった。

戦前は，わが国の企業金融が**間接金融**に偏っていて，企業が必要とする資金を，もっぱら銀行や保険会社が提供していた。これを，英米のような，**株式発行を中心とした資金調達**（これを**直接金融**という）に変えることがねらいであった。そうすることによって，外国の投資家も安心して日本の企業に株式投資することができるようになる，と期待したのである。

第 1 章

2 会計ルールの設定と公認会計士監査

直接金融の世界では，各企業は，**健全な会計ルール**に従って経理を行い，その結果を広く**投資大衆に公開**する必要がある。そこで，**健全な会計ルール**とはいかなるものかを明らかにし，さらにそのルールに従って経理を行っているかどうかを，外部の専門家（**公認会計士**）から証明（**公認会計士監査**）を受ける必要がある。

課税を公平に行うためにも，企業の所得を適切に把握しなければならないし，**企業活動を合理化**するためにも，**原価計算制度**などを産業界全体に浸透させる必要があった。あらゆる場面で，**近代会計の考え方とテクニック**を必要としていたのである。

企業会計原則は，最初，昭和24（1949）年に，こうした近代的な産業と金融の世界を実現するために，**英米会計の考え方や会計ルールを取り入れて設定**されたものである。

企業会計を規制する法規					
	〈法　規〉	〈規制内容〉	〈規制目的〉	〈手　段〉	〈適用対象〉
制度会計	会社法会計：会社法…………………会社計算規則等………	計算規定形式規定	債権者保護	分配可能額の計算	全会社
	金商法会計：金融商品取引法（同，施行令）…財務諸表等規則（同，ガイドライン）………………企業会計原則（同，注解）	包括規定形式規定計算・形式規定	投資者（株主，債権者を含む）保護	適正な業績利益の算定（収益力表示）	金商法適用会社（主に上場会社）
	税務会計：法人税法（同，取扱要領）…所得税法（同，取扱要領）…	計算規定のみ	課税の公平税収の確保	課税所得の算定	全納税義務者

財務諸表論の基礎概念

3 企業会計原則の役割は何か（歴史的役割）

　産業の近代化や直接金融の世界を実現するために，最初に，**企業会計のルールブック**を作り，これをベースとして，旧来の**商法，税法**などを改正し，また，新規に**証券取引法**を制定しようとした。

　そうした経緯から，設定後しばらくの間は，**企業会計原則が商法，証券取引法，税法**の会計規定に対して「**指導的地位**」を持っていた。

　各法律は，**企業会計原則**の趣旨・精神（つまりは，近代英米会計の精神）に沿うように，会計規定を整備・改善してきた。当時は，企業会計原則に，各法の会計規定に対する「**指導規範的役割**」が課され，法制度上の地位も高かった。

　企業会計原則では，企業会計に関する一般的指針として7つの原則を示している。これを一般原則と呼んでいる。その中には，原則というよりも，啓蒙的な意味合いの強いものもあり，また，会計処理の原則だけでなく会計報告の原則も含まれている。

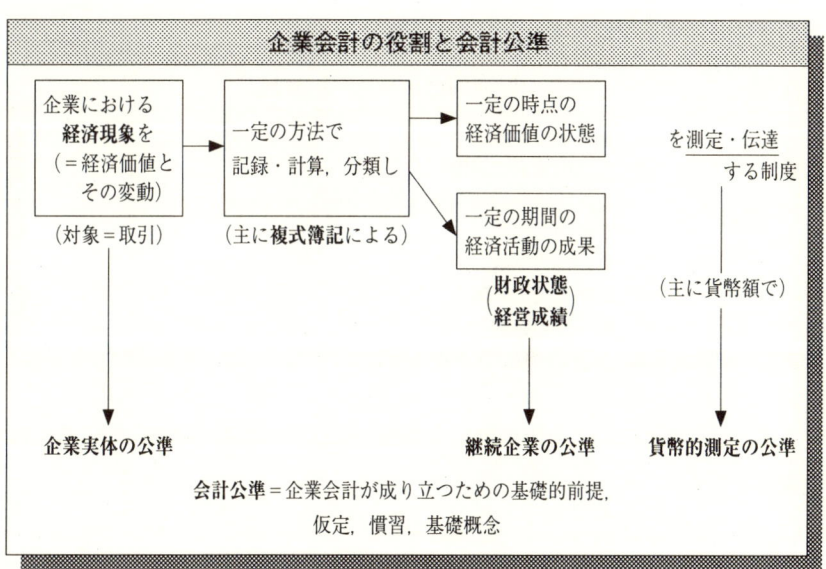

企業会計の役割と会計公準

企業における**経済現象**を（＝経済価値とその変動）
（対象＝取引）
→ 一定の方法で記録・計算，分類し（主に**複式簿記**による）
→ 一定の時点の経済価値の状態
→ 一定の期間の経済活動の成果
財政状態 経営成績
を測定・伝達する制度
（主に貨幣額で）

企業実体の公準　　**継続企業の公準**　　**貨幣的測定の公準**

会計公準＝企業会計が成り立つための基礎的前提，仮定，慣習，基礎概念

第 1 章

```
┌─────────────────────────────────────────────────────────┐
│                  企業会計原則の役割                          │
└─────────────────────────────────────────────────────────┘
```

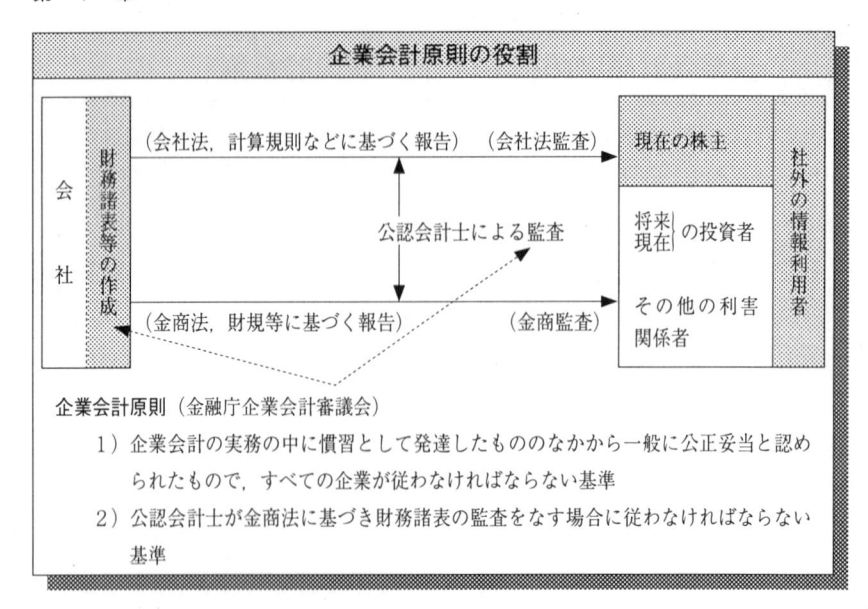

会社	財務諸表等の作成	（会社法，計算規則などに基づく報告）	（会社法監査）	現在の株主	社外の情報利用者
		公認会計士による監査		将来／現在の投資者	
		（金商法，財規等に基づく報告）	（金商監査）	その他の利害関係者	

企業会計原則（金融庁企業会計審議会）

1) 企業会計の実務の中に慣習として発達したもののなかから一般に公正妥当と認められたもので，すべての企業が従わなければならない基準
2) 公認会計士が金商法に基づき財務諸表の監査をなす場合に従わなければならない基準

この７つの原則は，以下に示す諸原則であるが，これらは**損益計算書と貸借対照表に共通する原則**と考えられている。

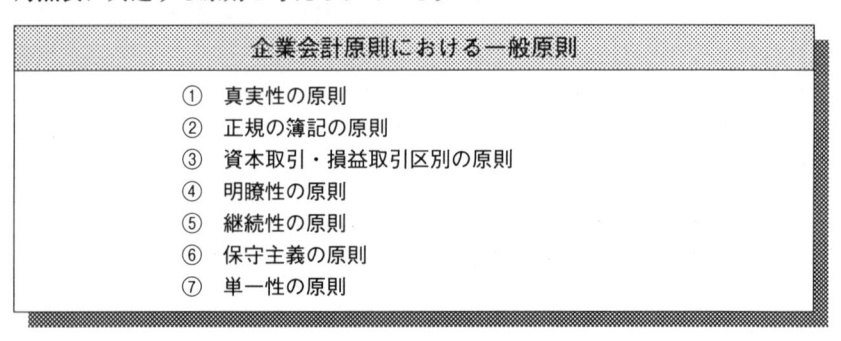

企業会計原則における一般原則

① 真実性の原則
② 正規の簿記の原則
③ 資本取引・損益取引区別の原則
④ 明瞭性の原則
⑤ 継続性の原則
⑥ 保守主義の原則
⑦ 単一性の原則

このほか，主として，**正規の簿記の原則**と**明瞭性の原則**に関連して，**重要性の原則**がある。

財務諸表論の基礎概念

```
                 ┌─ 一般原則の体系 ─┐
                        │
         ┌ 実質・計算原則 ─┬ 資本取引・損益取引区別の原則
         │ （認識・測定に  ├ 継続性の原則
         │  関する一般原則） └ 保守主義の原則
真実性の原則 ┤
〈総括原則〉 │
         │  形式原則    ┌ 正規の簿記の原則 ┄┐
         └ （記録・表示に ├ 明瞭性の原則    ┤┄ 重要性の原則
           関する一般原則）└ 単一性の原則    ┘
```

8　会計の一般原則

1　真実性の原則

企業会計原則は，その冒頭で，次のような**真実性の原則**を掲げている。

> 企業会計原則　一般原則　第1
>
> 　企業会計は，企業の財政状態及び経営成績に関して，真実な報告を提供するものでなければならない。

◇**真実性の原則の意義**

この一文が，**真実性の原則**と呼ばれている。企業会計を行うに当たって，**あらゆるルールに優先して適用される根本的な原則**であり，企業会計の**最高規範**とされる。

この原則は，簡単にいうと，**会計報告を行うに当たっては真実を伝えること**，うそをいわないことを要求している。

第 1 章

　表面的には「報告」における真実性だけが要求されているようにも読めるが，報告の真実性の前提として「**処理の真実性**」がある。

◇不正・誤謬・粉飾

　記録・計算・報告という会計行為を行うに当たって，**不正**，**誤謬**(ごびゅう)，**粉飾**(ふんしょく)などがあると，財政状態と経営成績について「真実」を報告することができなくなる。この原則が求めていることの１つは，こうした**不正**，**誤謬**，**粉飾**などの排除である。

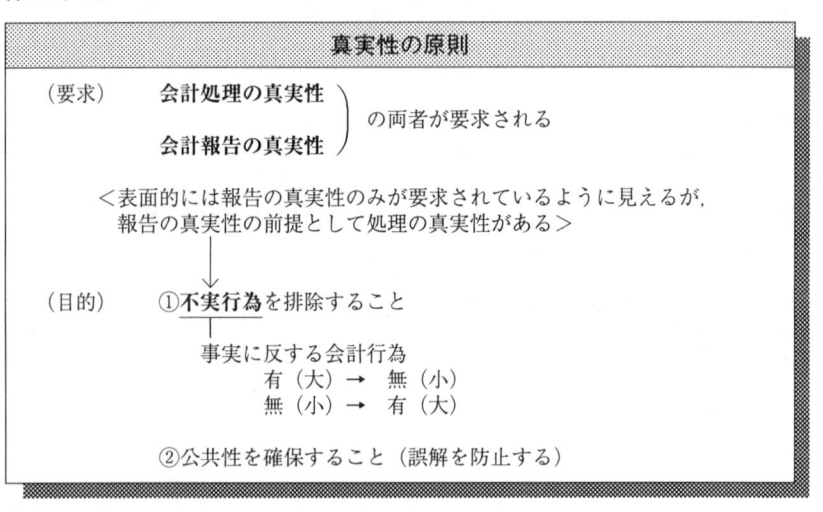

```
　　　　　　　　　　　真実性の原則

（要求）　　**会計処理の真実性**　⎫
　　　　　　　　　　　　　　　　　⎬ の両者が要求される
　　　　　　**会計報告の真実性**　⎭

　　　　　＜表面的には報告の真実性のみが要求されているように見えるが，
　　　　　　報告の真実性の前提として処理の真実性がある＞
　　　　　　　　　↓
（目的）　　①**不実行為**を排除すること
　　　　　　　　事実に反する会計行為
　　　　　　　　　　有（大）→ 無（小）
　　　　　　　　　　無（小）→ 有（大）

　　　　　　②公共性を確保すること（誤解を防止する）
```

◇会計における真実とは何か

　では，**不正や誤謬**，**粉飾**がなければ，「真実な」会計報告となるのであろうか。

　真実を伝えることはそう簡単ではない。何をもって真実と見るかは，国により，時代により，人により，異なることもある。これが真実だとして明示的に示すことができるものではない。

　例えば，カレーライスを食べて，ある人は「おいしい」と感じ，ある人は「まずい」と感じたとしよう。どちらの評価が真実かといわれても，決めよう

がない。この場合の真実は，人によって違うのである。

大昔には，「地球はたいら」だと信じられていた。「地球は平面」というのは，その時代における真実であったのだ。

真実と見るべきものは，このように，時代により，立場により，人により，変わるのである。

企業会計が報告する真実の内容も，その時代の社会的・経済的環境における**会計目的観の変遷**につれて変わるものであり，**絶対的普遍性・不変性**を持つものではない。「これが真実です」といって見せることができるものではない。

◇どうすれば真実性を確保できるか

では，どうすれば，会計報告の真実を確保できるであろうか。企業会計原則を取りまとめた関係者の一人は，次のように述べている。

「企業会計原則における一般原則は，会計の真実性をささえる７つの原則から成り立っているが，第１原則だけが真実性の原則のすべてではなく，第２原則から第７原則まで，それぞれの見地から真実性を言い現しているものと考えることができる。

例えば，正規の簿記の原則（第２原則）に準拠せずに，貸借対照表を作成した場合，それは真実な財務報告ではあり得ない。したがって第２原則に違反することは，同時に第１原則に違反する結果を生ずる。」

もう一人の関係者は，次のようにいう。

「企業会計原則は，一般に認められた会計基準を文章化したものであり，そしてそれは財務諸表を真実なものとするための作成基準であるから，真実性の原則は，企業会計原則における，この原則を除く他のすべての条項を遵守（順守）することを要請する原則である。」

こうした理解（これが今日の**通説**になっている）によれば，**会計報告における真実性を確保するには，企業会計原則に定める他の諸原則に準拠して会計処理および会計報告する必要がある**。すなわち，企業会計原則に定める諸原則に準拠することにより，会計報告の真実性は確保されるのである。

第 1 章

表現を換えていえば，**企業会計原則に準拠して行われる会計処理および会計報告**をもって真実なものとみなすのである。したがって，この原則が要求しているのは，**企業会計原則への準拠**ということになる。

2 正規の簿記の原則

> 一般原則　第2
>
> 　企業会計は，すべての取引につき，正規の簿記の原則に従つて，正確な会計帳簿を作成しなければならない。

　第2原則は，正規の簿記の原則と呼ばれている。
　「**正規の簿記の原則**」は，わが国が模範としたアメリカやイギリスの会計にはない。この原則は，本来，**ドイツ商法上の白紙委任規定**であったとされる。
　1897年に制定されたドイツ商法には，「すべての商人は帳簿を作成し，正規の簿記の諸原則に従い，自己の商取引および財産状態を明瞭に記載しなければならない」と規定されていた。ただし，この原則の内容については定めがなく，通説では，「法に定めのないものについては会計慣行を順守すべし」という意味の，白紙委任規定と解されている。
　そうしたドイツ商法の規定が，わが国の会計原則に盛り込まれたのであるが，もともと，具体的な指示内容のない原則を「字面だけ」取り込んだこともあって，わが国では，この原則の「内容」をめぐって長い論争があった。
　以下では，そうした長年の論争の後，通説となったものを紹介する。
　通説では，この原則には広狭2つの意味がある。

◆狭義の「正規の簿記の原則」

　狭義には，この原則の文言にあるように，会計帳簿を作成するには，「**正規の簿記**」を用いることを求めている。

ここで、正規の簿記とはいかなる簿記を指すのか。通説では、**すべての取引を正確・整然・明瞭に、かつ継続的に記帳できるような簿記システム**をいうとされ、大規模企業については**複式簿記**がもっとも適しているといわれている。

> 正規の簿記＝会計報告書の作成方法として適格な簿記
>
> 正規の簿記の要件
> ・**網羅性**（一定期間に発生したすべての取引を記録できること）
> ・**記録の検証可能性**（実際の取引その他検証可能な証拠に基づいた記録ができること）
> ・**秩序性**（継続的かつ組織的な記録ができること）
> ・**財務諸表の誘導可能性**（その記録から、財務諸表を誘導的に作成することができること）

しかし、零細な企業や取引が極端に少ない事業などでは、わざわざ複式簿記を使わなくても、**単式簿記**のような、より**簡便な記帳法**でも、継続的・秩序的な記録を残すことができ、**正確な会計帳簿**を作成することができる。したがって、企業規模や取引量によっては、**単式簿記も正規の簿記**と考えることができる。

◇広義の「正規の簿記の原則」

この原則を広義に捉えると、「**財務諸表は、正確な会計帳簿から誘導して作成する**」ことを要求するものである。

少し具体的に述べると、**正規の簿記の原則**は、一定期間において発生したすべての取引を、その取引の事実に基づいて、**正規の簿記**を用いて記録し、それを元にして作成した**正確な会計帳簿から誘導して財務諸表を作成**することを要求している。

第 1 章

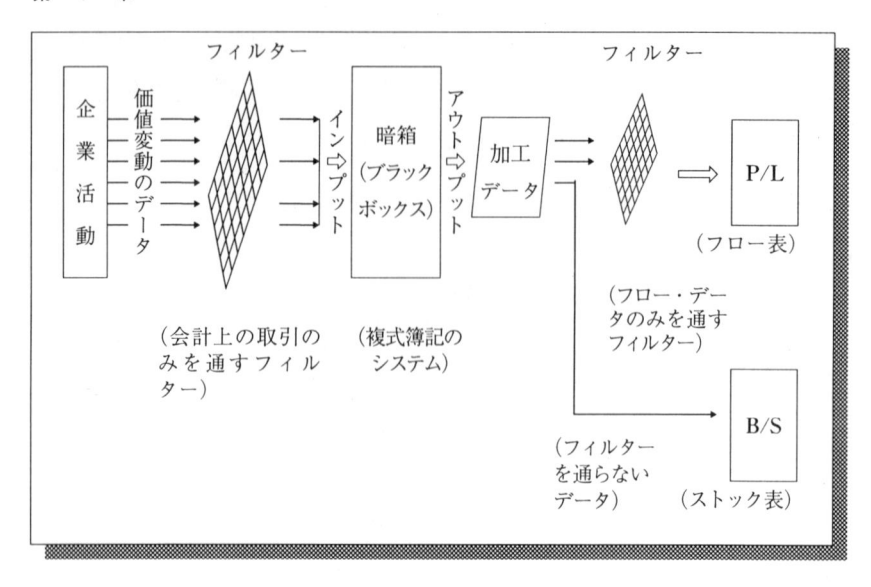

```
企業活動 → 価値変動のデータ → [フィルター(会計上の取引のみを通すフィルター)] → インプット → 暗箱(ブラックボックス)(複式簿記のシステム) → アウトプット → 加工データ → [フィルター(フロー・データのみを通すフィルター)] ⇒ P/L (フロー表)
                                                                                                              ↓ (フィルターを通らないデータ) → B/S (ストック表)
```

◇どうして簿外資産・簿外負債が生じるのか

　正規の簿記の原則は，すべての取引を**網羅的に記録**することを要求するものであるから，この原則を厳密に適用すると，すべての資産・負債は帳簿に記録されるはずである。したがって，帳簿に記載されない資産（これを**簿外資産**という）や帳簿に載らない負債（これを**簿外負債**という）は生じない。

　しかしながら，例えば，包装紙などをまとめて購入した場合に，これを資産（**消耗品**）として計上する処理を取らず，費用（**消耗品費**）として処理するような場合において，期末に包装紙の残りがあれば，帳簿に載らない資産（**簿外資産**）が生じる。

　この**簿外資産**が，その金額から見て，会計帳簿の真実性をゆがめるほどのものではないほど些少（少額）であれば，期末に包装紙の残部を**消耗品として資産に戻す処理**をするまでもない。

◇どういうときに重要性の原則が適用されるのか

企業会計原則注解・注1には,次のような**適用例**が示されている。

企業会計原則注解・注1

(1) **消耗品,消耗工具器具備品その他の貯蔵品**等のうち,重要性の乏しいものについては,その買入時又は払出時に費用として処理する方法を採用することができる。
(2) **前払費用,未収収益,未払費用**及び**前受収益**のうち,重要性の乏しいものについては,**経過勘定項目として処理しない**ことができる。
(3) **引当金**のうち,重要性の乏しいものについては,これを計上しないことができる。
(4) **たな卸資産の取得原価に含められる引取費用,関税,買入事務費,移管費,保管費等の付随費用**のうち,重要性の乏しいものについては,取得原価に算入しないことができる。
(5) **分割返済の定めのある長期の債権又は債務**のうち,期限が1年以内に到来するもので重要性が乏しいものについては,固定資産又は固定負債として表示することができる。

これらの例のうち,(1)から(4)は,重要性の原則を適用すると,**簿外資産・簿外負債**が生じるケースであり,(5)は,**財務諸表の表示**に関して重要性の原則を適用したケースである。

◇なぜ重要性の原則は一般原則に入らないのか

重要性の原則は,正規の簿記の原則や,後で出てくる「**明瞭性の原則**」が指示する要件に対する**例外的な取り扱いや簡便な処理**を「**許容**」するものであって,積極的に例外的な処理や簡便な処理を適用することを「要求」するものではない。

この原則は,あくまでも,正規の簿記の原則や明瞭性の原則に対する例外的

第 1 章

な扱いを定めたものであって、7つの一般原則と同列には扱えない。そのために、注解において「**適用指針**」が示されている。そういう意味からすると、これは、「**原則**」というより、「**重要性の判断指針**」といった方が内容を表している。

3 資本取引・損益取引区別の原則

一般原則　第3

　資本取引と損益取引とを明瞭に区別し、特に資本剰余金と利益剰余金を混同してはならない。

資本取引・損益取引区別の原則（剰余金区分の原則）

＝資本取引と損益取引を区別し、
＝（上をうけて）資本剰余金と利益剰余金
　　を混同しないこと
　　　［例］株式払込剰余金と株式発行費の相殺

　この原則は、**剰余金区分の原則**とも呼ばれている。企業会計原則では、**会計報告**の場合に「区分」という表現を使い、**会計処理**の場合は「区別」という表現を使っている。したがって、**剰余金「区分」の原則**であり、**資本取引・損益取引「区別」の原則**という。

　会計上の取引のうち、通常の営業取引は収益や費用を生じさせ、結果として、企業の純資産を増減させる。しかし、**損益の発生以外の原因から純資産を増減させる取引**もある。

　例えば、株主が**追加の資本**を払い込んだような取引が該当する。前者のような「**損益を発生させる取引**」（営業取引）を「**損益取引**」、後者のように、「**直接に純資産を増減させる取引**」を「**資本取引**」と呼ぶ。

資本取引は，企業の元手（資本）を直接に増減させる取引であって，営業取引はその元手を運用する取引である。運用の結果，元手が増大することもあれば（**利益の発生**），減ることもある（**損失の発生**）。

運用の結果として増大した分は，本質的に**分配可能な利益**であるから，配当として株主に分配することができる。しかし，株主が資本として拠出したものは，企業内に保留し，元手として運用することを目的としたものであるから，株主に分配する場合には特別の手続が必要である。

資本取引と損益取引を区別するということは，資本取引の結果として企業内に保留される元手（資本）と，元手を運用（損益取引）した結果として生じる損益を混同しないということである。

「**特に，資本剰余金と利益剰余金とを混同してはならない**」といっているが，**資本剰余金**は「**資本取引から生じた剰余金**」をいい，**利益剰余金**は「**損益取引から生じた剰余金**」をいう。会計処理において資本取引と損益取引を区別するように，会計報告では，それぞれの結果から生じる資本剰余金と利益剰余金を区分して表示することを要求している。

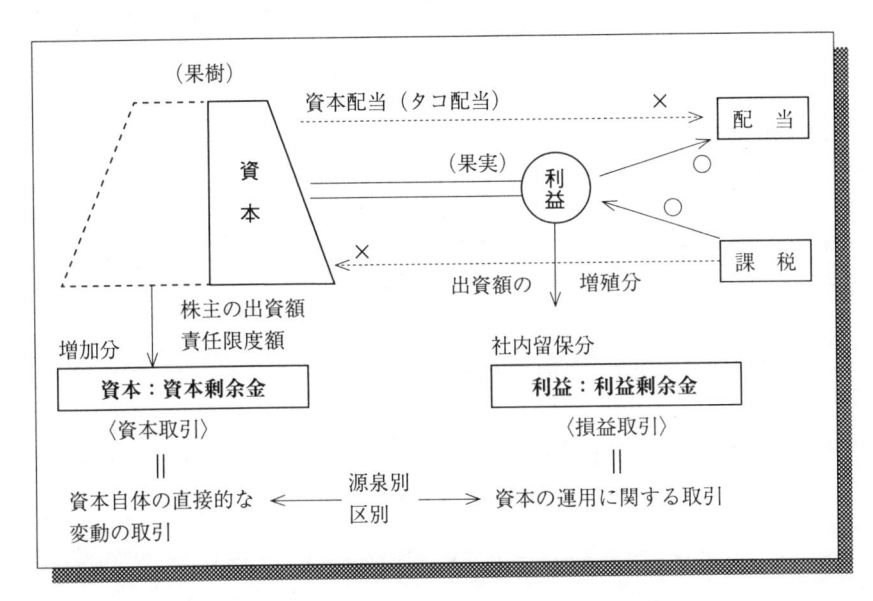

```
   (果樹)
           資本配当（タコ配当）       ×→ 配 当
   ┌─┐                                      ○
   │資│        (果実)      →利←
   │本│                                      ○
   └─┘  ←×─────              ← 課 税
         出資額の   増殖分
   株主の出資額           社内留保分
   増加分  責任限度額
  ┌─────────┐        ┌─────────┐
  │資本：資本剰余金│        │利益：利益剰余金│
  └─────────┘        └─────────┘
    〈資本取引〉                〈損益取引〉
       ‖            源泉別        ‖
   資本自体の直接的な ← 区別 → 資本の運用に関する取引
   変動の取引
```

第 1 章

　この原則を説明するとき，しばしば，果樹（資本）と果実（利益）を例として使う。果実はすべて食べる（処分する）ことができるが，果樹を切ったりしたら元も子もなくなるので，果樹と果実を混同するなというルールである。

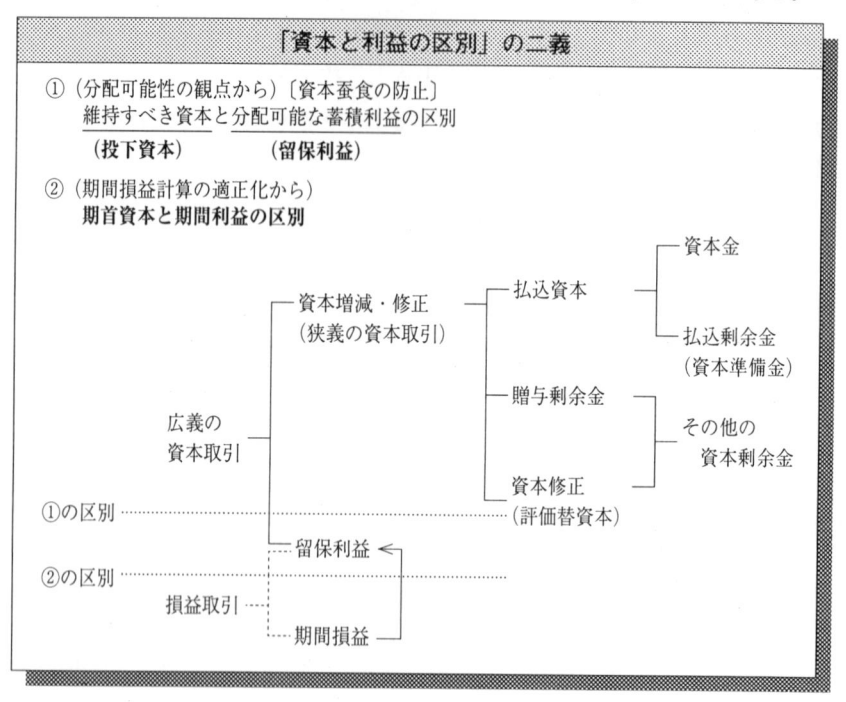

```
              「資本と利益の区別」の二義

① （分配可能性の観点から）〔資本蚕食の防止〕
     維持すべき資本と分配可能な蓄積利益の区別
        （投下資本）      （留保利益）
② （期間損益計算の適正化から）
     期首資本と期間利益の区別

                                              ┌─ 資本金
                          ┌─ 資本増減・修正 ──┬─ 払込資本 ─┤
                          │   （狭義の資本取引）│            └─ 払込剰余金
                          │                    │               （資本準備金）
              広義の ─────┤                    ├─ 贈与剰余金 ──┐
              資本取引    │                    │                ├─ その他の
                          │                    └─ 資本修正 ────┘    資本剰余金
①の区別 ············································ （評価替資本）
②の区別 ······┬─ 留保利益 ←──┐
              │                │
              └─ 損益取引 ┄┄┄ 期間損益
```

4　明瞭性の原則

> 一般原則　第4
>
> 　企業会計は，財務諸表によつて，利害関係者に対し必要な会計事実を明瞭に表示し，企業の状況に関する判断を誤らせないようにしなければならない。

　明瞭性の原則はまず表示原則として捉える必要があるわけだが，表示原則に

含まれる**区分表示**，**総額表示**，**対応表示**について，それぞれ例をあげて説明すると以下のようになる。

区分表示は，財務諸表構成要素について，それぞれ重要と考えられる性質に基づく表示を要求する。例えば，資産については財務流動性に基づき，流動資産と固定資産とに区分表示される。

総額表示（主義）は，収益・費用項目あるいは資産・負債項目の**相殺表示の禁止**を要求する。例えば，受取利息と支払利息を相殺して差額のみを受取利息または支払利息として表示するのは禁止される。

対応表示は，収益項目と費用項目を関係づけて表示することを要求する。例えば，売上高に対して**個別的対応関係**にある売上原価が表示される。あるいは，営業外収益に対して**期間的対応関係**にある営業外費用が表示される。

それでは，ともかく細かく区分し，ともかく詳しく書けば明瞭性は達成されるのであろうか。

答えは否，である。あまりに細かく，あまりに詳細な会計事実を伝えられても利害関係者は適切な判断を行うことができない。企業の状況に関する適切な判断のためには，「**本来の厳密な会計処理によらないで他の簡便な方法によること**」も認められる。これを**重要性の原則**という。重要性の原則は，その説明対象を「企業会計原則注解・注1」に限定するならば，**重要性の乏しい項目に対する処理原則**といえる。

ここで「重要性の乏しい」とは，主に金額の低いことを意味するが，性質的に位置づけが低いことも含まれる。したがって，重要性の原則（注解・注1）に従った会計処理とは，低額のあるいは質的に重要でない項目に対しては**簡便な方法**によることもできるということになる。

ただし，逆に**質的に重要な科目については，その内容を示す科目をもって表示する**ことが求められる。具体的に言うと，自己株式や親会社・子会社の株式などである。

第 1 章

　重要性については，さらに「重要な会計方針について（注解・注1－2）」および「重要な後発事象について（注解・注1－3）」として触れられている。

　まず「注解・注1－2」において，**重要な会計方針の開示**について述べられている。

　ここで**会計方針**とは，「企業が……**採用した会計処理の原則及び手続並びに表示の方法をいう**」。重要な会計方針は，財務諸表において**注記**されなければならない。ただし，すべての会計方針を注記する必要はない。注記が必要な会計方針は，**重要**な会計方針に限られる。

　なお，「代替的な会計基準が認められていない場合には，会計方針の注記を省略することができる」。会計方針の具体例として提示されているのは次の7例である。

① 有価証券の評価基準及び評価方法
② たな卸資産の評価基準及び評価方法
③ 固定資産の減価償却方法
④ 繰延資産の処理方法
⑤ 外貨建資産・負債の本邦通貨への換算基準
⑥ 引当金の計上基準
⑦ 費用・収益の計上基準

　次いで「注解・注1－3」において，**重要な後発事象の開示**について述べられている。ここで**後発事象**とは，「**貸借対照表日後に発生した事象で，次期以後の財政状態及び経営成績に影響を及ぼすものをいう**」。あるいは，貸借対照表日後（決算日の次の日から）財務諸表作成日までに発生し，次期以後の財務諸表に影響を及ぼす事象，とも言い換えられる。

　重要な後発事象は，財務諸表において**注記**されなければならない。重要な後発事象の具体例として提示されているのは次の5例である。

① 火災，出水等による重大な損害の発生
② 多額の増資又は減資及び多額の社債の発行又は繰上償還

③ 会社の合併，重要な営業の譲渡又は譲受
④ 重要な係争事件の発生又は解決
⑤ 主要な取引先の倒産

　明瞭性の原則で求めていることは，財務諸表を利用する利害関係者が適切な判断を下せるようにすることである。そのためには，財務諸表をとにかく詳しく書いても意味がなく，その全体像（**概観**）を的確に示す必要がある。財務諸表本体にとって重要なのは**概観性**なのである。

　それでは詳しく書く（**詳細性**）ことは，どのような場合に必要なのであろうか。様式・区分・分類・配列などの表示の詳細性についての具体的記述は，実は企業会計原則の中にはどこにもない。あるのは，**重要な会計方針や重要な後発事象**の事例だけなのである。

　会計方針や後発事象は，それらを開示することにより，企業についての概観をより適切に利害関係者に伝えることができるので，明瞭性に係わる注解で要求していると考えられる。

　したがって，明瞭性の原則において詳細性は，区分や配列といった表示について求められているというより，会計方針や後発事象を中心とした**開示**について求められているのである。

　以上見てきたように，財務諸表作成においては明瞭性の原則が要求されるのである。これまでのまとめとして，明瞭性の原則を支える原則を4つあげると，次のとおりである。

・**区分表示の原則**，・**総額表示（主義）の原則**，・**対応表示の原則**，
・**重要性の原則**

　要するに，明瞭性の原則は，企業状況の概観を利害関係者が財務諸表から適切に判断できるように，当該**財務諸表の項目が適切に**表示されていることを要求するとともに，会計数値の根拠たる**会計方針**などが注記において詳細に開示されていることを要求する原則である。

第 1 章

5　継続性の原則

> **一般原則　第5**
>
> 　企業会計は、その処理の原則及び手続を毎期継続して適用し、みだりにこれを変更してはならない。

　企業会計上は、1つの会計事実に対して**複数の会計処理方法**が認められる場合がある。その中から企業が任意に1つの方法を**選択**することも認められている。この場合に、一度選択された会計処理方法は**毎期続けて適用**されることが求められる。これを**継続性の原則**というのである。相対的真実性を確保するためには、継続性の原則の適用が必要となる。

　では、なぜそもそも継続的な適用が求められるのだろうか。「企業会計原則注解・注3」では次のように述べている。

　「企業が選択した会計処理の原則及び手続を毎期継続して適用しないときは、同一の会計事実について異なる利益額が算出されることになり、**財務諸表の期間比較**を困難ならしめ、この結果、企業の財務内容に関する利害関係者の判断を誤らしめることになる」。

　これから明らかなように、継続性の原則が必要な理由は、**財務諸表の期間比較**を容易にすることである。これは、同一の会計事実について同一の会計処理法を適用することにより達成されることになる。企業会計原則上確認できる理由は、この財務諸表の期間比較を可能にすることだけである。

　ただし解釈上、**利益操作の排除**を加えるのが一般的である。会計処理の原則または手続をみだりに変更することにより利益の操作が可能となるため、選択された会計処理原則は継続的に適用することが求められる。

　かくして、継続性の原則が必要な理由は、「**財務諸表の期間比較を可能にするため**」および「**利益操作を排除するため**」の2つとされる。

では，一度採用された会計処理原則は絶対に変更できないのだろうか。もしできるなら，どういう場合に継続性を破ってもよいのだろうか。

実は，一度採用された会計処理原則も，変更することはできる。ただし，**「正当な理由」**（注解・注3，1974年新設）がある場合に限り，**会計処理の原則または手続の変更が認められる**。したがって，一般原則第5における「みだりに」とは，「正当な理由なく」という意味になる。

では，「正当な理由」とはどのような理由なのだろうか。

実は，「継続性の原則について」（注解・注3）では，「正当な理由」について具体的には述べられていない。「正当な理由」としては，従来から以下のような解釈がなされてきた。

「正当な理由」による変更
(1) 従来慣行的に採用されていた方法から**より合理的な方法**への変更
　イ　税法で規定する方法→他の合理的な方法
　ロ　現金主義による会計処理→発生主義による会計処理
(2) 財務内容が**より適正な表示**になる変更
(3) 法令，規則（税法を含む）の改正等にともなう変更
(4) 監督官庁の関係法令等の解釈，運用方針等にともなう変更

上図の解釈についてはいずれも，法令改廃，経済環境変化，経営方針変更「前」にも一般に公正妥当と認められた，つまり合理的な会計処理方法を採用していたが，それらの「後」に変更した会計処理方法もやはり合理的である必要がある。元々，合理的でない会計処理方法から合理的な会計処理方法への変更は，「正当な理由」のある変更ではなく，単純にそうすべきものだったにすぎない。

また，合理的でない会計処理方法への変更はそもそも継続性の原則違反である。したがって，元々，合理的でない会計処理方法から合理的な会計処理方

第 1 章

への変更，および，そもそも合理的でない会計処理方法への変更等は「正当な理由」がないということになる。これらの関係を次に図示する。

「正当な理由」が問題となる場合	
○（合理的な方法）　→　○（別の合理的な方法）	

「正当な理由」が問題とならない場合	
×（合理的でない方法）→　○（合理的な方法）	当然すべき変更
○（合理的な方法）　→　×（合理的でない方法）	認められない変更
×（合理的でない方法）→　×（別の合理的でない方法）	

本来，継続性の原則は，一度選択した会計処理方法を継続的に適用することを求める原則である。ただしこの原則の目的は，「企業の財務内容に関する利害関係者の判断を誤らしめ」ない，つまり利害関係者が適切な判断が下せるようにすることにある。

ということは，とにかく1つの会計処理方法を守らせることにより，利害関係者が企業状況の判断を誤ってしまっては元も子もない。したがって，「正当な理由」があれば会計処理方法は変更してもよいし，むしろ変更すべきなのである。

つまり，**会計処理の原則および手続の変更**は，**正当な理由**があれば**認められる**のである。ただし，その場合，**注記**しなければならない項目が3つある。財務諸表等規則によれば，「その**旨**」・「変更の**理由**」・「当該変更が財務諸表に与えている**影響**」の3つである。

6 保守主義の原則

> **一般原則 第6**
>
> 　企業の財政に不利な影響を及ぼす可能性がある場合には、これに備えて適当に健全な会計処理をしなければならない。

　「適当に健全な会計処理」のことを「保守的な会計処理」という。ここで**保守的**とは、収益は確実なものだけに限って計上し、費用は予想分を含めすべて計上することにより、**利益を控え目に計算**することを意味する。つまり、**収益はなるべく少なく、費用はなるべく多く計上する会計処理**を保守的というのである。

　なお、認識時期も影響を及ぼす。例えば収益の認識時期を遅らせたり、費用の認識時期を早めたりすることも、利益を控え目に計算することにつながる。

　まとめると、**保守主義の原則**とは、会計ルールの枠内で、**できるだけ利益を控え目に計算する**ことにより、企業の**財政的な堅実性を確保する**ことを求める原則といえる。

　では、とにかく利益を小さく計算すれば、この原則に従ったことになるのだろうか。

　たしかに保守主義の原則は、企業の財政的堅実性の確保を求めてはいるが、利害関係者の対立を招くような**過度な保守的会計処理は認められない**。過度な**保守主義**は、企業の真実な報告を歪めるために、**真実性の原則違反**とされ許されないのである。

第 1 章

ここで，許容される保守主義の具体的適用例を以下で見てみよう。

> 1．資本的支出か収益的支出かが不明確な場合には，**収益的支出**とする。
> 2．初期の減価償却計算を定額法ではなく，**定率法**にする。
> 3．**減価償却計算**において，耐用年数を短く，あるいは残存価額を**小さく見積もる**。
> 4．**繰延資産**項目を繰り延べることなく，**即時費用化**する。
> 5．**引当金計上額を大きく見積もる**。

以上は許容される保守主義の適用例であるが，認められない「**過度な保守主義**」の適用例については，次の3例をあげることができる。

> 1．固定資産を取得時に全額費用計上する。
> 2．引当金の見積額を予想される範囲を超えて過大に計上する。
> 3．自然災害の発生による損失に備えて引当金を設定する。

最後にもう一度，特に真実性の原則との関連を中心に，保守主義の原則をまとめておきたい。

保守主義の原則とは，企業の財政に不利な影響を及ぼす可能性がある場合には，これに備えて適当に健全な会計処理をすることを要求する原則である。保守的な会計処理とは，**利益を控えめに計算**することを意味する。しかしながら，このような効果を有する会計処理は**真実性の原則とバッティング（衝突）する恐れ**が常にある。それにもかかわらず，保守主義の原則が一般原則として掲げられているのは以下の理由による。

そもそも会計原則とは，**企業会計の実務の中に慣習として発達したものを要約したもの**である。そして保守主義こそまさに，健全な実務慣習を要約したものに他ならないからである。保守主義の原則でいう健全な会計処理は，一般に**公正妥当と認められる範囲内である限り**，当然認められるべきものとなる。た

だし認められる範囲を超えた処理は，過度の保守主義として否定される。

さらに，現代の企業は経済環境の不確実性とリスクにさらされているため，**財務的な健全性を確保**することが求められている。利益を控えめに計算する保守的な会計処理をとっていると，少なくとも財務諸表上で示される利益以上のものが獲得された可能性があるため，財務的健全性の確保にも寄与すると考えられているのである。

7 単一性の原則

一般原則　第7

株主総会提出のため，信用目的のため，租税目的のため等種々の目的のために異なる形式の財務諸表を作成する必要がある場合，それらの内容は，信頼しうる会計記録に基づいて作成されたものであつて，政策の考慮のために事実の真実な表示をゆがめてはならない。

単一性の原則は何を要求しているのだろうか。

それは，「異なる目的のためには異なる財務諸表を作成することは容認するが，財務諸表の作成の基礎となる会計記録は単一のものでなければならない」，ということである。つまり，**実質一元・形式多元**を要求する原則なのである。言い換えると，表示形式がたとえ多様であっても，その基礎となる会計記録は単一のものであることを要求している原則なのである。

では，財務諸表にはどのような多元的な形式がありうるのだろうか。

ここで例えば，「**株主総会提出のため**」には，会社法施行規則に基づく財務諸表形式がある。また，「**信用目的のため**」には，例えば銀行側の要求に基づく財務諸表形式が考えられる。「**租税目的のため**」には，税務規定に基づく財務諸表形式がある。この他にも例えば，金融庁に提出するためには，財務諸表等規則に準拠した財務諸表形式をとる必要がある。

第　1　章

　このように**財務諸表の形式は多様**（多元的）であるが，どのような財務諸表であろうとも，その作成に際しては**信頼しうる単一の会計記録**が基礎になければならないのである。

　最後に，どうすれば会計の真実性を確保できるかを，単一性の原則の文言に添ってまとめておきたい。
　この問いに対しては，「信頼しうる会計記録に基づいて」財務諸表を作成すれば真実性を確保できることになる，といえる。「政策の考慮のために事実」の「表示をゆがめ」た場合，利害関係者に企業状況を正しく伝達できない。これでは真実性の原則に違反してしまう。**信頼しうる単一の会計記録に基づいて**こそ，会計の**真実性を確保**できるのである。

第2章 貸借対照表論

1 資産会計の課題

1 「収益・費用アプローチ」と「資産・負債アプローチ」

　現代会計の役割が「期間損益計算」，つまり，「利益の計算」にあることを考えると，**貸借対照表論**よりも先に，**損益計算論**を学修するのが筋道である。しかし，本書では，貸借対照表論を先に学修し，その後で，損益計算論を学ぶように編成している。

　なぜ損益計算論を後まわしにするのか，その理由は2つある。

　1つは，損益計算論を先にやるとすると，**棚卸資産の原価配分や固定資産の減価償却費の計算**などを説明しても，資産の内容が分かっていないと理解できない，ということがある。

　2つ目に，貸借対照表に出てくる「資産」「負債」「資本」のうち，最初に出てくる「資産」は，多くの場合「**目で確かめられる**」ために理解しやすいということがある。**資産**は，いわゆる「**ストック**」であり，現金，商品，有価証券，土地などのように，「わが社の資産はコレとコレ」と示せる。それに対して，損益計算書を構成する**収益・費用**は，いずれも**抽象的な概念**であり，目で確かめることはできない。

　財務諸表論を学修する者にしてみると，貸借対照表を構成する資産はなじみがあり，ある程度の知識がある。つまり，取っつきやすいのである。

第 2 章

　本書は，以上の理由から，貸借対照表論を先に，損益計算論を後に学修することにしている。

　なお，会計の世界の大きな流れとして，損益計算論を重視する「**収益・費用アプローチ**」あるいは「**フロー・アプローチ**」と，貸借対照表を重視する「**資産・負債アプローチ**」あるいは「**ストック・アプローチ**」がある。

　本書は，資産・負債を先に説明するが，それは決して「**資産・負債アプローチ**」を採っているからではない。基本的な姿勢は，「**収益・費用アプローチ**」，つまり，現代会計の基本的な役割を「**期間損益計算**」と捉えているが，説明の都合上，先に貸借対照表を取り上げるに過ぎない。

2　資産会計の役割

　資産会計には，2つの役割がある。

　1つは，期末において**企業がどれだけの資産を保有しているかを金額で示す**ことである。金額で示すといっても，歴史的な取引の記録にある「金額」（取得原価）なのか，期末現在の取引価格（売価や仕入れ値）なのか，いくつかの見解がある。

　2つ目の役割は，資産に投下された資金（原価となる）のうち，使用，費消，目減りなどで，**当期末までに効用を失った部分（費用または損失となる）**と，**当期末現在に残存している効用部分（資産の貸借対照表価額となる）に分ける**ことである。

　資産の原価を，そうした「**当期の費用**」と「**次期の費用（資産）**」に分けること，これが資産会計の重要な役割である。

3　資産の本質

　資産は，貸借対照表の「借方側に記載される項目」の総称である。

　「記載される項目」と書いたが，「記載されるべき項目」なのか，「記載され

ている項目」なのか，実は，大きな問題である。

「記載されるべき項目」ということであれば，貸借対照表を作成する目的，貸借対照表の役割を明らかにして，その目的観，会計観から**資産の本質**を引き出さなければならない。

「記載されている項目」ということであれば，現在の貸借対照表に記載されている具体的な諸資産に共通する概念を引き出して，**資産の本質**とすることになる。

「記載されるべき項目」と「記載されている項目」が一致していれば，**会計理論**と**会計実務**が一致していることになり，実務が理論の通りに行われていることになる。

しかし，残念ながら，そうはなっていない。理由の1つは，会計の理論が1つではなく，いくつもあることから，「記載されるべき項目」も一組だけではないことにある。

4 貸借対照表からのアプローチ

企業会計原則では，「すべての費用及び収益は，その支出及び収入に基づいて計上し，その発生した期間に正しく割当てられるように処理しなければならない」（損益計算書原則，一A）として，会計の枠組みが収入・支出の額にあり，その収支額を基にして損益計算を行うことを明らかにしている。

資産は，この収支と損益計上との間で期間的に不一致を生じたもので，貸借対照表の借方側に収容されるものをいうのである。

例えば，土地を購入したとする。土地を購入するのに要した支出額は，当期の損益計算書には載らず，貸借対照表に記載される。商品を仕入れたとする。仕入れた商品のうち半分が当期に売れたとすれば，商品の代価（支出額）のうち半分は損益計算書に載る（売上原価）。損益計算書に載らなかった分は，貸借対照表に記載される（商品）。

この例のように，モノが増えたり減ったりする場合は，支出のうち損益計算

第 2 章

書に載らない部分が貸借対照表に記載されることは理解しやすい。

ところが，支出額を，当期の損益計算書に記載する部分と，次期以降の損益計算書にまわすために経過的に貸借対照表にまわす部分に分けることがある。後述する「**繰延資産**」がその典型である。

現実に貸借対照表に記載されている資産を観察すると，以上のように，土地や商品のような金銭的価値物だけではなく，期間損益計算の必要から，経過的に資産化されるもの（しばしば**擬制資産**と呼ばれる）まで含まれている。これらを共通の概念でくくるのは，非常に難しい。

要するに，資産を定義するのに，貸借対照表に「記載されている項目」を観察してそこから共通項を見出そうとすると，せいぜい「資産とは，貸借対照表の借方に記載される項目の総称である」といった程度の，あまり意味のない定義しかできない。

5 資産概念を先に決めるアプローチ

最初に資産の概念を決めておいてから，その概念に該当する項目だけを貸借対照表に記載しようという会計理論もある。**資産の概念を先に決めておいて**，貸借対照表に「**記載されるべき項目**」を決めるというアプローチである。

こうしたアプローチを採る場合でも，**会計目的**とか**貸借対照表目的**が先に決められていて，その目的にあった資産概念が構成されるのが普通である。以下に紹介する，「**静態論における資産概念**」や「**動態論における資産概念**」がそうである。

また，現在の貸借対照表を観察して，そこに記載される諸資産に共通する性格を抽出して資産概念とすることもあれば，資産の評価額に理論的な基礎を与えるために，資産の中心概念を明らかにしようとするアプローチもある。後掲の「**サービス・ポテンシャル説**」がそうである。

6 静態論における資産概念

静態論（静的貸借対照表論）においては，資産は**債務弁済の手段**となるもの，つまり，**換金価値のある財貨と権利**をいうとされた。負債は，法的な支払義務のあるものに限定された。

静態論における貸借対照表は，こうした換金価値のある資産と支払義務を表す負債が記載され，もって企業の債務弁済能力を示そうとした。

こうした資産・負債概念の下では，**繰延資産**や**引当金**は登場する余地がない。

7 動態論における資産概念

動態論における会計の目的は，**期間損益計算**にある。動態論においては，上記で，企業会計原則の文言を紹介したように，収支と損益計上の期間的なズレから損益計算書に記載されなかった項目のうち，貸借対照表借方に記載されるものが資産となる。

すなわち**動態論**では，**貸借対照表の借方**には，次のような項目が記載される。

貸借対照表の借方に記載される項目（資産）
・現金項目
・支出済みであるが費用化されていない項目（商品，備品，前払家賃，繰延資産など）
・当期の収益であるが未収入の項目（売掛金，未収利息など）
・支出が行われたが，戻りがない（未収入）項目（貸付金など）

第 2 章

貸借対照表の貸方には，次のような項目が記載される（資本を除く）。

貸借対照表の貸方に記載される項目（負債）

・費用であって支出が行われていない項目（未払利息・引当金など）
・収入があったが収益計上していない項目（前受利息など）
・収入があって，戻しをしていない（未支出）項目（借入金など）

こうした資産・負債概念は，静態論の資産・負債概念よりも広く，**繰延資産**や**引当金**のような擬制的資産・負債を含むことになる。

8 サービス・ポテンシャル説

資産の価値を，その資産が将来において生み出す用役，つまり，**潜在用役**または**潜在用役力**（service potentials）の現在価値とする考えがある。

現在，貸借対照表に記載されている資産を観察すると，将来のキャッシュ・フローをもたらす能力（これを**サービス・ポテンシャル**という）を持つものがほとんどである。貨幣性資産はいうまでもなく，**費用性資産**の多くは，売却によって直接にキャッシュ・フローをもたらしたり，収益獲得に貢献するという間接的な形でキャッシュ・フローをもたらす。

サービス・ポテンシャル説では，企業にとって，こうした経済的便益をもたらす財貨をもって資産とする。

サービス・ポテンシャルという概念は，もっぱら**取得原価主義における資産の評価を正当づける理論的根拠**として使われている。資産の本質はサービス・ポテンシャルにあるが，それを直接に測定することが困難なので，貨幣請求権（貸付金，売掛金など）以外の資産は，取引時点の価額（取得原価）が将来用役の現在価値に等しいと考えるのである。

9 貸借対照表能力

　貸借対照表に記載するだけの資格（能力）があるかどうか、ということを議論するときに、しばしば「**貸借対照表能力**」という表現を使う。こうした議論そのものを「**貸借対照表能力論**」という。

　何をもって資産・負債とするかは、上記に紹介したように、会計目的、貸借対照表目的によって変わる。したがって、ある項目が貸借対照表能力があるかどうかの判断は、会計目的観に照らして行われることになる。

　静態論の下では、貸借対照表の目的が**債務弁済能力の表示**にあるため、資産としては換金価値のある財貨と権利、負債としては企業資産に対する法的請求権（支払義務）が「**貸借対照表能力**」を認められている。

　動態論の下では、会計目的が**期間損益計算**である。そこでは、企業設立から解散までの全期間における収支計算を期間に区切って計算する**収支計算**と、期間損益計算における収益・費用の計算との期間的ズレが生じる。そうした期間的ズレを「**未決項目（未解消項目）**」として貸借対照表に収容する。

　こうした動態論の下では、**繰延資産**のような換金価値がない項目も、**引当金**のような法的な支払義務のない項目も、**貸借対照表能力**が認められる。

2　取得原価主義会計

1 取得原価主義会計の本質

　取得原価主義会計とは、原則として資産の再評価を行わないシステムをいう。

　ただし、取得原価主義会計といっても、厳密に「取得原価」にこだわるものではなく、**低廉取得資産**（市価よりも低い価格で取得）や**無償取得資産**（例えば、贈与による取得）については、**公正な価値で評価して貸借対照表に掲記**する

第 2 章

し，その価額を取得原価とみなした減価償却も行う。

かつては，無償取得資産ならば取得原価はゼロであるから**簿外に置く**という処理をした時期もあった。しかしそれは原価主義という言葉にとらわれ過ぎた扱いであり，また，**現金をただでもらったときには簿外には置けない**ということもあって，今日では上記のような処理をする。

2 取得原価主義会計における資産の原価

償却性資産（減価償却の対象となる資産）のことを考えると，ここで取得原価とは，「**取引価額以下**」といった方が適切であろう。

有形固定資産や無形資産を取得すれば，取得の時点では取得原価に基づいて記帳されても，その後は**償却後の価額で貸借対照表に記載**される。償却後の記帳価額は，資産を再評価した金額という意味ではなく，取得原価を当期の原価（費用）と次期以降の原価に配分したときの，**次期へ繰り越す原価**という意味である。投資した原価をまだ回収していない部分のことをいう。

さらにまた，棚卸資産の原価配分や総合償却を考えると，「**個々の資産の原価**」だけではなく，「**資産の集合体における原価**」であるとか「**資産の平均価格としての原価**」が想定されていることもある。

例えば，仕掛品や製品の原価は，材料費，労務費，経費の集合体である。ここでは，「**資産の集合体における原価**」が想定されている。

また例えば，棚卸資産の原価配分には，しばしば平均法が使われる。100円で仕入れた商品と120円で仕入れた商品がそれぞれ10個ずつあるとしたとき，10個が売れたとすると，売上原価は，平均法では110円（単価）となる。しかし，現実には110円で仕入れた商品は存在しない。ここでは，「**資産の平均価格としての原価**」が想定されているのである。

そういう意味からして，**取得原価主義会計**というのは，冒頭に指摘したように，**原則として資産の再評価を行わないシステム**ということができるであろう。

原価主義会計は，取得原価を基に減価償却をしたり，平均価格としての原価を計算したり，購入副次費を原価に算入したり，原価をベースとした処理が行われる。そうした処理を適切に行うには，原価そのものと取得後の原価の処理が記録されていなければならない。**原価主義会計は，経済取引を記録するシステムを前提にしているのである。**

3　資産の分類(1)－流動・固定分類

企業が保有する資産は，(1)販売するため，(2)利用するため，(3)値上がりを待って転売するため，(4)取引先との良好な関係を維持するため，(5)他の事業に投資するため，さらには，(6)余剰資金を運用するため，など，いろいろな目的で所有される。

また，資産の形態も，現金，預金，商品，有価証券，有形固定資産，無形固定資産，繰延資産など，多様である。

貸借対照表においては，こうした資産の「**所有目的**」や「**所有形態**」とともに，その資産がどれだけ「**流動性が高い（現金に近い）か**」，「**借金の返済財源として使えるか**」という視点から分類・表示される。

1　資産の分類に関する基本的考え方

上記で述べたように，貸借対照表において資産を分類表示する場合，財務諸表の利用者が(1)資産の**所有目的**，(2)**所有形態**，(3)**流動性**（現金に近いかどうか）を判断できるように工夫している。

例えば，企業が保有する有価証券の場合，企業がいかなる目的でその有価証券を保有しているかは，その有価証券が**流動資産の部**に掲げられているか，**固定資産の部**に掲げられているかで知ることができる。

流動資産の部に掲げられている「**有価証券**」は，「**売買目的有価証券**」とい

い，「短期に売却することを目的」として保有しているものである。実態に即して表わせば，「**投機を目的とする有価証券**」である。他方，固定資産の部に掲げられている有価証券（「**投資有価証券**」という）は，主に，「**持ち合い**」による株式である。

　企業が保有する有価証券の形態は，多くの場合，貸借対照表本体ではなく，**付属明細表**（有価証券明細表）において開示されている。そこでは，どこの会社の株式・社債を所有しているか，国債・地方債の所有状況などが明らかにされている。

　では**有価証券の流動性**は，どのように表示されているであろうか。上で述べたように，有価証券は，**流動資産の部**と**固定資産の部**に分けて掲げられるが，流動資産の部に掲げられている「**有価証券（売買目的有価証券）**」は，**証券取引所に上場**されているものであるから，市場で売却することによって容易に現金に換えることができる。つまり，**流動性が高い**。

　それに対して，**固定資産の部**に掲げられる「**投資有価証券**」は，短期に売却を予定していないか，活発な売買市場がないので簡単には売却できないなど，**流動性が高くない**ものである。

　貸借対照表における資産は，このように，**資産の所有目的，所有形態，流動性**という3つの視点から分類されている。資産の項目がそうした視点から分類表示されていることを知れば，貸借対照表から多くのことを知ることができる。

　なお，後の方で，資産・負債を分類する一般的な基準として，「**営業循環基準**」と「**1年基準**」を紹介するが，有価証券には，1年基準も営業循環基準も適用されない。詳しいことは，「有価証券」のところで述べる。

2　流動資産と固定資産はどのように分類するのか

　一般の事業会社の場合，貸借対照表では，資産を，**流動資産**と**固定資産**に大分類する。同様にして，負債も**流動負債**と**固定負債**に分類する。

流動とは，言葉のとおり，姿・形が定まらず変化することをいい，会計では，現金預金，売掛金，原材料，部品，半製品，製品など，**短期的に他の資産に姿・形を変えるもの**を指している。現金なら，備品に変わることもあれば有価証券に変わることもある。製品や売掛金ならもうすぐ現金に変わるであろう。

　「**流動性が高い**」というのは，「**現金に近い**」という意味であり，**支払手段となりうる**ことを表しているのである。

　固定資産は，そうした変化に年月（通常，1年以上）がかかるものをいう。本社や工場が建っている土地は，営業を続ける限り売ることはないので，他の資産に変化することはない。では，建物や機械はどうであろうか。

　土地以外の固定資産は，**減価償却によって取得原価を各期間に配分する。配分された原価は，その期の収益から回収**される。毎期，これを繰り返すことによって，**固定資産に投下された資金は，その耐用年数が終わるまでに，収益から回収**されるのである。

　収益（売上高）としては，一般に**貨幣性資産**を受け取るので，**回収される原価は，貨幣性資産**に変わる。**固定資産は，減価償却を通して流動資産に変化**するのである。これを「**固定資産の流動化**」という。

３　なぜ，流動資産と固定資産に分類するのか

　なぜ，資産・負債を流動性の高いものと固定性の高いものに分けるのであろうか。それは，企業がどれだけの流動資産を持ち，どれだけの流動負債を抱えているかを知ることによって，その企業の**安定性**や**借金返済能力**を読みとれるからである。この情報は，企業に投資する人たち（株主や資金提供者）にとっては極めて重要である。

　企業が資金的にどれだけ安定しているか，**借入金（かりいれきん）や買掛金（かいかけきん）を返済する**能力があるかどうか，これを知るには，普通，**流動比率（りゅうどうひりつ）**という指標を使う。**流動負債は短期に返済すべき負債で，流動資産は，短期的に見た借金の返済財源であ**

る。

$$流動比率 = \frac{流動資産}{流動負債} \times 100 (\%)$$

目安としては，この比率が200％を超えているのが望ましいといわれている。200％を超えていれば，中期（1年程度）的に見て，営業活動の資金繰りや借金の返済には困らないと考えられるのである。

すなわち，資産と負債を流動性の高いものと固定性の高いものに分けるのは，投資家がその企業の安定性・支払能力を知ることができるようにとの配慮からである。経営分析のニーズに合わせた分類といってもよい。

4 資金の循環とは何か

最初に，企業に投下された資金が，企業内でどのように変化するかを考えてみよう。

企業に投下される資金は，最初は，**現金**の形を取る。この現金で**商品**や**原材料**を購入する。この原材料を加工してできた**製品**や**商品**を販売して改めて**現金**（売掛金や受取手形のこともある）を回収する。こうした現金から**現金への資金の動き**を「**営業循環**」あるいは「**資金循環**」という。

経済学などでは，この現金をG，商品や製品をWで表す。ここでGというの

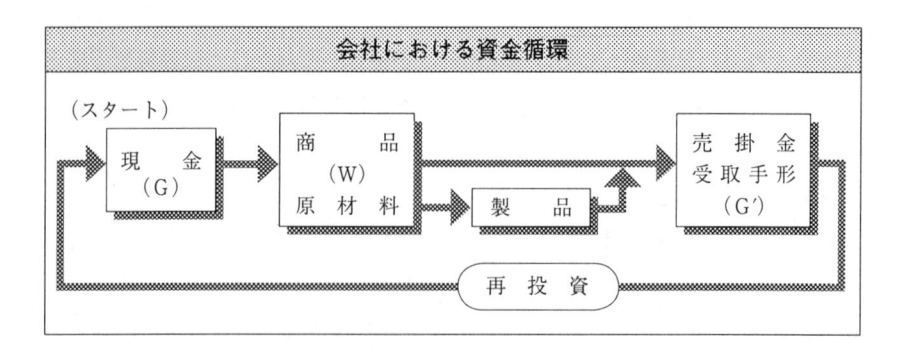

会社における資金循環

（スタート）現金（G）→ 商品（W）原材料 → 製品 → 売掛金 受取手形（G′）→ 再投資

は，ドイツ語のGeld（ゲルト，貨幣），WとはWaren（ヴァーレン，物品）のことである。そこで，**資金の循環**を，G→W→G′という形で表すことがある。

G′（Gにダッシュがついているもの）は，最初に投下された現金が，**利益の分だけ増加**していることを示している。

5 営業循環にある資産と循環しない資産

商品とか**原材料**は，仕入れ・製造から販売・資金の回収という営業循環を短期間のうちに繰り返す。これ以外の，建物，機械，土地などに投下された資金は，こうした連続的な資金の循環はしない。

会計では，連続的な取引が行われる資産かどうか，言葉を換えていうと，**通常の営業循環をする資産**かどうかで，資産を2つのグループに分ける。負債についても，同様の分類をする。

営業循環をするグループの資産（負債）は「**営業循環資産（負債）**」，それ以外の資産は「**非営業循環資産（負債）**」と呼ばれる。

企業会計原則では，この**営業循環の過程にある資産（負債）**を，**流動資産（流動負債）**とすることにしている。この循環過程にある資産（負債）は，例え，現金化されるのに1年を超えることが予想されても，すべて流動資産（負債）に分類・表示するのである。これを「**営業循環基準**」と呼んでいる。

6 営業循環基準

営業循環基準は，**営業資金の循環に着目**したものである。すなわち，営業活動から生じる資産（棚卸資産，売掛金，受取手形）と負債（買掛金，支払手形）は，**その企業に固有の資金循環**を表現しており，資産側と負債側は，時間的に同じような循環をすると考えられる。

製造・販売する製品が2年間を循環期間とするとしよう。原材料を購入し，これを加工し，製品として販売して資金を回収するまでに2年を要するわけで

ある。焼酎、ウイスキー、植林などを製品とする企業を想起して欲しい。

こうした企業では、**営業に必要な資金のアウトフロー（支出）**が2年にわたって行われ、**資金のインフロー（収入）**も2年かかる、と考えられる。こうした企業では、営業に係わる資金収支は、2年を単位としてマッチングするはずである。

そこで、その企業の**本業（主たる営業）から生じる資産**（売掛金、受取手形）とその**営業から生じる負債**（買掛金、支払手形）は、その企業に固有の資金循環内にあるものとして、すべて流動の区分に入れるのである。

事業の種類によっては、同じ原材料を使いながらも、**営業循環・資金循環**の期間が違うこともある。ある焼酎メーカーは、仕込んでから半年で出荷し、別のメーカーは熟成に2年かけるとしよう。半年で出荷するメーカーが所有する麦・さつまいもなどの原材料や半製品は短期間しか保有せず、2年寝かせて熟成させるメーカーでは原材料・半製品を1年以上も所有することになる。

資産の保有期間は長短あるが、営業（その企業の事業、本業）上の資産であれば、保有期間の長短にかかわらず、すべて「**流動資産**」とする、これが「**営業循環基準**」である。

同じ種類の資産でも、企業によって流動資産とされたり、固定資産とされたりすることもある。例えば、一般の企業は所有する土地を固定資産として分類するが、**不動産業者が販売を目的として所有する土地**は流動資産（棚卸資産）となる。

7　1年基準（ワン・イヤー・ルール）

非営業循環資産（負債）は、**1年基準**が適用される。この基準では、期首から数えて**1年以内に現金化されるとみなされる資産は流動資産**に、現金化するのに**1年を超えるとみなされる資産は固定資産**とする。

そのように分類することによって、この1年間における**資金繰り状況**を読みとれるようにしようというのである。**1年以内の資金インフローがそのアウト**

フローよりも多いか少ないかは，経営者にとっても重要な情報であるが，その企業に財産を預けている投資家にしてみたら，何ものにも代え難い重要な情報であろうと思う。

営業循環基準と1年基準の特徴は，耐用年数が1年未満となった固定資産や余剰品として長期間にわたって保有する棚卸資産の扱いに表れている。

企業会計原則では，**固定資産はあくまでも固定資産，棚卸資産はあくまでも流動資産**という立場から，「残存耐用年数が1年以下となつたものも流動資産とせず固定資産」に，また，「たな卸資産のうち恒常在庫品として保有するもの若しくは余剰品として長期間にわたつて所有するものも固定資産とせず流動資産」に分類する（企業会計原則注解・注16）。

4 資産の分類(2)－貨幣性・非貨幣性分類

資産は，貸借対照表では，**流動資産と固定資産**に大分類されたが，会計学の世界では，これとは違った分類も重要である。

所有する目的からは，**営業資産と非営業資産**という分類ができるし，原価配分の対象となるかどうかでは，**償却性資産と非償却性資産**という分類ができる。

資産に投下した資金が回収済みかどうかという視点からは，**貨幣性資産と非貨幣性資産**に分けられるし，資産の本質から見た分類では，**貨幣性資産と費用性資産**という区別が行われている。

1 資産の分類基準

会計学では，資産を**流動資産と固定資産**に分類するだけではなく，**貨幣性資産と非貨幣性資産**に分類したり，**貨幣性資産と費用性資産**に分類したりしてきた。

第 2 章

例えば，次のような分類が行われている。
(1) **流動資産・固定資産**（資金循環・流動性に着目）
(2) **貨幣性資産・非貨幣性資産**（回収終了か否か，評価が容易かどうか）
(3) **有形資産・無形資産**（形態分類）
(4) **営業資産・非営業資産**（所有目的別分類）
(5) **貨幣性資産・費用性資産**（資産の本質による分類）
(6) **償却性資産・非償却性資産**（原価配分するかどうか）

こうした分類のうち，(1)と(3)以外は貸借対照表の表示では使われないが，会計学上では，その他の分類も重要な意味を持っている。

2 なぜ，貨幣性資産と非貨幣性資産に分類するのか

貨幣性資産というのは，現金，売掛金，受取手形など，**資金循環**（G→W→G′，現金→商品・原材料・製品→現金）のうち，GまたはG′に相当するものをいう。すなわち，**投資を行う前の段階にあるか**（G＝現金，受取手形）**投資の回収が終わった**（G′＝現金，売掛金，受取手形）ものを指すのである。

上でも述べたが，ここでGというのは，ドイツ語のGeld（ゲルト，貨幣），WはWaren（ヴァーレン，物品）で，G′は，最初の投下資本（G）が利益の分だけ大きくなっていることを示している。

それに対して，**非貨幣性資産**というのは，貨幣性資産以外の資産，すなわち，**投下資本がまだ回収されていない，W（財）の状態にある資産**を指している。例えば，原材料，半製品，建物，備品などである。

その意味では，この分類は，**資本がいかなる投下形態にあるかという分類**でもあるわけである。**資本が投下されている状態を非貨幣性資産**といい，**回収された状態を貨幣性資産**というのである。

貨幣性資産は，基本的に，回収が終わった状態のものを指すので，**次の投資あるいは支払手段として使える**という**特性**がある。貨幣性資産を持っている

と，次の商品を仕入れるときの代金としたり，借入金(かりいれきん)の返済に充(あ)てたりすることができるのである。

さらに，貨幣性資産は，**すでに評価が終わっている**という**特性**がある。あるいは，評価を必要としないくらい，価値が安定しているといってもよいであろう。

現金を考えるとわかるが，**支払手段**とすることができ，また金額は数を数えるだけである。評価することはない。保有する外貨の場合は金額が変わるが，それは外貨を評価するのではなく，換算(かんさん)するのである。

貨幣性と非貨幣性の分類では，**有価証券は非貨幣性に分類**される。有価証券は，一般に支払手段としては使えないし，価値が不安定なので，毎期の評価が必要だからである。

3 貨幣性資産と費用性資産とはどう違うのか

資産を**貨幣性資産**と**費用性資産**に分類するのは，**資産の本質による分類**である。形でいうと，**取得原価が期間配分されるものを費用性，配分が終わって，流動化したものを貨幣性**と呼ぶのである。

この分類は，40年以上も昔の，「**資産本質論争**」から生まれた。最初は，分類ではなく，「**資産＝貨幣**」とする見解と「**資産＝費用**」とする見解との論争であったようである。

資産とは何かを「ひとこと」でいい表したとき，ある人は，「**現在と将来の貨幣の集合体**」といい，ある人は，「**現在と将来の費用の集合体**」という。

上記の式，$G \to W \to G'$（貨幣→財→貨幣）を思い出してみるとよいであろう。$W \to G'$に着目すると，どのような資産でも，いずれは貨幣になって回収されることが分かる。土地・建物といえども，企業を終えるときには，売却されて貨幣の姿になるのである。そういう意味では，企業が所有する資産は，「**現在と将来の貨幣の集合体**」といえるであろう。

他方，$G \to W$に着目すると，いかなる貨幣もいずれ，何かの財に投資され，

その財の取得原価が費用として計上されて，資金の回収が行われる。そういう意味では，貨幣は，Wになるのを待っている状態であり，つまりGもWも「**将来の費用のかたまり**」だということができる。

このように，資産の本質をどう見るかで，「**貨幣説**」と「**費用説**」が生まれた。そうした論争の中で，当時早稲田大学教授であった(故)染谷恭次郎教授が，「資産の本質は一つではない。資産には貨幣性資産と費用性資産の2種類がある」と主張して，今日では，染谷説が，資産の分類基準として生き残ったのである。

資産を貨幣性と費用性に分類する場合には，ふつう**有価証券は貨幣性資産**に区別される。**有価証券**は，**原価配分の対象とならない**からである。

ただし，有価証券を低価評価したり強制評価減したりすると，その**評価損**は，**費用**として計上される。その点を指摘して，有価証券を費用性資産とする論者もいるが，それはおかしいと思う。貨幣性資産の代表である現金だって，盗難にあったり紛失すれば，やはり費用（損失）として処理されるが，資産の本質としては**貨幣性**なのである。

5 金銭債権

金銭債権は現金・預金，有価証券などとともに金融資産の構成要素であり，具体的には売掛金，受取手形などの**営業債権**と，貸付金，未収金，立替金などの**営業外債権**とを含んでいる。貸借対照表では，これらの金銭債権は，原則として**個々の項目ごとに独立して表示**されることになる。

金銭債権の評価に際しては，「取得価額から貸倒見積高に基づいて算定された貸倒引当金を控除した金額」が**貸借対照表価額**となる。ただし，「債権を債権金額より低い価額又は高い価額で取得した場合において，取得価額と債権金額との差額の性格が**金利の調整**と認められるときは，**償却原価法**に基づいて算定された価額から貸倒見積高に基づいて算定された貸倒引当金を控除した金

額」が貸借対照表価額となる（金融商品に関する会計基準，Ⅳ1，14）。

なお，**外貨建金銭債権**については，**決算日の為替レート**による円換算額にて貸借対照表に計上されることになる。

1 金銭債権の分類と貸借対照表上の表示

金銭債権は，会計上は**将来回収されるべき貨幣性資産**と考えられる。これは，主たる営業活動のプロセスから生じた営業債権とそれ以外の営業活動のプロセスから生じた営業外債権とに区分される。

営業債権としては，具体的には**売掛金，受取手形，前払金**がある。このうちの前払金は，仕入先への仕入代金の前払いによって生じた一時的な債権（この場合には将来商品を入手する権利）を意味しているものの，商品入荷時には仕入に振替えられて消滅することになり，この点で売掛金・受取手形とは異なっているといえる。

営業外債権としては，**貸付金，未収金，立替金，仮払金**がある。

このうちの仮払金は，実際に現金の支出があったものの，簿記上の相手項目が未確定であったり，正確な金額も未確定であるような場合に，一時的に用いられるに過ぎない項目であるので，他の項目とは全く異質なものである。

営業債権であれ営業外債権であれ，いずれの金銭債権も貸借対照表では個々の項目ごとに適切な項目名によって記載されることになる。したがって，金銭債権という表記は貸借対照表には見られない。

2 金銭債権の貸借対照表価額

金融商品に関する会計基準（最終改正2008年3月10日）によれば，金銭債権についての評価は次のように考えられている。

「一般的に，金銭債権については，活発な市場がない場合が多い。このうち，受取手形や売掛金は，通常，短期的に決済されることが予定されており，

第 2 章

帳簿価額が時価に近似しているものと考えられ，また，貸付金等の債権は，時価を容易に入手できない場合や売却することを意図していない場合が少なくないと考えられるので，金銭債権については，原則として時価評価は行わないこととした。一方，債権の取得においては，債権金額と取得価額とが異なる場合がある。この差異が金利の調整であると認められる場合には，金利相当額を適切に各期の財務諸表に反映させることが必要である。したがって，債権については，償却原価法を適用することとし，当該加減額は受取利息に含めて処理することとした。」〔金融商品に関する会計基準，結論の背景Ⅳ1〕

このような考え方に基づいて，金銭債権の評価に際しては，「取得価額から貸倒見積高に基づいて算定された貸倒引当金を控除した金額」〔金融商品に関する会計基準Ⅳ1, 14〕が**貸借対照表価額**となる。

ただし，上述のように「債権を債権金額より低い価額又は高い価額で取得した場合において，取得価額と債権金額との差額の性格が金利の調整と認められるときは，償却原価法に基づいて算定された価額から貸倒見積高に基づいて算定された貸倒引当金を控除した金額」〔金融商品に関する会計基準：同上〕が貸借対照表価額となる。

なお，**外貨建金銭債権**については，前述のように**決算日**の**為替レート**による円換算額にて貸借対照表に計上されることになる。

❸ 貸倒見積高の算定

金銭債権の評価にあたっては，前述のように貸倒見積高の算定が重要な意味を持っているといえる。金融商品に関する会計基準によれば，その算定のためには，次の金銭債権区分に従って，それぞれの区分ごとに合理的な計算が行われなければならない〔金融商品に関する会計基準，Ⅴ1〕。

(ⅰ) 一般債権：経営状態に重大な問題が生じていない債務者に対する債権をいう。

(ii) 貸倒懸念債権：経営破綻の状態には至っていないが，債務の弁済に重大な問題が生じているか，または生じる可能性の高い債務者に対する債権をいう。

(iii) 破産更生債権等：経営破綻または実質的に経営破綻に陥っている債務者に対する債権をいう。

これらの3つの金銭債権区分に応じて以下のように，貸倒見積高の算定方法が異なっているので，注意が必要である。

(i) **一般債権**に対する貸倒の見積もり

金融商品に関する会計基準によれば，「債権全体又は同種・同類の債権ごとに，債権の状況に応じて求めた過去の貸倒実績率等合理的な基準により貸倒見積高を算定する」〔金融商品に関する会計基準，V 2, 28(1)〕ことになっている。

したがって，**一般債権全体に対して**，または，**同種の債権**（売掛金・受取手形，貸付金・未収金などの債権別）**と同類の債権**（営業債権〔売掛金・受取手形〕，営業外債権〔貸付金・未収金〕）**とに区別**して過去の**貸倒実績率等**の合理的な基準を適用して**貸倒見積高**が算定されなければならない。この**一般債権の評価額は，債権額から当該貸倒見積高を控除した金額**となる。

(ii) **貸倒懸念債権**に対する貸倒の見積もり

金融商品に関する会計基準によれば，「債権の状況に応じて，次のいずれかの方法により貸倒見積高を算定する。ただし，同一の債権については，債務者の財政状態及び経営成績の状況等が変化しない限り，同一の方法を継続して適用する。」〔金融商品に関する会計基準，V 2, 28(2)〕ことになっている。

(1) 財務内容評価法

債権額から担保の処分見込額及び保証による回収見込額を減額し，その残額について債務者の財政状態及び経営成績を考慮して貸倒見積高を算定する方法をいう。

第 2 章

(2) キャッシュ・フロー見積法

債権の元本の回収及び利息の受取りに係るキャッシュ・フローを合理的に見積ることができる債権については，債権の元本及び利息について元本の回収及び利息の受取りが見込まれるときから当期末までの期間にわたり当初の約定利子率で割り引いた金額の総額と債権の帳簿価額との差額を貸倒見積高とする方法をいう。

したがって，(1)の方法によれば債権額のうちの回収見込額を除いた残額に債務者の財政状態と経営成績を加味して貸倒見積高が算定されなければならない。この場合に債務者の財政状態と経営成績を判断することが困難であれば，残額の50％を貸倒見積高として算定することができる。

また，(2)の方法によれば，債権に係る当期以降のキャッシュ・インフローを約定利子率で割り引いたその現在価値の合計額と当該債権の帳簿価額との差額が貸倒見積高として算定されることになる。

いずれの場合にも，この**貸倒懸念債権の評価額は，債権額から当該貸倒見積高を控除した金額**となる。

(ⅲ) **破産更生債権等に対する貸倒の見積もり**

金融商品に関する会計基準によれば，破産更生債権等については，「債権額から担保の処分見込額及び保証による回収見込額を減額し，その残額を貸倒見積高とする」〔金融商品に関する会計基準，Ⅴ2，28(3)〕ことになっている。したがって，この破産更生債権等については前掲の**財務内容評価法**が適用されなければならない。

この「破産更生債権等の貸倒見積高は，原則として，貸倒引当金として処理する」〔金融商品に関する会計基準（注10）〕ことになっている。つまり，その貸借対照表上の記載については，間接控除方式が推奨されているのである。

とはいえ，もう1つの可能性も見出される。原則は上述の通りであるが，「ただし，債権金額又は取得価額から直接減額することもできる」〔金融商品に関する会計基準（注10）〕のである。したがって，この場合には，その貸借

対照表上の記載については，直接控除方式が採用されることになる。

いずれにしても，貸借対照表における**破産更生債権等の評価額**は，**債権額から当該貸倒見積高を控除した金額**となる。

前述のように，営業債権についても営業外債権についても，一般的にはその市場が存在しない場合が多く，客観的な時価を測定することは困難であるので，原則としてその時価評価は行われていない。

4 償却原価法

債権の取得に際して債権金額と取得価額とが異なる場合がある。この差異が金利の調整であると認められる場合には，金利相当額を適切に各期の財務諸表に反映させることが必要である。したがって，この金利相当額が弁済期に至るまで毎期一定の方法によって貸借対照表価額に加減されることになる。この方法を**償却原価法**という。

この償却原価法の下では，金利相当額の期間配分には次の2つの方法が考えられている。原則として利息法による期間配分が行われなければならない。

(1) 利　息　法

債権等の利息相当額を**債権の帳簿価額に対し一定率**となるように，**複利をもって各期の損益に配分**して受取利息として計上し，当該配分額と債権の額面に対する利息の現金受取額および額面に対する未収利息増減額の合計額との差額を帳簿価額に加減する方法をいう。

(2) 定　額　法

債権等の**金利調整差額を取得日から弁済期までの期間で除して各期の損益に配分**し，当該配分額を受取利息として計上した上で帳簿価額に加減する方法をいう。

このような差額の加減については，差額が債権の貸借対照表価額に増額される場合には，このような増額を**アキュムレーション**といい，差額が債権の貸借

第 2 章

対照表価額から減額される場合には，このような減額を**アモーチゼーション**という。

用語解説①：貸倒懸念債権

その定義から明らかなように，貸倒懸念債権とは「**債務の弁済に重大な問題が生じている債務者に対する債権**，または**債務の弁済に重大な問題が生じる可能性の高い債務者に対する債権**」に他ならない。

ここにいう債務の弁済に重大な問題が生じている債務者に対する債権とは，債務者からの弁済がおおよそ1年以上延滞している債務，債務者に対して**弁済条件の大幅な緩和を行っている債務**をいう。

また，債務の弁済に重大な問題が生じる可能性の高い債務者に対する債権とは，業況が低調ないし不安定で，経営改善計画の実現可能性を考慮しても**条件どおりには弁済できない可能性の高い債務**をいう。

用語解説②：破産更生債権

破産更生債権とは「**経営破綻又は実質的に経営破綻に陥っている債務者に対する債権**」をいう。ここにいう「経営破綻」は，破産・清算・会社整理，あるいは会社更生法・民事再生法の適用申請，また手形交換所における取引停止処分などに該当する状態をいう。また，「実質的経営破綻に陥っている」という状態は，必ずしもこれらの事実はまだ発生していないものの，経営再建の目途も立たず，経営の実態としてこれらの事実の発生直前の状態とみなされる。

6 有価証券

1 会計上の有価証券とは何か

　企業の主要な経営活動は，商業であれば商品売買，製造業であれば製品の製造・販売であり，このような活動は**営業活動**といわれる。営業活動によって獲得された資金は，営業活動に再び投下されて，営業活動の拡大が図られていく。

　営業活動によって獲得された資金について，余裕が生じれば，そのような**余裕資金**（「余資」ともいう）は預貯金や有価証券等の**金融資産**で運用される。金融資産による運用によって，**利息収入や配当収入**などが得られるからである。いわゆる「たんす預金」からは，果実は何も生まれない。

◆有価証券とは何か

　有価証券は一般的に，証券や証書として紙券の形で財産権を表し（**財産権の表象**），その**権利の行使や移転（譲渡）**はその証券によって行われるものというように定義される。例えば株券であれば，それを所有することによって配当金が得られ，経営にも参加できる（なお，株式については，会社法によって原則として，紙券による発行が廃止され，既に発行された株式も電子化されて，印刷された形の株式はなくなっている）。

　有価証券は表象されている財産権の内容によって，次の３つに分類される。すなわち，(1)**貨幣証券**，(2)**商品証券**および(3)**資本証券**。これらの内容は次のように示すことができる。

第 2 章

> (1) **貨幣証券**：これは一定の貨幣額に対する請求権を表象する。例としては，**小切手**や**手形**などがある。
>
> (2) **商品証券**：これは一定の商品やサービスに対する請求権を表象する。例としては，**貨物引換証**，**船荷証券**などがある。
>
> (3) **資本証券**：これは資本の一定部分を表し，資本による利益や利子に対する請求権を表象する。例としては，**株券**や**債券**などがある。

◆会計上の有価証券は有価証券の一部にすぎない

貨幣証券は，会計上，有価証券として記録されない。簿記上，それらは**当座預金勘定**や**受取手形・支払手形勘定**で処理される。**商品証券**も，会計上，有価証券として記録されない。簿記上，それらは**未着品勘定**で処理される。このように，営業活動の中で生じる有価証券は，営業取引に関係する科目や項目で表される。

会計上の有価証券は，**株券や債券などの資本証券を表す科目・項目**である。一般的に，有価証券というときには，資本証券を指すことが多いので，会計上の有価証券はこのような一般的な常識とも符合する。

◆会計上の有価証券は金融商品取引法上の有価証券である

会計上の有価証券は**金融商品取引法**（「**金商法**」という）**第2条で列挙された証券**をいう。具体的には，**株式，社債，国債，地方債などの証券**である（国債や地方債を総称して「**公債**」という）。本来ならば，有価証券は株券，社債券などというべきであるが，株式・社債という言葉は株券・社債券を意味するようにも使われている。ここでもそれにならって，株式・社債・国債などという言葉を使うことにする。

2 有価証券はどのように分類されるか

　有価証券には，余裕資金の利殖のために取得したもの，他の会社と営業上の提携を行うために取得したもの，あるいは他の会社を支配するために取得したものなどがある。これは有価証券の取得目的，言い換えれば，有価証券の保有目的の違いに注目している。

　貸借対照表をみると，流動資産の中に有価証券が掲げられている。また，固定資産の投資その他の資産の中に投資有価証券などが掲げられている。流動資産の中の有価証券や，投資その他の資産の中の投資有価証券などには，どのような有価証券が含められるのであろうか。また，流動資産や固定資産への有価証券の分類と，有価証券の保有目的とはどのように関係づけられるのであろうか。ここでは，**会計上の有価証券の分類**について考えることにしよう。

◇有価証券は保有目的によって分類される（保有目的分類）

　1999（平成11）年に，「**金融商品に係る会計基準**（最終改正2008年，基準の名称は「金融商品に関する会計基準」に変更）」（以下では，「金融商品会計基準」という）が公表されている。金融商品に関しては，この基準が「企業会計原則」よりも優先して適用される。

　金融商品会計基準では，有価証券は**保有目的**によって，次のように分類される。(1)**売買目的有価証券**，(2)**満期保有目的の債券**，(3)**子会社株式および関連会社株式**，(4)**その他有価証券**。

(1)　売買目的有価証券

　　売買目的有価証券は，時価の変動により利益を得ることを目的として保有するものである。言い換えれば，時価あるいは相場の変動をとらえて，頻繁に売買を繰り返し，より大きな投資利益を獲得しようとして保有している有価証券である。これには株式や債券などがある。

(2)　満期保有目的の債券

　　**満期保有目的の債券は，満期まで保有することを目的にしている社債その

他の債券である。つまり，これは，売買を目的とした債券ではなく，満期まで保有することによって，約定利息と元本の受取りを目的として保有している。したがって，満期までの金利変動には無関心でいられる債券である（価格変動リスクにさらされない）。

(3) 子会社株式および関連会社株式

子会社株式・関連会社株式は，親会社が支配する目的あるいは影響力を行使する目的で保有している株式である。

(4) その他有価証券

その他有価証券は，売買目的有価証券，満期保有目的の債券，子会社株式・関連会社株式のいずれにも該当しない有価証券である。子会社や関連会社ほどには持株比率は高くないが，事業上の関係を強化しようとして，相手企業と相互に保有し合う「**持ち合い株式**」がその例である。

◇有価証券は表示目的によって分類される（表示目的分類）

有価証券は，**市場価格の有無や保有目的**などによって，**流動資産と固定資産**とに分類される。流動資産としての有価証券には，次のものが含められる。

① 売買目的有価証券
② 満期保有目的の債券のうち，1年以内に満期の到来する社債その他の債券
③ その他有価証券のうち，1年以内に満期の到来する社債その他の債券

流動資産としての有価証券は，貸借対照表上,「**有価証券**」として表示される。

上記の①・②・③以外の有価証券は，固定資産とされる。つまり，次のものが**固定資産**となる。

> (a) 満期保有目的の債券のうち，1年を超えて満期の到来する社債その他の債券
> (b) 子会社株式・関連会社株式
> (c) その他有価証券（1年以内に満期が到来する債券は除く）

固定資産としての有価証券は，貸借対照表上，投資その他の資産の区分の中で「**投資有価証券**」として表示される。しかし，関係会社の株式と社債は，それぞれ「**関係会社株式**」・「**関係会社社債**」というように，**別科目で掲記**しなければならない。

③ 有価証券はどのように評価されるか

保有目的分類に沿って，期末における有価証券の評価を述べることにする。期中で取得された有価証券はいずれも取得原価で評価されるので，有価証券の評価というとき，特に**期末に保有している有価証券の評価が問題になる**からである。

(1) 売買目的有価証券

売買目的有価証券は，市場価格（時価）の動向を捉えて，利益が得られる水準であれば，また損失を可能な限り回避できる水準であれば，売却しようとして所有している有価証券である。つまり，売買を繰り返すことによって，より大きな投資利益を獲得することを狙って所有している有価証券である。

売買目的有価証券に関する財務活動の成果は時価で示され，投資者にとっても時価評価された情報が投資意思決定に有用である。このため，**売買目的有価証券は時価評価され，それが貸借対照表に表示**される。また売買目的有価証券は，企業内に売買のためのトレーディング・ルームを設置するなどして取り扱われるので，売却について事業遂行上等の制約がない。このために，**売買目的有価証券の評価差額は**，通常の損益と同様に**当期の損益として処理**される。

第 2 章

(2) 満期保有目的の債券

満期保有目的の債券は，取得後満期まで保有することを目的にする債券である。したがって，保有期間中の金利や市場価格の変動は債券保有に影響を与えないので，そのような変動を考慮する必要がない。

このため，**満期保有目的の債券は取得原価で評価され，それが貸借対照表に表示**される。しかし，債券を債権金額よりも低い価額または高い価額で取得した場合，**取得価額と債券価額との差額の性格が金利の調整と認められるときには，償却原価法に基づいて算定された価額を貸借対照表に表示**しなければならない。

債券の取得価額と債券価額とは異なることが通例であるので，満期保有目的の債券は，原則として償却原価法に基づいて算定された価額が貸借対照表価額とされる。

市場価格のある満期保有目的の債券について，時価が著しく下落（実務では50パーセント以上）したときは，回復する見込があると認められる場合を除き，時価で評価しなければならない。これは「強制評価減」（減損処理）といわれる。

(3) 子会社株式および関連会社株式

子会社株式および関連会社株式は，会社を支配する目的や影響力を行使することを目的として所有する株式である。会社の支配は，支配される会社の事業活動そのものへの投資と考えることができ，「会社」という資産の取得と同一視することができる。関連会社株式についても同様の類推ができる。

このため，子会社株式および関連会社株式の時価の変動はこれらの株式の所有に影響を与えない。したがって，**子会社株式および関連会社株式は事業投資と同じく取得原価で評価され，それが貸借対照表に表示**される。

市場価格のある子会社株式および関連会社株式について，その時価が著しく下落したときは，回復する見込があると認められる場合を除き，それらは時価で評価される。これは「**強制評価減**」といわれる。また**市場価格のない株式**に

ついては，発行会社の財政状態の悪化によって実質価額が著しく下落したときは，相当の減額をしなければならない。これは「相当の減額」といわれる。

(4) その他有価証券

その他有価証券は，文字通り上記(1)(2)(3)に分類された以外の有価証券である。この例として例えば，持ち合い株式があげられる。この種の有価証券の**時価情報は投資者にとって有用な投資情報**となるので，その他有価証券は時価で評価され，それが貸借対照表に表示される。

その他有価証券は，事業遂行上の必要性から直ちに売買して換金するには制約を伴うことがあるので，時価評価の結果生じる**評価差額**は，売買目的有価証券の場合のように当期の損益にすることはできない。このため，評価差額は損益計算書を経由させずに，**貸借対照表上の純資産の部に直接入れる**（これを「直入」という）方法をとる。

純資産の部への直入の方法には2つある。まず**評価差額の合計額を直入する方法**であり，これは「全部純資産直入法」と呼んでいる。第2は，**評価損に当たる評価差額は損益計算書に計上し，評価益に当たる評価差額は純資産の部に直入する方法**である。これは保守主義を根拠に認められ，「部分純資産直入法」といわれる。その他有価証券についても「強制評価減」または「相当の減額」が適用される。

4 自己株式はどのような性格を持っているか

◇自己株式の考え方は大きく変化した－以前は資産と見た－

自己株式とは，**自己の会社が発行している株式**である。これは**金庫株**ともいわれる。つまり，会社がいったん発行した自社の株式を取得して保有しているときに，その株式を自己株式といっている。

自己株式は，以前は**資産**と考えられていた。なぜ資産と考えられたのか。

第 2 章

　自己株式を資産としたのは，会社法以前の商法の影響が大きい。商法はかつて，**自己株式を取得することを原則的に禁止し**，いくつかのケースについてのみ例外的に取得を認めてきた。その理由は何か。自己株式取得による弊害を防止することが，その理由である。それではどのような弊害が考えられていたのか。

　第1は，**自己株式の取得は出資の払戻しとなって，会社の財産的基礎を危うくする**ということである。自己株式の取得は，株主が払い込んだ出資額の払戻しを行っているのと同じであり，その自己株式を消却すれば，その額だけ純資産が減少するからである。

　第2は，**自己株式の取得**は，その取得の方法や対価のいかんによって，提供した株主を不当に優遇する可能性があり，株主間で不平等が生じ，**株主平等の原則に反するおそれがある**ということである。

　第3は，**自己株式の取得**は，株主総会の決議に必要な株式数を減少させたり，また会社の乗っ取りに反撃するなどして，**現経営者の地位を守るために利用されるおそれがある**ということである。

　第4は，**自己株式の取得**は，株価の釣り上げといった**相場操縦やインサイダー取引に悪用される**など，その弊害を**助長するおそれがある**ということである。

　このような弊害防止の理由から，自己株式の取得が原則的に禁止されたが，例外的に取得を認めたケースとしては，例えば次のようものがあった。株式消却を目的とする場合，会社の合併・営業全部の譲受による場合などがそれである。

　このような例外的なケースで自己株式を取得したときには，商法は，遅滞なく（「すぐに」という意味）処分することを求めた。自己株式は遅滞なく処分されることになるから，**商法**では，**自己株式は流動資産**とされた。自己株式を資産と見る考え方（**資産説**）は，ここから生まれた。

◆自己株式の本質は資本の払戻しである－いまは資本減少説－

　2001（平成13）年の商法改正では，時計の振り子が大きく振れて，**自己株式の取得は資本の払戻し（資本減少説）**と考えられることになった。なぜであろうか。

　改正商法では，目的や使途に制限なく，自己株式を取得することができ，また長期間にわたってそれを所有することが認められた。つまり，いわゆる「**金庫株の解禁**」が行われた。それでは，なぜ金庫株の解禁が行われたのか。

　第1は，**機動的な組織再編化**を目的にしていたということである。自己株式を取得しておけば，合併・会社分割等の企業の組織再編に際して，新株発行に代えて保有する自己株式を割り当てることができる。また，新株発行に伴う配当負担の増加や既存株主の持株比率の希釈化を防ぐことができる。

　第2は，**株式市場の安定化**を目的としていたということである。自己株式の取得は，株式の需給関係を調整し，また持ち合い株式の解消売りの受け皿として利用することができるので，株式市場の安定化に貢献する。

　第3は，**敵対的買収等に対する備え**という目的があったということである。大株主や提携先が株式を放出するときに，自己株式の取得を認めることによって，それらの株式が敵対的買収をしようとする者に取得されることを防止することができる。

　これらの理由から，自己株式の取得と保有が，一定の枠組みの中で自由にできることになった。

　このような金庫株の解禁は自己株式の取得を増加させ，その結果，それは企業の財政状態に大きな影響を及ぼす可能性が高まったために，会計基準が整備されることになった（「**自己株式及び法定準備金の取崩等に関する会計基準**」（企業会計基準第1号）2002（平成14）年）。

　会計基準では，**自己株式の取得は資本の払戻しと考えられた**（資本減少説）。このために，**保有自己株式は，貸借対照表では純資産の部における株主資本から控除される形で表示される**ことになった。

第 2 章

7 棚卸資産

1 棚卸資産の範囲

棚卸資産の範囲については、これまで、連続意見書第四に定める、次の4項目のいずれかに該当する財または用役とされてきた。

棚卸資産の範囲（連続意見書第四）
(1) 通常の営業過程において販売する目的で保有する財・用役
(2) 販売目的で製造中の財・用役
(3) 販売目的の財・用役を生産するために短期間に消費する財
(4) 販売・一般管理活動において短期間に消費する財

（参考）棚卸資産となる用役とは
用役というのは、役務（労働の提供など、無形の仕掛品など）をいう。連続意見書第四では、 (1) 加工のみを委託された場合の、加工費だけからなる仕掛品 (2) 材料を支給された場合の労務費 (3) 間接費だけからなる半成工事 が例示されている。

　棚卸資産会計基準では、「棚卸資産は、商品、製品、半製品、原材料、仕掛品等の資産であり、企業がその営業目的を達成するために所有し、かつ、売却を予定する資産のほか、売却を予定しない資産であっても、販売活動及び一般管理活動において短期間に消費される事務用消耗品等も含まれる」として、連続意見書第四の考え方を踏襲している。

なお，ここでいう「**売却**」には，通常の販売のほか，活発な市場が存在することを前提として，棚卸資産の保有者が単に市場価格の変動により利益を得ることを目的とする**トレーディング**を含む（棚卸資産会計基準）。

なお，棚卸資産には，**注文生産や請負作業についての仕掛り中のもの**（未成工事支出金等）も含まれる。

2 販売用不動産・開発事業等支出金

一般の事業会社が営業活動で利用するために保有する不動産（土地建物）や将来の事業拡張等の目的で保有する不動産は，貸借対照表の有形固定資産の部に掲記される。他方，不動産会社等が保有する「販売用不動産等」は，上記の棚卸資産の範囲に含まれるから，貸借対照表では流動資産の部に掲記される。

3 棚卸資産の数量計算

棚卸資産は，**期中に販売・費消した部分と期末まで保有している部分**に，「**数量**」と「**原価**」の両面で分けなければならない。

数量で分けるというのは，**物量単位で分ける**ことである。例えば，原料としての小麦粉が，10キロ入りの袋で，期首に1万袋あり，期中に2万袋仕入れ，期末に1万2千袋残っている，というようにである。

こうした**数量計算**には，(1)期中の取引（購入・製造の量と費消・販売の量）を継続的に記録をつけて，いつでも在庫の確認ができるようにする方法と，(2)費消・販売の量については継続的な記録を残さずに，期末の残高を計算して，費消・販売数量を推定する方法がある。

前者を「**継続記録法**」と呼び，後者を「**棚卸計算法**」と呼ぶ。一般的に，金額的に重要な棚卸資産や欠品（在庫切れ）が許されないものには継続記録法が使われ，金額的に重要でなく，注文すればすぐに手に入るようなものには棚卸計算法が使われる。

第 2 章

4 継続記録法

　棚卸資産を受払いするたびに，一定の帳簿（**商品有高帳，材料元帳など**）に記録しておけば，**帳簿上，いつでも現在の在庫数量**を確かめることができる。

　「**受払い**」というのは，商品であれば，仕入れと販売，製品であれば，製品ができあがることとそれを販売することである。受け入れた数量と払い出した数量を見れば，いま，どれだけ在庫として残っているかをすぐに確かめることができる。

　この方法は，記録を継続的に行うことから，「**継続記録法**」と呼ばれ，また，帳簿を使うことから，「**帳簿棚卸法**」とも呼ばれている。

5 棚卸計算法

　当期にどれだけの棚卸資産を払い出したかは，次の算式によっても知ることができる。

> 当期払出数量＝前期繰越数量＋当期仕入数量－期末在庫数量

　実際には，期末だけではなく，期中に定期的に在庫数量を確認（棚卸という）して，その時点までの払出数量を計算する。

　こうして当期の払出数量と期末在庫数量を計算する方法を，**棚卸計算法**とか**定期棚卸法**と呼ぶ。

　この方法では，期中における受入数量は記録されるが，**期中における払出数量は紀録されない**。

棚卸資産の数量計算
棚卸計算法 　　前期繰越数量＋当期仕入数量－期末棚卸数量＝当期消費数量 継続記録法 　　前期繰越数量＋当期仕入数量－当期消費数量＝期末棚卸数量

継続記録法における長所と短所

　継続紀録法によると，いつでも，**受け入れた数量，払い出した数量，在庫として残っている数量**を知ることができる。在庫が一定量を下回ったら発注するなどといった**在庫管理**に適している。

　ただし，この方法による**帳簿の残高**が，在庫として**実際に残っている数量**と一致するという保証はない。なぜなら，いかに受払いを正確に記録しても，在庫を保管している倉庫で，紛失や盗難が発生したり，目減りや蒸発（揮発性の在庫）が起これば，**記録上の在庫数量**と実際の在庫数量に違いが出てくるからである。

　払出品の計量が不正確なために在庫数量に違いが出ることもある。例えば，オイルのような液体や苛性ソーダなどの薬品は，払い出すたびに計量する。計量は必ず誤差を伴うので，何度も何度も払い出していると，そのうちに**計量誤差**が大きくなってしまう。

　原材料などを購入すると，発注した分量よりも多めに受け入れることがある。100リッターのオイルを注文したところ，オイル缶に105リッター入っていたような場合である。こうした場合にも，記録と実際の在庫数量に違いが生じる。

　記録の間違いから，誤差が生じることもある。例えば，アルミサッシの出庫伝票には45枚とあったが，実際には44枚しか払い出さなかった場合などであ

る。この場合には，上のオイルと同様に，**帳簿上の在庫よりも実際の在庫が多いことになる**。

こうした事情のため，継続記録法を使う場合には，実際の在庫数量を確認するために，「実地棚卸(じっちたなおろし)」をする必要がある。実地棚卸をすると，継続記録法による計算上の期末在庫数量と，実際の在庫数量を比べて，**帳簿数量と実際数量の差**を知ることができる。この差を，一般に「**棚卸減耗**(たなおろしげんもう)」と呼ぶ。上の，アルミサッシやオイルの場合は，棚卸増となる。

7 棚卸計算法の長所と短所

棚卸計算法にも，長所と短所がある。

この方法の最大の長所は，**簡便**なことである。期中における払出しの記録を行わないので，計算と記帳の手間が省ける。もう1つの長所は，**期末の在庫量を確実に把握できる**ということである。

この方法の最大の短所は，棚卸資産に，**紛失，盗難，目減りなどが発生しても把握できない**ことである。もう1つの短所は，**期中における在庫の数量とその変化を把握できない**ことである。

数量計算の方法としては，**継続記録法が原則**である。ただし，この方法を採る場合は，定期的に棚卸しを行って，帳簿上の在庫と実際の在庫の違いを把握しなければならない。

そうした手間がかかることを除けば，この方法では，盗難，紛失，目減りなどの**棚卸減耗**を数量的に知ることができ，在庫管理上も効率的である。

ただし，この方法は手数とコストがかかるため，あらゆる棚卸資産に適用するというのは，コスト・ベネフィットの面から見て適切ではないであろう。

8 継続記録法と棚卸計算法の使い分け

継続記録法は，その企業にとって**重要な在庫**，例えば，**主力商品に関わる物**

品，金額の張る物品，在庫切れを起こすと工場がストップしてしまうような物品，発注してから納品までの期間（リードタイム）が**長い**物品などに適しているといえる。

そうした条件にない物品，例えば，石炭とか砂，木材などのように，**価格が安く，簡単に手に入り，代替品があるような**物品の場合は，厳密な記録や在庫管理を必要としないので，**棚卸計算法**でよいのではないかと思われる。

もちろん，上で述べたように，棚卸計算法を採用したときの短所があるから，定期的に在庫を調べて，紛失や盗難などの損害を調べ，それが巨額に上るようであれば，棚卸の回数を増やすとか，継続記録法に切り替えるなどの対策が必要であろう。

9 棚卸資産の原価配分

以上は，**棚卸資産の数量計算をどうするか**，という話であった。数量計算の結果，棚卸資産は，**期中に費消・販売された部分と期末に保有されている部分**が数量的に分けられた。

今度は，その結果を受けて，**期中に費消・販売された棚卸資産の原価と，期末に残っている在庫の原価**を決めなければならない。これを，**棚卸資産の期末評価**という。棚卸資産の取得原価を，(1)期中に費消・販売された分と(2)期末に残存する分に分けることでもあるので，これを「**棚卸資産の原価配分**」ともいう。

10 棚卸資産の期末評価

期末に保有する棚卸資産は，上に紹介した**数量計算**をベースにして，次に，金額の計算をしなければならない。**金額計算**は，期中に払い出した数量と，期末に残存する数量に，取得価額を割り振ることをいう。

割り振られた結果，期中に払い出した物品の金額とされるものは，「**売上原**

第 2 章

棚卸資産の数量計算と金額計算		
棚卸資産の数量計算	継続記録法	棚卸減耗を計算できる
	棚卸計算法	棚卸減耗は売上原価に自動算入される
棚卸資産の金額計算	（数量法） 先入先出法 平均法 個別法	棚卸資産の数量計算を行うことから，数量法と呼ばれる
	（金額法） 売価還元法	金額だけを使って原価配分する方法

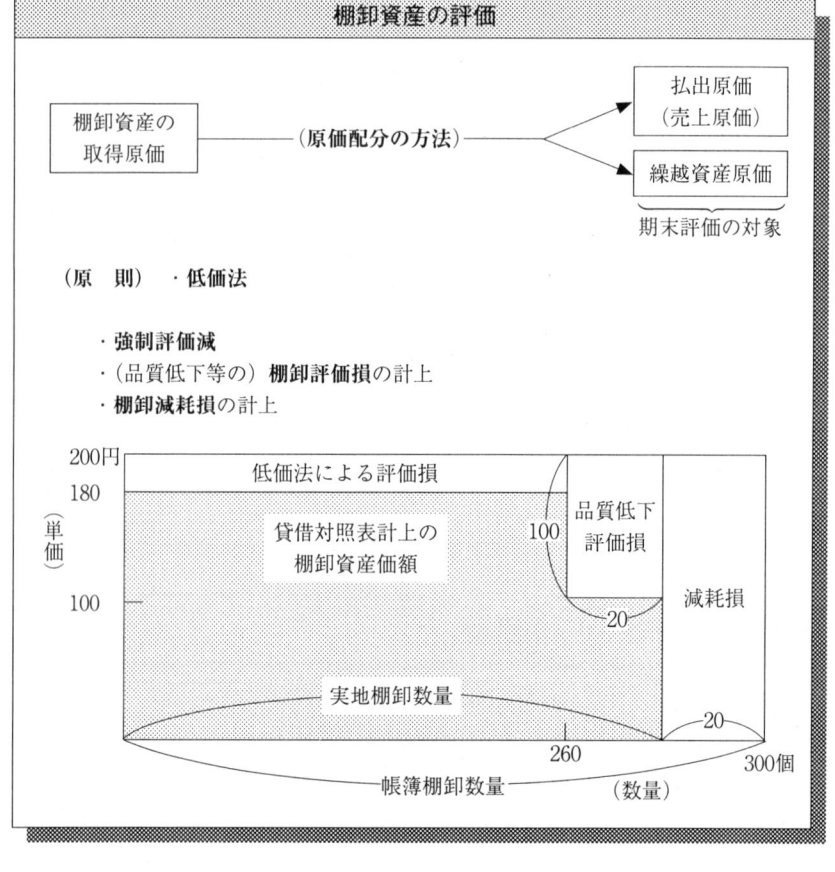

棚卸資産の評価

棚卸資産の取得原価 ─（原価配分の方法）→ 払出原価（売上原価）／繰越資産原価

繰越資産原価 … 期末評価の対象

（原　則）・低価法

・強制評価減
・（品質低下等の）**棚卸評価損**の計上
・**棚卸減耗損**の計上

```
200円 ┬──────────────────────┐
      │    低価法による評価損          │
180   ├──────────────┬──────┤
      │                      │品質低下│
（単  │  貸借対照表計上の     │ 100  │評価損│
 価）│  棚卸資産価額         ├──────┤
      │                      │  20  │減耗損│
100   │                      │      │      │
      │         実地棚卸数量         │  20  │
      └──────────────┴──────┘
                     260        300個
           帳簿棚卸数量   （数量）
```

価」（一部は，製造原価）に，期末に残存する物品の金額とされるものは，「**期末棚卸資産原価**」となる。

　棚卸資産の原価を2つに区分するには，**先入先出法**，平均法などの棚卸資産価格の計算法を使う。これらの方法によって，貸借対照表価額を決めるのである。したがって，期末の評価額は，いったんは**取得原価**で決める。

　このように，資産の貸借対照表価額を取得時の原価で決める考え方を，**取得原価主義**，**歴史的原価主義**，あるいは単に，**原価主義**と呼んでいる。

　しかし，期末の時価（棚卸資産を売却したときに得られる収入額＝売却処分価額，または，同じ棚卸資産をもう一度購入したとすればいくらか＝再調達原価）が取得原価を下回っていれば，棚卸資産に投下した資本（取得原価）が回収できないおそれがある。そうした場合は，**低価法（低価主義）**を採用する。

　なお，低価法を適用していても，時価が著しく下落した場合には，原価まで回復すると認められる場合を除いて，**時価まで評価減（強制評価減）**しなければならない。

11　低価法の強制適用

　2008年4月1日以降に開始する事業年度からは，**通常の販売目的で所有する棚卸資産**には「新しい解釈の低価法」（**新低価法**）が強要適用される。これまで棚卸資産には原価法と低価法の選択適用が認められてきたが，今後は，低価法を適用する条件がそろうときには低価法が強制適用される。

　また，この基準では，**低価法による評価損**と**品質低下や陳腐化による評価損**を，いずれも「**収益性の低下**」という点では同じであるとして，評価損について統一的な処理を行うことにしている。

　従来，低価法は，正常な状態の棚卸資産に対して適用し，品質低下品等に対しては，期末において，別途，評価しなおして評価損を計上してきた。新しく設定された棚卸資産会計基準では，品質低下品・陳腐化品についても，新低価法を適用することにしている。

第 2 章

　新低価法では，期末に残存する在庫のすべて（正常品も欠陥品も含めて）について，期末の「**正味売却価額**」（これまで**正味実現可能価額**と呼んできたものと同じ）で評価する。この方法によれば，従来の**低価法による評価損**と**品質低下品等の評価損**は区別されない。

　新しい基準は，こうした処理をする理由として，次の２点をあげている。

低価評価損と品質低下評価損を区別しない理由
(1)　低価法評価損と品質低下陳腐化評価損は，発生原因は相違するものの，正味売却価額が下落することにより収益性が低下しているという点からみれば，会計処理上，それぞれの区分に相違を設ける意義は乏しい。
(2)　経済的な劣化（陳腐化）による収益性の低下と，市場の需給変化に基づく正味売却価額の下落による収益性の低下は，実務上，必ずしも明確に区分できない。

12　後入先出法の廃止

　これまで，棚卸資産の金額計算（数量計算の結果を受けて，期中に費消・販売された部分と期末の在庫の原価を決めること）には，**先入先出法，後入先出法，平均法，個別法**などが使われてきた。

　国際的な会計基準では，後入先出法を禁止している。この方法が，実際のモノの流れをあらわすことはまれであることと，この方法は**利益操作**の余地があること，などが理由である。わが国でも，企業会計基準第９号（改定）により，**後入先出法を廃止**することになった。

貸借対照表論

8　有形固定資産

　固定資産，特に有形固定資産の学修については，以下の各テーマを取り扱う。
1．固定資産の分類
2．固定資産の取得原価
3．有形固定資産の定義と種類
4．費用配分の原則
5．減価償却
6．減耗償却
7．取替法と廃棄法
8．有形固定資産の処分
9．個別償却と総合償却

1　固定資産の分類

　貸借対照表における資産の区分は，企業会計原則によれば次のようになる。
　「貸借対照表は，資産の部，負債の部及び資本の部の三区分に分かち，さらに資産の部を流動資産，固定資産及び繰延資産に，負債の部を流動負債及び固定負債に区分しなければならない」（貸借対照表原則二）。
　したがって，**資産の部**は，**流動資産・固定資産・繰延資産**に3区分されることになる。
　これ以外に，財務安全性に基づく資産の区分基準もある。財務の安全性，つまり支払能力を示す経営指標に**流動比率**がある。流動比率は**流動資産÷流動負債**（×100＝%）で計算されるため，いかに流動資産（および流動負債）を確定するかが重要となる。そこで，**流動資産を確定的に区分する基準が必要となる**の

第 2 章

である。

　流動・固定に区分する基準には，**1年基準**と**営業循環基準**がある。**1年基準**とは，決算日の翌日から1年以内で現金化または費用化する資産を流動資産とする基準である。

　対して**営業循環基準**とは，現金→商品・製品→現金という営業活動の循環内にある資産を流動資産とする基準である。この2つの区分基準により，資産（および負債）は流動・固定に区分されるのである。

　なお，この2つの基準は，**支払能力を有する資産**を区分するためのものである。上記**繰延資産**は，そもそも**支払能力をもたない資産**とみなされ，流動・固定の区分からは最初から**除外**された形になっている。

　さらに固定資産は，**有形固定資産**，**無形固定資産**，**投資その他の資産**に区分される。このうち，有形固定資産は，具体的な形を持つものであり，機械・建物などがあげられる。無形固定資産は，具体的な形を持たないものであり，特許権・商標権などの権利があげられる。投資その他の資産は，文字通り投資を目的としたものであり，関係会社株式などの有価証券があげられる。

2　固定資産の取得原価

　固定資産は，**取得原価**で貸借対照表に表示される。取得原価とは，**当該資産を獲得し，稼働するまでに要したすべての対価**のことである。取得原価の決定方法は複雑なので，固定資産の取得方法別に5パターンに分けて，それぞれのパターンにおいて適用される取得原価決定方法を次に示す。

◇取得原価の決定方法

① 購　　入

　購入固定資産の取得原価は，「**購入代金＋付随費用**」で表される。購入代金とは別に，当該資産を使用場所に据え付け稼働するまでに要したすべての対価を**付随費用**という。具体的には，引取運賃，輸送保険料，交渉代金，購

入手数料，据付費用，試運転費用などが含まれる。なお，固定資産に係る**支払利息は，原則的に付随費用には含まれない**ので注意が必要である。また，購入に際して**値引または割戻**を受けたときには，これを**購入代金から控除**する。したがって，上記の式は正確には「**購入代金**（－値引・割戻）**＋付随費用**」となる。

取得原価は，基本的に支払対価により測定される。ところが，「①購入」のように支払対価が確定しやすいものばかりではない。支払対価の確定が困難なもの，あるいはそもそも支払対価がないものなどを以下の②から⑤で取り扱う。

② **自 家 建 設**

使用する資産を**自社（自前）で作る**ことを自家建設という。自家建設の場合の取得原価は，**適正な原価計算基準**に従って算定された価額となる。

難しいのは，自家建設において発生する利息は取得原価に算入するのかという問題である。上述のように，利息は原則的には取得原価には算入できない。ただし，借入資金の利息については，**借入資金が当該工事のみに使われること，および算入する金額は使用可能になる前に発生した分に限る**こと等を条件に，**取得原価算入が例外的に認められる**。なお，自家建設が自己資金による場合は，一切認められない。

③ **現 物 出 資**

金銭以外による出資を受けた場合，これを**現物出資**という。株式を新しく発行するため資本金の増加を伴う。現物出資の場合の**取得原価**は，受入資産の評価額ではなく，出資者に対して交付された**株式の発行価額総額**となる。

④ **交　　換**

交換に供したものが自己所有の**同種資産**ならば，当該資産の適正な**取得原**

価が新資産の取得原価となる。交換に供したものが自己所有の**異種資産（有価証券**など）ならば，当該異種資産の**時価**が基本的な取得原価となる。ただし，異種資産の簿価と時価に大きな乖離がない場合は，取得原価をその簿価とすることも認められる。

同種資産との交換の場合，なぜ自己所有資産の適正な取得原価が新資産の取得原価になるのであろうか。これは，同種資産の交換については，**投資の継続性**が成り立つとみなし，売買取引を擬制して処理する必要がないと考えられるからである。つまり価値が同じものの交換であれば，損益が生じない純粋な交換取引として取り扱われるためである。

対して，固定資産を自己所有の異種資産（例えば有価証券）と交換した場合，なぜ当該有価証券の時価が新資産の基本的な取得原価となるのであろうか。この場合は，いったん有価証券を売却し，その売却代金ですぐに固定資産を取得したと考えられるためである。異種資産による交換取引は，交換に供する資産をいったん市場で**売却**するものと**仮定**し，当該予想売却時価をもって交換により受け入れる固定資産の取得原価とするのである。したがって，交換に供する資産が有価証券ならば，取得原価は基本的に当該有価証券の時価となるのである。

⑤ **贈　　与**

時価等を基準とした**公正に評価した額**が**取得原価**となる。無償取得した有形固定資産は，支払対価がゼロなのであるから，資産計上しなくてもよいと考えられるだろうか。実は，そうではない。例え無償（タダ）でもらった資産でも，当該資産が企業によって支配され，かつ経済的便益を有するならば，**公正な評価額**を付して資産計上すべきなのである。

固定資産の取得原価について，以下にまとめておく。

取得方法	取得原価
① 購　　入	購入代金（－値引・割戻）＋付随費用
② 自家建設	適正な原価計算基準により算定された価額
③ 現物出資	交付された株式の発行価額総額
④ 交　　換	Ⅰ　交換した同種資産の適正な取得原価
	Ⅱ　交換した異種資産の時価（又は適正な簿価）
⑤ 贈　　与	公正な評価額（時価等を基準とする）

◇資本的支出と収益的支出

　有形固定資産の取得原価が決定した後に，その資産に関連して追加的に発生する支出がある。この**追加的支出**は，有形固定資産の**取得原価に算入される支出**と，**算入されない支出**とに区分される。前者を**資本的支出**といい，後者を**収益的支出**という。会計処理方法の違いとして捉えると，前者は**資産化**処理であり，後者は**費用化**処理ということになる。

　資本的支出と収益的支出の分類基準としては，**資産価値を増大させるような追加支出**を**資本的支出**とし，**資産価値増大には寄与しない追加支出を収益的支出**とすることがあげられる。

　資産価値を増大させるような支出とは，当該有形固定資産の**耐用年数が延長**するか，あるいは**機能が向上**したりするような支出である。資産価値増大に寄与しない支出とは，**現状を維持**するためだけの支出である。

　例えば，ある建物に100万円分の追加支出を行ったため，耐用年数が延びたとしよう。この場合，耐用年数を延ばした部分の支出が70万円だとすると，資本的支出は70万円となる。対して耐用年数の延長には寄与しないような，例えば定期的修理などにかかった部分の支出が残りの30万円だとすると，収益的支出は30万円となる。図示すると次図のようになる。

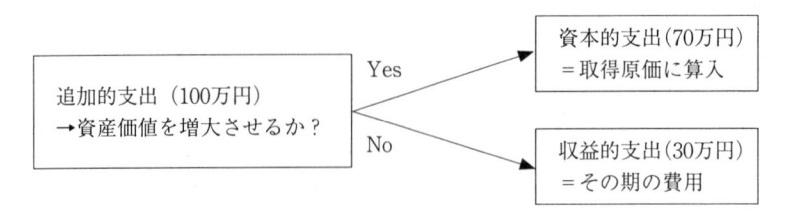

第 2 章

```
追加的支出（100万円）      Yes    資本的支出（70万円）
→資産価値を増大させるか？  ─────→ ＝取得原価に算入
                         No     収益的支出（30万円）
                         ─────→ ＝その期の費用
```

収益的支出と分類されると，有形固定資産の取得原価に算入されずに，その期の費用となる。つまり，期間費用として期間収益から減額されるため，当該年度の直接的な利益減少要因となる。

対して**資本的支出**と分類されると，次期以降の費用とみなされ，当該年度の利益を減少させない。重要なことは，**有形固定資産に対して金額的に重要な支出**がなされ，それによって当該資産の**資産価値が増大**すると判断された場合には，その追加的支出は**資本的支出**として当該資産の**取得原価に加算**しなければならない，ということである。

3 有形固定資産の定義と種類

有形固定資産とは，通常の事業活動で使用するために長期間所有する具体的な形がある資産をいう。ポイントは次の３点である。(1)**長期間所有**する（流動資産ではない），(2)**具体的な形**がある（無形固定資産，繰延資産ではない），(3)**事業活動目的**で使用する（投資その他の資産ではない）。有形固定資産の種類については，財務諸表等規則第22条等の区分に従うと，次のようになる。

① 建物（暖房，照明等の付属設備を含む）
② 構築物（橋等の土地に定着する土木設備）
③ 機械及び装置（コンベヤー等の搬送設備を含む）
④ 船舶（水上運搬具）
⑤ 車両及びその他の陸上運搬具（鉄道車両，自動車等陸上運搬具）
⑥ 工具，器具及び備品（耐用年数1年以上で相当額以上）
⑦ 土地
⑧ リース資産
⑨ 建設仮勘定
⑩ その他（その他の有形資産）

なお，建物，機械，土地などであっても，**販売目的で所有**するものについては有形固定資産ではなく**棚卸資産**として区分されるので注意したい。

上記区分において，特に⑨**建設仮勘定**は特殊な有形固定資産である。リース資産を除く有形固定資産の各項目は，比較的分かりやすいものが列挙されている。その中で**建設仮勘定**だけは，イメージしにくいものである。基本的には**前渡金**なのであるが，特定の対象および目的のための前渡金に限定して建設仮勘定と呼ばれている。

建設仮勘定の定義は，**営業用の有形固定資産を建設する場合**における**支出**および当該建設に充当された**材料**をいう。財務諸表等規則ガイドライン（22-9）によれば，以下のものが具体的に建設仮勘定に含められる。

建設仮勘定の内容	・設備の建設のために支出した手付金もしくは前渡金 ・設備の建設のために取得した機械等で保管中のもの ・建設又はその他の目的に充てられる資材，又は資材の購入のための前渡金

第 2 章

4 費用配分の原則

費用配分とは，固定資産の**取得原価**を，当期の費用と次期以降の費用に**配分**することである。すなわち，取得原価を当期の費用として**損益計算書**へ，次期以降の費用を資産として**貸借対照表**へ，それぞれ配分することをいう。

取得原価を配分するという意味では**原価配分**といわれ，当該原価を費用として配分するという意味では**費用配分**という。どちらも同じことを意味する。原語の直訳としては原価配分という言葉の方が正しいが，企業会計原則では費用配分という言葉を使っている。

企業会計原則によると，「資産の**取得原価**は，資産の種類に応じた**費用配分の原則**によつて，各事業年度に**配分**しなければならない」（貸借対照表原則五）とされる。

費用配分の原則は，多くの資産について適用される。例えば商品であれば，販売された分は売上原価として損益計算書に計上され，売れ残った分は棚卸資産として貸借対照表へ計上される。これ以外にも，ガソリン（貯蔵燃料）を購入し，営業活動のため消費した場合も同様である。当該消費部分は燃料費として損益計算書に計上され，未消費分は貯蔵燃料として貸借対照表に計上される。費用配分（原価配分）は，近代会計にとって要（かなめ）となる原則なのである。

5 減価償却

◇減価の発生原因

減価償却とは，これまで見てきたような**費用配分の原則**に基づいて，**有形固定資産の取得原価を将来の一定期間にわたって費用として配分する手続**である。したがって，減価償却の本質は，有形固定資産の取得原価を取得時に全額費用とはせず，次期以降に期間費用として配分することにある。費用（原価）配分の基準には，①**時間**，②**活動量**あるいは③**機能**などがあり得る。

なお，適正な期間損益計算を行うために，一般に認められた所定の方法により，**計画的・規則的**に実施される減価償却のことを「**正規の減価償却**」という。時間と活動量による原価配分は，計画的・規則的に実施できるため正規の減価償却といえる。しかしながら，新技術の発見等による機能の劣化は，突発的に生じるため計画的・規則的には把握できない。

　減価あるいは劣化の発生原因についてはいろいろ考えられるが，まず前述の３つの理由があげられる。この中でも，①**時の経過（時間）**による劣化，②**使用（活動量や利用度の増大）**による劣化は考えやすい。長い時間が経過したり激しく使ったりすれば，有形固定資産は老朽化・磨滅し，物として劣化する。これを**物質的減価**という。これに対して，③**陳腐化（機能の減少）**も劣化の原因になり得る。

　例えば，コンピューターなどについて画期的な新技術が開発されたとする。新技術を搭載する以前のコンピューターは物質的には何ら劣化していなくとも，機能的に問題を抱えてしまったことになる。これを，**機能的減価**という。

　さらに，④**天災や事故**によっても劣化は発生する。例えば地震によって構築物が損壊した場合，有形固定資産が滅失したわけだから，明らかに**物質的減価**が生じたことになる。ただしこの場合は，現実に滅失した分の評価を切り下げる（評価減）だけであり，**減価償却の対象ではない**。以上の関係を次に図示する。

減価の原因	症　状	減価のタイプ	会計手続
① 時の経過（時間）	老朽化	物質的減価	（正規の）**減価償却**
② 使用（活動量）	磨　滅	物資的減価	（正規の）**減価償却**
③ 陳腐化（機能）	機能低下	**機能的減価**	（不規則）**減価償却**
④ 災害・事故	滅　失	物質的減価	評　価　減

　詳しくは次の「減価償却の計算方法」で取り扱うが，減価償却の計算方法としては，①時間に基づいた処理方法である**定額法・定率法・級数法**等があげられる。また，②活動量に基づいた処理方法として**生産高比例法**があげられる。

　これに対して，③機能的に減価する陳腐化の場合，**臨時償却**という処理を行

う。臨時償却は基本的に**減価償却**であり，**過年度の減価償却累計額の修正**として処理される。当該修正項目は損益計算書において**特別損失**として計上される。

　また，④災害あるいは事故の場合，**臨時損失**という処理を行う。**臨時損失は減価償却ではなく，**減失部分の**評価額を損失として切り下げる処理**である。損益計算書において**特別損失**として計上される。これまでの説明に基づき整理すると以下のような図となる。なお，表示については，①および②は製品原価あるいは期間費用（一般管理費）として計上される。

減価の原因	会計手続	具体的な処理・計算法	表　示
① 時の経過（時間）	減価償却	定額法・定率法・級数法	製品原価あるいは期間費用（一般管理費）
② 使用（活動量）		生産高比例法	
③ 陳腐化（機能低下）		臨時償却（処理）	特別損失
④ 災害・事故	評価減	臨時損失（処理）	

◇減価償却の計算方法

　規則的・計画的な減価償却は，「取得原価」・「残存価額」・「配分基準」の３つの要素に基づいて計算される。まず**取得原価**とは，「有形固定資産が使用可能な状態になるまでに要した一切の対価」をいう。次に**残存価額**とは，「有形固定資産が使用できなくなった時点で，その有形固定資産を売却した場合に得られるであろう対価」をいう。当該対価の算定には**見積り**が必要となる。なお，税法では，残存価額を１円という名目額にすることも認められているが，ここでは，企業会計における一般的な減価償却について説明する。

　最後に**配分基準**であるが，これは**償却基準**ともいい，時の経過（時間）または活動量が使われる。時の経過による場合，耐用年数が用いられる。

　耐用年数とは，「有形固定資産が物質的劣化や陳腐化により使用目的を果たせなくなるまでの期間」をいう。残存価額同様，**見積り**が必要となる。

　配分基準（償却基準）には，理論的には活動量をとるのが望ましいが，一般的には時間基準である耐用年数が用いられる。これは総活動量（総生産個数や

貸借対照表論

総使用可能時間など）の見積りが困難であるためである。

なお，配分基準として時間が用いられる例として，**定額法**，**定率法**および**級数法**を取り上げる。また，配分基準として活動量が用いられる例として，**生産高比例法**を取り上げる。

定 額 法……耐用年数にわたって毎期均等に減価償却費を配分する方法。

$$減価償却費 = \frac{取得原価 - 残存価額}{耐用年数}$$

定 率 法……一定の償却率を有形固定資産の期首帳簿価額に掛けて減価償却費を計算する方法。

$$減価償却費 = 帳簿価額^{*1} \times 償却率^{*2}$$

*1　帳簿価額 = 取得原価 - 減価償却累計額

*2　償却率 = $1 - \sqrt[耐用年数]{\dfrac{残存価額}{取得原価}}$

級 数 法……定率法の簡便法。耐用年数の級数和を分母とし，各期首において残っている耐用年数を分子として償却率を決定する。毎期末にこの償却率を，取得原価から残存価額を引いた要償却総額に掛けて減価償却費を求める方法。

$$減価償却費 = (取得原価 - 残存価額) \times 償却率^{*3}$$

*3　償却率 = $\dfrac{各期首の残存耐用年数}{耐用年数の級数和}$

級数和の考え方は，各期首に残存している耐用年数を総合計するということである。耐用年数が5年であると仮定すると，各期首の残存耐用年数の総和は，5 + 4 + 3 + 2 + 1 = 15となる。したがって，5の級数和は15となる。ここで耐用年数5年の有形固定資産に対する級数法による償却率を年度末ごとに

第 2 章

示すと，1年目期末 5／15, 2年目期末 4／15, 3年目期末 3／15, 4年目期末 2／15, 5年目期末 1／15となる。

　分子の数字については単純に耐用年数から経過年数を差し引けば求められるが，耐用年数が長くなるにつれ分母の計算は面倒になる。そこで，下記の公式を用いれば容易に分母の数字を計算することができる。

$$耐用年数の級数和 = \frac{耐用年数 \times (耐用年数 + 1)}{2}$$

生産高比例法……活動量に基づく減価償却方法。定額法や定率法が耐用年数を見積もるのに対して，生産高比例法では**総活動量**を見積もる。総活動量として，例えばこの機械設備はこれから何個あるいは何トンの製品を製造することができるかといった**総生産量**や，この車両運搬具はこれから何時間乗車することができるかといった**総使用時間**を見積もる必要がある。

$$減価償却費 = (取得原価 - 残存価額) \times \frac{当期生産量（当期使用時間）}{見積総生産量（見積総使用時間）}$$

◇減価償却の効果

　減価償却の各計算方法には，それぞれの長所がある。定額法は，計算が簡単であり，数値が安定する。定率法・級数法のように初期に多額の減価償却費を計上する方法は，税金支払いの一部を繰り延べられる効果もある。生産高比例法は，原価配分基準として生産量あるいは使用時間をとっているが，これらの配分基準は価値減少を最も適切に説明できるため理論的に優れていると考えられる。

　以上のような個別の長所とは別に，減価償却には2つの効果があるといわれ

ている。それは，**自己金融効果**と**固定資産の流動化効果**である。

　減価償却の自己金融効果については，さらに２つの観点から考えられる。まず，減価償却費は，その計上において支出を伴わない費用であるため，当該計上分だけ企業に資金が留保されるとする考え方である。もう１つは，当該計上分は費用として利益額を減少させるため，利益にかかる税金や配当が減少することに着目する考え方である。この考え方によれば，税金や配当金の減少分だけ，結果的に社外に流出する現金が減り，その分が社内に蓄積されることとなる。いずれの考え方にしても，**減価償却費の計上を通じて企業内部に資金が留保される効果を自己金融効果**という。

　ただし，減価償却費をとにかく多額に計上すれば，無制限に自己金融効果が得られるわけではない。売上あるいは利益が生じる範囲内において，限定的に財務的な効果が生じるのである。

　減価償却の２つ目の効果は，**固定資産の流動化効果**である。これは，減価償却の手続により，固定資産に投下されていた資金が取得原価のまま固定されることなく，将来において費用として配分されることに起因する。配分された費用は，その期の収益と対応関係になる。収益は実現主義の下では，現金あるいは売掛金のような現金に転化しやすい資産（**貨幣性資産**という）に裏づけられている。したがって，**これに対応する費用も貨幣性資産に転化していく**と考えられる。この転化の効果を**固定資産の流動化効果**という。

　最後に，減価償却全般の効果ではなく，加速償却に限定した効果にも触れておきたい。定額法のように毎期均等に減価償却費を配分するのではなく，耐用年数の初年度に最も多く減価償却費を配分し，その後耐用年数の最終年度まで徐々に減価償却費の配分を減らしていく方法を**加速償却**という。定率法と級数法は，代表的な加速償却法である。加速償却は，**収益獲得能力の逓減をうまく表すことができる**とされている。つまり，機械装置等の資産の**収益獲得能力**は，**初期に大きく後期になるほど低下（逓減）する**ので，初期に高額で後期になるほど少ない減価償却費を計算する加速償却法の採用をすすめる見解もあ

第 2 章

る。

　さらに，加速償却には，**固定資産費用の平準化効果**もあるといわれる。これは，有形固定資産に必要な修繕に注目した考え方である。日常の感覚からも分かるように，有形固定資産が新しいうちは修繕費はあまり発生しないが，古くなっていくにつれ加速度的に発生する。つまり修繕費は，初期の発生が少なく，逓増的に増加していく傾向がある。これに対し，定率法や級数法などの加速償却を行えば，減価償却費は初期に多く発生し，逓減的に減少していく。したがって，加速償却を行う場合，**修繕費と減価償却費を合計**（これを固定資産費用という）してみると，毎年かかる費用はほぼ一定となる。このことをもって，**加速償却による固定資産費用の平準化効果**という。

6　減耗償却

　減耗償却とは，石油，石炭，鉱物，木材など，**採取・伐採**すれば徐々に減っていき**最終的に枯渇してしまう性質を持つ天然資源**（これを**減耗性資産**という）の償却方法のことである。減耗償却は以下で説明するように，**減価償却とは異なる**。ただし，償却手続は基本的に生産高比例法と同じである。

$$減耗償却費＝総原価^{*}×\frac{当期消費量}{見積総消費可能量}$$

＊　**総原価**とは，有形固定資産における取得原価と同様，当該天然資源を消費可能な状態にするためのすべての支出である。具体的には探索費，開発費，あるいは権利関係費などが含まれる。

　減価償却は，すでに説明したように**一般的な有形固定資産**に対して適用される。一般的とは，取替えや更新あるいは再調達が可能であるという意味である。これに対して**減耗償却**は**特殊な有形固定資産**である**減耗性資産**に対してのみ適用される。減耗性資産とは，採取により**最終的に枯渇してしまう性質を持つ天然資源**である。

減価償却と減耗償却は，適用対象だけでなく配分基準も異なる。減価償却は物質的減価あるいは機能的減価の発生，つまり**価値の減少**を配分基準としている。これに対して減耗償却は，実際に採取・伐採した量，つまり**物量の減少**を配分基準としている。

　また，償却費の原価性についても異なる。**減価償却費**は製品原価だけでなく，期間費用にも振り替えられる。これに対して，**減耗償却費はすべて製品原価**へ振り替えられる。

7　取替法と廃棄法

　レール，枕木，信号機，送電線など同種の物品が多数集まって1つの全体を構成し，老朽品の部分的取替えを繰り返すことによって，全体が維持されるような固定資産を**取替資産**という。

　この取替資産に適用される費用化方法を**取替法**という。処理としては，当該資産の部分的**取替えに要した支出をもって費用**とする。**減価償却とは異なる費用化手続**である。現在では，減価償却の代用法ともいわれているが，そもそも取替法が減価償却処理に先行していた実務だったと考えられる。

　取替法に似た会計処理に，**廃棄法**がある。取替更新まで，資産価額を取得原価のままにしておく点では，取替法と同じである。ただし更新時において，取り替える側の対価ではなく，**廃棄される側の取得原価をもって費用**とする点が異なる。この処理法を，取替法と区別して**廃棄法**という。廃棄法は，減価償却ではないが，ともに**取得原価と費用**を関連させる会計処理手続きである。

第 2 章

	費用計上額	資産計上額
取替法	取替えに要した対価 （収益的支出）	当初の取得原価のまま
廃棄法	廃棄された資産の取得原価	当初の取得原価 －廃棄資産の取得原価 ＋新資産の取得原価 （資本的支出）

8 有形固定資産の処分

◇売　　却

　有形固定資産を**売却**した場合は，その有形固定資産勘定に取得原価を貸方記入し，減価償却累計額を減価償却累計額勘定に借方記入する。その際，売却価額が帳簿価額（取得原価－減価償却累計額）より小さい場合は，当該差額を**固定資産売却損**勘定の借方に記入する。現実の処理においては，売却損が生じることが多いといわれている。逆に，売却価額が帳簿価額より大きい場合は，当該差額を**固定資産売却益勘定**の貸方に計上する。

```
　　　Ⅰ　売却：売却価額＜帳簿価額の場合
　　　　　　現　金　預　金×××　　　　固　定　資　産×××
　　　　　　減価償却累計額×××
　　　　　　固定資産売却損×××

　　　Ⅱ　売却：売却価額＞帳簿価額の場合
　　　　　　現　金　預　金×××　　　　固　定　資　産×××
　　　　　　減価償却累計額×××　　　　固定資産売却益×××
```

◇除　　却

　耐用年数が経過して使用できなくなったなどの理由で，有形固定資産を**帳簿から除外する**ことを**除却**という。資産の除却処理も，売却と同様に固定資産勘定の貸方に取得原価を記入し，減価償却累計額を減価償却累計額勘定の借方に記入する。

　この際，**除却した資産に処分価値があると認められる場合**は，その処分価値を見積もって**貯蔵品**勘定に借方記入する。さらに，その見積処分価値が帳簿価額より小さい場合，当該差額を**固定資産除却損**勘定の借方に計上する。逆に見積処分価値が帳簿価額より大きい場合，当該差額を**固定資産除却益**勘定の貸方に計上する。

```
Ⅰ　除却の基本処理（帳簿からの除外）
    減価償却累計額　×××          固　定　資　産　×××
    固定資産除却損　×××
Ⅱ　除却資産に処分価値があると認められる場合
  （見積処分価値＝帳簿価額の場合）
    減価償却累計額　×××          固　定　資　産　×××
    貯　蔵　品　×××
Ⅲ　Ⅱにおいて，見積処分価値＜帳簿価額の場合
    減価償却累計額　×××          固　定　資　産　×××
    貯　蔵　品　×××
    固定資産除却損　×××
Ⅳ　Ⅱにおいて，見積処分価値＞帳簿価額の場合
    減価償却累計額　×××          固　定　資　産　×××
    貯　蔵　品　×××          固定資産除却益　×××
  （未実現利益の計上を回避する考え方によれば，Ⅱの処理も可）
```

　除却資産は，処分価値があるとみなされるとⅡ以下のように**貯蔵品**勘定で処理される。しかしながら，貯蔵品勘定で処理された除却資産は，例え処分する

ことが可能であっても，処分・売却を本来の目的としてはいないため**棚卸資産ではなく，その他の流動資産**となる。棚卸資産を構成できるのは，それが原材料として消費される場合のみである。

個別償却と総合償却

個別償却とは，個々の資産ごとに減価償却費の計算および記帳を行う方法である。対して，**総合償却**とは，2つ以上の資産の**平均耐用年数**を用いて，一括して減価償却費の計算および記帳を行う方法である。

総合償却は，**多種類の資産が一体となって1つの機能を果たしている場合**に，その機能の遂行によって生じた減価償却費を総合的に算定しようとするものである。総合的算定にとって重要なことは，**多種類の資産の平均耐用年数**を確定することである。平均耐用年数は以下の算式により算出される。

$$平均耐用年数 = \frac{各種資産の要償却額（取得原価 - 残存価額）の合計}{各種資産の年償却額の合計}$$

例えば，ある企業が種類の異なる機械（A機械，B機械，…）を使用しているとする。総合償却を行うにあたり，それぞれの機械の取得原価から残存価額を引いた要償却総額を合計しておく。次にそれぞれの機械の年償却額を個別に計算し，これも合計する。最終的に，要償却額合計を年償却額合計で除して平均耐用年数を求めることになる。

なお，耐用年数の到来する以前に固定資産を除却する場合，個別償却と総合償却では処理が異なる。

個別償却による場合は，計上済みの減価償却累計額を借方計上し，なお未償却残高が見積処分価値を超えている場合は**固定資産除却損**を計上する。

しかしながら，**総合償却**による場合，**個々の固定資産の未償却残高は明らかでない**。したがって，**平均耐用年数到来前に固定資産の除却**を行うなら，**未償**

却残高はすべて償却されるとみなさざるを得ない。よって未償却残高全額が減価償却累計額勘定の借方に計上され，**固定資産除却損は計上されない**。差額が生じる場合は，貯蔵品勘定等を付すことになる。

さらに，耐用年数の到来した後に固定資産を使用する場合も，個別償却と総合償却では処理が異なる。

個別償却では，**償却残高はすでにないため減価償却費の計上は行えない**。したがって，個別償却の減価償却は耐用年数到来までということになる。

対して**総合償却**では，耐用年数が異なる資産については**取替更新が前提**となっている。したがって，平均耐用年数が到来しても，資産によっては未償却残高が残存することとなり，**減価償却費の計上は継続**されることになる。

9 減損会計

1 減損会計の概要とその目的

従来から土地を除く事業用固定資産の表示については，各種の配分基準に基づく減価償却費等が，直接的あるいは間接的にその取得原価から控除されてきた。しかしながら，土地を含めた事業用固定資産の収益性が当初の予想よりも著しく低下した場合には，その変化についても表示価額に反映させるべきだとする考え方が生じてきた。この考えに基づくと，固定資産の帳簿価額は，取得原価から減価償却累計額を減算するだけでなく，回収が見込めなくなった分をも減額する必要が生ずる。この減額処理を行う会計を**減損会計**という。

したがって，減損会計を行う場合においては，どのような場合に，資産の**収益性が低下**したと認定できるのかがまず問題となる。さらに，収益性の低下を，どの範囲においてそしていくらと見積もるのかが最大の問題となる。これらの難問に対して，各国の基準設定団体が基準を公表している。ここでは，

第 2 章

平成14年に企業会計審議会が公表した「固定資産の減損に係る会計基準」（以下，減損会計基準とする）に従って解説を行う。

なお，減損会計は，あくまで取得原価主義会計のもとにおける帳簿価額の臨時的な減額配分であり，金融商品に適用される時価会計とは異なるものである。金融商品に適用される時価会計の目的は，資産価値の変動にもとづいて利益を測定したり，決算日における資産価値を貸借対照表に表示することにある。対して，**減損会計の目的は，事業用資産の過大な帳簿価額を減額し，将来に損失を繰り延べさせない**ためである。ただし，この点だけに注目すると，臨時償却および臨時損失との相違が不明瞭となってしまう。減損処理と臨時償却・臨時損失との相違は，減損処理は，固定資産の物質的減価や機能性の低下ではなく，**収益性の低下を帳簿価額に反映させる**ことをその目的としていることにある。

2 減損損失の会計処理

上述のように，**減損会計**とは，**資産の収益性が低下**した場合，当該資産の変化を正しく企業会計に反映させるために，**帳簿価額を回収可能性が反映される額まで減額**する会計処理をいう。当該減額分を**減損損失**というが，減損損失は次の手続きで会計処理される。減損会計基準に従い，〔ステップ①〕から〔ステップ⑥〕まで順次説明していく。

〔ステップ①〕　「対象資産のグルーピング」
〔ステップ②〕　「減損の兆候の認定」
〔ステップ③〕　「減損損失の認識（認識テスト）」
〔ステップ④〕　「減損損失の測定」
〔ステップ⑤〕　「減損処理後の会計処理」
〔ステップ⑥〕　「財務諸表における開示」

〔ステップ①〕　「対象資産のグルーピング」

　減損会計基準が適用される対象資産は，**固定資産**である。ただし，他の基準に減損処理に関する定めがある資産，例えば金融資産や繰延税金資産等は除かれる。減損会計の対象となる**資産のグルーピング**は，他の**資産又は資産グループ**のキャッシュ・フローから概ね独立したキャッシュ・フローを生み出す**最小の単位**で行う（減損会計基準二－6－(1)）。

〔ステップ②〕　「減損の兆候の認定」

　グルーピングされた対象資産（**資産又は資産グループ**）に，**減損が生じている可能性を示す事象**（これを「減損の兆候」という）がある場合には，資産又は資産グループにおいて減損損失を認識するステップを進むことになる。なお，減損損失の会計処理を行う過程において〔ステップ②〕を行う理由は，対象固定資産すべてについて減損損失の認識の判定（〔ステップ③〕）を行うことは，実務上過大な負担となるおそれを考慮したためである。減損会計基準によれば，考えられる減損の兆候として，次の事象があげられている。

減損の兆候として考えられる事象（減損会計基準二－1）
1. 資産又は資産グループが使用されている**営業活動から生ずる損益又はキャッシュ・フローが，継続してマイナス**となっているか，あるいは，継続してマイナスとなる見込みであること
2. 資産又は資産グループが使用されている**範囲又は方法**について当該資産又は資産グループの**回収可能価額を著しく低下させる変化**が生じたか，あるいは，生じる見込みであること
3. 資産又は資産グループが使用されている事業に関連して，**経営環境が著しく悪化**したか，あるいは，悪化する見込みであること
4. 資産又は資産グループの**市場価格が著しく下落**したこと

第 2 章

〔ステップ③〕 「減損損失の認識（認識テスト）」

　減損の兆候がある資産又は資産グループについての**減損損失を認識するかどうかの判定**は，資産又は資産グループから得られる**割引前将来キャッシュ・フローの総額**と**帳簿価額**を比較することによって行い，資産又は資産グループから得られる割引前将来キャッシュ・フローの総額が**帳簿価額を下回る場合**には，**減損損失を認識**する（減損会計基準二－2－(1)）。

　ただし，減損期間が著しく長期にわたる場合には，割引前の金額と割引後の数値の乖離が大きくなりすぎる懸念がある。そこで減損会計基準では，割引前将来キャッシュ・フローの見積期間に一定の制約を設けている。見積り期間は，「資産の**経済的残存使用年数**又は資産グループ中の主要な資産の経済的残存使用年数と二十年のいずれか短い方」（減損会計基準二－2－(2)）とされる。

〔ステップ④〕 「減損損失の測定」

　減損損失を認識すべきであると判定された資産又は資産グループについては，**帳簿価額を回収可能価額まで減額**し，当該減少額を減損損失として当期の損失とする（減損会計基準二－3）。回収可能価額とは，**正味売却価額**（資産又は資産グループの時価から処分費用見込額を控除して算定される金額）と**使用価値**（資産又は資産グループの継続的使用と使用後の処分によって生ずると見込まれる将来キャッシュ・フローの現在価値）のいずれか高い方の金額をいう（減損会計基準意見書四－2－(3)）。

〔ステップ⑤〕 「減損処理後の会計処理」

　減損処理を行った資産については，**減損損失を控除した帳簿価額に基づき減価償却**を行う。したがって，減損損失の認識は，減価償却の見直しに先立って

行われることになる。なお，減損損失の**戻入れは行わない**（減損会計基準三）。

〔ステップ⑥〕 「財務諸表における開示」

減損処理を行った資産の**貸借対照表における表示**は，原則として，減損処理前の**取得原価から減損損失を直接控除**し，控除後の金額をその後の取得原価とする形式で行う。減損損失の**損益計算書における表示**は，原則として，**特別損失**とする。なお，重要な減損損失を認識した場合には，注記が必要となる（減損会計基準四）。

減損損失の会計処理および開示に関する手続きの流れを，以下に再度まとめる。

```
┌─────────────────────────────────────────┐
│    ①  対象資産のグルーピング              │
│  （キャッシュ・フローを生み出す最小単位にまとめる。 │
│    これを「資産又は資産グループ」という）       │
└─────────────────────────────────────────┘
                    ⇩
┌─────────────────────────────────────────┐
│    ②  減損の兆候の認定                   │
│  （資産又は資産グループの営業活動損益又は営業キャッシュ・フローが │
│    継続してマイナスとなっているか等）         │
└─────────────────────────────────────────┘
                    ⇩
┌─────────────────────────────────────────┐
│    ③  減損損失の認識（認識テスト）         │
│  （帳簿価額＞割引前将来キャッシュ・フローの状態かどうか） │
└─────────────────────────────────────────┘
                    ⇩
```

第 2 章

---

④ **減損損失の測定**

(減損損失＝帳簿価額－回収可能価額)

回収可能価額は正味売却価額と使用価値のうち高い方

正味売却価額；資産又は資産グループの時価から処分費用見込額を控除して算定される金額

使用価値；資産又は資産グループの継続的使用と使用後の処分によって生ずると見込まれる将来キャッシュ・フローの現在価値

⇩

⑤ **減損処理後の会計処理**

(減損損失を控除した帳簿価額に基づき減価償却を行う。減損損失の戻入れは行わない)

⇩

⑥ **財務諸表における開示**

(B／Sにおいては，原則として減損損失を直接控除した金額を表示。P／Lにおいては，原則として減損損失を特別損失として表示)

▶ 減損会計基準において，認識テストではなぜ割引「前」将来キャッシュ・フローが採用されているのか？

　日本基準において認識テストに割引前将来キャッシュ・フローが採用されている理由は，**減損損失は減損が多額に（つまり確実に）発生している場合に限って認識することが妥当であるとする考え方が支配的だから**，と考えられる。本来，将来という時間軸をもって資産の収益性を考えるならば，将来キャッシュ・フローの割引現在価値に基づくべきである。言うまでもないことであるが，割引現在価値とは割引**後**の現在価値である。したがって，割引**前**将来キャッシュ・フローは割引(後)将来キャッシュ・フローより，割引分だけ当

然数値が大きくなる。つまり帳簿価額との比較に際して，割引後ではなく割引前将来キャッシュ・フローを認定基準にすることにより，減損損失を認識しないという判断が多くなることが予想される。したがって，日本基準においては，収益性の低下が著しい場合に限り減損損失を認識するということになる。

▶ 回収可能価額は，なぜ正味売却価額と使用価値のうち「高い方」をとるのか？

　企業は，**通常高い方の金額で投資金額を回収することを選択するはずだから**である。正味売却価額を単純に売却した場合得られる金額と考え，回収可能価額を単純に将来使い続ければ得られる金額と仮定してみると明らかである。使用資産の売却で得る金額が，使い続けることで手に入ると予測される金額を超えるならば，経営者は売却を選択するはずである。逆であるならば，使い続けていくことを選択するはずである。したがって，正味売却価額と使用価値のうち高い方を回収可能価額とする理由は，**企業は所有資産の保持・売却の判断を合理的に行うはず**だとする考え方によっているためである。

10　無形固定資産

　固定資産のうち，無形のものは，**無形固定資産**と呼ばれる。無形固定資産は，従来，理論面でも実務面でも，それほど大きな比重を占めていなかったが，最近，**知的財産**が社会的な注目を集めてきたこともあって，実務界では重要性を増してきている。

　財務諸表論という点から，無形固定資産に関しては，(1)**のれん（営業権）の資産計上**と，(2)**無形固定資産の減価償却**について学修しておきたい。

第 2 章

1 無形固定資産の意義

無形固定資産とは，有償で取得した固定資産のうち，形が見えない資産をいう。有形固定資産に対する用語である。

無形固定資産は，**具体的な形態を持たない固定資産**であり，**法律上の権利を表す資産**や，他の企業との**競争において優位に作用する経済上の財産**で流動性を持たないものから構成される。

会社計算規則では，次に掲げる資産を無形固定資産に属するものとしている（106条3項3号）。

```
特許権
借地権（地上権を含む。）
商標権
実用新案権
意匠権
鉱業権
漁業権（入漁権を含む。）
ソフトウエア
のれん
その他の無形資産であって，無形固定資産に属する資産とすべきもの
```

主な無形固定資産を簡単に説明しておく。

主な無形固定資産

- **特許権**——特許法に基づく権利で，工業所有権のひとつ。特許を受けた発明品・方法の生産・使用・譲渡等を排他的・独占的になしうる権利をいう。権利の存続期間は20年間。
- **借地権**——借地借家法上の権利で，建物の所有を目的とする地上権または土地の賃借権をいう。
- **地上権**——他人の土地において，工作物や竹木などを所有するためにその土地を使用する権利をいう。
- **商標権**——商標法に基づく権利で，工業所有権のひとつ。特許庁に登録された商標をその指定商品について排他的・独占的に使用する権利をいう。権利の存続期間は10年であるが，更新が可能。
- **実用新案権**——実用新案法に基づく権利で，工業所有権のひとつ。特許庁に登録された考案に係る物品の製造・使用・譲渡等を排他的・独占的になしうる権利をいう。権利の存続期間は6年。
- **意匠権**——意匠法に基づく権利で，工業所有権のひとつ。特許庁に登録された意匠に係る物品の製造・使用・販売等を排他的・独占的になしうる権利をいう。権利の存続期間は15年。
- **鉱業権**——鉱業法の規定により，政府の登録を受けた土地や鉱区で，鉱物を採掘する権利をいう。
- **漁業権**——定置漁業権，区画漁業権，共同漁業権よりなる，漁業を営む権利をいう。
- **ソフトウェア**——「研究開発費等に係る会計基準」では，「ソフトウェアとは，コンピュータを機能させるように指令を組み合わせて表現したプログラム等をいう」とされる。
- **のれん**——会社法では，「のれん」と表記し，旧商法では「営業権」と表記していた。「暖簾」とも書く。企業が，同業他社の平均的収益力を上回る利益を恒常的に獲得する能力がある場合，その超過収益力をもたらす一般的原因をいう。のれんには，自己創設のれん（自社の経営努力によって獲得したもの）と買い入れのれん（他社の超過収益力を有償で取得したもの）がある。一般に，前者はバランスシートには掲げられず，後者はバランスシートに「のれん」として掲げられる。詳しいことは，後で述べる。

第 2 章

2 のれん（営業権）の意義

　上の表で，「有償で取得した超過収益力」として「**営業権**」をあげている。営業「権」とはいえ，法律上の権利ではない。

　営業権は，会社法上は「**のれん**」と呼ばれる。最初に，営業権（のれん）とは何かを説明し，その後で，会計上の「のれん（営業権）」について述べることにする。

　なお，会計上は「営業権」と「のれん（暖簾）」は互換的であり，どちらの表現を使ってもかまわない。しかし，一般に営業権の対価は「のれん（暖簾）代」といい，また，企業自身の努力によって企業内部に生み出された超過収益力は「**自己創設のれん**」，有償で取得した営業権は「**買い入れのれん**」というように，慣用として「のれん」が使われている場合がある。以下では，のれんと営業権を互換的に使っている。

　企業が，同業他社の平均的収益力を上回る利益を恒常的に獲得する能力がある場合，その**超過収益力**をもたらす一般的原因を「のれん」という。

　同業他社の平均的収益力を超える収益性（超過収益力）を持つには，商品・製品の品質，販売戦略，顧客管理，クレーム処理，アフターサービス，その他の経営努力などが他社よりも優れているなど，長年の努力が必要である。こうして企業の努力によって獲得した超過収益力は，「**自己創設のれん**」と呼ばれる。

　この「自己創設のれん」は，一種の「**含み資産**」であるが，個別に価値を測定することが困難であることから，会計上は資産として計上することは認められない。

　会計上，のれん（営業権）が資産として貸借対照表に計上されるのは，これを有償で取得（**買い入れのれん**）したときだけである。

> **企業会計原則注解・注25　営業権について**
>
> 営業権は，有償で譲受け又は合併によつて取得したものに限り貸借対照表に計上し，毎期均等額以上を償却しなければならない。

3　のれんの取得

のれんを有償で取得するケースに，営業譲渡（譲受）と合併がある。

企業が個別の営業資産を譲渡（譲受）するのではなく，全営業部門を一括譲渡（譲受）したり，工場や支店などのようなまとまりのある営業財産を譲渡（譲受）することを「**営業譲渡**」という。

営業を譲受したときに**支払った対価が，受け取った個々の財産の価額を超える**とき，営業権（のれん）が発生する。これを「**買い入れのれん**」という。

つまり，企業を買収（合併）する場合，買収する会社が，買収によって取得した純資産の公正価額を超えて対価を支払った場合，この超過額がのれんである。

4　のれんの評価

営業譲渡にしても**企業買収**にしても，取得した純資産の公正価値と支払った対価との差額をのれんとして資産計上する。

しかし，買収等において支払う対価は，必ずしも，超過収益力に対して支払うとは限らない。他企業を買収する目的は，マーケット・シェアを拡大するためであったり，他企業の顧客・製品・技術などを手に入れるためであったり，いろいろである。企業買収において競争企業が現れたりすれば，買収価格が高騰し，市場価格を超えて対価を支払わなければならないこともある。

こうした場合，支払った対価が受け取った純資産の公正価値を超える額のすべてをのれんとして資産に計上することは，実体のない資産を計上することに

第 2 章

なる。

　したがって，こうした場合には，買収後に，公正なのれん代を計算（評価）し直して，超過収益力の部分だけを資産計上するのがよい。

5　のれんの評価方法

　のれんを計算（評価）する方法として，一般的には次の方法が使われる。

◇収益還元法

　この方法は，最初に，企業の**公正価値**を測定する。企業の公正価値として，**収益還元価値**を使う。収益還元価値は，企業の過去数年間における平均的な利益額を，適当な**収益還元率**で割り引いて求める。この還元価値が，企業全体の価値である。企業の価値から買収によって取得した純資産額を差し引いて，のれんの価値を求める。

$$のれんの価値 = \frac{企業の平均的利益額}{収益還元率} - 純資産額$$

$$のれんの価値 = \frac{超過利益額}{収益還元率}$$

　ここで「**収益還元率**」としていかなる率を使うかが問題となる。同業他社との比較における超過収益力をのれんとするというのであれば，ここでは同業他社あるいは業界の**平均的資本利益率**を使うとよい。また，自社のこれまでの平均的収益力を超える部分をのれんとするという考えであれば，過去数年間の自社の平均資本利益率（**総資本利益率**）を使うことができる。

◇株価算定法

　買収する会社が発行している株式につけられる**株価**を基にしてのれんを計算する方法である。株式市場に上場している場合は，市場における株価を使い，

上場していない場合は，株の**実価**（**実質価額**）を使う。

> のれんの価値＝（1株の価値×発行済み株式数）－純資産額

◇年　買　法

超過収益力を享受できると期待される年数を基にのれんを推計する方法である。何年後まで超過利益を受け取ることができるかを推計して，その年数分の超過利益をのれんの価値とする。

> のれんの価値＝超過利益額×享受できると期待される年数

6 無形固定資産の償却

有償で（対価を支払って）取得した固定資産であるから，会計上は，**収益費用対応の原則**と**原価配分の原則**に従って，その取得原価を資産の利用期間に配分する。

ただし，**借地権**や**電話加入権**は，これを譲渡するまでに減価することが予想されないので，償却しない。

法律上の権利としての無形固定資産は，それぞれの法律または税法に定める償却期限を上限として償却する。**連結財務諸表原則**では，**連結調整勘定**（その本質は，「のれん」と考えられている）を**20年以内**に**償却**するとしている。これを受けて，**企業結合会計基準**でも，のれんは20年以内に償却することになっている（企業結合会計基準）。

無形固定資産にはスクラップ価値（残存価額）が存在しないので，**残存価額をゼロ**として**定額法**による償却が行われる。

なお，**鉱業権**については，**生産高比例法**を適用することができる。無形固定資産の償却は，アメリカでは，**なし崩し償却**または**アモチゼーション**（amortization）というが，わが国では，有形固定資産と同様に**減価償却**と呼ぶ。

第 2 章

11　繰延資産の考え方

　繰延資産は，費用としての支出額の全部が，支出を行った期間のみが負担する費用となることなく，数期間にわたる費用として取り扱われる場合に，**計算技術的に資産側に計上される項目**である。

　建物のような長期間利用する固定資産を取得した場合に，取得原価を利用期間に配分する考えと同じであるが，繰延資産の場合は，**費用として支出された金額を期間配分**するものであり，他の資産との同質性（例えば，譲渡価値を有すること）を持たない。

　繰延資産は，会計的な考え方を学ぶに適しているテーマなので，頁を割いて学修することにしたい。

　なお，繰延資産については，旧商法に，資産計上することができる繰延資産の種類，償却の方法，償却の年数などが定められていた。**会社計算規則**では，「繰延資産として計上することが適当であると認められるもの」を「繰延資産」とするという一般規定（106条3項5号）を置いた上で，いくつかの繰延資産項目について特別の扱いを認めている。

　以下において，個々の繰延資産項目を説明するときに，会社法の新しい規定を紹介するが，会社法は，基本的には，**企業会計原則に従って行う繰延資産の会計処理**を認めつつ（会社法違反とならないように配慮して），これとは**別の処理**をも認めるものである。

　なお，旧商法では，繰延資産として計上された項目について，法が定める一定の年数内において「毎期，均等額以上」の償却をすることになっていた。会社法には，繰延資産として計上した場合の償却に関する規定はない。したがって，償却に関しては，**「一般に公正妥当と認められる企業会計の基準その他の企業会計の慣行をしん酌」**（会社計算規則3条）することになろう。

1 繰延資産会計の重要性

　会計学のテキストでは、**繰延資産**を貸借対照表に計上し、その費用を数期間に配分することによって、**期間損益計算の適正化**が図られると説いている。

◇期間損益計算の適正化

　ここで、**期間損益計算の適正化**とは、**収益費用対応の原則**に適うような原価配分（費用配分）を行うことである。

　しかし、わが国の優良会社はこれまで、**社債発行差金**を除いて、繰延資産を計上せず、**発生時に全額費用化**する方針を採ってきた。繰延資産として計上が認められているにせよ、多くの事業会社は、こうした費用を当期の収益で吸収できる限りは費用化することで利益を圧縮しておき、万一のときには資産化して当期の費用を少なくする、という方針なのである。

◇繰延資産は黄信号

　したがって、産業界や金融界では、社債発行差金以外の繰延資産を計上するようになったら、その会社は黄信号か赤信号が灯った会社と見てよい、といった話がささやかれる。

　実際に資産計上されないような繰延資産をことさらに勉強する必要はないではないか、という考えもあるだろう。しかし、繰延資産は、後で述べる**引当金**とともに、**会計学の論理**（考え方）とか**会社法の論理**（考え方）を理解する上で、非常に重要な項目なのである。そういうことから、以下、繰延資産の論理を取り上げる。

第 2 章

2 繰延資産を資産に計上する論拠

　建物や機械のような固定資産を取得したときは，その取得原価を，資産を取得した期間の費用とせず，使用する期間に配分した。それは，建物などの利用によって収益の増大を図ることができる期間（つまり，利用期間）に固定資産の取得に要した費用（取得原価）を配分するためであった。こうした**収益と費用を期間内に結びつける考え方**を「**収益費用対応**」という。

◇支出の効果

　ところで，固定資産を取得したわけではないのであるが，ある種の支出をしたところ，その**支出の効果（収益への貢献）**が当期だけではなく**次期以降にも及ぶか**，あるいは，当期の収益には全く貢献せず**次期以降の収益獲得に貢献**すると考えられる場合がある。

　こうした場合に，その支出額を全額当期の費用とせず，**効果の発現する次期以降にも配分する**（これを「**繰り延べる**」という）ことができる。これによって，**各期の収益と費用に適正な対応関係を保つ**ことができると考えるのである。こうして資産計上される項目を**繰延資産**という。

◇繰延経理の根拠

　連続意見書第5「繰延資産について」によると，ある支出額が繰延経理されるのは，おおむね，次の2つの根拠からであるとされている（下線部は著者が加えた）。

> **連続意見書第5　繰延資産について**
>
> （一）　ある支出が行なわれ，また，それによつて役務の提供を受けたにもかかわらず，支出もしくは役務の有する効果が，当期のみならず，次期以降にわたるものと予想される場合，効果の発現という事実を重視して，効果の及ぶ期間にわたる費用として，これを配分する。
>
> （二）　ある支出が行なわれ，また，それによつて役務の提供を受けたにもかかわらず，その金額が当期の収益に全く貢献せず，むしろ，次期以降の損益に関係するものと予想される場合，収益との対応関係を重視して，数期間の費用として，これを配分する。

❸ 連続意見書の強制的資産計上論

会計の論理からすれば，「**支出効果の発現が次期以降に及ぶ**」か「**次期以降の収益と対応**」させることが適切な費用は，いったん**繰延資産として資産計上**し，これを「支出の効果の及ぶ期間」または「支出によって影響を受ける収益が計上される期間」に配分することが，**期間損益計算の適正性・正常性を保つことになる**と考えるのである。

表現を変えると，こうした費用を即時に全額費用計上すれば，**期間損益計算が歪められる**と考えるのである。

連続意見書第5は，こうした根拠がある場合に，支出額の全部を，支出が行われた期間の費用として取り扱うことは適当ではないとして，次のように述べている。

第 2 章

> **連続意見書第5　繰延資産について**
>
> 「(こうした根拠がある場合には) 支出額を繰延経理の対象とし，決算日において，当該事象の性格に従つて，その全額を貸借対照表の資産の部に掲記して将来の期間の損益計算にかかわらせるか，もしくは，一部を償却してその期間の損益計算の費用として計上するとともに，未償却残高を貸借対照表に掲記する必要がある。
>
> 　換言すれば，繰延資産が貸借対照表における資産の部に掲げられるのは，それが換金能力という観点から考えられる財産性を有するからではなく，まさに，費用配分の原則によるものといわなければならない。したがつて，企業会計原則の立場からすれば，支出額を数期間の費用として正しく配分することに，きわめて重要な意味がある。」(第一・二)

　連続意見書第5は，**繰延経理を容認**するというよりも，上に紹介した根拠を有する支出については，これを**資産計上することが損益計算を適正化する**ことになると主張している。そうした姿勢は，例えば，「**社債発行割引料は，繰延経理の対象となり，繰延資産とされる**」とか「**社債発行費は，繰延資産として取り扱われなければならない**」といった強い表現が使われていることからも読み取れる。

4　企業会計原則の資産計上容認論

　連続意見書の主張をデフォルメして解釈すると，繰延資産は，財産法的な資産性とか売却可能性の観点から貸借対照表に計上するというものではなく，あくまでも，**動態論に基づく期間損益計算を適正にするために計上される**ものである。

◇計算技術的項目

したがって、それは、**ある期間の収益とその収益をもたらした費用を正しく期間対応する**ために、**計算技術的に貸借対照表に計上する**ものであり、そうした処理をしないときは、適正な損益計算が保証されないのである。

連続意見書の主張は、以上のようなものであったと思われる。これは**現代会計の論理**といってもよいであろう。

◇擬制資産

ところが、繰延資産には、他の資産と違って、**換金性や譲渡性**がない。**担保価値**もない。本質的には資産としての性格を持たない純粋に会計的な項目であるから、**擬制資産**と呼ばれることもある。

そのため、実際に**企業会計原則**において規定されたのは、次のように、**繰延経理を「容認」**するという、かなりトーンダウンしたものであった。

> **企業会計原則における繰延資産規定**
> 「将来の期間に影響する特定の費用は、次期以後の期間に配分して処理するため、経過的に貸借対照表の資産の部に記載することができる。」(貸借対照表原則―D)

5 繰延資産の範囲とグループ

一般に繰延資産として処理できるものは、下記の8項目であった。**旧商法**ではこの8項目以外の繰延資産を計上することを認めていなかった(繰延資産項目は**限定列挙**されていたと解釈されていた)。

ところが、**企業会計原則**は、この8項目を**例示**として**列挙**しているにすぎない。企業会計原則の立場からは、「支出の効果が次期以降に及ぶ」とか「次期以降の収益獲得に貢献」している場合には、これら以外の項目も繰延資産とな

第 2 章

りうると考えているのである。

繰延資産（企業会計原則）

「将来の期間に影響する特定の費用」（貸借対照表原則―D）
　　‖
① 代価支払済み（または支払義務確定）
② 役務の提供は受領済み
③ 効果が将来にわたって発現するものと期待される費用（注15）
　　↓
　　（計上）「経過的にB／S上繰延資産として計上できる」（注15）

繰延経理の根拠
　(1) 支出または役務の効果が，当期および次期以降に発現
　(2) 支出が当期および次期以降の収益に貢献（連続意見書第5第一（二））

（種類）
　1　創　立　費　⎫
　2　開　業　費　⎪
　3　試験研究費　⎪
　4　開　発　費　⎬　旧商法上の繰延資産
　5　新株発行費※　⎪
　6　社債発行費※　⎪
　7　社債発行差金※　⎪
　8　建設利息※※　⎭

（※新しい会計基準において，一部の項目について，旧商法および企業会計原則と異なる扱いが定められている。これについては後述する。）

※※　会社法では建設利息の制度を廃止している。詳しくは後で述べる。

なお，会社法では繰延資産について，旧商法のように限定列挙をせず，抱括的な規定を設けているだけである。新しい会計基準等により，一部の項目が，旧商法や企業会計原則と異なる扱いが定められている。これについては，後述する。

貸借対照表論

12 資金調達活動の費用

　企業が，必要な資金を調達する場合にかかる費用として，**株式交付費**と**社債発行費等**がある。このほかに，社債の発行に関連して，**社債発行差金**が発生する。まず，最初に，株式交付費と社債発行費等について説明する。

1 株式交付費とは何か

　株式交付費は，従来，**新株発行費**として処理されてきた費用と，**自己株式の処分にかかる費用**をいう。具体的には，株式募集のための広告費，金融機関の取扱手数料，証券会社の取扱手数料，目論見書等の印刷費，変更登記の登録免許税，その他株式の交付等のために直接支出した費用をいう。

　このうち，企業規模の拡大のために行う資金調達などの財務活動（組織再編の対価として株式を交付する場合を含む）に係る株式交付費については，これを**繰延資産として処理**することができる。

　自己株式の処分に係る費用は，旧商法施行規則において限定列挙された新株発行費に該当しないことから，これまで繰延資産として処理することができないと解釈されてきたが，以下の理由から，新株の発行に係る費用と同じく，繰延資産として処理できることになった。

自己株式の処分に係る費用の性格
(1)　会社法においては，新株の発行と自己株式の処分の募集手続は募集株式の発行等として同一の手続によることとされたこと
(2)　株式の交付を伴う資金調達などの財務活動に要する費用としての性格は同じであること

　自己株式の処分とは，自己株式を売却して資金を調達するということであ

り，新株を発行して資金を調達することと変わりはない。新株発行も自己株式の処分も，株式を交付することに変わりがないので，両者の費用をまとめて**「株式交付費」**と呼ぶ。

ただし，**株式の分割や株式無償割当てなどに係る費用**は，資金調達などの財務活動に係る費用ではないので，繰延資産とすることはできず，支出時に費用とする。

2 株式交付費の会計処理

株式交付費は，原則として，支出時に費用（営業外費用）として処理する。ただし，上記のように，企業規模の拡大のために行う資金調達などの財務活動（組織再編の対価として株式を交付する場合を含む）に係る株式交付費については，これを**繰延資産**として処理することができる。この場合には，株式交付のときから3年以内のその効果が及ぶ期間にわたって，**定額法**により償却しなければならない（実務対応報告19号「繰延資産の会計処理に関する当面の取扱い」）。

なお，**国際的な会計基準**では，株式交付費は，資本取引に付随する費用として**資本から直接控除**することとしている。そうしたことを反映して，会社計算規則でも，株式を発行して増資をする場合，株主から払い込まれた金銭等（資本金増加限度額。通常は，株主資本とされる額）から，「募集株式の交付に係る費用の額のうち，株式会社が資本金等増加限度額から減ずるべき額と定めた額」（株式交付費）を差し引くことを認めている（37条1項2号）。

しかしながら，わが国では，資本からの控除ではなく，費用処理または繰延資産計上という，これまでの会計処理を踏襲している。実務対応報告19号「繰延資産の会計処理に関する当面の取扱い」では，その理由として，次の3点を掲げている。

株式交付費の性格
(1) 株式交付費は，株主との資本取引に伴って発生したものであるが，その対価は株主に支払われたものではないこと
(2) 株式交付費は，社債発行費と同様，資金調達を行うために要した支出額であり，財務費用としての性格が強いと考えられること
(3) 資金調達の方法は会社の意思決定によるものであり，その結果として発生する費用もこれに依存することになる。したがって，資金調達に要する費用を会社の業績に反映させることが投資家に有用な情報を提供することになると考えられること

3 社債発行費等とは何か

社債発行費とは，社債募集のための広告費，金融機関の取扱手数料，証券会社の取扱手数料，目論見書・社債券等の印刷費，社債の登記の登録免許税その他社債発行のため直接支出した費用をいう。

社債発行費と似た費用に，**新株予約権の発行に係る費用**がある。社債発行費と新株予約権の発行に係る費用を合わせて，**社債発行費等**という。

4 社債発行費等の会計処理

社債発行費は，原則として，支出時に費用（営業外費用）として処理する。ただし，社債発行費を**繰延資産**に計上することができる。この場合には，社債の償還までの期間にわたり**利息法により償却**をしなければならない。ただし，継続適用を条件として，**定額法により償却**することも認められる（実務対応報告19号「繰延資産の会計処理に関する当面の取扱い」）。

新株予約権発行費についても，資金調達などの財務活動（組織再編の対価として新株予約権を交付する場合を含む）に係るものについては，社債発行費と同様

に会計処理することができる。ただし，繰延資産に計上した場合には，新株予約権の発行のときから，3年以内のその効果の及ぶ期間にわたって，**定額法**によって償却しなければならない（同上）。

13　社債発行差金の本質と会計処理

1　会社法における負債の評価

　会社計算規則では，負債については「債務額」を付すことを本則としつつも，「払込みを受けた金額が債務額と異なる社債」については，「時価又は適正な価格を付すことができる」と規定している（6条2項）。ここでいう「適正な価格」とは「発行価額」を想定したものと考えることができる。

　「払込みを受けた金額が債務額と異なる社債」とは，**割引発行**または**打歩発行**（額面を超える金額で発行）したものであるから，旧商法によれば，**社債発行差金**が発生するケースである。

　　　　　　　　　　（参考）会社計算規則
6条　負債については，この省令又は法以外の法令に別段の定めがある場合を除き，会計帳簿に債務額を付さなければならない。
2　次に掲げる負債については，事業年度の末日においてその時の時価又は適正な価格を付すことができる。
　一　（省略）
　二　払込みを受けた金額が債務額と異なる社債

　会計帳簿は，仕訳帳と総勘定元帳であり，これから**誘導法**により計算書類が作成される。したがって，会計帳簿に記載される社債の額が「払込みを受けた金額」つまり「発行価額」であれば，仕訳帳，元帳を通して，**貸借対照表**にも「**発行価額**」で記載されることになる。

2　社債発行差金の処理

要するに，**会社法**では，社債の発行に際して，額面と異なる払込みを受けた場合（**割引発行**または**打歩発行**），払込みを受けた金額を負債として計上することを認めたのである。この場合，会計処理（割引発行の場合）としては，一口(ひとくち)100円の社債を98円で発行したとすると，

　　　　　（借）現　金　預　金　98　　　　（貸）社　　　　　債　98

このように記帳され，社債発行差金勘定は生まれない。

なお，企業会計基準10号「金融商品に関する会計基準」においては，**社債発行差金を社債金額（額面額）から直接控除**することにしており，今後は，社債発行差金が繰延資産として計上されることはない。

> **（参考）建設利息の廃止**
>
> 　旧商法では，株式会社の目的とする事業の性質により，会社成立後2年以上，その営業の全部を開始することができないときに，開業前の一定期間内に，一定の利息を株主に配当することを認めてきた（旧商法291条1項，商法施行規則41条）。この配当額が，建設利息と呼ばれる。「建設期間中における利息」くらいの意味であろうか。
>
> 　例えば，大規模な商業施設とか新空港をつくる会社を興すような場合，新会社が成立してから営業の全部を開業するまでに数年を要することもある。この数年間は営業収入がないのであるから，利益も出ない。利益が出なければ，利益から株主への配当をすることもできない。普通の投資家が数年間も利益が出ないような会社に投資することは期待できない。とすると，こうした大規模な事業を興すことは，不可能ではないにしても，極めて困難であろう。
>
> 　そこで，旧商法では，開業前の一定期間，「一定の利息の配当」を認め，これをなした場合に，建設利息という科目名称でいったん資産計上し，

第 2 章

営業の全部が開始された後，一定の利益配当をなすごとに償却することとしたのである。

連続意見書第5では，建設利息の本質を「将来に生ずべき利益の前払，もしくは資本の払戻」と説明している。利益が将来に確実に生じるという保証はないのであるから，「資本の払戻し」と見る方が合理的である。

ところが，建設利息を「資本の払戻し」であると理解しても，制度的にそのように処理するには，（旧商法の下では）減資の手続が必要になり，実際には困難である。そこで，制度的には「利益前払」説を基にして繰延経理してきた。払い戻した財産を実体のない繰延資産として計上することは，債権者保護の観点から好ましくないという批判もあった。

新しい会社法では，「株主に対する金銭等の分配」が「株主に対する剰余金の払戻し」と同じであると考え，「利益ノ配当」を「剰余金の配当」に吸収している。また，必要に応じて「資本を減少」して「剰余金を増やす」ことができるようになった。

会社法では，一定の手続を経れば，「資本の払戻し」（資本金を剰余金に変えてから，剰余金の配当を行う）を行うことが可能になったので，建設利息の規定を廃止している。

14　企業創業活動の費用

企業の設立から事業開始までのプロセスを代表的な企業形態である**株式会社の場合**で概観してみると，おおよそ次のような一連の活動が見出される。
①　**発起人**の決定，②**商号**の決定，③**定款**の作成，④公証人による定款の認証，⑤株券の印刷，⑥発起人による**株式の引受・払込**，または，募集設立の場合には発起人による株式の引受・払込およびその他の株主の募集・払込，⑦役員の選任，取締役会の開催，⑧会社の**設立登記**。

このような一連の会社設立のための活動に伴って発生する費用のうちの会社の支出分を**創立費**という。また，その会社が成立してから開業に至るまでに支出した費用を**開業費**（または**開業準備費**）という。そして，これらの企業創業活動にかかわる費用である創立費と開業費とをあわせて**創業費**ともいう。このような費用は，会社を立ち上げて実際に営業を始めるまでに発生する費用ではあるが，もちろん営業を開始した後にはもはや発生することはない。つまり，これらの費用は繰り返し発生するような経常的な費用とは決定的に異なる性質を持っているのである。

1 創立費の意義

　企業形態の典型といえる株式会社の設立手続は，会社法の制定により容易になった。確かに，設立の手続きは簡素化されたとしても設立に要する費用負担が大幅に削減されることになるわけではない。この**会社設立のための一連の活動に伴って発生する費用のうち会社が負担する分を創立費**という。**繰延資産**の一つに数えられるこの創立費は，次のように定義されている。

　「創立費とは，**会社の負担に帰すべき設立費用**，例えば，定款及び諸規則作成のための費用，株式募集その他のための広告費，目論見書・株券等の印刷費，創立事務所の賃借料，設立事務に使用する使用人の手当給料等，金融機関の取扱手数料，金融商品取引業者の取扱手数料，創立総会に関する費用その他会社設立事務に関する必要な費用，**発起人が受ける報酬**で定款に記載して創立総会の承認を受けた金額並びに**設立登記の登録税**等をいう。」〔財務諸表等規則ガイドライン36，1〕

　なお，会社法では株券不発行制度を原則とする旨が明文化されている（会社法214条）ので，定款の定めがある場合にのみ株券を発行することができることになる。株券を発行しない場合には，その印刷費は発生しない。したがって，創立費の中に常に株券の印刷費が含まれるわけではない。

第 2 章

2 創立費は費用なのか資産なのか

　創立費の具体的な構成要素は，会社設立のために既に支出された各種の費用・報酬・税金などであることから，これが本来は**企業創造活動のための費用**であることは明らかである。他方，この創立費は，**換金性のない，実体を伴わない，担保価値のない**ものであるにもかかわらず，資産とみなされており，いわば**擬制資産**として理解されているのである。創立費をどのように考えるのかによって，会計上の処理も異なることになる。

　この創立費の処理については，理論的には2つの方法が考えられる。第1の方法は，このような費用のための支出を設立年度に**すべて費用として計上し**，当該年度にのみ負担させてしまう方法である。第2の方法は，この創立費としての支出を将来の年度にも負担させるために**繰延資産の名の下にこのような費用を資産の部に計上すること**〔繰延経理〕によって，一定の期間にわたって**毎年の償却分のみを費用として計上する方法**である。

　第1の方法によれば，創立費としての支出をすべてその支出した会計期間が負担することになるので，創立費は当該年度の損益計算書に一括して計上される。この**費用としての創立費**は，当該年度の損益計算にのみ関係し，次期以降の損益計算には全く関係しないことになる。

　第2の方法によれば，創立費としての支出は，繰延資産として次期以降にも繰り越されることになるので，支出した年度には貸借対照表に計上されるとともに，決算時にはその一部が償却され，**創立費償却**として損益計算書に計上されることになる。このような償却の手続きが一定期間にわたって継続的に行われる。したがって，**繰延資産としての創立費**は，償却期間にわたって期間損益計算に関係することになる。この場合には，創立費の償却分は**創立費償却**として費用計上されることになる。

　会社法上は，従来の商法施行規則のような個別規定とは異なり，単に「繰延資産として計上することが適当であると認められるもの」を繰延資産の区分に示すべきことを定めているにすぎない（会社計算規則106条3項5号）。この規定

は繰延資産の計上を前提としたものであり，しかもこの会社計算規則という「省令の用語の解釈及び規定の適用に関しては，一般に公正妥当と認められる企業会計の基準その他の企業会計の慣行をしん酌しなければならない（会社計算規則3条）」との規定から解釈する限り，創立費を繰延資産として計上することは，従来の商法と同様に容認されていると考えられる。

しかし，従来の商法では創立費を繰延資産として計上する際には，「5年以内」と「均等額以上の償却」という商法に固有の要件を満たさなければならなかった。その理由は次の点にあった。そもそも創立費については，他の繰延資産と同様にそれを貸借対照表に計上することは認められているものの，換金性のないそのような擬制資産をいつまでも資産として残しておくことは適切とは言いがたい上に，その**支出効果の大きさ・期間**が不明確であるので，**できるだけ早期に計画的に償却**させることが意図されていたからである。

これに対して，会社法では「償却すべき資産については，事業年度の末日において，相当の償却をしなければならない（会社計算規則5条2項）」こと，更には「各繰延資産に対する償却累計額は，当該各繰延資産の金額から直接控除し，その控除残高を各繰延資産の金額として表示しなければならない（会社計算規則115条）」ことが定められているものの，従来の商法の規定に見られた計上要件は見出されない。

また，会社法では「設立に要した費用の額のうち設立に際して資本金又は資本準備金の額として計上すべき額から減ずるべき額と定めた額（会社計算規則第74条第1項第2号）」を払込資本の額から控除することが認められている。これは，会社成立後の資本金の金額に関して発起人全員の同意を条件として可能となる手続きではあるが，従来の費用計上，繰延資産計上とは異なる新たな方法といえよう。

3 開業費の意義

株式会社が設立されたとしても，その次の段階として実際に営業活動を開始

第 2 章

するための準備が必要となる。この営業活動を開始することを「開業」といい，これは**会社の設立時に予定されていた（定款に明記されている）事業を開始すること**を意味している。

　会社が設立されてから開業に至るまでに発生する一連の費用を**開業費**（または**開業準備費**）という。繰延資産の1つに数えられるこの開業費は，次のように定義されている。

　「開業費とは，土地，建物等の賃借料，広告宣伝費，通信交通費，事務用消耗品費，支払利子，使用人の給料，保険料，電気・ガス・水道料等で，会社成立後営業開始までに支出した開業準備のための費用をいう。」〔財務諸表等規則ガイドライン36, 2〕

　開業費の範囲については，このように会社設立後開業までに支出した一切の費用を含めて理解する考え方（**広義説**：旧商法・財務諸表等規則の立場）に対して，使用人の給料，保険料，電気・ガス・水道料等を除外した開業準備のために直接支出した費用のみと捉える考え方（**狭義説**：法人税法の立場）も見られる。

　創立費の償却が営業開始前に行われる場合には，会社成立から営業開始までに支出した開業準備のための費用にその創立費の償却分が含まれるのか否かについては，会計理論上は含まれると考えられる。

4　開業費は費用なのか資産なのか

　開業費の具体的な構成要素は，前述のように会社設立後営業開始までにすでに支出された各種の費用であることから，これもまた創立費と同様に本来は**企業創業活動のための費用**であることは明らかである。他方，この開業費もまた，**換金性のない，実体を伴わない，担保価値のない**ものであるにもかかわらず，資産とみなされており，創立費と同様にいわば**擬制資産**として理解されているのである。開業費をどのように考えるのかによって，会計上の処理も異なることになる。

この開業費の処理についても創立費と同様に，2つの方法が考えられる。第1の方法は，このような費用のための支出を設立年度に**すべて費用として計上**し，当該年度にのみ負担させてしまう方法である。第2の方法は，この開業費としての支出を将来の年度にも負担させるために**繰延資産の名の下にこのような費用を繰り延べる**ことによって，一定の期間にわたって**毎年の償却分のみを費用として計上**する方法である。

第1の方法によれば，開業費としての支出をすべて初年度の会計期間が負担することになるので，開業費は当該年度の損益計算書に一括して計上される。この**費用としての開業費**は，当該年度の損益計算にのみ関係し，次期以降の損益計算には全く関係しないことになる。

第2の方法によれば，開業費としての支出は，繰延資産として次期以降にも繰り越されることになるので，初年度には貸借対照表に計上されるとともに，決算時にはその一部が償却され，開業費償却として損益計算書に計上されることになる。したがって，**繰延資産としての開業費**は，償却期間にわたって期間損益計算に関係することになる。この場合には，開業費の償却分は**開業費償却**として費用計上されることになる。

なお，会社法では開業費も創立費と同様に繰延資産として計上することは容認されていると考えられる。

5 剰余金の分配可能額算定上の制限

会社法は，株式会社の剰余金の分配可能額の算定にあたって，繰延資産に関連する金額を剰余金等の合計額から控除することを要求している（会社法461条，会社計算規則186条1項1号）。ただし，その際には特定の繰延資産要素の個々の金額ではなく，繰延資産の合計額が控除対象となる。

その算定の仕組みによれば，のれん等調整額（資産の部に計上したのれんの額の2分の1の金額と**繰延資産の部に計上した金額**との合計額をいう）を次のように比較して判断されることになる。

第 2 章

(1) のれん等調整額＜資本金等金額の場合

（ただし，資本金等金額とは資本金の額および準備金の額の合計額をいう：以下同様）

控除額はゼロとなる。

(2) のれん等調整額＜資本金等金額＋その他資本剰余金の額の場合

控除額は，のれん等調整額から資本金等金額を減じて得た金額となる。

(3) のれん等調整額＞資本金等金額＋その他資本剰余金の額の場合

控除額は次の2つの場合によって異なる。つまり，

のれんの額の2分の1の金額＜資本金等金額＋その他資本剰余金の額の場合には，控除額は，のれん等調整額から資本金等金額を減じて得た金額となる。

また，のれんの額の2分の1の金額＞資本金等金額＋その他資本剰余金の額の場合には，控除額は，その他資本剰余金の額および繰延資産の部に計上した額の合計額となる。

6 創立費と開業費の繰延の論拠

繰延資産以外の資産との同質性を備えていない創立費・開業費のような項目を資産計上することが本来は望ましくないという考え方もある。

しかし，期間損益計算を重視する会計理論によれば，**適正な期間損益計算**を行うためには，創立費・開業費のようにその支出効果が支出年度以降にも発現すると考えられる項目については，支出年度のみの費用計上とするよりもむしろ当該費用を一定の期間に配分することがより合理的であると考えられる（したがって，支出年度のみの費用計上は，適正な期間損益計算にはつながらないと考えられていることになる）。

このように**期間損益計算の適正化**を最優先の目的と考えることによって，**創立費・開業費の繰延**は合理的な論拠を得ているといえる。

7 創立費と開業費の償却とその表示

　創立費も開業費もどちらも繰延資産として貸借対照表に計上される場合には，会社法では前述のように「相当の償却」がなされなければならない。
　なお，連続意見書では「二つの異なつた方式を選択適用することができる」として，次の二方式が示されている〔企業会計原則と関係諸法令との調整に関する連続意見書第五，繰延資産について：第一，三，イ〕。

(1) 創立費と開業費を**一括して**償却する方式：営業の全部もしくは一部を開始することによって，営業収益があがった年度の末から創立費と開業費の償却を開始していくことになる。なお，この時期は，営業の一部を開始したときに限る必要はなく，その全部を開始したときとすることができる。

(2) **創立費については会社設立のときから償却を開始**し，また**開業費については，開業のときから償却を開始**する方式

　この創立費および開業費という２つの「各繰延資産に対する**償却累計額**は，当該繰延資産の金額から**直接控除**し，その**控除残高を各繰延資産の金額として表示**しなければならない。」〔財務諸表等規則38条〕
　また，会社法においても同様に，繰延資産については直接控除方式による表示が求められている（会社計算規則115条）。さらに，企業会計原則においても繰延資産については，「償却額を控除した未償却残高を記載する」〔企業会計原則第三，四，（一）Ｃ〕ことになっている。
　したがって，創立費および開業費の貸借対照表上の金額は，当初の支出総額である貸借対照表計上額から年々の償却額を控除した残額（つまり**未償却額**）を意味しているといえる。なお，費用としての一括計上する場合の創立費あるいは開業費，また繰延資産の償却分としての創立費償却あるいは開業費償却は，すべて損益計算書の**営業外費用**に含められることになる。

第 2 章

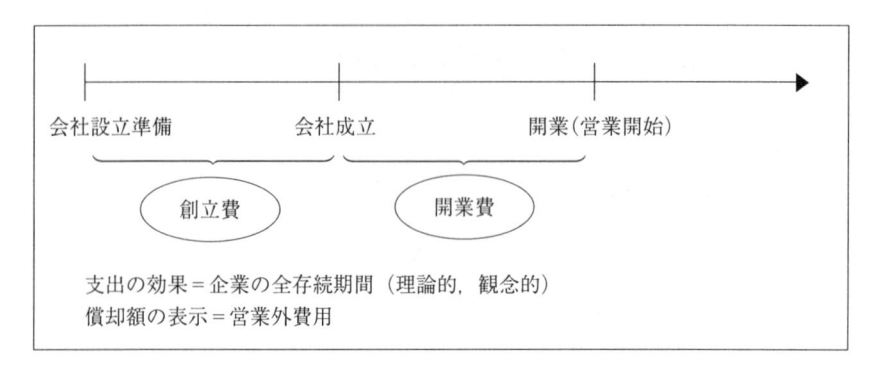

```
会社設立準備 ──── 会社成立 ──── 開業(営業開始) ────→
         └── 創立費 ──┘ └── 開業費 ──┘

支出の効果＝企業の全存続期間（理論的，観念的）
償却額の表示＝営業外費用
```

15　研究開発活動の費用

　企業が存続していくためには，新製品・技術に関する研究開発は欠かせない。既存の製品・技術に依存しているだけでは，厳しい競争の中を生き抜いていくことは不可能であろう。そのために，企業は研究開発のために毎年相応の金額を支出している。この研究開発のための活動は，短期間に完結するものもあれば，中長期におよぶものもある。しかも，支出した金額に見合うだけの成果が必ずしも保証されているわけではない。

　したがって，研究開発活動そのものは，リスクを伴う投資という側面と将来の成果による収益に対応する費用という側面とを持っているといえる。しかも，研究開発活動のための支出は，研究資材費，研究員の人件費，研究所の減価償却費など多岐に渡り，財務諸表ではこれらが分散してそれぞれ該当する費目の中に含まれてしまうことになるので，せいぜい連結ベースでの研究開発費総額が注記されている事例も見られる。

　つまり，現実には研究開発活動のために支出した金額についての詳細な情報を財務諸表利用者が知ることは必ずしも容易ではない。さらに研究開発活動に費用に関する会計手続きが完全に統一されているわけではない。ここでは，「研究開発費等に係る会計基準」における**研究開発費**とそれ以外の会計基準に

おける**開発費**を取り上げることにしよう。

1 研究開発費等に係る会計基準

一連の企業会計基準の改訂・設定という会計改革の一環として平成10 (1998) 年に「**研究開発費等に係る会計基準**〔以下, 研究開発費等会計基準という〕」が設定された。この研究開発費等会計基準は2000年3月期以降の決算から適用されている。この会計基準の設定に先立ってまとめられた「研究開発費等に係る会計基準の設定に関する意見書〔以下, 研究開発費等会計基準意見書という〕」によれば, 研究開発費等会計基準の必要性を次のように指摘している。

「研究開発は, 企業の将来の収益性を左右する重要な要素であるが, 近年, 商品サイクルの短期化, 新規技術に対するキャッチアップ期間の短縮及び研究開発の広範化・高度化等により, 研究開発のための支出も相当の規模となっており, 企業活動における研究開発の重要性が一層増大している。そのため, 研究開発費の総額や研究開発の内容等の情報は, 企業の経営方針や将来の収益予測に関する重要な投資情報として位置付けられている。」

この「**研究開発費**」に類似する概念として, 従来の会計基準では繰延資産に含まれる**試験研究費**と**開発費**が見出される。そこでは, 試験研究費と開発費とについて費用計上を原則としながら, 償却期間の制限と均等額以上の償却という条件の下での資産計上も容認されていた。これに対して, 研究開発費等会計基準では, 設定当初こそ研究開発費のうちの開発費の一部についてのみ資産計上を認め, それ以外の研究開発費（つまり従来の試験研究費）とみなされるものはすべて費用計上することが求められていたが, 現在では研究開発費等会計基準は, **研究開発活動のための支出をすべて費用計上することを要請**しているのである。

第 2 章

研究開発活動の費用
開　発　費 ┤ 新技術の導入（技術導入費，特許権使用の頭金） 新資源開発（新坑道の開削費） 新市場開拓（広告宣伝費，市場調査費） 営業組織改善，生産能率向上，生産計画変更の費用
試験研究費 ┤ 新製品の発明 新技術の開拓　のために行う試験研究の費用

2 「研究開発費等に係る会計基準」にみる研究開発とソフトウェアの定義

　研究開発費等会計基準意見書によれば，研究開発は，次のように定義されている。

> 「**研究**とは，『新しい知識の発見を目的とした計画的な調査及び探求』をいい，**開発**とは『新しい製品・サービス・生産方法についての計画若しくは設計又は既存の製品等を著しく改良するための計画若しくは設計として，研究の成果その他の知識を具体化すること』をいう。」

　これらの定義によって研究および開発の範囲が限定されることになる。その結果として，研究費および開発費の範囲もまたこれらの定義による研究のための活動および開発のための活動に起因して発生した費用に限定される。
　研究と開発がそれぞれこのように定義された背景としては，同意見書では企業の研究開発に関する適切な情報提供のために，企業間の比較可能性および国際的調和の観点が重視されたといえる。この点に関連して同意見書では，「研究開発費に関する内外企業間の比較可能性を担保するため，諸外国における定義を参考にするとともに，我が国の企業が実務慣行上研究開発として認識している範囲等を考慮しつつ検討を行い」上記の定義に至ったとのことである。
　その結果として，**製造現場で行われる改良研究**であっても，それが明確なプ

ロジェクトとして行われている場合には，開発の定義における「著しい改良」に該当すると考えられる。これに対して，**製造現場で行われる品質管理活動やクレーム処理のための活動**は研究開発には含まれないと理解されている。なお，この研究開発費等会計基準の適用範囲については，**委託契約のもとに他の企業に行わせる研究開発**には適用されるものの，**受託契約のもとに他の企業のために行う研究開発**には適用されないことが明記されている。同様に，**探査，掘削等の鉱業における資源の開発に特有の活動**にもこの研究開発費等会計基準は適用されない。

また，研究開発費等会計基準には，研究および開発以外に**ソフトウェア**についての規定も含まれている。これは，コンピュータの発達による高度情報化社会の進展の中で，企業活動におけるソフトウェアの果たす役割が急速に重要性を増し，その制作のために支出する額も次第に多額になってきている。このソフトウェアの制作過程には研究開発にあたる活動が含まれていることから，同基準ではソフトウェアを次のように定義している。

> 「ソフトウェアとは，コンピュータを機能させるように指令を組み合わせて表現したプログラム等をいう。」

3 研究開発費等の構成要素と会計処理

研究開発費は，その性質のゆえに多数の要素によって構成されている。この研究開発費には具体的には，研究開発活動に従事する研究員の人件費，研究開発のための原材料費，研究所および研究施設・設備などの減価償却費，研究開発活動により発生した間接費の配賦額等，研究開発のために費消されたすべての原価が含まれる。なお，同基準の注解によれば，**特定の研究開発目的にのみ使用され，他の目的に使用できない機械装置や特許権等を取得した場合の原価は，取得時の研究開発費**とみなされる。

重要な会計情報の1つである研究開発費について，企業間の比較可能性を担

第 2 章

保することが必要であり，そのためには費用処理または資産計上のどちらでも企業の任意とするような方式は適切ではないということが同基準の基本的な考え方である。特に，研究および開発のための費用については，その発生時には将来の収益を期待できるか否かが不明であり，仮に研究開発計画が順調に進行し，将来の収益の獲得期待が高まったとしても，依然としてその獲得が確実であるとはいえないことから，研究開発費を資産として貸借対照表に計上することは適当ではないと考えられている。その結果として，研究開発費は発生時に費用計上されることになったのである。

また，**ソフトウェア制作費**は，その制作目的によって将来の収益との対応関係が異なることなどを理由として，制作目的別に会計基準が設定されている。

① 研究開発目的のソフトウェアの制作費⇒研究開発費
② 研究開発目的以外のソフトウェア制作費
　　のうちの研究開発に該当する部分　　⇒研究開発費
③ 販売目的の受注ソフトウェアの制作費⇒請負工事の会計処理に準ずる
④ 市場販売目的のソフトウェアの制作費
　　〔最初に製品化された製品マスターの完成までの制作活動費用〕
　　研究開発に該当する部分　　　　　⇒研究開発費
　　研究開発に該当しない部分　　　　⇒無形固定資産
⑤ 市場販売目的のソフトウェアの制作費
　　〔製品マスターまたは購入ソフトウェアの機能の改良・強化のための制作活動費用〕
　　「著しい改良」に該当する場合　　⇒研究開発費
　　「著しい改良」に該当しない場合　⇒無形固定資産
　　〔バグ取り等，機能維持に要した費用〕⇒発生時の費用
⑥ 自社利用のソフトウェアの制作費　　⇒無形固定資産
⑦ 独自仕様の自社利用のソフトウェアの制作費および委託制作費
　　将来の収益獲得・費用削減が確実な場合　⇒資産
　　将来の収益獲得・費用削減が不確実な場合⇒費用

4 研究開発費等の財務諸表への開示

　研究開発費を費用として計上する場合には，**一般管理費**として計上する方法と**当期製造費用**として計上する方法とが認められている。しかし，現実には，研究開発費の一部が一般管理費に含まれ，その残りの部分が当期製造費用に含まれることになる。そこで，一般管理費および当期製造費用に含まれる**研究開発費の総額を財務諸表に注記**することが求められている。この総額の中には，ソフトウェアに係る研究開発費が含まれることはいうまでもない。

　なお，研究開発費のうちの当期製造費用として計上された部分を除いた残りの部分を一般管理費に含める場合には，研究開発費等の名称を付けて記載することが比較可能性を担保するためにも適当である。

　また，**市場販売目的のソフトウェア**および**自社利用のソフトウェア**を資産として計上する場合には，**無形固定資産の区分**に記載されなければならない。無形固定資産として計上したソフトウェアの取得原価は，当該ソフトウェアの性格に応じて見込み販売数量に基づく償却方法その他の合理的な方法により償却されなければならない。その際に，毎期の償却額は，残存有効期間に基づく均等配分額を下回ってはならない。いずれの減価償却方法による場合にも，毎期見込販売数量等の見直しを行い，減少が見込まれる販売数量に相当する取得原価は，費用または損失として計上されなければならない。なお，**制作途中のソフトウェア**がある場合には，その制作費については，**無形固定資産の仮勘定**として計上される。

5 研究開発活動が成功した場合の研究開発費用の扱い

　自社において研究開発活動を行った結果，研究開発に成功し，**特許権**などの工業所有権の取得につながった場合には，次のように考えることができる。

　過年度の研究開発費はすでに支出年度の費用として計上されており，当期の研究開発に成功した時点までに発生した研究開発費については当然費用計上さ

れることになる。したがって，研究開発費として支出された金額は，すべて支出期の費用として計上されることになるので，特許権の取得原価を構成しない。この場合の**特許権の取得原価**は，**特許の取得に要した費用**（特許出願のための費用，審査請求のための費用など）**として支出された金額**に他ならない。

6 繰延資産としての開発費

　財務諸表等規則では，繰延資産の1つとして**開発費**を掲記することが求められている（財務諸表等規則37条）。ここにいう開発費は，次のような費用を意味している。

> 　新技術又は新経営組織の採用，資源の開発，市場の開拓等のため支出した費用，生産能率の向上又は生産計画の変更等により，設備の大規模な配置替を行った場合等の費用（財務諸表等規則ガイドライン36，5）

　これらの費用の中には経常費の性格を持つものは含まれない。この開発費は，前述の研究開発費等会計基準における開発費よりも対象範囲が広くなっていることに留意しなければならない。これに当てはまるような支出については，開発費とみなされ，貸借対照表において繰延資産の部に記載されることになる。

　この点に関して，会社法は会社計算規則（第106条）の中で繰延資産を具体的には明示せず，ただ「繰延資産として計上することが適当であると認められるもの」を繰延資産として示すことを要請しているに過ぎない。開発費を繰延資産として計上した場合には，この開発費に対する償却累計額は，開発費の金額から直接控除し，その控除残高を開発費の金額として表示されることになる（同規則115条）。償却する場合には5年以内に均等額以上を開発費償却として費用計上すればよい。

コラム：研究開発費をめぐる未解決の論点

　現時点ではわが国の研究開発費等会計基準と国際財務報告基準〔国際会計基準第38号「無形資産」〕と米国会計基準〔財務会計基準書第2号「研究開発費の会計処理」〕とを比較してみると，解決されるべき次の2つの相違が見出される。まず，第1の相違は，**社内の開発費**の会計上の扱いにある。社内の研究費についてはいずれの会計基準もこれを発生時に費用として処理することになっているものの，社内の開発費についてはわが国の会計基準と米国会計基準ではこれを発生時に費用として処理することを求めているのに対して，国際財務報告基準では一定の要件を満たす場合にはこれを資産として計上することを求めている。

　次に，第2の相違は，**企業結合により取得した仕掛研究開発**の会計上の扱いに見られる。わが国の企業結合会計基準〔三2(3)〕では，取得企業が取得対価の一部を研究開発費等に配分した場合には，当該金額を配分時に費用として処理することが求められている。これに対して，国際財務報告基準〔第3号「企業結合」〕では企業結合により取得した他の無形資産と同様に，企業結合日の公正価値に基づいて資産として計上することが求められている。

　また米国会計基準〔財務会計基準書第141号「企業結合」〕では従来はわが国と同様に費用処理が求められていたものの，2007年12月に改訂された同基準書によれば国際財務報告基準と同様に資産計上が求められるようになっている。しかも，個別買入れによって取得した仕掛研究開発は費用処理が求められているので，仕掛研究開発の取得方法により会計上の取り扱いが異なっている。これらの論点は，いわば無形資産の会計処理に関連しており，企業結合会計基準との整合性も考慮されなければならない。

第 2 章

16 負債会計

1 負債の分類

◇法的債務性の観点からの負債分類

　負債は，従来から，主に法的債務性の観点から分類されてきた。まず，金銭の支払および役務提供相手がともに確定している**確定債務**，次いで一定の条件が満たされた場合に確定債務に転化する**条件付債務**に分類される。そして法的債務性はないが，費用収益対応という会計的見地から計上された当期見積費用の相手勘定たる**純会計的債務**という分類もあり得る。したがって，負債は法的債務性の観点から，確定債務，条件付債務および純会計的債務の３つに分類される。それぞれの分類において代表的な項目とあわせて以下に示す。

```
       ┌ 確 定 債 務：買掛金，支払手形，借入金，未払費用等
  負債 ┤ 条 件 付 債 務：製品保証引当金等（いわゆる負債性引当金）
       └ 純会計的債務：修繕引当金等
```

　なお，企業会計基準委員会が2006年に公表した討議資料「財務会計の概念フレームワーク」において，負債は次のように定義されている。「負債とは，過去の取引または事象の結果として，報告主体が支配している経済的資源を放棄もしくは引き渡す**義務**，またはその同等物をいう」（第三章－５）。国際財務報告基準では，「負債とは，過去の事象から発生した当該企業の現在の**債務**であり，これを決済することにより経済的便益を包含する資源が当該企業から流出する結果になると予想されるものをいう」（フレームワーク，49項）とされる。

◆流動・固定分類の観点からの負債分類

　負債の分類基準には，資産と同様に，営業サイクル内（G→W→G'）にある支払債務は流動負債とする**営業循環基準**と，1年以内に現金支出が発生する支払債務を流動負債とする**1年基準**がある。両基準により，負債は**流動負債**と**固定負債**に分類される。

　理論的にはまず営業循環基準が適用され，次いでこの基準では分類できない項目には1年基準が適用されることになる。例えば，**主目的たる営業取引により発生**した買掛金は，**営業循環基準**により流動負債に分類される。しかしながら，相手先の倒産などで条件が変化した場合，1年以内に決済されるかどうかという1年基準により流動負債あるいは固定負債に分類される。ただし，借入金，受入保証金，引当金などの**主目的以外の取引により発生した債務**には，**1年基準**がすぐに適用される。

　また，**未払費用**及び**前受収益**は，たとえ1年を超える期間を経て支払われるかあるいは収益となるものであっても，**流動負債**に属するものとされる（企業会計原則注解「注16」）。

◆貨幣性の観点からの負債分類

　負債は，貨幣性の観点から，**貨幣性負債**および**非貨幣性負債**に分類できる。**貨幣性負債**とは，**将来のキャッシュ・アウトフローを伴うもの**をいう。したがって，貨幣性負債の典型は，買掛金や支払手形，あるいは社債といった**金銭債務**ということになる。これに対して**非貨幣性負債**とは，負債の中から貨幣性資産を除いたものであり，**将来のキャッシュ・アウトフローを伴わないもの**をいう。したがって，前受金あるいは前受収益のように，財貨あるいはサービスの提供義務を負うものの，将来のキャッシュ・アウトフローを伴わないものは非貨幣性負債といえる。

第 2 章

2 金融負債

　「金融商品に関する会計基準」(以下,「金融商品会計基準」とする)においては，**金融負債**という負債分類名称が用いられている。「金融負債」という概念は，「金融資産」,「デリバティブ取引に係る契約」および「複合金融商品」等と共に，**金融商品**として総称される。

　補足すると，金融商品は，伝統的な金銭債権債務およびデリバティブ取引により生ずる正味の債権債務等から構成されることとなる。ここにいう**デリバティブ**とは，金銭債権債務および有価証券等の伝統的な金融商品から派生した商品（**金融派生商品**）であり，その商品価格が伝統的かつ本来の金融商品の価格に依存して決定されるものをいう。

　この金融商品の構成要素の1つであるである**金融負債**は，元々，支払手形・買掛金等の「仕入債務」，借入金等の「その他の債務」および「社債」等からなる**金銭債務**から構成されてきた。加えて現代においては，**先物取引，先渡取引，オプション取引，スワップ取引**およびこれらに類似する取引（総称して**デリバティブ取引という**）**により生じる正味の債務**の認識が迫られている。金融負債は，これらを包摂するために登場した概念である。金融負債についてまとめると，以下の図のようになる。

金融負債	金銭債務	支払手形，買掛金等（仕入債務）	
		借入金等（その他の債務）	
		社債等（発行有価証券）	
	デリバティブ取引により生じる正味の債務	デリバティブ取引	先物取引
			先渡取引
			オプション取引
			スワップ取引
			これらに類似する取引

◇金融負債の発生

買掛金等の支払債務は，商品の受取または役務提供を受けたときに，その発生が認識される。借入金等の金銭の貸借は，通常当該取引が遂行され，債務が確定した時点で認識される。これは社債の発行時においても同様である。ところがデリバティブの場合，対象物や目的とする役務を現実に受け取るわけではなく，また取引の遂行は現時点ではなく将来である。ただし，当該契約により生ずるリスクとリターンは，契約締結時点からすぐに契約者に移転してくる。特に金融負債の場合，当該リスクを将来の決済時まで認識しないと，多額の含み損が発生することになる。

したがって，特に「デリバティブ取引により生じる金融負債」については，**契約の締結時にその発生を認識**する必要がある。金融商品会計基準に従うと次の通りである。「……金融負債の契約上の義務を生じさせる契約を締結したときは，原則として，当該……金融負債の**発生を認識しなければならない**」（第7項）。

まとめると，**金融負債の発生の認識**自体は「**契約締結時**」を原則とし，別に「**商品等の売買又は役務の提供の対価に係る金銭債権債務の発生の認識**」には，「**商品受渡時**」または「**役務提供完了時**」が原則とされる（注3）。

◇金融負債の消滅

金融負債の発生を認識しなければならない要件に対して，**金融負債の消滅**を認識しなければならないのは，以下の場合である（第10項）。

① 金融負債の契約上の**義務を履行**したとき
② 契約上の**義務が消滅**したとき
③ 契約上の**第一次債務者**の地位から**免責**されたとき

①は，例えば債務を弁済したときなどである。②は，例えば債務を免除されたときなどである。③は，例えば相手にとり魅力的な条件を提示することにより当該債務を第三者に引き受けてもらい，第一次債務者の地位から法的に免責

第 2 章

されたときなどである。

◇金融負債の評価

そもそも金融商品という概念は、**時価評価の対象となる商品（金融商品）**と、時価評価の対象とならない商品（非金融商品）を区分するためのものである。したがって金融商品たる金融負債は、原則的には時価評価されるべきなのである。しかしながら金銭債務については、例えば借入金のように、一般的には市場がないため時価評価が困難なものが多い。また社債のように、たとえ市場は存在していても、市場価格で売却するには事業遂行上の制約があるものもある。

したがって、例え金融負債であっても、**金銭債務**については**時価評価の対象とはならず**、当該**債務額**により評価される（第67項）。これに対して、デリバティブ取引により生じる正味の債務は、金融商品の原則通りに時価評価の対象となる。この関係を次に図示する。

金融負債	金銭債務	債務額により評価し、時価評価の対象とはならない[*1]
	デリバティブ取引により生じる正味の債務	時価(公正な評価額)評価[*2]

[*1] ただし、社債のように、債務額と発行価額の間に差額がある場合、当該差額は**金利の調整**とみなされるため、**償却原価法**で算定しなければならない。

[*2] **公正な評価額**とは、まず**市場価格**とされる。ただし金融負債に市場価格がない場合は、割引現在価値等のような**合理的に算定された価額**が適用される（第6項）。

3 社債

◆担保内容の観点からの社債分類

社債とは，公衆から資金を調達するために，確定利付有価証券（債券）を発行することにより生じた会社の**債務**である。社債は，いくつかの観点から分類されるが，ここでは担保がついているのかいないのかという，担保内容による分類を説明する。社債の中で担保がついていないものを**無担保社債**といい，担保がついているものを**担保付社債**という。担保付社債は，大別すると**不動産担保付社債**と**有価証券担保付社債**に分類される。無担保社債には，財務内容を悪化させない特約が盛り込まれた財務制限条項がかつて存在していた。しかしながら，日米包括経済協議により，1996年より国内市場での社債発行は完全自由化された。

◆社債の発行

社債の発行には，**平価発行**，**割引発行**および**打歩発行**がある。**平価発行**とは，社債の発行価額が社債額面額（社債券面額，社債金額ともいう）と等しい場合の発行形態をいう。**割引発行**とは，社債の発行価額が社債額面額よりも低い場合の発行形態をいう。わが国における社債発行形態としては，割引発行が一般的であった。**打歩発行**とは，割引発行とは逆に，社債の発行価額が社債額面額よりも高い場合の発行形態をいう。発行価額と額面額との差は，約定クーポンレートである契約利率（表面利率ともいう）と，実質的な市場の利率である市場利率（実効利率ともいう）によって導かれる。

◆社債発行差額

社債の額面額と発行価額の差額を「社債発行差額」という。したがって社債発行差額は平価発行においては生じることがなく，割引発行および打歩発行において生じることとなる。既述のように，わが国の社債発行形態は割引発行が

多かったため，割引発行において社債発行差額がどのように処理されるかを簡単に述べる。従来，旧商法においては，借方計上される社債発行差額は，「社債発行差金」という勘定名で資産計上が認められていた。社債発行差金を資産として計上した場合は，社債償還の期限内に，毎決算期において均等額以上の償却が義務づけられていた。

しかしながら現在，金融商品会計基準のもとでは，社債発行差額は社債金額から直接控除（打歩発行の場合は付加）され，当該差額は償還期間にわたり毎期一定の方法で加算（打歩発行の場合は減算）される。すなわち，「**社債を社債金額よりも低い価額又は高い価額で発行した場合**など，収入に基づく金額と債務額とが異なる場合には，**償却原価法に基づいて算定された価額**をもって，**貸借対照表価額としなければならない**」（第26項）。そして，「**償却原価法とは，金融資産又は金融負債を債権額又は債務額と異なる金額で計上した場合において，当該差額に相当する金額を弁済期又は償還期に至るまで毎期一定の方法で取得価額に加減する方法をいう**」（注5）。「一定の方法」とは，原則的には利息法であるが，継続適用を条件として定額法も認められている。

◆新株予約権付社債

現在，複数種類の金融資産または金融負債が組み合わされてできた金融商品が出現しているが，これらは**複合金融商品**と呼ばれる。特に，現在は負債でありながら，将来において払込資本（純資産）を増加させる可能性のある複合金融商品が注目されている。このタイプの複合金融商品の代表例が，新株予約権付社債である。

新株予約権付社債とは，株式交付を受けることができる権利である**新株予約権**（ワラント）が付いた社債のことであり，従来の転換社債と新株引受権付社債を共に含んだものと捉えられる。この新株予約権付社債が，複合金融商品全体においてどのように位置づけられているかを次に示す。

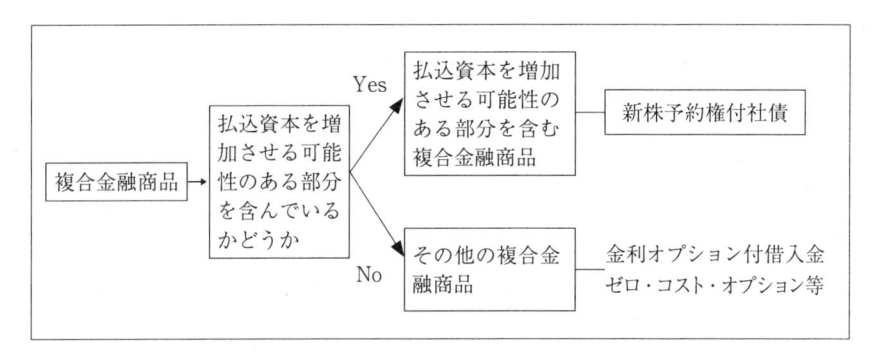

貸借対照表論

```
                                    ┌─ Yes ─→ ┌─払込資本を増加─┐
                                    │         │させる可能性の │ ──→ 新株予約権付社債
              ┌─払込資本を増加─┐    │         │ある部分を含む │
複合金融商品 →│加させる可能性 │────┤         │複合金融商品   │
              │のある部分を含│    │         └───────────────┘
              │んでいるか   │    │
              │どうか       │    └─ No ──→ ┌─その他の複合金─┐    金利オプション付借入金
              └─────────────┘              │融商品           │    ゼロ・コスト・オプション等
                                            └─────────────────┘
```

　つまり新株予約権付社債は、「契約の一方の当事者の払込資本を増加させる可能性のある部分を含む複合金融商品である」（第35項）。

　この新株予約権付社債のうち、「**社債と新株予約権がそれぞれ単独で存在し得ない**」、かつ「**新株予約権が付された社債を当該新株予約権行使時における出資の目的とする**」ことをあらかじめ明確にしているものを、**転換社債型新株予約権付社債**という。転換社債型新株予約権付社債は、以前の転換社債と経済的実質が同一であると捉えられる。

　新株予約権付社債は、上述の「転換社債型新株予約権付社債」と、「転換社債型新株予約権付社債**以外**の新株予約権付社債」に分類される。以上の関係を図示すると、次のようになる。

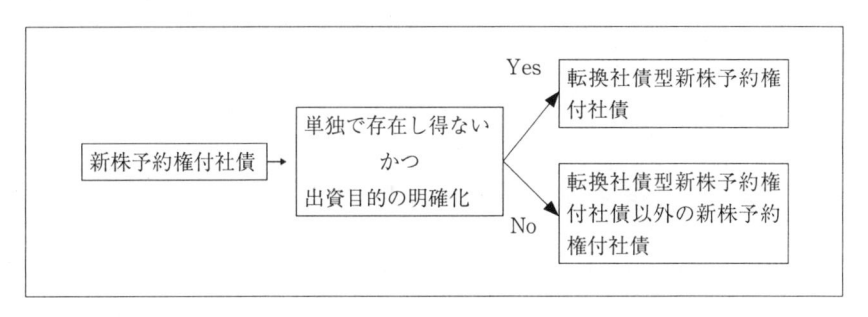

```
                        ┌─単独で存在し得ない─┐ ─ Yes ─→ ┌─転換社債型新株予約─┐
                        │         かつ         │           │権付社債              │
新株予約権付社債 ──────→│  出資目的の明確化    │           └──────────────────────┘
                        │                      │ ─ No ──→ ┌─転換社債型新株予約─┐
                        └──────────────────────┘           │権付社債以外の新株予│
                                                            │約権付社債           │
                                                            └──────────────────────┘
```

　新株予約権付社債の会計処理のうち最も問題となるのは、「払込資本を増加させる可能性のある部分」（**新株予約権部分**）と「それ以外の部分」（**社債部分**）の価値を、それぞれどのように認識するのかという点である。もし、新株予約

第　2　章

権部分と社債部分の価値を,「それぞれ認識することができるならば,**それぞれの部分を区分して処理することが合理的**である」(第112項)。したがって各々の部分を区分処理する方法(これを「**区分法**」という)が,新株予約権付社債を会計処理する場合の基本となる。

　しかしながら,転換社債型新株予約権付社債については,社債の償還権と新株予約権が同時に存在し得ないため,別々に区分して処理する必要性が乏しい。したがって,当該社債の発行者には,新株予約権部分と社債部分の価値を区分せず,一体として処理する方法(これを「**一括法**」という)の選択適用が認められている。なお,当該社債の取得者の会計処理としては,一括法のみが認められている。

　「転換社債型新株予約権付社債」に対して,「転換社債型新株予約権付社債以外の社債」については,発行者および取得者とも,原則通り区分法のみが認められている。これらの関係を図示すると,次のようになる。

新株予約権付社債の会計処理		
新株予約権付社債のタイプ	発行者	取得者
転換社債型新株予約権付社債	一括法 または 区分法[*1]	一括法[*2]
転換社債型新株予約権付社債 以外の新株予約権付社債	区分法[*3]	区分法[*4]

*1　転換社債型新株予約権付社債の発行に伴う払込金額は,社債の対価部分と新株予約権の対価部分とに**区分せず普通社債の発行に準じて処理する方法(一括法)**,又は社債の対価部分と新株予約権の対価部分とに**区分して処理する方法(区分法)**のいずれかによる。
　　区分法による処理は次の通り。
　(1)　**社債の対価部分**は,**普通社債の発行に準じて処理する**。
　(2)　**新株予約権の対価部分**は,**純資産の部に計上し**,権利が行使され,**新株を発行したときは資本金又は資本金及び資本準備金**に振り替え,権利が行使されずに権

利行使期間が満了したときは**利益**として処理する。
* 2 転換社債型新株予約権付社債の取得価額は，社債の対価部分と新株予約権の対価部分とに区分せず**普通社債の取得に準じて処理**し，権利を行使したときは**株式**に振り替える。
* 3 ＊1の区分法処理と同様。
* 4 転換社債型新株予約権付社債以外の新株予約権付社債の取得価額は，社債の対価部分と新株予約権の対価部分とに**区分**する。
  (1) **社債の対価部分**は，**普通社債の取得**に準じて処理する。
  (2) **新株予約権の対価部分**は，**有価証券の取得**として処理し，権利を行使したときは**株式**に振り替え，権利を行使せずに権利行使期間が満了したときは**損失**として処理する。

(以上，金融商品会計基準第36項～第39項)

17 引当金

これまで，引当金に関しては，**会計の主張と商法の考え方**との間に大きな相違があり，引当金を一貫した論理で説明することが非常に難しかった。

新しい**会社法**では，会計の考え方を大幅に取り入れて，**期間損益計算の立場から引当金を設定**することにしている。

そうはいっても，引当金が簡単になったわけではない。引当金は本当に難しいテーマである。**通論・通説だけでは引当金をうまく説明できない**のである。

1 引当金とは何か

最初に，引当金の総論的な話をする。引当金の総論的部分では，解釈や説明が大きく違うということはないであろう。しかし，その総論でいっていることが，各論になると，学者によって違う結論になるのである。

総論では，**引当金の設定条件**が明らかにされているが，その条件を個々の引当金に当てはめてみると，どうも一貫性のある説明が難しい。総論のとおりに各論が展開されていないのである。

第 2 章

◇引当金と会計政策

その理由の1つは、会計基準の中に、**会計政策**が紛れ込むからである。このことについては、後述する。ここでは、通説を紹介するとともに、引当金全体を一貫した論理で説明することにする。

◇企業会計原則における引当金規定

企業会計原則は、注解・注18において、次のように引当金を説明している（アンダーラインは著者が加えた）。

企業会計原則注解・注18　引当金について

「将来の特定の費用又は損失であつて、その発生が当期以前の事象に起因し、発生の可能性が高く、かつ、その金額を合理的に見積ることができる場合には、当期の負担に属する金額を当期の費用又は損失として引当金に繰入れ、当該引当金の残高を貸借対照表の負債の部又は資産の部に記載するものとする。

製品保証引当金、売上割戻引当金、返品調整引当金、賞与引当金、工事補償引当金、退職給与引当金、修繕引当金、特別修繕引当金、債務保証損失引当金、損害補償損失引当金、貸倒引当金等がこれに該当する。

発生の可能性の低い偶発債務に係る費用又は損失については、引当金を計上することはできない。

KEYWORD

債務（性）──他人に対して一定の給付（または行為）をなすべき義務。法律上の用語。

負債（性）──他人から金銭・物資を借りていること。会計上は，将来において他人に支払うべき義務。**引当金**を含む点で債務よりも広い概念であるが，債務は金銭債務以外のものを含む点で，負債と範囲を異にしている。

評価性引当金──ある資産の項目（例えば，受取手形）を名目額で計上している場合に，その金額を実質的な金額（貸倒予想額を差し引いた金額）に修正するために設定される引当金（貸倒引当金）。

負債性引当金──貸借対照表の負債の部に掲げられる引当金。法的な債務であるかどうかを問わない。

なお，現在の企業会計原則では，評価性引当金と負債性引当金という区別はしていない。

2 会計上の引当金設定条件

上に紹介したように，**企業会計原則**では，引当金一般（**評価性引当金**も**負債性引当金**も含めて）について，**設定する基準**として次の4つをあげている。

引当金を設定する条件
(1) 将来の特定の費用または損失であって，
(2) その発生が当期以前の事象に起因し
(3) 発生の可能性が高く
(4) その金額を合理的に見積もることができること。

多少，追加の説明がいるようである。

(1) 昭和57（1982）年に企業会計原則が改正される前は，**負債性引当金の計上**

範囲を,「特定の費用（又は収益の控除）たる支出」としていたが,「特定の費用」には「特定の損失」（例えば,債務保証損失引当金および損害補償損失引当金の繰入対象となる損失）も含まれるので,上の表現に改めている。「収益の控除」について引当金を設定すべきことは,改正後の基準では明示されていないが,従来と変更はない。

(2) 将来に負担すべき**費用・損失の発生原因が当期またはそれ以前にあること**。収益費用対応の原則の考えから,当期に費用・損失を計上する理由となる。

(3) 修正前の企業会計原則では,「**将来において特定の費用たる支出が確実に起ると予想**」されることを設定条件としていたが,「確実に起ると予想」されるべきは,特定の費用または損失に係る事象の発生であることから,そのことを明確にするために,「**発生の可能性が高く**」に直している。

(4) 発生の可能性が高くても,金額を合理的に見積もることができなければ会計数値の信頼性を損なうので,**合理的に費用・損失の金額を見積もることができること**が引当金設定の条件とされる。

こうした条件を備えた場合には,注解・注18は,「**当期の負担に属する金額を当期の費用又は損失として引当金に繰入れ,当該引当金の残高を貸借対照表の負債の部又は資産の部に記載するものとする。**」としている。この費用・損失を強制的に計上させるのである。

◇収益の控除

かつては,費用・損失だけではなく,「**収益の控除**」となるものにも引当金を設定することになっていたが,現在は,この規定は表面には出ていない。しかし,企業会計原則の改正に当たって公表された「**負債性引当金等に係る企業会計原則注解の修正に関する解釈指針**（以下,解釈指針)」によると,改正前と同じく,「**収益の控除**」に係る引当金も含まれる。

なお,「**収益の控除**」となる引当金の例としては,「**返品調整引当金**」がある。

◇偶発損失

なお，**偶発損失**については，「**発生の可能性が低い偶発事象**に係る費用又は損失については，引当金を計上することはできない」とされている。ただし，偶発損失に対する引当金の設定をすべて否定しているのではなく，発生の可能性が低い場合の引当計上を禁止しているのである。

発生の可能性が高く，その発生額を合理的に見積もることができる場合には，偶発損失に対しても引当金を設定しなければならない（偶発損失についてはKEYWORDを参照）。

> **KEYWORD**
>
> **偶発債務**——手形の裏書譲渡，割引，債務保証，為替手形の振り出しなどを原因として，将来発生する可能性のある潜在的な負債をいう。
>
> 　財務諸表等規則では，偶発債務を次のように定義している。「債務の保証，係争事件に係る賠償義務その他現実に発生していない債務で，将来において事業の負担となる可能性のあるもの」。
>
> 　偶発債務が現実に法律上の債務となるかどうかは，将来の事象や状況によって決まる。会計上は負債ではない。したがって，貸借対照表には記載しない。しかし，財政状態を判断する上で重要なものは，その内容と金額を貸借対照表に注記しなければならない。財務諸表等規則では，債務の保証については「その種類及び保証先等」を，係争事件に係る賠償義務については，「当該事件の概要及び相手方等」を示し，その金額を注記するとしている。
>
> **偶発損失**——火災や風水害による損失や債務保証，損害賠償などの損失など，将来発生するかも知れない潜在的損失をいう。損害補償や債務保証の場合は，その発生の可能性が高く，損失の金額を合理的に見積もることができることがあり，その場合には，引当金を設定しなければならない。

第 2 章

3 なぜ，将来の費用を当期に計上するのか

ところで，「将来の費用または損失」であれば，将来の期間に計上すべきであって，当期に計上する必要はないはずである。それをなぜ，当期の費用とするのか。それは，**その費用や損失の発生原因が当期（以前）**にあるからである。

◇発生主義会計

近代会計の思考である**動態論**では，こうした**収益・費用の原因が発生**した時期に，収益・費用を帰属させるのである。こうした考え方を，**発生主義会計**とも呼んでいる。

このことから，当期に負担すべき金額を当期の費用または損失として計上（借方は，費用項目）し，これに相応する金額を貸方に**引当金**として設定しなければならないのである。

前の(1)と(2)の条件は，「**将来において発生する費用のうち，その発生の原因が当期にある部分**」という意味である。

◇費用計上が先，支出が後

費用は，多くの場合，その支出時に資産として認識され，その後，資産の効用が及ぶ各期間に配分される。つまり，通常，**費用はその支出が先行する**のである。しかし，引当金が設定されるような条件のときは，逆に，**費用が先に計上されて，後から，支出が行われる**。

支出が先に行われている場合は，配分する金額の合計額（支出額＝取得原価）は分かっているから，一定の**原価配分法**（先入先出法とか定額法など）を適用するだけで，**費用の見積り**という問題は生じない。

◇引当金を使った利益操作

しかし，**費用が先に計上され，その支出が後の期間になされる**という場合

は，費用を見積もって（支出額を予想して）計上しなければならない。しかし，将来に発生する費用（将来の支出額）を正確に見積もることはできない。そうしたことから，引当金を使った利益操作が行われることが多いのである。

例えば，**製品保証引当金**は，当期までに販売した製品について，次期以降に無償で修理や取替えを約束している場合に要する費用を見積もり計上するものであるが，**必要な費用を多めに見積もれば利益を少なくすることができるし，少なめに見積もれば利益を過大にすることができる。**

◇引当金は強制計上

上で述べたように，会計上，引当金は，任意に計上するものではなく，その条件を満たす場合には必ず計上しなければならないのである。

ここでちょっと考えていただきたい。「会計上は必ず計上しなければならない」という意味である。これを計上しないと，どうなるのであろうか。次にこの点を考えよう。

4 会計上の引当金を設定する目的

これは，引当金をなぜ設定するのかという質問と同じである。

◇静態論的な考え方

引当金を設定する目的は，**資産の価額を現在価値に修正するためである**とする考えもある。しかし，こうした**静態論的な解釈**をすると，棚卸資産や有価証券，さらには土地や建物の時価下落に対しても引当金を設定しなければならなくなる。

◇動態論をベースとする考え方

引当金は，こうした静態論的な思考をベースにしたものではなく，**動態論**をベースとしている。つまり，**動態論**においては，期間損益計算を適正化するた

めに，その期に帰属する費用・損失はその期に計上するという考え方をとっている。

引当金は，そうした動態論に基づいたものである。

企業会計審議会は，「引当金の部を存置しないことを可とする企業会計審議会意見の理由について」という文書の中で次のように述べている。

> 「企業会計原則は，損益法・誘導法原理を採つており，引当金についてもこの原理に基づいて概念構成をしている。したがつて，債務たる引当金（例えば製品保証引当金）と債務でない引当金（例えば修繕引当金）を区別する考え方を採つていない。」

もしも，前の4つの条件が揃っていながら引当金を設定しないとすると，損益法・誘導法を基にした**期間損益計算が歪められる**ことになる。当期に負担すべき費用や損失が次期以降の負担とされてしまうのである。

◇貸倒引当金のケース

こうした**動態論の考え**は，**貸倒引当金**の場合でも取られている。貸倒引当金は，資産（売掛金，受取手形，貸付金）から控除する形で表示されるために，「資産を評価するための評価勘定」と考えられることもあるが，実はそうではない。

貸倒引当金は，「次期以降に発生する貸倒損失のうち，当期に発生原因がある部分を当期の損失として計上するために設定されるもの」である。あくまでも，期間損益計算を適正化するために設定されるのである。

5 評価性引当金と負債性引当金

会計上の引当金は，その性格の違いから，**資産からの控除項目**となるものと，**負債の部に掲げられるもの**とに分類される。前者を「**評価性引当金**」といい，後者を「**負債性引当金**」という。

引当金の分類

```
        ┌ 評価性引当金（資産の部）──資産項目のマイナス勘定
        │                        ・貸倒引当金
        │                        ┌ **債務たる引当金**（条件付債務）
        │                        │ ・製品保証引当金，退職給付引当金……
        └ 負債性引当金（負債の部）│ **債務でない引当金**
                                 └ ・修繕引当金，損害補償損失引当金……
```

　ただし，こうした分類は，現行の企業会計原則では採用していない。企業会計審議会「**負債性引当金等に係る企業会計原則注解の修正に関する解釈指針**」（昭和57年）では，次のように述べている。

> 「負債性引当金と評価性引当金（例：貸倒引当金）は，いずれも将来の特定の費用又は損失の計上に係る引当金項目であり，その会計的性格は同一と考えられる。このため，企業会計原則上，両者を引当金として一本化する……。」

6 評価性引当金

　評価性引当金は，ある資産が将来において価値が減少したり損失が生じたりする場合に，その価値減少・損失の発生原因が当期にあるときに設定される。設定された引当金は，通常，貸借対照表上，**特定の資産から控除する形で表示**される。
　具体的には，**貸倒引当金**である。**現在の会計では，他には評価性引当金はない**。この引当金も，特定の資産を評価するためのものではない。

◇なぜ減価償却引当金は「引当金」ではないのか

　かつてはまた，**減価償却引当金**という項目もあった。しかし，この引当金

は，上に紹介した引当金の設定条件に合わない。減価償却費も既発生の費用で，「将来において発生する特定の費用または損失」を見込み計上するものではないのである。そのため，現在では，減価償却引当金は引当金のカテゴリーから外されて，**減価償却累計額**と呼ばれている。

7　負債性引当金

　現在の会計では，**評価性引当金**とされるのは**貸倒引当金**だけである。貸倒引当金以外の，すべての会計上の引当金は，**負債性引当金**というグループに分類される。**設定される引当金が，貸借対照表の負債の部に掲記されることから，**「負債性引当金」と呼ばれている。

◇「負債性」と「債務性」の違い

　ここで「債務性」といわずに，「負債性」といっていることに注目してほしい。「**債務性**」というのは，「**(法的な) 債務であるかどうか**」をいい，「**負債性**」は，「**会計上の負債の部に掲げられるかどうか**」をいっている。似てはいるが，実は，かなり違う。

　会計では，別に「**評価性引当金**」があるから，それ以外の引当金に名称をつける必要があったのであろう。それで，「**負債の部に掲げる**」ことから，「**負債性**」引当金という名称を使うようになったのである。今から考えると，この「負債性」という名称は，多くの誤解を招く元になった。

　将来に支払う費用に「債務性」があれば，会計でも会社法でも，引当金とせずに，未払費用とする。当期の**費用にならない債務**は，**未払金**である。未払家賃と借入金の違いを考えてみれば分かる。未払家賃は，債務性のある（支払義務のある）費用項目であり，借入金は，債務性のある（返済義務のある）項目であるが費用とはならない。

　この間の関係を，企業会計審議会が公表した「**負債性引当金等に係る企業会計原則注解の修正に関する解釈指針**」（昭和57年）では，次のように述べている。

> **負債性引当金等に係る企業会計原則注解の修正に関する解釈指針－⑤**
>
> 「(修正後の) 注解18に掲げられている引当金項目は，実務の参考に供するための例示であるが，この例示に関しては，次の点に留意することを要する。
>
> すなわち，この例示は，このような科目・名称を用いれば，いかなる引当項目もその性格・金額等のいかんにかかわらず，すべて注解18に定める引当金として正当視されることを意味するものではない。
>
> また，この例示は，未払金又は未払費用として処理されるべき項目を引当金として処理すべきことを要求しているものでもない。例えば，注解に『賞与引当金』が掲げられているが，これは，従業員に対する賞与の引当計上が同注解に定める引当金の要件に該当する場合には，これを賞与引当金として計上すべきことを定めているものであつて，その性格が未払賞与たるものについても，これを賞与引当金として処理すべきことを要求しているものではない。」

　この解釈指針は，会計理論の観点からも実務の観点からも，非常に重要なことを述べている。つまり，注解・注18にはたくさんの引当金が例示されているが，こうした科目・名称を用いても，すべて注解・注18にいう引当金に該当するというわけではないのである。

　例として，「**賞与引当金**」があげられている。**賞与の支払いが，労働協約や賞与支給規定などによって決まっている場合**には，支給が翌期になるとしても，当期末にすでに費用は発生しており，引当金を設定するのではなく，「**未払賞与**」という負債を計上するべきである。つまり，期末の債務を負債の部に計上するのである。

　注解が例示する「賞与引当金」は，賞与に関して労働協約がなく，就業規則にも賞与に関する定めがないながらも，会社が慣行として，盆暮れなどに賞与を支給しているようなケースを想定している。こうしたケースで，賞与を翌期になってから支払うとすれば，当期末に支払予定額を費用に計上し，その額を

第 2 章

賞与引当金として計上する。ここには，期末の債務を計上するという考えはなく，あくまでも，**期間損益計算上，当期の負担とするべき費用の額を計上する**のである。

◇損益法に基づく費用項目

会計上の**負債性引当金**は，債務性を問わず，**損益法に基づく期間損益計算を適正に行う**という目的から，当期に負担する費用を計上し，その貸方科目として負債の部に掲記されるものである。

会計的には，貸方項目であることを主張できても，それらを「負債」だと主張するのは言いすぎかも知れない。

会計では，「負債が発生したから負債性引当金を設定する」というのではない。あくまでも，適正な期間損益計算を行うために，**当期に属する費用を計上したときの貸方科目**である。それらの項目が，**他の負債項目（買掛金，借入金，未払費用など）**と同質なものであるかどうかといったことを無視して負債の部に掲記させるために，「負債性」という名称がついているのである。

◇会社法における引当金規定

会社計算規則6条は，「**負債の評価**」を次のように規定している（アンダーラインは著者が加えた）。

会社計算規則　6条　負債の評価

「負債については……債務額を付さなければならない。
2　次に掲げる負債については，事業年度の末日においてその時の時価又は適正な価格を付すことができる。
　一　次に掲げるもののほか将来の費用又は損失（収益の控除を含む。以下，この号において同じ。）の発生に備えて，その合理的な見積額のうち当該事業年度の負担に属する金額を費用又は損失として繰り入れることにより計上すべき引当金（株主に対して役務を提供する場合において計上すべき引当金を含む。）
　　イ　退職給付引当金（使用人が退職した後に当該使用人に退職一時金，退職年金その他これらに類する財産の支給をする場合における事業年度の末日において繰り入れるべき引当金をいう。）
　　ロ　返品調整引当金（常時，販売する棚卸資産につき，当該販売の際の価額による買戻しに係る特約を結んでいる場合における事業年度の末日において繰り入れるべき引当金をいう。）
　二　払込みを受けた金額が債務額と異なる社債
　三　前2号に掲げる負債のほか，事業年度の末日においてその時の時価又は適正な価格を付すことが適当な負債」

第 2 章

18　注解18の引当金

　上では，引当金に関する総論を述べた。では，以下，個々の引当金について，上に述べたことが当てはまるかどうか，検討してみよう。
　すべての項目について，(1)費用または損失が，当期に発生原因があるかどうかと，(2)期末の負債額・債務額を表示しようとしているのかの２点を検討することにしたい。

1　企業会計原則注解・注18に例示される引当金

　企業会計原則注解・注18には，いくつもの引当金が例示されている。
　このすべての項目について，(1)**費用または損失が，当期に発生原因があるかどうか**（費用の当期性）と，(2)**期末の負債額・債務額を表示しようとしているか**（債務性），という２点を検討する。
　ここで，(1)は，**引当金に該当するかどうかの判断**に，(2)は，法律上の**債務性があるかどうかの判断**に使われる。(1)をクリアすれば，**引当金**となる。
　先に断っておきたいのは，上で述べた総論，特に，引当金の設定条件を個々の引当金に当てはめてみると，ほとんど説明がつかないことである。総論では，つまり，頭では，「引当金」がいかなるものかを理解していても，現実には，そうした条件を満たすような引当金はほとんどない。

2　注解18の例示はいかなるものを列挙したか

　注解・注18は，最初に「**引当金設定の条件**」を示しておいて，後段でその例を列挙している。ところが，見方によっては，前段の条件に合わない引当金も列挙されている。

設定条件で「**将来の特定の費用または損失**」といいながら「当期にすでに発生済みの費用」に対する引当金が例示されていたり，「**発生が当期以前の事象に起因**」という条件がついているにもかかわらず，「費用の発生原因が次期以降」になる引当金が例示されていたりする。

注解・注18の総論（引当金設定の条件）と各論（例示されている個々の引当金）を，矛盾なく説明できればいいのであるが，それが難しい。いくつか理由がある。

その1つは，後で説明するように，**引当金が会計政策の用具とされてきた**からである。

もう1つの理由は，すでに紹介したように，企業会計原則注解が例示する引当金は，あくまでも，「実務の参考」のために例示されたものであり，引当金設定の条件をクリアしていない場合には，引当経理することができない。こうした科目名を付ければ何でも引当経理できるわけではないのである。

引当金に関する解釈指針の文言のうち必要箇所を再掲する。

> 注解18に掲げられている引当金項目は，実務の参考に供するための例示であるが，この例示に関しては，次の点に留意することを要する。
> すなわち，この例示は，このような科目・名称を用いれば，いかなる引当項目もその性格・金額等のいかんにかかわらず，すべて注解18に定める引当金として正当視されることを意味するものではない。

つまり，企業会計原則が例示する引当金であっても，内容いかんによっては引当経理の対象とならないものもあるのである。

以下では，注解・注18に掲げられている引当金の設定条件と個々の引当金項目が合致しているかどうかを検討することによって，正しい会計の考え方を学びたい。

第 2 章

3 注解18の引当金の個別的検討

　以下では，通論や通説的な理解をできるだけ尊重しながら，個々の引当金が上記の「引当金設定の4条件」，すなわち，(1)将来における特定の費用または損失，(2)当期以前の事象に起因，(3)発生の可能性，(4)見積りの合理性，という4条件に照らして，これらをクリアしているかどうか，また，クリアしている場合には，その引当金に債務性が認められるかどうかを検討する。

　4つの条件をクリアすれば，その引当金は，「**引当金**」である。4条件をクリアした引当金が**債務性あり**と判断されるならば，それは法律上の債務として処理する。

　言い換えると，引当金が設定されるには，(1)**当期に属する費用**とされることが必須の条件である。(1)をクリアするものが引当金であり，そのうち，(2)**債務性がある**とされるものが法律上の債務として処理される。

　結論を先取りしていえば，注解18が例示する引当金のうち，(1)の観点から，**労働協約等に基づく賞与引当金と同・退職給付引当金は確定債務**であり，**返品調整引当金は未実現利益**であり，**修繕引当金，債務保証損失引当金，損害補償損失引当金**は，いずれもその繰入額に**当期費用性がない**。したがって，これらは引当金としての性格がないということになる。

　(2)の観点からは，**返品調整引当金，修繕引当金，債務保証損失引当金，損害補償損失引当金**には，**債務性が認められない**。したがって，法律上の債務として計上するのは適切ではない。

　なお，ここで個々の引当金を検討するに当たっては，一般的に理解されている引当金の内容を前提としている。したがって，特定の引当金が，一般的に説明されている内容と違う意味で設定されている場合には，ここでの結論と違う結論になることもありうる。

4　貸倒引当金

貸倒引当金は，上にも述べたように，資産（売掛金，受取手形，貸付金）から控除する形で表示されるために，資産を評価するための評価勘定と考えられることもある。実はそうではない。

貸倒引当金は，**次期以降に発生する貸倒損失のうち，当期に発生原因がある部分を当期の損失として計上するために設定**される。あくまでも，適正な期間損益計算を行うために設定されるものである。

企業会計原則では，「**受取手形，売掛金その他の債権の貸借対照表価額は，債権金額又は取得価額から正常な貸倒見積高を控除した金額とする**」（貸借対照表原則　五C）としている。

ここで「**正常な貸倒**」といっているのは，個々の債権を回収可能性という観点から評価したものではなく，**債権全体に生じる貸倒れの確率を経験から割り出したもの**を指している。

「正常な」という限定は，過去の経験から判断して正常性があること，つまり，**当期費用として計上することの妥当性**を指しているのである。

ところが，会社法は，株式会社の**金銭債権**について，次のような評価規定を置いている。

> **会社計算規則5条4項　金銭債権の評価**
>
> 取立不能のおそれのある債権については，事業年度の末日においてその時に取り立てることができないと見込まれる額を控除しなければならない。

会社法は，このように，**金銭債権を1件ずつ別々に回収可能性を評価して，回収不能と見込まれる部分は債権価額から直接控除**することを求めている。

企業会計原則のように，過去の経験率から金銭債権のトータルな貸倒額を推計しようというのではない。控除された「**取立不能見込額**」は，同額が損益計算書に損失として計上される。

第 2 章

　会社法は強行法であるから，企業会計原則に優先して適用される。そうすると，**金銭債権**については，最初に，会社法のいう「**取立不能見込額**」を控除し，その残高に，**会計上の貸倒引当金を設定**するということになる。

　ただし，税法が，原則として，債権の評価替えを認めていないので，実務上も，貸倒引当金を設定することによって「取立不能見込額」を控除したとみなしているようである。

　なお，貸倒引当金に繰り入れた金額は，**貸倒引当損**（貸倒損失）または**貸倒引当金繰入額**という。簿記で学んだように，期末における貸倒引当金の処理には，**洗い替え法**と**差額補充法**があったが，現在は，差額補充法に一本化されている。

　財務諸表等規則（正式には，内閣府令「財務諸表等の用語，様式及び作成方法に関する規則」，**金融商品取引法適用会社**に適用される）によれば，売上債権に対する貸倒引当金繰入額は「**販売費**」とされ，それ以外の債権に対する貸倒引当金繰入額は「**営業外費用**」とされる。

財務諸表等規則　貸倒引当金
第87条　通常の取引に基づいて発生した債権に対する貸倒引当金繰入額又は貸倒損失は，異常なものを除き販売費として，当該費用を示す名称を付した科目をもつて別に掲記しなければならない。
第93条　営業外費用に属する費用は……貸倒引当金繰入額又は貸倒損失（第87条の規定により販売費として記載されるものを除く。）……その他の項目の区分に従い，当該費用を示す名称を付した科目をもつて掲記しなければならない。

（参　考）貸倒引当金繰入額

(1)　貸倒引当金繰入額と貸倒損失

　財務諸表等規則では、「貸倒引当金繰入額」と「貸倒損失」を販売費として処理することを指示しているが、両者の違いは何であろうか。

　簿記で、貸倒れの処理と貸倒引当金の設定について学修したと思うが、ここで、再確認しておきたい。

　当期において発生した売上債権（売掛金，受取手形）が回収不能となったときは、引当金を設定することができないし、引当金も設定されていない。

　このことを説明する。引当金を設定することができるのは期末の売上債権残高に対してだけである。当期に発生した売上債権には、期末にならなければ引当金が設定されない。したがって、期中に発生した債権が回収不能となったときは、それに対する引当金がないので、貸倒額を「貸倒損失」として計上する。

　過年度に発生した売上債権が、当期になって回収不能となった場合は、その債権に対して引当金が設定されていたかどうか、引当金が十分であったかどうかによって、会計処理が変わる。

　十分な引当金が積まれている場合は、当期には損失が生じないような処理が行われる。つまり、過年度に発生した売掛金が回収できなくなった場合、次の仕訳によって、当期に影響を与えないようにする（引当金の残高が100超ある場合）。

　　（借）貸 倒 引 当 金　100　　　（貸）売　　掛　　金　100

　過年度における引当が不十分な場合は、不十分な部分を当期の負担にする（引当金残高が100，貸倒れが120）。

　　（借）貸 倒 引 当 金　100　　　（貸）売　　掛　　金　120
　　　　　貸 倒 損 失　 20

第 2 章

　過年度に引当が全くなされていない場合は，貸倒損失が全額，その期の損失として計上される。

　　（借）貸　倒　損　失　100　　　（貸）売　　掛　　金　100

(2) 貸倒引当金繰入額の表示

　売上債権に対して設定される貸倒引当金の繰入額は，「異常なものを除き」，販売費とする。ここで，2つのことが問題となる。1つは，何をもって「正常」「異常」とするか，もう1つは，異常とされる場合，販売費以外のどこに表示するか，である。

　費用の「正常性」「異常性」は，その費用が「収益の獲得に貢献しているか」どうかと，その「発生が経常的であるか」どうか，で判断する。

　貸倒引当金繰入額のうち，「正常性」と「収益獲得への貢献」が認められるものは，販売費とされる。それ以外は，営業外費用とする。ただし，その金額が異常に巨額になれば，異常な部分は「特別損失」とされるであろう。

5　賞与引当金

　わが国では，一般に，盆と暮に，従業員にボーナスが支給される。ボーナスは，労働協約や賞与支給規定などによって支給対象となる期間や金額が決まっているが，決算期と支払時期がずれるのが普通である。

　6月と12月に賞与を支給するとしたら，通常は，前年12月から当年5月までの勤務に対して6月に賞与が支払われ，6月から11月までの勤務に対して12月に賞与が支払われる。決算が3月末日であると，12月から3月までの期間の勤務に対するボーナスは，**すでに発生**している。法律上も**支払義務**があるし，従業員には支払請求権がある。

　こうした場合に，すでに勤務した期間に対応するボーナスの金額を見積もり，これを当期が負担する費用として計上し，実際に支払う次期まで，「**賞与**

引当金」として貸方に計上するのである。

　会計では，この賞与引当金を「**負債性引当金**」としている。**当期に帰属すべき費用**を計上するものであること，期間損益計算の適正化のための引当金であること，が理由である。

　しかし，ボーナスの支給が，**労働協約**や**賞与支給規定**などによって決まっている場合には，期末現在**すでに費用は発生**しており，引当金の設定条件である「**将来の費用または損失**」には該当しない。法的な観点から見ても，**債務性を認めることができる**ようである。

　こうした場合には，引当金というよりも，「**未払賞与金**」という勘定で処理した方が適切であろうと思われる。

　企業会計審議会の「負債性引当金等に係る企業会計原則注解の修正に関する解釈指針」でも，労働協約等によって，すでに期末までに**確定債務**となっている賞与については，次のように「**未払賞与**」として処理することを示唆している。

賞与引当金と未払賞与

「注解に『賞与引当金』が掲げられているが，これは，従業員に対する賞与の引当計上が同注解に定める引当金の要件に該当する場合には，これを賞与引当金として計上すべきことを定めているものであつて，その性格が未払賞与たるものについても，これを賞与引当金として処理すべきことを要求しているものではない。」

　賞与に関する労働協約がなく，就業規則にも賞与に関する定めがないながらも，**会社が慣行として**，**盆暮れに賞与を支給**していることもあるし，経営者が賞与の支給を公言することもある。こうした場合の賞与を翌期になってから支払うとすれば，「**引当金**」を設定できる。

　当期末において，この賞与は，**未払金**としての性格もなければ，**債務性**もない。賞与引当金が計上されるのは，本来，こうした労働協約等に基づかずに賞与の支給が予定されている場合に限られるのである。

第 2 章

なお，**役員賞与**に対してはこれまで引当金を設定せず，利益処分によって会計処理してきた。平成16年の「実務対応報告第13号」により，今後は，役員賞与も発生時に費用として処理されることになった。したがって，役員賞与が発生する期において**役員賞与引当金**が計上される。

6 退職給付引当金

企業は，労働協約，就業規則，退職金支給規定などで約束している場合，従業員が退職すると，**退職金**や**退職年金**を支給する。そうした退職給付は，退職時の一時に発生するものではなく，従業員の在職期間中に，その勤続年数が増加するにつれて発生する費用である。

そこで，従業員に退職金等を支払う事実に基づくことなく，その支出の原因または支出の効果の期間帰属に基づいて，当期において発生した給付額を損益計算書に費用として計上する。

当期に計上する費用額は，それを直接に求めることはせず，各期末に，**契約に基づく退職給付の要支給額**を計算して，当期における**要支給額の増加分**を当期費用として計上する。このとき，貸方項目とされるのが，**退職給付引当金**である。

当期に計上する金額の計算方法

退職時に見込まれる退職給付の総額について合理的な方法により各期の発生額を見積り，これを一定の割引率及び予想される退職時から現在までの期間に基づき現在価値額に割り引く（退職給付に係る会計基準の設定に関する意見書）

退職給付は，従業員との契約に基づいて，勤務期間の長さに応じて支給されるものであるから，毎期の発生額は，期間損益計算上も費用に計上すべきものである。

しかし，この引当金も，上の賞与引当金と同様，**就業規則等によって約束さ**

れたものである場合は，注解・注18にいう引当金の設定条件を満たしていない。当期に負担すべき費用はすでに発生しており（当期の費用），「**将来の費用または損失**」に該当しないからである。

また，**債務性**が認められる。仮に，当期末に従業員が退職したとすればいくら支払うことになるかが分かっているから，これは，「未払退職給付金」として負債の部に表示するべきものである。

かつてわが国では，多くの企業において，退職金に関する規定や労働協約がなく，慣行として退職金が支払われてきた。現在でも，中小企業では，従業員との約束ではなく，慣行として退職金を支払っている。

退職給付の見積額が「引当金」として設定されるとすれば，労働協約などによらず，慣行として支払われるような場合に限られる。筋を通していえば，そういうことになる。

整理しておくと，**労働協約等によって支払われている場合**は引当金を設定する条件が揃っていない。費用に当期性がないのである。ただし，債務性は認められる。この場合は，「未払退職給付金」として表示する。

労働協約等ではなく，**慣行として支払われる場合**は，当期の負担分に当期費用性を認めることができるから，引当金になる。この場合は，「退職給付引当金」として表示する。

（参　考）退職給付の性格

退職給付の性格に関しては，いくつかの見解がある。賃金後払説，功績報奨説，生活保障説などである。企業会計原則では，「退職給付は基本的に勤務期間を通じた労働の提供に伴って発生するもの」（退職給付に係る会計基準の設定に関する意見書）と捉え，賃金後払説に立っている。

役員が退職する場合に支払われる「退職慰労金」は，従業員と異なり，労働の対価との関係が必ずしも明確ではないので，引当金を設定することはしない。

7 製品保証引当金

当企業が販売する製品に，一定の期間，部品交換・無償修理等の保証をつけることがある。一般的に，**保証書**が発行される。

パソコンを買っても車を買っても，1年間とか2年間の保証期間がある。その期間内に一定の故障などが発生した場合に，販売者が部品交換や修理を無償で行う。

販売する企業にすれば，無償で行う部品交換や修理などの費用は，製品を販売したという事実を原因としているので，当期に販売した製品に対して当期中にクレームが生じた場合は，その費用は当期に計上する。

当期に販売しながら次期以降にクレームが生じた場合，次期以降の期間に修理費や部品交換費を負担させるのは，期間損益計算の見地から好ましくない。

そこで，**製品保証をつけている場合は，製品を販売した期の収益に修理費等を見積もって負担させる**必要があり，そうして費用が計上される場合の貸方科目として「**製品保証引当金**」が設定される。

会計の立場からは，これは適正な期間損益計算を行うために，「将来の費用または損失」のうち，当期に帰属させるべき費用を計上するものである。

法的には，この引当金は**債務性**が認められる。保証書によって，保証期間内に生じるクレームに対して，部品交換等の費用を負担することを約束しているからである。クレームがついて初めて債務となるところから，こうした債務を「**条件付債務**」と呼ぶ。

整理すると，この引当金は，**費用に当期性**があるので，「**引当金**」になる。ただし，**債務性**が認められるから，「**引当金**」としてより債務として計上するべきである。

なお，製品保証引当金と似たものに，「**工事補償引当金**」がある。工事に不具合があった場合に，金銭等によって補償するための引当金である。

8　返品調整引当金

　出版業界，医薬品業界などでは，製造業者や卸売業者が，いちいち注文をとらずに，一方的に商品を小売店に送りつける販売方式が一般的である。
　そういう方式で販売した商品は，**一定の期間，当初の販売価額で買い戻す特約**を小売店と結んでいる。そのために，当期に小売店に販売した商品が，次期において大量に返品されてくることもある。
　こうした特約を結んでいる場合，当期の売上高には，次期に返品されてくる商品の利益が多額に含まれることになる。そこで，当期末に，次期における返品高を見積もり，その売上取消分に含まれる利益相当分を，当期の利益からマイナスすべき額として費用計上し，これに対する貸方科目として「**返品調整引当金**」を設定する。
　本来であれば，**損益計算書の売上総利益から控除すべき性格の引当金**である。そのために，「**収益控除性の負債性引当金**」といった説明をすることもある。「本来は，収益項目から控除すべきであるが，負債の部に計上される引当金」ということであろう。
　この引当金も，期間損益計算を適正化するために設定されるものである。「**収益控除性**」といっても，計上される収益（売上総利益）から「実現されそうもない部分」を控除するものであり，資産を評価するものではない。
　こうした販売契約は，実は，「試用販売」や「委託販売」と同じ側面がある。つまり，商品を一方的に送りつけるのであるから，商品を送りつけた段階で売上げを計上するのは，業界の慣行として行われていても，会計のルールからは認められるものではないのである。
　この方式によって小売店に商品を送りつけても，実は，会計上は「**未実現収益**」に過ぎない。**返品期間が経過するか，販売済みであることが確認できるまでは，販売は実現していない**のである。そう考えると，**返品調整引当金の本質は，「未実現利益」**である。
　ただし，実務では，(1)送りつけた商品がほとんど小売店で販売されること，

第 2 章

(2)取扱商品が多品種・大量に上るので，委託販売や試用販売のように，販売の事実を確認するのが困難なこと，などを理由に，商品を発送した段階で売上げを計上し，この引当金を設定することで**未実現利益を控除**しているのである。

　この引当金には，**債務性があるとする説**と，**債務性がないとする説**がある。債務性を認めるのは，返品契約を結んでいるのだから返品に応じる義務があり，債務性があるということであろうか。

　しかし，返品を受けたときの処理は，あくまでも，**売上げの取消**，つまり，**実現の取消**である。小売店に何かを支払うわけでもないし，費用や損失が発生するわけでもない。

　整理すると，この引当金に繰り入れる金額には，費用性も収益控除の性格もない。売上げを「取り消す」のであって，「売上げから控除」するのではない。したがって，引当金を設定する条件を備えていないのである。こうした考えによれば，この引当金には債務性がないことになる。

　会社計算規則では，**返品調整引当金**を次のように定義している。

　　「常時，販売する棚卸資産につき，当該販売の際の価額による買戻しに係る特約を結んでいる場合における事業年度の末日において繰り入れるべき引当金」(会社計算規則6条2項1号ロ)

　会社計算規則では，返品調整引当金・退職給付引当金などの負債の計上に関して，「**将来の費用又は損失（収益の控除を含む）の発生に備えて計上する引当金**」に「**時価または適正な価格**」を付すことができる，としている。

　ここで「**収益の控除**」とされるものとしては，会社法には具体的に示されていないが，返品調整引当金がこれに該当するであろう。

9 売上割戻引当金

　売上割戻しは，一定の期間に多額・多量の商品を購入した得意先に支払うリベート（返戻額）である。期中における売上高に関連して次期に支払うことを約束したリベートは，支払時期に関係なく，当期のリベートとして処理する。

売上げに関するリベートには，**売上高の修正**（控除項目）とする解釈と**販売費**とする解釈がある。

売上割戻しは，一般に現金で支払うか得意先の売掛金を減少する。これに代えて，旅行・ゴルフ・食事などへの招待，社長夫人や役員へのプレゼントという形を取ることもある。得意先に景品引換券を交付して，集めた枚数・点数に応じて景品を引き渡すという販売促進の方法もある。これらは，販売費として処理される。

同じ販売促進のための負担でも，現金でなされるものは「収益控除」とし，それ以外のものは「販売費（交際費）」とするというのでは処理に一貫性がない。販売促進のための売上割戻しもプレゼントも，すべて費用とする方が一貫した説明ができそうである。

ところで，売上割戻しを**販売費**と考えると，**当期の売上げに関連して次期に支払いを約束した売上割戻し**は，当期に帰属する費用である。そこで，当期の費用を計上するときに，その貸方科目として設定されるのが，「**売上割戻引当金**」である。

この引当金は，次期に支払い（または，売掛金の減額）を約束したものである限り，**債務性**が認められる。

収益からの控除とみると，上の「返品調整引当金」と同様に，**売上げの取消**を意味する。小売店に対する債権の計上が過大であった分を減額するだけのことである。費用や損失が発生するわけでもない。したがって，この引当金を収益からの控除と解釈すると，債務性はないことになる。

整理すると，**売上割戻しを販売費と解釈する**と，繰入額は当期費用性があるから引当金になるが，債務性が認められるから，法律上の債務として処理される。

しかし，売上割戻しを「**収益からの控除**」と解釈すると，実質は「売上げの取消」であり引当金を設定する必要はない。仮に引当金を設定しても債務性はない。

第 2 章

10 債務保証損失引当金・損害補償損失引当金

債務保証損失引当金は，例えば，親会社が子会社の債務について保証人となっている場合に，子会社が債務を履行（りこう）できなくなる可能性が高くなってきたときに設定されるものである。

また，**損害補償損失引当金**は，例えば，取引先などから債務不履行などを理由に，損害賠償（ばいしょう）請求の訴え（うった）がなされており，裁判によって賠償の義務が生じる可能性が高くなってきた場合に設定されるものである。

いずれの引当金も，上記の引当金設定条件に合致しているようにも見えるが，難問が1つある。それは，債務保証による当社の負担額あるいは損害賠償額のうち，いったい，**当期に帰属する金額**はいくらなのかということである。

債務保証や損害補償の損失に備えて，少しずつ準備していこうという考えは，引当金にはない。引当金は，**損益法**の考え方から強制的に計上させるものであるから，当期までに負担すべき費用額・損失額は，すべて当期までに計上されていなければならないのである。

であるから，もし，当期にいたって，債務保証や損害補償による損失が見込まれるようになった場合には，予想される損失のほぼ全額を当期に引き当てなければならない。しかし，その損失額がすべて当期の費用として計上すべきものとはいえない。

債務保証や損害補償による損失は巨額に上るから，そのほとんどを一期に負担させることはできない。また，損失のほとんどを損害が生じる可能性が高くなった期の負担とすることも不合理である。

要するに，これらの引当金を設定するときの費用または損失には，金額的に見て，**当期の収益と対応性がない**のである。**費用に当期性がない**ともいえる。そうした費用・損失を当期の損益計算に算入すると，まちがいなく，期間損益計算を歪（ゆが）めることになるであろう。

整理すると，これらの引当金繰入額には**当期費用性がない**ので，引当金にはならない。債務保証による支払いが決まったり敗訴したりするまでは，確定債

務ではないから，債務性もない。

　こうした損失に対しては，むしろ，剰余金の処分を通して積立金を計上すべきであろう。

　なお，ここで述べたことは，あくまでも一般的なケース，例えば，債務保証が数件しかないとか，損害賠償の請求が数件しかないようなケースを想定している。案件が極めて多数に上り，かつ，1件当たりの金額が小さいような場合には，当期の負担額を確率によってかなり正確に見積もることができることもあろう。そうしたケースでは，こうした引当金を設定する条件を満たすこともあるであろう。

11 特別修繕引当金（廃止）

　特別修繕引当金は，**税法上の引当金**であった。この税法上の引当金は，平成10年度の税制改正によって廃止された。したがって，ここで取り上げる必要もないのであるが，次の修繕引当金を考えるためには，特別修繕引当金を検討しておいた方がよいと思われるので，以下，簡単に紹介する。

　特定の固定資産（船舶，貯油槽など）は，船舶安全法とか消防法とかによって，その安全性等を確保するために，数年ごとに大規模な修繕（特別修繕）を義務づけられている。

　税法では，こうした**法に定められた特別修繕に要する費用**を引当経理した場合，その引当金繰入額を損金算入することを認めていた。このときに，設定されたのが，**特別修繕引当金**である。

　大修繕は，法によって義務づけられているものもあるが，その準備として引当金を設定することまでは要求されていない。したがって，この引当金には**債務性**がないことになる。

　では，期間損益計算の観点から，当期が負担すべき費用として計上すべきものであったかどうか，考えてみる。

　特別修繕引当金は，期間損益計算の観点から，次のように説明されている。

第　2　章

　数年おきに行われる大修繕の費用を，大修繕が行われた年度の費用として計上すると，適正な期間損益計算が保証されない。そこで，数年後に行われる大修繕の費用を見積もって，これを大修繕の行われるまでの期間に配分するのである，と。

　固定資産を定期的に修繕する必要があることは分かる。では，その修繕は，**固定資産を使ったから必要になるのか**，それとも**今後もそれを使うために必要なのか**を考えてみていただきたい。

　「資本取引」と「損益取引」を区別する場合も同じであるが，**修繕費の支出は，その資産の能力を維持するために行われる損益取引**である。であるから，その資産を廃棄する時期がきたら，もう修繕はしない。

　修繕しておいて，機能の回復を保証してから廃棄するようなばかなことは誰もしない。そうすると，**修繕は**，「**固定資産を使ったから必要になった**」のではなく，「**今後，固定資産を使うために必要なこと**」なのである。

　船舶にしろ貯油槽にしろ，定期的な大修繕を行うのは，その修繕を終えてからも固定資産を使う意思があるからである。こういうように考えると，大修繕に備えて，事前に費用を計上し，引当金を設定するのは，今日の会計では，否定されるべきである。修繕費を支出し，それをその後の数期間に配分するのが，期間損益計算の考え方に合っている。

　数年後に行われる大修繕に備えて資金を蓄えておく必要があり，そのために引当金を設定するのだという説もあるであろう。税法が引当経理を許容してきたのも，将来の大修繕を予定通り行わせるための政策的な配慮だったと思われる。であるが，そうした目的のためには，剰余金の処分によって積立金を計上するのが筋であろう。

　改めていうまでもないが，この引当金は，会計上の期間損益計算思考にも合致しないから，引当金にはならない。債務性もない。税法上の政策的引当金であったといってよいであろう。

12 修繕引当金

　修繕引当金は，特別修繕引当金のアナロジー（類推）から生まれたものである。

　企業会計原則（第三,四（二）A，B）は，引当金のうち，「通常1年以内に使用される見込のもの」は**流動負債**に属し，「通常1年をこえて使用される見込のもの」は**固定負債**に属することにしている。修繕引当金は前者に属し，特別修繕引当金は後者に属するとされている。

　このことから，特別修繕引当金は長期間を対象に設定されるもので，修繕引当金は短期（1年）を対象として設定されるという説明を見かけることもあるが，そうではない。

　特別修繕引当金は，船舶等の大修繕など，税法が引当金の設定を許している場合に設定されるものに限られていた。そういう意味では，「**特別修繕引当金**」というよりは「**特定修繕引当金**」という方が誤解は少ないかも知れない。

　そうすると，**修繕引当金**が設定されるのは，税法が特定していた大修繕を除いた，その他の修繕を次期以降に予定している場合である。その修繕は，必ずしも，短期とは限らない。

　例えば，いつもは年度末近くに修繕しているものを，たまたま資金事情が悪いとか，修繕業者の不都合とかで，翌年度に修繕が持ち越されたとする。このような場合には，期間損益を歪（ゆが）めないために，当期に負担すべきであった修繕費を見積もり計上して，引当金を設定するのである。

　道路運送車両法による**車検**も，内容は修繕である。2年後や3年後に受ける車検の費用を引当経理すれば，これは長期性の引当金となる。

　修繕引当金は，債務性がない。2年後に車検を受けることを義務づけられるのは，さらに，**使用期間を延長**するときだけである。2年後になって廃車することになれば，車検を受ける必要はない。車検を受けてから廃車にするような無駄なことは誰もしない。

　車検に要する費用（修繕費）は，「将来，固定資産を使用するためのコスト」

第 2 章

であって,「これまで,固定資産を使用してきたことから生じるコスト」ではないのである。したがって,この費用には,当期性（当期の費用としての性格）がない。要するに,引当金の要件を備えていない。

19　利益留保性引当金

　引当金には,繰延資産と同じく,期間損益計算の適正化という会計の論理が強く働いている。「引当金」には,会社法の債権者保護を目的とした会計観とは違った会計の論理が働いている。
　ところが実務では,会計の論理や会社法の論理とは違った根拠による引当金が設定されることがある。利益留保性の引当金である。

1　会計の引当金と旧商法の引当金

　会社法が制定される前の,旧商法は,会計のいう引当金とは異なる「商法上の引当金」を規定していた。会計では,引当金は強制的に計上（計上は義務）するのに対して,旧商法では任意計上（計上するかどうかは,個々の企業が決めることができる）であった。
　それは,会計では,**期間損益計算**が第1の課題であると考えるために,当期に帰属する費用を,発生・未発生を問わず,強制的に計上させようとするのに対して,旧商法は,**債権者保護**という観点から,法律上の資産と負債を表示することを第1の目的とし,その上で,会計の目的に配慮するという,重点の違いがあるからであると思われる。
　旧商法の考えからすると,債務性のある項目は,名称が引当金であれ未払○○であれ,別段の規定を置かずとも,貸借対照表の貸方に計上される。しかし,会計が主張するような「債務性がない引当金」を貸借対照表の負債の部に掲記させるには,旧商法の論理とは違った何らかの理屈が必要なのであった。

会社法が制定されて，こうした状況が変わり，**引当金**は，会計上の引当金も会社法上の引当金も，純粋に会計的な見地，つまり**損益法に基づく期間損益計算という立場から設定**されるものになった。これまでのような，「会計上の引当金」と「法律上の引当金」という区別がなくなったのである。

2 引当金の判定基準

前の項では，長々と個々の引当金を説明してきたが，引当金の要点は，(1)引当金繰入額（費用計上額）が，「**当期に帰属すべき費用**」であるかどうか，(2)その引当金に**債務性**があるかどうか，の2点である。

引当金が設定されるには，(1)で，当期に属する費用とされることが必須の条件である（**費用の当期帰属性**）。(1)をクリアするものが**引当金**であり，そのうち，(2)**債務性**があれば，会社法上，「株式会社の会計帳簿に計上すべき負債」として「債務額」を付さなければならない。

上で検討した引当金のうち，(1)の観点から，**労働協約等に基づく賞与引当金と同・退職給付引当金は確定債務**であり，**返品調整引当金は未実現利益**であり，**修繕引当金，特別修繕引当金，債務保証損失引当金，損害補償損失引当金**は，いずれもその繰入額に**当期費用性がない**。したがって，これらは引当金としての性格がないということになる。

(2)の観点からは，労働協約等に基づく賞与引当金，同・退職給付引当金は債務性が認められるので，会社法上，負債の部に債務額を付さなければならない。ただし，退職給付引当金については「適当な価格」を付すことも認められている。**返品調整引当金，修繕引当金，特別修繕引当金，債務保証損失引当金，損害補償損失引当金**には，**債務性が認められない**。したがって，会社法上の「株式会社の会計帳簿に計上すべき負債」にも該当しない。

上の結論は，既に述べたように，一般的に説明されている引当金の内容によって判断したものであり，これとは違う内容の引当金を同じ名称で設定する場合は，これと異なる結論が出ることもあろう。引当金を設定するべきかどう

かを考えるには，引当金の名称にとらわれることなく，その内容に即して，計上する費用に当期性があるかどうかを判断しなければならない。

債務性があるかどうかの判断は，1つの目安として，債権者を特定できるかどうかを考えるとよいであろう。債務だけが発生することはないから，**債権者を特定できれば債務性あり**，債権者を特定できなければ債務性なし，と考えるのである。

製品保証引当金であれば購入者，**賞与引当金**や**退職給付引当金**であれば従業員，**売上割戻引当金**であれば得意先が債権者である。債務保証と損害補償は，確定債務にならなければ債務性は生じない。

3 会計政策としての引当金

上で紹介したように，注解・注18が列挙している引当金のうち，引当金繰入額が当期の費用としての性格を備えているかどうかという観点から検討すると，**労働協約等に基づく賞与引当金と同・退職給付引当金は確定債務**であり，**返品調整引当金は未実現利益**であり，**修繕引当金**，**債務保証損失引当金**，**損害補償損失引当金**は，いずれも繰入額に**当期費用性**がなかった。したがって，これらは引当金としての性格がないということになる。

これらは，引当金ではないにもかかわらず，企業会計原則が設定を指示し，指示に従った実務が行われているのはなぜであろうか。

それは，**会計政策**，あるいは，**保守主義の適用**といってよいであろう。企業の経営にあたっては，会計の論理を貫くことも大事であるが，企業経営の安定や危機回避はもっと重要である。

会計の論理・考え方は，時代により国により変わるし，しかも，異論・異説がある。しかし，いつの時代でも，企業を存続させ，経済を安定させることは重要であり，それは会計の論理を超えている。

こうした考えの下に，（会計上の）引当金ではなくても，次期以降のマイナス要因（売上げの取消，債務の確定，不可避的な支出など）に備えて，当期に費用を

計上し，利益を圧縮しておくのである。そうした**会計政策の用具として，引当金**が使われているのである。

であるから，（会計上の）引当金でないものを引当金として積むことは，引当金を名目にして，**利益留保性の引当金**を積んでいることになる。

4 特別法上の引当金

引当金を難しくしているのは，別の理由もある。1つは，上に述べた引当金の条件を満たさないにもかかわらず，**特別法によって，「引当金」を設定することが強制されている**ことがあるからである。もう1つは，そうした引当金が，**「準備金」**という名称を使うこともあるからである。

例えば，電気事業を営む企業は，電気事業法に基づいて**「渇水(かっすい)準備金」**を設定することになっている。将来，渇水により営業収入の減少などが生じる場合に備えて，当期に損失の一部を計上し，それを積み立てておくものである。

準備金という名称を使っているが，繰入額を当期の費用として計上して積み立てるのであるから，**形式は「引当金」と同じ**である。

ただし，引当金を設定する条件のどれとも合わない。渇水損失の発生は不確実であるし，金額も合理的に見積もることができない。発生原因（渇水）が当期以前にあるわけでもない。

しかし，この準備金は，電力を安定した価格で提供することを目的に設定されるものであり，その繰入れも取崩しも法令で決められているので，**会計も，特別法が指示する処理方法を認める**ことにしている（次の「参考」を参照）。

（参　考）特別法上の引当金（準備金）

特別法上の準備金については，企業会計審議会「**負債性引当金等に係る企業会計原則注解の修正に関する解釈指針**」において，次のような解釈と取扱いが明らかにされている。なお，ここで「特別法上の準備金」といっているが，「特別法上の引当金」と読み替えても同じである。

第 2 章

「特別法上の準備金について
① 特別法上の準備金は，特別の法令で負債の部に計上することが強制されているものであるが，この準備金のうち，修正後の注解18に定める引当金に該当するものであれば，当該準備金の特別法による処理は同注解に定める処理と異ならないので，企業会計原則上問題は生じない。
② しかしながら，特別法上の準備金が同注解に定める引当金に該当しない場合には，当該準備金の特別法による処理は同注解に定める引当金の処理と食い違うことになる。この食い違いを避けるために，仮にこの種の準備金について特別法による処理を認める旨の注解を設けることとした場合には，一般に公正妥当と認められる企業会計の基準を定めるべき企業会計原則が，同注解に定める引当金以外のものを容認することになり，企業会計原則の本旨にそわないことになる。
③ 特別法上の準備金に係る証券取引法上の運用に当たっては，当面，次のように取扱うことが適当と考える。すなわち，特別法上の準備金については，特定業種の公益性の観点から，その計上が特別の法令で強制されており，また，その繰入及び取崩しの条件が定められている等の事情を考慮して，特別法上の取扱いを認めることとする。」

ここでは，②の主張が会計の立場である。しかしながら，強行法が計上を強制しているものを，法的な強制力のない企業会計原則が否認することはできない。したがって，結局は③のように，特別法に定める取扱いを認めざるを得ない。

この一文は，会計の論理を貫きたいけれども，法に違反することを会計原則に盛り込むことができないために，やむをえず，法の取扱いを認めることにした事情を説明したものである。②を読むと，会計サイドの無念さがにじみ出ている。

5 利益留保性引当金

　特別法により設定される引当金は，その引当金への繰入額が当期に属する費用としての性格を持っているのであれば，（会計上の）**引当金**として設定することもできる。しかし，多くの場合，その繰入額に費用性が認められない。したがって，特別法によって設定を強制されるのである。

　こうした繰入額に**費用性のない引当金**は，「**利益留保性引当金**」と呼ばれている。費用ではない項目を費用として計上すると，その分だけ，当期の利益が減少して，それが内部留保されるからである。

　本来，「利益留保」というのは，**利益の一部を，株主総会における剰余金の処分を通して社内に積み立てること**をいう。配当平均積立金や創業50周年記念事業積立金などがそうである。

　「**積み立てる**」といっても，どこかに取っておくとか，銀行に預金しておくということではない。利益の一部を，外部に処分しないように約束するだけのことである。そうすることによって，配当や役員賞与によって利益が社外に流出するのを防ぐことができるのである。

　費用性のない引当金を設定することは，こうした剰余金の処分をとおした**利益留保と同じ内部留保効果を持っている**。

　上に述べたように，（会計上の）**引当金に該当しない引当金**を設定しても，利益留保性引当金になる。また，（会計上の）**引当金を過大に設定しても，過剰分は，利益留保性の引当金**になる。

第 2 章

20　資本会計

1　企業の資本は自己資本と他人資本からなる

　企業は資金を調達して，その資金を企業活動で投下・運用するために投資し利益を獲得する。そして企業は，このようにして獲得された利益の一部を再び企業活動に投資して，より多くの利益の獲得を目指す。企業では，このような企業活動が拡大を図りながら繰り返し継続されていく。

　企業の資本は，そのような企業活動の始点である**資金調達活動**にまず関係し，そして，その後の獲得利益の**企業活動への再投下**にも関係する。誰から（どこから）資金を調達したか，という資金調達源泉から企業の資本を分類する（**資金調達源泉に基づく資本分類**）ことにしよう。このような分類によれば，**企業資本は自己資本**と**他人資本**に分けられる。式の形で示すならば，次のようになる。

企業資本＝自己資本＋他人資本

　自己資本とは企業主（出資者）が拠出した資金（払込資本）であり，**企業活動が継続する限り利用し続けられる**。自己資本は株式会社では「株主資本」といわれる（ここでは株式会社以外の形態の企業も想定しているので，「自己資本」という用語を使用する）。自己資本は企業にとって**元手となる資金**となる。このような拠出資金は，企業活動の出発点となる資金調達活動に関連してまず生じる。また，その後の増資や減資に関連して，拠出資金は増減する。

　自己資本はこのような拠出資金に限られるわけではない。拠出資金の運用によって得られた**果実である利益（稼得資本）**も自己資本を構成する。なぜなら，**利益は企業主が拠出した資金の増殖分**であり，そのすべては企業主に帰属

するからである。企業主によって引き出されずに（分配されずに）企業内部に留保された利益（**留保利益**）は，企業主が提供した企業活動への再投資資金である。式の形で示してみよう。

> 自己資本＝払込資本＋稼得資本

他人資本は金融機関等の債権者から借り入れた資金であり，それには**返済期限がある**。返済期限があるという点で，他人資本は自己資本とは異なる。このような違いに注目して，企業資本は自己資本と他人資本とに分類される。しかし，金融機関等からの借入資金も株主からの拠出資金も，企業活動の原資となる点では共通しているので，いずれも資本といえる。このため次の式で示すように，**自己資本と他人資本とを総称して総資本という**。

> 企業資本＝総資本＝自己資本＋他人資本

会計上，**他人資本は負債，自己資本は資本**という。会計上の資本は自己資本だけを表していることに注意しよう。

> 企業資本＝他人資本＋自己資本
> 　　　　　 ∥　　　　 ∥
> 　　　　　負　債　　資　本
> 　　　　　（資金調達源泉）

負債と資本は貸借対照表の貸方において表示されるので，**貸借対照表の貸方は資金の調達源泉を表す**。**資金調達源泉に基づいて資本を分類**（資本の調達源泉による分類）するならば，次のようになる。

第　2　章

```
                    ┌─ 他人資本⇒負債
          資本の調達源泉による分類
     総資本 ─┤
                    │              ┌─ 払込資本
                    └─ 自己資本⇒資本 ─┤
                                   └─ 稼得資本
```

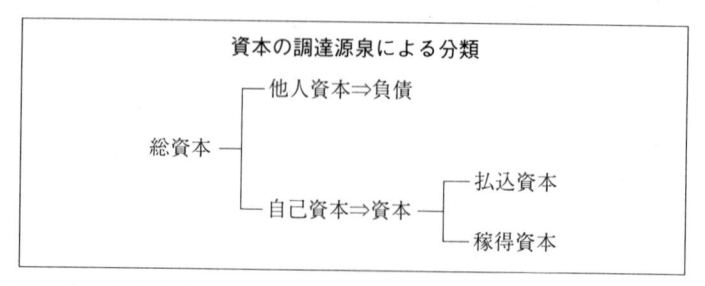

貸借対照表の内容を整理して示すならば，次のような図式になる。

```
       貸借対照表の内容
   ┌─────┬─────┐
   │     │ 負債 │ 他人資本
   │ 資産 ├─────┤         ┌─ 払込資本
   │     │ 資本 │ 自己資本 ┤
   └─────┴─────┘         └─ 稼得資本
   資金の   資金の
   運用形態  調達源泉
```

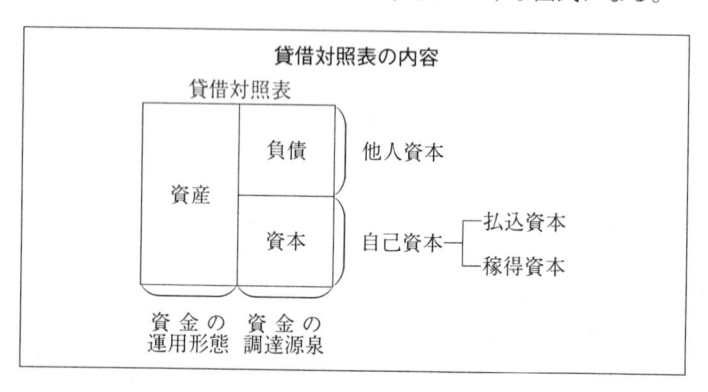

2　株式会社の資本を払込資本からみる

　会計上の資本は自己資本だけを指す。これは，個人企業であっても，株式会社企業であっても変わらない。これからの記述では，資本という場合には，自己資本の意味で使われていることに注意してほしい。株式会社企業の自己資本は**株主資本**といわれる。他人資本は，負債といわれる。

> （株式会社の）資本＝自己資本＝株主資本

　資本（＝**株主資本**）は，**払込資本と稼得資本からなる**が，まず払込資本に注目することにしよう。なぜなら，払込資本が自己資本の基幹部分をなしているからである。

> 株主資本＝払込資本＋稼得資本

払込資本について重要なのは「**資本金**」である。会計上，**株式会社の資本金**とは，会社法における「**法定資本**」をいう（会社法445条1項）。**資本金以外の払込資本**は「**資本剰余金**」といわれる。

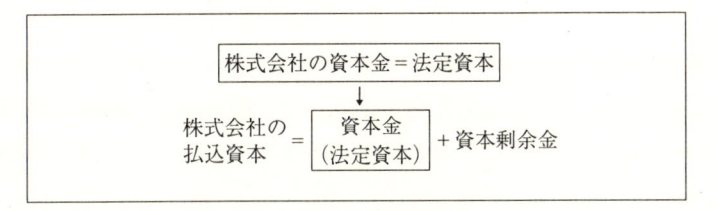

> 株式会社の資本金＝法定資本
>
> 株式会社の払込資本 ＝ 資本金（法定資本） ＋ 資本剰余金

このような分類のしかたは，会社法と金融商品取引法（金商法）の双方において共通している。そこで，株式会社の資本金について説明しよう。

❸ 授権資本制度とは何か

株式会社は，発起人が**定款**（ていかん）を作成し，株式を発行して，株主からの資本の払込みを受けたのち，**設立登記**を行うことによって**成立**する。会社の成立は法人格を取得することを意味している。このような方式に基づく法人格の取得は**準則主義**という。

定款とは会社の組織・活動を定める根本規則である。定款には，会社が発行することができる**株式の総数**（発行可能株式総数）を記載しなければならない（会社法37条1項）。この総数は**授権資本**あるいは**授権株式数**といわれている（以下，「発行可能株式総数」という）。発行可能株式総数について，何らかの会計処理があるわけではない。

> 発行可能株式総数＝会社が発行することのできる株式の総数

第 2 章

　設立時には，**発行可能株式総数の4分の1以上を発行しなければならない**（会社法37条3項，公開会社に対しての規定）。発行した株式は**発行済株式**，残りは**未発行株式**という。発行株式に関係して資本金に関する会計処理が起きるが，これは後で述べる。

```
発行可能株式総数＝発行済株式＋未発行株式
設立時発行株式の総数＝発行可能株式総数の4分の1以上
```

　設立後，資金の追加調達が必要になったとき，**取締役会の決議によって随時に未発行株式を発行することができる**（**新株発行**）（会社法201条1項，公開会社に対する特則）。

　このような増資を繰り返すことによって，未発行株式数が少なくなった場合には，**株主総会の決議によって定款を変更して，その時点の発行済株式総数の4倍まで発行可能株式総数を増加させることができる**（会社法113条3項）。これを「**4倍ルール**」といい，このような仕組みは**授権資本制度**といわれる。発行可能株式総数の増加については，仕訳を伴う会計処理があるわけではない。

　株主資本等変動計算書では，期末時点の発行済株式数を注記し，種類株式を発行している場合には，種類ごとの発行済株式数を注記しなければならない（会社計算規則136条）。発行可能株式総数の記載は特に求められていない。

4　資本金はどのように求められるか（原則的方法）

　会社の設立のしかたには，**発起設立**と**募集設立**がある。**発起設立**では，**発起人**（設立の企画者であり設立事務の執行者）が発行株式の全額を引き受け，払込みを行う。**募集設立**では，発起人が発行株式の一部を引き受け払い込み，残りの株式は株主を募集し，彼らの引受けを得て払込みを受ける（会社法25条）。

　募集設立において，募集にあたり株式の申込があると，発起人は**株式申込人**に株式を割り当て，株式申込人の引受けが確定すると，**株式引受人**（株主の前

身）は株式数に応じて**払込金額の全額を払い込まなければならない**（会社法63条1項）。株式の払込みを行った引受人は**払込期日または出資を履行した日に株主になる**。

株式払込金額は設立登記がすみ，会社が成立した段階で資本金に振り替えられる。これが**会社法上の資本金（法定資本）**となる。実務上は，株式払込金額を申込証拠金として徴収しておき，成立の時にそれを資本金に振り替える。旧商法の株式申込証制度は会社法により廃止された。

この場合，**発行済株式の払込価額の総額が資本金に組み入れられるのが原則である**（会社法445条1項）。

> 資本金（法定資本）＝払込価額の総額（原則）

旧商法においては，株式会社の資本金に**最低資本金（1,000万円以上）**が定められていたが，**会社法によりそれは廃止された**。また従来，株式には額面株式と無額面株式があったが，2001（平成13）年6月の商法改正によって額面株式は廃止され，それに伴って，株式の1株当たりの発行価額を5万円以上とする規定も削除された。これによって，1株につき5万円を下回る株式発行が可能になった。

5 資本金の計算には例外がある（例外的方法）

会社法では，**例外的に，発行株式の払込価額の2分の1を超えない額を資本金としないことが認められている**（会社法445条2項）。

> 資本金（最低額）＝払込価額の総額の2分の1（例外）

この場合には，発行価額と資本金組入額との間に差額が生じる。この資本金に組み入れなかった金額は**株式払込剰余金**といわれる。会社法では，株式払込

第 2 章

剰余金は**資本準備金**として積み立てなければならない（会社法445条3項）。資本準備金という概念は、会社法特有のものである。

6 資本金の計算に例外を認めた理由

会社法がこのような**例外措置を認めた理由**は2つあるようである。

その第1は、利益準備金設定に対する企業の負担を軽減するためである（**利益準備金設定に対する負担の軽減**）。

旧商法には次のような規定があった。株式会社は、資本準備金の額と合計して、その資本金の4分の1に達するまでは、毎決算期に利益処分として支出する金額（金銭による配当・役員賞与の合計額）の10分の1以上を、また中間配当の金銭の分配額の10分の1を利益準備金として積み立てなければならない（旧商法288条）。

このような規定の趣旨は会社法でも受け継がれている。会社法では、**剰余金の配当をする場合には、資本金の額の4分の1**（これを「基準資本金額」という）**に達するまで、配当により減少する剰余金の額の10分の1を資本準備金または利益準備金として積み立てなければならない**（会社法445条4項、会社計算規則45条1項）。

このように、**資本金の4分の1に達するまで資本準備金または利益準備金を設定しなければならないから、計算の基礎になる資本金の額が小さい方が、準備金の設定額が少なくてすむ**。

第2は、欠損填補（損失処理）を容易に行えるようにするためである（**欠損填補手続の簡易性**）。

旧商法では、資本金を減少させるような**減資手続**によって欠損填補をするには、株主総会での**特別決議**（3分の2）が必要であった。減資に対する特別決議は、株主総会の運営への負担を大きくしていた。**会社法では、そのような手続は緩和されたものの、欠損額以下の資本金の減少の場合には、株主総会の決議（普通決議）が求められる**（会社法309条2項9号）。

それに対して，**資本準備金と利益準備金の取崩し（減少）**によって欠損填補を行う場合には，それが欠損額以下の減少であれば，定款に定めておく必要があるが，**取締役会の決議**ですむ（会社法459条1項2号）。株主総会の決議に比べれば，負担は軽い。

このような理由から，企業は旧商法・会社法上の最低限度しか資本金に組み入れないのが一般的である。例外的な方法による資本金の決定の方が普通なのは奇妙に感じるかもしれない。例外がまかり通っている例は，予想以上に多い。「背に腹は替えられぬ」ということか。

7 会社法上の資本分類の基本的な考え方は何か

会社法上の資本の分類には，**債権者保護の思想**が影響している。会社法では，株主は**株主有限責任の原則**に基づいて，債権者に対して出資額を限度とした間接責任を負えばよい。言い換えれば，株主は債権者に対して，出資額を超えて，私財をなげうってまでも責任を負わなければならないということはない。この意味では，**株主のリスクは一定の範囲にとどまる（無限責任と比べるならば，そのリスクはきわめて小さい）**。

このことを債権者の側からみれば，株主有限責任の原則があるということは，債権者の債権回収のリスクがその分，高まるということを意味している。つまり，**債権者の貸倒リスクが大きくなる**。このようなリスクのアンバランスを放置してしまうと，債権者は安心して企業に信用を供与できない。経済の血液ともいうべき資金が円滑に循環しなくなり，経済全体に悪影響を及ぼす。

そこで**会社法は債権者を保護する**。旧商法では，資本は会社財産を確保するための基準となる一定の金額とされてきた。しかしこの考え方は，会社法では必ずしも受け継がれているわけではない。とはいっても通常の場合，資本金に相当する会社財産は株主に対して配当されることはないから，資本は会社財産を内部に留保させる一定の機能はあるといえる。

言い換えれば，**純資産（＝資産－負債）について，企業内部に留保して維持**

第 2 章

すべき部分と，株主への配当等の形で社外に流出できる部分とが区別されるということである。剰余金として配当することのできる金額ベースは，その他の資本剰余金とその他の利益剰余金（これらは後述）であるので，それらを除く純資産は内部に留保されるのである。

内部留保すべき会社財産は**債権者のための担保財産**となる。担保となる会社財産は，企業が倒産等に陥ったときに競売等に付して換金して債務の返済に充てられる。つまり，担保財産を十分に確保することができれば，債権者は保護される。**会社法上の債権者保護は，担保となるべき会社財産を内部留保することによって図られている**。

会社法では，資本金や準備金の取崩しが旧商法のときよりは容易になっている。そのことは直ちに債権者保護が弱められたことを意味するわけではない。資本金や準備金の取崩しにあたっては，原則として**債権者異議手続**という別の方法が講じられるからである。

債権者異議手続とは，資本金・準備金の額の減少の内容，計算書類の事項や，一定期間の間，異議を述べることができる旨の公告をし，**異議を申し出た債権者について弁済等をする手続**である（会社法449条）。旧商法では，資本を企業内に拘束することによって形式的に債権者保護を図ってきた観があるが，会社法では，債権者異議手続によって実質的に債権者保護を図ろうとする考え方が強く出ている。このような関係を図式化すば，次頁のようになる。

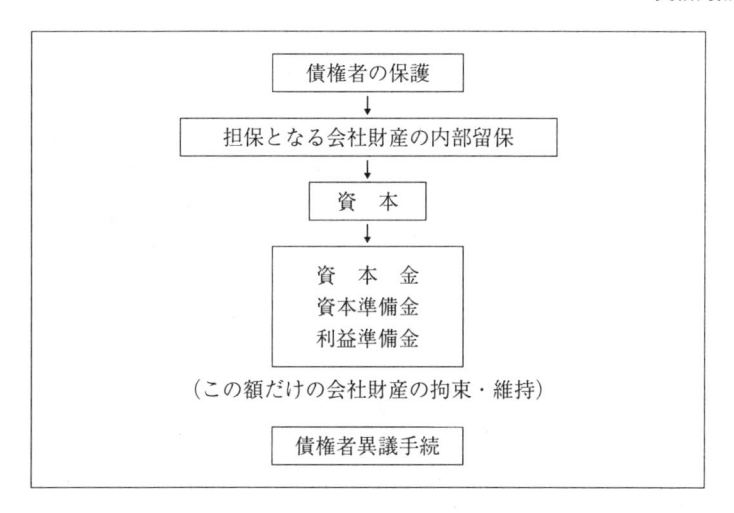

```
┌─────────────────────────────────┐
│          債権者の保護            │
│              ↓                  │
│    担保となる会社財産の内部留保   │
│              ↓                  │
│           資  本                │
│              ↓                  │
│          資 本 金               │
│          資本準備金             │
│          利益準備金             │
│  (この額だけの会社財産の拘束・維持) │
│                                 │
│        債権者異議手続            │
└─────────────────────────────────┘
```

8 資本準備金の概念は債権者保護から生まれている

　株主資本は払込資本と稼得資本とからなる。払込資本の一部をなす資本準備金を考えることにしよう。法定資本（資本金）は，原則的には発行済株式の払込価額の総額である。この場合，払込資本は資本金の額と一致する。この**資本金の額は債権者のために拘束され維持される**。

> 資本金（原則）＝発行済株式の払込価額の総額
> ‖
> 債権者のために拘束・維持される会社財産

　それでは，発行済株式の払込価額の総額のうち，2分の1を超えない額を資本金としない，言い換えれば，**最低額を資本金に組み入れた場合**には，どのようになるであろうか。

　資本金に組み入れた額は債権者のために拘束される。資本金に組み入れなかった**株式払込剰余金の額は内部留保して拘束されることになるのか**。答えは"**イエス**"である。**株式払込剰余金**は資本金に組み入れられなかったからと

第 2 章

いって，稼得資本に変化するわけではない。**払込資本という性格**は変わらないのである。

　株式払込剰余金のように，資本金には組み入れられていないが，**払込資本という性格を持つもの**は，会社法上，「**資本準備金**」といわれる。**資本準備金の額は，債権者保護のために担保となるべき会社財産として拘束され維持される**。

　資本準備金の典型的な例は株式払込剰余金である。これ以外にも旧商法では，いくつかのものが具体的にあげられていた。それには，**株式交換剰余金（株式交換差益），株式移転剰余金（株式移転差益），会社分割剰余金（会社分割差益）**および**合併差益**がある。

　2003（平成15）年に「企業結合に係る会計基準」（企業結合会計基準）が公表され，合併，株式交換，株式移転，会社分割等は，持分が継続しているか否かという考え方によって，「**取得**」または「**持分の結合**」として扱われるようになった。その後，国際会計基準等が「持分の結合」としての会計処理を認めないことから，わが国でも2008年に会計基準を改正して，「取得法（パーチェス法）」に一本化されることになった。

　企業結合会計基準によれば，取得の場合に生じる株式交換剰余金，株式移転剰余金，会社分割剰余金および合併差益は「**負ののれん**」として整理されている。したがって，これらの名称が具体的に使われているわけではない。企業結合会計基準では，**負ののれんは20年以内に規則的に償却**することを求めている。

　しかし会社法では，取得の場合，合併であれば合併対価，株式交換であれば交換対価，株式移転であれば移転対価，会社分割であれば分割対価について，**存続会社等の株式が交付されるときには，負ののれんは株主資本で調整される**こととされている。このため，負ののれんとして整理された株式交換剰余金，株式移転剰余金，会社分割剰余金および合併差益を，株主資本の一部をなすものとして，後で触れることにしよう。

❾ 利益準備金の概念も債権者保護から生まれている

　債権者保護のために，担保となるべき会社財産を内部留保させるという考えは，**稼得資本にも及ぶ**。会社法は，剰余金（獲得した利益が含まれる）の一部を「**利益準備金**」として設定して，その額を拘束して維持することを求める。利益準備金という概念も，資本準備金と同様に，債権者保護の思想に基づくものである。

　会社法では，剰余金の配当をする場合には，資本金の額の4分の1（「基準資本金額」）に達するまで，配当により減少する剰余金の額の10分の1を資本準備金または利益準備金として積み立てなければならない。資本準備金と利益準備金の双方は「**法定準備金**」といわれてきた。会社法では，**資本準備金と利益準備金の双方を「準備金」と称している**（会社法445条4項）。**準備金は債権者保護のためのものである**ということを銘記すべきである。

　会社法は基本的には，資本金と，このような準備金以外の資本は会社財産として拘束して維持すべきものとして具体的に規定していない。このような規定の仕方をとらずに，会社法は，**配当しうる剰余金はその他資本剰余金とその他利益剰余金の合計額**であると規定する。

　言い換えれば，会社法では，その他資本剰余金とその他利益剰余金の合計額以外は配当原資にはならない，社外に流出させてはならないという考え方をとっていることになる。この考え方は，社外に財産を流出させずに企業内部に留保させるという点では，債権者保護に通じる。会社法上の資本分類を整理して示すならば，次のようになろう。

第 2 章

会社法上の資本分類

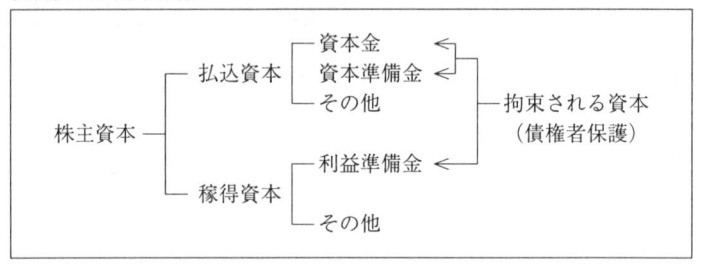

```
                 ┌─ 資本金      ←┐
         ┌ 払込資本 ─┼─ 資本準備金   │
         │       └─ その他     ├─ 拘束される資本
株主資本 ─┤                     │   （債権者保護）
         │       ┌─ 利益準備金  ←┘
         └ 稼得資本 ─┤
                 └─ その他
```

10 企業会計原則上の資本分類の基本的な考え方は何か

「企業会計原則」では，資本（株主資本）は取引の源泉に従って分類される（**取引の源泉による資本分類**）。企業会計原則では，株主資本のうち，**法定資本（会社法上の資本金）以外の部分は剰余金**といわれる。**資本取引から生じる剰余金は資本剰余金**である。また，**損益取引から生じる剰余金は利益剰余金**であり，それは利益の留保額である。このように，**剰余金は取引の違いに基づいて分類される**（企業会計原則・一般原則三，注解【注２】）。

企業会計原則上の資本分類

```
         ┌ 資本金
株主資本 ─┤        ┌ 資本剰余金 ── 資本取引
         └ 剰余金 ─┤            （＝払込資本）
                  └ 利益剰余金 ── 損益取引
                               （＝稼得資本）
```

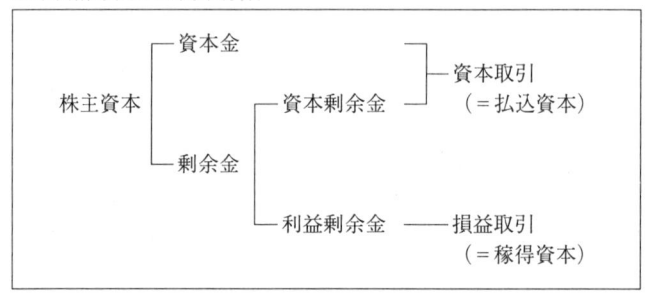

資本取引は払込資本の増減に係わる取引である。具体的には，会社の設立や増資における拠出金の払込取引を想定すればよい。これからすれば，**資本金そのものが増減する取引**は資本取引になることはいうまでもない。資本剰余金には，例えば**資本準備金としての株式払込剰余金**のほかに，**資本金減少差益（減**

資差益），**資本準備金減少差益**および**自己株式処分差益**などがある。

損益取引は資本取引以外の取引であり，企業に対して利益や損失を発生させる取引である。その代表的な取引は商製品の販売取引である。すなわち，**損益取引は稼得資本の増減に係わる取引**である。

企業会計原則では，会社法のような債権者保護の観点からの資本準備金や利益準備金は問題にされない。つまり，資本準備金や利益準備金のような分類は考えていない。**企業会計原則の発想は，財政状態や経営成績の適正な表示にある**。言い換えるならば，**投資者の投資意思決定に有用な会計情報の提供**を目的にしている。

この観点からは，企業の利益情報が重視される。もしも資本項目が利益に紛れ込むと，利益を適正に表示することができないので，資本と利益が峻別されることになる。このような資本と利益の混同は結果的に，資本を適正に表示できないから，財政状態を歪めてしまう。

資本と利益の混同は，資本剰余金と利益剰余金との間で起こる。このために，企業会計原則は，これらの剰余金を発生させる取引を明確に区別することを求める。発生源泉別の取引の峻別が，資本と利益の混同を未然に防ぐ有効な手段となる。会計上，取引から発生する剰余金が資本（剰余金）か利益（剰余金）のいずれになるかが常に問題とされるのは，十分な理由があるのである。このような考えは，企業会計原則の一般原則第3の「**資本取引・損益取引区別の原則**」に表れている。企業会計原則上の資本の分類を整理して示すならば，次のようになる。

第 2 章

企業会計原則上の資本分類

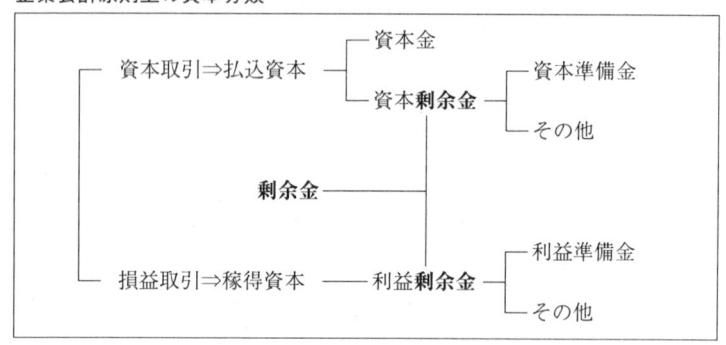

```
              ┌─ 資本取引⇒払込資本 ──┬─ 資本金
              │                      └─ 資本剰余金 ──┬─ 資本準備金
              │                                      └─ その他
剰余金 ────┤
              │
              └─ 損益取引⇒稼得資本 ──── 利益剰余金 ──┬─ 利益準備金
                                                      └─ その他
```

11 資本分類において性格が曖昧(あいまい)なもの

　資本の分類において，性格が曖昧なものがある。それは，次の２つである。その１つは，**受贈資本**といわれるものである。国や地方公共団体から国庫補助金や建設助成金を受ける取引，消費者から工事負担金を受ける取引，さらには債権者が債務を免除したことによって免除益を受ける取引がある。

　これらは，株主以外の者から資本の充実を目的として拠出を受ける**受贈取引**である。**国庫補助金**，**工事負担金**および**債務免除益**は**受贈資本**といわれる。

　もう１つは，**評価替資本**といわれるものである。企業が所有している資産（**有価証券や土地**）の価格上昇による**評価益**や，保険金の受取りに伴う**保険差益**である。有価証券に関する**その他有価証券評価差額金**，土地に関する**土地再評価差額金**，そして保険に関する**保険差益**は評価替えによって生じる。これらは**評価替資本**といわれる。

　受贈資本や評価替資本は資本剰余金になるのか，あるいは利益剰余金になるのかについては，後で説明することにしよう。

12 会計上の資本の分類

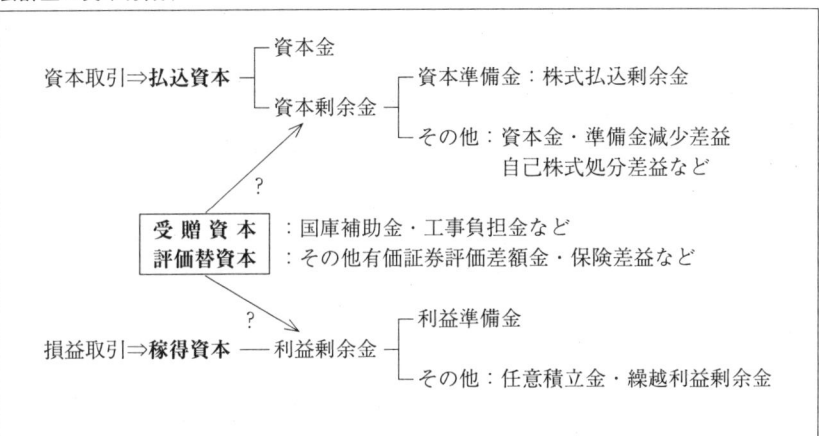

会計上の資本分類の全体を整理して示すならば，次のようになる。

会計上の資本分類

```
資本取引⇒払込資本 ┬ 資本金
                  └ 資本剰余金 ┬ 資本準備金：株式払込剰余金
                               └ その他：資本金・準備金減少差益
                                        自己株式処分差益など
                    ↗
                  ？
          ┌─────────┐
          │受 贈 資 本│：国庫補助金・工事負担金など
          │評価替資本│：その他有価証券評価差額金・保険差益など
          └─────────┘
                  ？
                    ↘
資本取引⇒稼得資本 ── 利益剰余金 ┬ 利益準備金
                                 └ その他：任意積立金・繰越利益剰余金
```

第 2 章

13 会社法と金融商品取引法の貸借対照表における純資産の部

　株主資本は，貸借対照表上は純資産の部で示される。以下に，会社法と金商法における貸借対照表上の純資産の部を示す。点線の枠内が株主資本である。

純資産の部における区分表示

純資産の部		
Ⅰ　株主資本		
1　資本金		×××
2　資本剰余金		
(1)　資本準備金	×××	
(2)　その他資本剰余金	×××	
資本剰余金合計		×××
3　利益剰余金		
(1)　利益準備金	×××	
(2)　その他利益剰余金		
任意積立金	×××	
繰越利益剰余金	×××	
利益剰余金合計		×××
4　自　己　株　式	(－)	×××
株主資本合計		×××
Ⅱ　評価・換算差額等		
1　その他有価証券評価差額金		×××
2　繰延ヘッジ損益		×××
3　土地再評価差額金		×××
評価・換算差額等合計		×××
Ⅲ　新株予約権		×××
純資産合計		×××

14　資本剰余金は払込資本の一部である

払込資本は，法定資本である**資本金**と**資本剰余金**から構成される。資本剰余金はさらに，**資本準備金とその他資本剰余金**からなる。**資本剰余金**は払込資本の増減に係わる取引から生じるので，それは**払込資本そのものの性格**を持っている。

資本準備金という概念は**会社法上の債権者保護の考え方から生じている**。旧商法では，資本は会社財産を確保するための基準となる一定の金額であるという考え方をとっていたからである。このために，払込資本としての性格を持つものは，債権者のために担保となるべく財産として内部留保し拘束しておかねばならない。**資本準備金**という概念は，**担保財産として維持すべき財産拘束額**を意味している。

欠損填補のために**資本準備金（利益準備金の場合も同じ）を取り崩す場合，会社法では，原則的に株主総会の決議**が必要である（会社法448条1項）。定款に定めを置けば，欠損額以下の準備金の取崩しは取締役会の決議でできる（会社法459条1項2号）。この場合には，債権者異議手続がとられる。

欠損填補すなわち損失処理のために資本準備金を減少させることについて株主総会の決議を求めるのは，会社の資本そのものを脆弱にし，株主の利害にも係わるからである。

その他資本剰余金は**資本金・準備金減少差益**と**自己株式処分差益**等からなる。これは，**会計上は払込資本そのものであり，本来，配当に回せるものではないが**，2001（平成13）年6月の商法改正以来，したがって**会社法上も配当原資にすることができる**ようになっている（会社法446条，会社計算規則177条）。

第 2 章

15 企業結合会計における2つの考え方

　2003（平成15）年に，「企業結合に係る会計基準」（企業結合会計基準）が公表された。ここに「企業結合」とは，ある企業と他の企業が1つの報告単位に統合されることである。ある企業を構成する事業が他の企業の事業を統合する場合なども企業結合といわれる。企業の**合併**や**株式交換**，さらに**株式取得**による**子会社化**が代表的な手段である。この「企業結合に係る会計基準」は2006（平成18）年以降に開始する事業年度から適用されている。

　ここでは合併について考えみよう。**合併**とは，2つ以上の会社が合体して1つの会社になることをいう。合併の形態には，**吸収合併**と**新設合併**がある。吸収合併は，A社がB社を吸収することによってB社が消滅するような合併である。他方，新設合併は，A社・B社の両社が消滅して新設のC社へと合体するような合併である。

　合併の形態がどちらであっても，**合併に関する会計は合併の経済的実質を反映するように考えなければならない**。合併の経済的実質に基づいて合併の会計は，「**取得**」と「**持分の結合**」の2つのタイプに分けられる。「取得」は**現物出資説**に係わり，「持分の結合」は**人格合一説**に結びつく。

　なお，2008（平成20）年12月に，「企業結合に係る会計基準」が改正され，2010（平成22）年4月1日以降は「持分の結合」による会計処理は認められず，「取得」による会計処理になった。詳しいことは後のコラム（255頁）で説明する。

16 「取得」と現物出資説とはどのような考え方か

　「**取得**」とは，ある企業が他の企業に対する支配を獲得する企業結合である。この結合では，取得される企業の株主の支配は失われ，その**持分の継続が絶たれる**。

　被取得企業の側から考えるならば，**被取得企業の投資者はそこで投資を清算**

し，資産および負債を時価で評価し，その差額である純資産額で，取得企業に**現物出資した**と考えることができる。この点から，このような合併の考え方は「**現物出資説**」といわれる。取得企業では現物出資を受けたということになる。現物出資説では，被取得企業の換金価値のない繰延資産や債務性のない引当金は引き継がない。

これに対して合併について，取得企業は**被取得企業の純資産を時価で一括して買い取る**とみることができる。企業結合会計基準ではこの考え方がとられ，これは「**取得**」と呼ばれる。被取得企業の側からいえば，企業そのものを売却したと考えることになる。このために，会計処理方法として「**パーチェス法（purchase method）**」が適用される。

取得の対価は，被取得企業の時価評価した純資産額と一致するわけではない。当事者間の交渉で合併の対価が決定されるが，被取得企業の営業全体が高い収益力を持っているならば，純資産の時価評価額を超える額で合併の対価が決まる。

例えば，被取得企業の純資産の時価評価額が19億円で，合併の対価（新株交付額）が20億円であるとする。その差額の１億円は被取得企業の高い収益力を有する営業を取得するための追加的な対価である。これを「**のれん**」（「**営業権**」ともいわれてきたが，「のれん」という言い方が一般的である）という。

新株交付額の20億円は，原則として取得企業の資本金増加額となる。しかし，設立時の株式発行やその後の新株発行の場合と同じように，交付株式の価額の総額の２分の１を超えない額を資本に組み入れないことができる（合併対価について「資本金及び準備金の額に関する事項」を定めなければならないことになっている（会社法749条１項２号））。

被取得企業の合併対価が，取得企業の時価評価された純資産よりも小さい場合には，**負ののれん**が生じる（借方がプラス（正）であるので，貸方はマイナス（負）となる）。先の例でいえば，合併対価の新株交付額が18億円であれば，１億円の負ののれんが生じる。これは従来は合併差益といわれてきた。

このような株式を合併対価とする場合の負ののれんは，株主資本で調整する

とされているので，資本金または資本準備金として処理されることになろう。資本準備金として調整された負ののれんは，株式払込剰余金のような性格を持っていることになる。

17 「持分の結合」と人格合一説とはどのような考え方か

「持分の結合」とは，結合するいずれの企業の株主も他の企業を支配したとは認められず，結合後の企業のリスクや便益を引き続き相互に共有することを達成するために行われる企業結合である。

持分の結合に該当する企業結合は，すべての結合当事企業の持分が継続していると考えられる。この場合には，すべての結合当事企業の資産および負債はその帳簿価額で企業結合後もそのまま引き継がれる。このような会計処理方法は「持分プーリング法（pooling of interests method）」といわれる。

このような考え方は，合併会社が被合併会社の財産を包括的に承継し，2つの会社が契約により合体して1つの会社になる，とみる「人格合一説」と同じである。この場合には，換金性のない繰延資産や債務性のない引当金もそのまま引き継ぐ。また，資本を除く資本構成（資本準備金，利益準備金，任意積立金など）もそのまま承継する。

上にも述べたように，2008（平成20）年12月に，「企業結合に係る会計基準」が改正され，「持分プーリング法」は使えなくなった。このことについては，後のコラムにて説明する。

18 株式交換剰余金と株式移転剰余金も負ののれんと同じように考えられる

株式交換とは，株式会社（完全子会社となる会社）がその発行済株式の全部を他の株式会社または合同会社（完全親会社となる会社）に取得させることである（会社法2条31号）。株式交換の当事会社は，完全子会社1社・完全親会社1社

の2当事者でなければならない。株式交換では，双方の会社は法人格を持ったままで合併と同じ効果を得ることができる。

株式交換の目的としては，**子会社支配の強化**がある。子会社に対する親会社の発言力の強化，グループ企業の経営の一体化等がその狙いである。**企業買収**を目的とすることもある。企業買収に株式交換を利用すると，公開買付や第三者割当増資の場合と違って，企業買収に伴う現金が不要で，また課税の繰延などが可能となる。

コラム　持分プーリング法の廃止

　企業結合の会計処理としては，これまで，企業結合の経済的実態に応じて，**持分プーリング法**と**取得法（パーチェス法）**とが使い分けられてきた。

　しかしながら，国際的な会計基準では持分プーリング法と取得法の選択適用から，次第に，持分プーリング法を廃止する取扱いに変更されてきた。

　こうした中，2007年8月に，わが国の会計基準設定主体である企業会計基準委員会と国際会計基準審議会（ＩＡＳＢ）との間で，いわゆる「**東京合意**」が結ばれ，わが国の会計基準と国際会計基準（ＩＦＲＳ，ＩＡＳ）との間にある主要な差異を解消するプロジェクトがスタートした。これが，**会計基準のコンバージェンス**（収斂と訳されている）である。

　このプロジェクトの中に，「持分プーリング法の廃止と取得企業の決定方法」という項目が含まれていた。企業会計基準委員会は，国際基準とのコンバージェンスを進めるという観点から検討を進め，2008（平成20）年12月に，「企業結合に関する会計基準」を改正して，持分プーリング法を廃止することとし，共同支配企業の形成および共通支配下の取引以外の企業結合は取得法（パーチェス法）により処理するものとした（2010（平成22）年4月1日以降に実施される企業結合から適用）。

　したがって，現行の会計基準（2003（平成15）年設定）が定める持分の結合に該当するような企業結合であっても，共同支配企業の形成に該当する場合を除き，いずれかの結合当事企業を取得企業として決定しなければならない。実質的に「**対等合併**」とみられる企業結合であっても，これからは，いずれかが**取得企業**（買収する企業），他方が**被取得企業**（買収される企業）として会計処理することになる。

第 2 章

　ここでは，取得する子会社株式の対価として親会社株式を交付するときには，吸収合併のときと同様に，交付株式の価額の総額の2分の1を超えない額を資本金に組み入れないことができる。

　株式交換についてパーチェス法的な処理をとった場合に，取得する子会社株式の価額よりも交換対価の株式の価額が小さいときには，負ののれんが生じる。これは**株式交換剰余金（株式交換差益）**と呼ばれてきた。交換対価が株式の場合には，負ののれんは株主資本で調整するので，**資本準備金で調整された負ののれんは，株式払込剰余金のような性格を持っている**ことになる。

　株式移転剰余金も同様に考えることができる。**株式移転とは，既存の会社1または2以上の株式会社（完全子会社）がその発行済株式の全部を新たに設立する株式会社（新設会社・完全親会社）に取得させる方式である**（会社法2条32号）。この場合，既存会社の株式を持株会社に移転し，当該既存会社は当該持株会社が発行する株式の割当を受けて，当該持株会社の株主になることをいう。

　株式交換では，完全親会社は既存の会社であるが，株式移転では，完全親会社は新設の会社である。

　株式移転についてパーチェス法的な処理をとった場合に，**取得する子会社株式の取得原価が，対価として移転する株式の価額を超過する金額は負ののれんである**。これは**株式移転剰余金（株式移転差益）**と呼ばれてきた。移転対価が株式である場合には，負ののれんは株主資本で調整するので，**資本準備金で調整された負ののれんは，株式払込剰余金のような性格を持っている**ことになる。

19　会社分割とはどのようなものか

　2000（平成12）年5月の商法改正では，企業組織の再編，グループ化，またグループの再編・再構築を円滑に推進することを可能とする**会社分割制度が創設**された。この制度は，会社法でも受け継がれている。

会計基準も整備された。2003（平成15）年には「企業結合に係る会計基準」，2005（平成17）年には「事業分離等に関する会計基準」およびそれに関する「適用指針」が公表されている。

会社分割には，**新設分割**と**吸収分割**がある。**新設分割**とは，**株式会社または合同会社（分割会社）のその事業に関して有する権利義務の全部または一部を分割により設立する会社（新設会社）に承継させる方式**である（会社法2条30号）。例えば，複数の事業部門を有する会社が，各事業部門を独立した会社にすることにより経営の効率性を向上させるために利用することができる。

吸収分割とは，**株式会社または合同会社（分割会社）がその事業に関して有する権利義務の全部または一部を分割後他の会社（承継会社）に承継させる方式**である（会社法2条29号）。例えば，持株会社のもとにある複数の子会社の重複する事業部門を，ある子会社に集中させることにより組織の再編を実現するために利用される。

新設分割と吸収分割は会社分割の方式である。新設分割にせよ吸収分割にせよ，それらは会社の事業・営業の全部または一部を他の会社に包括的に承継させることによって会社を分割するものである。

分割会社では純資産が減少し，当該純資産を承継した承継会社の株式がその対価として分割会社に交付される。**分割会社が交付された承継会社の株式を保有し続ける**とき，この分割方式は**分社型（物的分割）**といわれる。これに対して，**分割会社が交付された承継会社の株式を自社の株主に割り当てたとき**には，この方式は**分割型（人的分割）**と呼ばれる。

20 会社分割の会計は企業結合会計と同じ発想である

会社分割は，分割・分離された事業に対する支配権が，分割会社やその株主によって分割後も維持されているかどうかによって，2つのタイプに分けて処理される。

事業の支配が分割会社やその株主から承継会社や新設会社に移転する場合に

第 2 章

は，**事業の売却**が行われたとみなされる。承継会社や新設会社からは，その事業は「**取得**」されたと考えられる。

この場合には，分割会社は交付された承継会社や新設会社の株式を公正な評価額（時価）で計上し，これと移転した事業の純資産（原価）との差額を**営業移転損益**として計上する。営業移転損益は一種の**売却損益**である。**承継会社（新設会社）**側では，**分割会社から引き継いだ資産と負債を時価で計上**する。

承継会社（新設会社）では，分割会社から受け入れた純資産（＝資産－負債）に対する対価を，承継会社（新設会社）の株式で交付したときは，その2分の1を超えない額を資本金に組み入れないことができる。

これについてパーチェス法をとった場合に，分割会社から受け入れた純資産よりも分割対価として交付した株式の価額の方が小さいときには，**負ののれん**が生じる。これは**会社分割剰余金（会社分割差益）**と呼ばれてきた。交換対価が株式の場合には，負ののれんは株主資本で調整するので，**資本準備金で調整された負ののれんは，株式払込剰余金のような性格を持っている**ことになる。

事業の支配が分割会社やその株主から承継会社や新設会社に移転せずに，**分離後も，支配が分割会社やその株主によって保持されている場合**には，単に**組織が形式的に変化したにすぎない**と考えられる。

この場合には，分割会社の資産および負債は，帳簿価額で承継会社や新設会社に引き継がれる。このような会計処理方法は**持分プーリング法**である。承継会社や新設会社では，分割会社から受け入れた純資産（＝資産－負債）に対する対価を，承継会社（新設会社）の株式で交付したときは，その2分の1を超えない額を資本に組み入れないことができる。

21 資本金減少差益（その他資本剰余金）とは何か

払込資本は資本金と資本剰余金からなる。**資本剰余金**は資本準備金とその他資本剰余金からなる。その他資本剰余金は，さらに次のものからなる。

(1) 資本金減少差益

(2) **資本準備金減少差益**
(3) **自己株式処分差益**

資本金減少差益は従来，**減資差益**と呼ばれていたものである。減資手続によって減少した資本額が株式の消却または払戻しに要した金額を超過したとき，あるいは欠損塡補に充てた金額を超過したときの，当該超過額を**資本金減少差益**という。

例えば，事業縮小のために，自己株式3,000株を1株当たり45千円で小切手を振り出して取得（135,000千円）し，それを消却して資本金150,000千円を減少させたと考えてみよう。自己株式の消却をして資本金を減少させているので，このケースは**実質的減資（有償減資）**といわれる。

減少させた資本金150,000千円に比べて，消却のために引き出した当座預金の金額の方が15,000千円だけ少ない。言い換えれば，15,000千円だけ多い資本金の取崩しが行われ，それが**資本金取崩超過額**となっている。これが**資本金減少差益**と呼ばれるものである。

また，次のようなケースを考えてみよう。発行済株式30,000株（1株当たり50千円）の会社が，欠損金のうち450,000千円を塡補するために，3株に対して2株の割合をもって株式を併合して減資することにした。

このケースの資本金減少額は500,000千円（＝(30,000株×1／3)×50千円）となる。例えば，株式を3株を2株に減らすようなことを**株式の併合**という。このような株式併合による減資は，**形式的減資（無償減資）**と呼ばれる。

このケースでは，欠損金450,000千円に比べて，資本金減少額の方が50,000千円だけ多い。言い換えれば，50,000千円の**資本金取崩超過額**が生じている。これもまた**資本金減少差益**である。

減資差益は従来，資本準備金の1項目であった。しかし，**2001（平成13）年6月の商法改正**によって，それは**資本準備金の構成項目ではなくなった**。この理由は，次に説明する資本準備金減少差益と関連するので，そこで触れることにする。

第 2 章

22 資本準備金減少差益（その他資本剰余金）とは何か

　資本準備金減少差益は2000（平成13）年6月の商法改正において登場した。この商法改正は議員立法の形で行われたが，企業の競争力の回復を支援することを1つの狙いにしていた。これとの関連で，それまでの利益準備金の積立強制は過度の規制と考えられ，その緩和が図られた。

　従来，資本準備金は，欠損塡補と資本組入以外において取り崩すことは認められていなかった。しかし，その商法改正によって，**資本準備金と利益準備金との合計額が資本金の4分の1を超える場合，その超過額は株主総会の決議によって取り崩すことができるようになった**（旧商法289条2項）。

　しかも，資本準備金と利益準備金の取崩順序と取崩額の使途について，特段の規定によって決められていない。このため**資本準備金取崩額を配当財源にすることもできるようになった。**

　例えば，株主総会において資本準備金200,000千円を取り崩す決議を行い，後にこれを配当財源にしたと考えてみよう。株主総会決議日では，次のように仕訳される。

　　（借）資 本 準 備 金　200,000　　（貸）資本準備金減少差益　200,000
　そして，配当財源決定日では，次のような仕訳が行われる。
　　（借）資本準備金減少差益　200,000　　（貸）繰越利益剰余金　200,000

　資本金減少差益（減資差益）は，もともと減資手続によって資本金を減少させたことによって生じたものである。この**資本金減少差益は，払込資本のうちの資本準備金を減少させて生じた資本準備金減少差益と性格的には変わらない**。このために，資本金減少差益はその他資本剰余金にしたと考えられる。

23 自己株式処分差益（その他資本剰余金）とは何か

　会社がすでに発行した自社株を取得し保有している場合，その株式を**自己株式**という。自己株式については後述するが，**自己株式の取得は資本の払戻しの**

仮払いと考えることができる。つまり、**資本が減少したとみる**。

取得し保有している自己株式を処分した場合には、取得したときの帳簿価額と処分価額との間に差額が発生する。処分価額の方が大きいときには**自己株式処分差益**、逆に、処分価額の方が小さいときには**自己株式処分差損**が生じる。

その他資本剰余金として表示される自己株式処分差益は、期中で行われた自己株式処分取引で生じた処分差益と処分差損との相殺差額であり、処分差益超過額である。

自己株式処分差益は本来は、**一種の株式払込剰余金**と考えられる。資本準備金は旧商法では、限定列挙されていたので、それは、**その他資本剰余金とされた**と考えられる。**会社法では、自己株式処分差益はその他資本剰余金とされている**。

自己株式処分差損の場合には、その塡補のために資本金減少差益と資本準備金減少差益が充てられるが、なおも不足する場合には、繰越利益剰余金から控除する。

24 自己株式が株主資本に減額計上されるのはなぜか

自己株式とは、**自己の会社が発行している株式**である。これは**金庫株**ともいわれる。つまり、会社がいったん発行した自社の株式を取得して保有しているときに、その株式を自己株式といっている。

従来、商法では、**自己株式は資産と考えられていた（資産説）**。しかし、2001（平成13）年の商法改正で、**自己株式の取得は資本の払戻し（資本減少説）**と考えられることになった。改正商法では、目的や使途に制限なく、自己株式を取得することができ、また長期間にわたってそれを所有することが認められた。つまり、いわゆる「金庫株の解禁」が行われた。それでは、なぜ金庫株の解禁が行われたのか。

その理由としては、次のものをあげることができる。(1)企業における**機動的な組織再編化を可能にするため**、(2)**株式市場の安定化を図るため**、(3)**敵対的買**

収等に対する備えを行うため（有価証券の節を参照）。

このような金庫株の解禁は自己株式の取得を増加させ，その結果，それは企業の財政状態に大きな影響を及ぼす可能性が高まったために，会計基準が整備されることになった（2002（平成14）年「**自己株式及び法定準備金の取崩等に関する会計基準**」（企業会計基準第1号））。

この会計基準では，**自己株式の取得は資本の払戻し**と考えられている（**資本減少説**）。このため，**保有自己株式は，貸借対照表では株主資本から控除される形で表示される**ことになった。

例えば，自己株式2,000株を1株当たり65,000円で取得し，期末においてそれを所有しているとすれば，貸借対照表の純資産の部の株主資本において，自己株式130,000千円（＝65,000円×2,000株）は控除する形で計上される。

25 受贈資本は資本（剰余金）か，利益（剰余金）か

株主以外の者から資本の充実を目的として拠出を受けたときに，**受贈資本**が生じる。受贈資本としては，**国庫補助金**，**工事負担金**および**債務免除益**がある。

国庫補助金は，国や地方公共団体から，固定資産の建設・購入など資本助成を目的にした補助金として交付を受けたものである。国庫補助金は，利子補給や経費補助等を目的とする**営業助成金**と区別して**建設助成金**といわれる。営業助成金は利益剰余金を構成するが，建設助成金は資本剰余金となるか，それとも利益剰余金となるかについて見解が分かれる。

工事負担金は，電力・ガス・水道等の公益事業を営む企業が，そのサービスを供給するために設備を建設するときにかかる工事費を需要者（消費者）に負担してもらう形で受け入れた金銭や資材の額である。ガスや水道を家屋まで引き込むための設備工事費がその例である。これについても，工事負担金は資本剰余金となるか，それとも利益剰余金となるかについて見解が分かれる。

債務免除益は，欠損填補の目的のために，債権者が会社に対する債権の一部

または全部を放棄して免除した額である。これは，債権者からの贈与とみられる。債務免除益を含めて，国庫補助金や工事負担金が資本剰余金になるかどうかについて，やはり見解が分かれる。

企業会計原則（1974（昭和49）年改正前）は，国庫補助金，工事負担金および債務免除益を資本剰余金として考えてきた。 これに対して，**旧商法や税法は，国庫補助金，工事負担金および債務免除益を利益剰余金として扱っている。**

国庫補助金，工事負担金および債務免除益，すなわち受贈資本について，このように扱いが異なるのはなぜであろうか。

26 なぜ資本（剰余金）とみるのか
―企業会計原則（1974（昭和49）年改正前）の立場―

受贈資本を資本とみるか，あるいは利益とみるか，言い換えれば，資本剰余金とみるか，あるいは利益剰余金とみるかは，どのような原因に由来するのであろうか。

その原因は，結局のところ**企業観あるいは資本観の違い**にある。企業観とは，企業をどのようにみるか（観るか），ということである。資本観とは，維持すべき企業の資本はどのような性質を持っているとみるか（観るか）ということである。

受贈資本を資本（剰余金）とみる見解は，**企業主体理論を基礎にしている。企業主体理論**は，**企業を出資者から独立した別個の存在**と考え，出資者は債権者と同様に，企業の利害関係者集団の1つと考える。

債権者が企業に提供した資金（負債）は**他人資本**とされ，**出資者**が企業に拠出した資金（資本）は**自己資本**とされる。他人資本と自己資本はいずれも企業にとっては資本であり，それらは調達源泉の違いを表すにすぎない。

これからすれば，株主や債権者からの資金の受入れは当然のこととして，それ以外の国や地方公共団体，消費者等からの資金の受入れであっても，それが企業資本の助成や充実を目的としている限り，元本としての資本として考えら

第 2 章

れるべきである。これも，資金調達源泉の違いを示すにすぎない。

　さらに，受贈資本が利益とされ，配当等の形で社外流出すれば，国庫補助金や工事負担金の場合には，固定資産が建設・取得できない事態を招いたり，債務免除益の場合には，欠損塡補の目的が達成できないこともありうる，ということになってしまう。

　この見解では，**受贈資本は資本剰余金として払込資本の一部とされる**。また，**国庫補助金や工事負担金を使って取得した固定資産は，取得原価によって評価**される。そしてこの取得原価に基づいて減価償却が行われることになる。

27　なぜ利益（剰余金）とみるのか −旧商法と税法の立場−

　受贈資本を利益（剰余金）とみる見解は，資本主理論を基礎にしている。**資本主理論は，企業を出資者（資本主）の集合体と考える**。これは，会社を自然人である株主の集合体と考えるので，「**法人擬制説**」といってもよい。

　この立場では，株主からの払込資本のみを維持すべき資本とみるので，これ以外の原因による純資産の増加分はすべて利益と考えることになる。

　このような考え方は，具体的には，旧商法上の配当可能利益の計算に表れている。配当可能利益は純資産から，資本金や法定準備金などを控除して計算されるが，受贈資本はこのような控除項目とはされていない。つまり，**受贈資本は維持すべき資本とは考えられていない**。

　また，企業の解散時には，受贈資本を贈与者に返還することが求められていないので，それは最終的には株主に分配されることになる。言い換えれば，**受贈資本は，基本的には株主に帰属する利益であると考えられている**ことになる。

　しかし，受贈資本を利益剰余金とすると，問題が生じる。受贈資本を利益剰余金とすると，それは配当や税金の財源になって贈与を行った者の意図や目的が達成されないことになってしまう。受贈資本を利益剰余金とする立場では，このような問題を回避できる方法がとられている。それが「**圧縮記帳**」であ

る。

28 圧縮記帳とはどのような方法か

　例えば，交付された建設助成金（1,000千円）を利用して，機械（3,000千円）を取得した，と考えてみよう。また，当該機械の耐用年数は3年，残存価額は取得原価の10％，定額法によって減価償却するとしてみよう。

　建設助成金を資本剰余金とする企業会計原則では，建設助成金等によって取得した資産は，公正な評価額をもって取得原価が決定される（企業会計原則第三，五，F）。これに従えば，機械の取得原価は3,000千円である。貸借対照表上では，資本剰余金として国庫補助金が1,000千円計上される。また，損益計算書上では，3年間にわたり，毎期，減価償却費が900千円（＝(3,000－300)÷3）計上される。

　圧縮記帳は法人税法によって規定されている方法である（法人税法42条）。法人税法では，**国庫補助金や工事負担金等の交付を受けたときには，これらはその事業年度の益金となる**。つまり，それらの額を収益（利益）として扱い，課税対象額とする。

　交付された国庫補助金や工事負担金等が課税されてしまうと，その一部が税金として納税されるために，固定資産の取得が困難になったり，贈与者の目的が達成されないおそれが生じる。このため，そのような問題を回避するために次のような方法が講じられる。

　国庫補助金や工事負担金等で交付の目的に適合した固定資産を取得したときには，その国庫補助金等の額の範囲内で取得原価を圧縮した額は，損金に算入する。つまり，取得原価を圧縮した国庫補助金等の額を損金をなす費用として扱い，益金とされた収益と相殺し，プラス・マイナス・ゼロとする処理を認める。これが「圧縮記帳」という処理方法である。

　先の例で考えてみよう。交付された建設助成金1,000千円は収益（特別利益）として処理される。機械の取得原価は建設助成金の1,000千円を圧縮して，つ

第 2 章

まりマイナスして2,000千円とする。そして圧縮額の1,000千円は，例えば「**機械圧縮損**」として費用（特別損失）計上する。

収益として計上された「国庫補助金」と費用として計上された「機械圧縮損」は相殺されて，何もなかったかのように処理される。しかし，減価償却費に変化が生じている。機械の取得原価は圧縮記帳によって2,000千円である。減価償却費は毎期600千円（＝(2,000－200)÷ 3 ）となる。

取得原価3,000千円の場合に比べると，減価償却費は300千円だけ毎期少なくなる。減価償却費が300千円だけ少ないということは，3年間にわたり毎期300千円だけ利益が多く計上されるということである。つまり，毎期300千円だけ課税される利益が多くなるので，その分，税金も多くなる。

建設助成金を受けた年度で一括して一度に税金を支払うのではなく，3年間にわたり，いわば"小出し"に税金を納付する。最初の年度の一括払いではなくて，3年間の分割払いにするのと同じ効果を持っている。このような効果を持つ税金の支払を「**課税の繰延**」といっている。

圧縮記帳では，課税が繰り延べられるので，国庫補助金の取得への影響を緩和し，贈与者の目的を損なうことを回避できることになる。圧縮記帳は非常に巧妙な方法といえる。ここで述べてきたような，**圧縮限度額の範囲内で帳簿価額を**（損金経理により）**直接減額する方法**は，「**圧縮記帳方式**」とか「**直接減額方式**」と呼ばれる。

圧縮記帳方式では，国庫補助金や工事負担金等の交付額が開示されないので，取得資産のもともとの取得原価が明らかにされないという情報開示上の問題を持つ。このようなことがあるために，**企業会計原則**は，1974（昭和49）年の修正の際に，貸借対照表における次のような情報開示を条件として，**圧縮記帳を認めた**。

(1) 貸借対照表上，取得原価から国庫補助金等に相当する金額を**控除する形式で記載する方法**

(2) 貸借対照表上，取得原価から国庫補助金等に相当する金額を控除した**残額のみを記載**し，当該国庫補助金等の金額を**注記**する方法

29 圧縮記帳方式のほかに，積立金方式もある

　繰延課税の方法としては，**圧縮記帳方式**のほかに**積立金方式**がある。先にあげた設例を使って説明しよう。交付された建設助成金（1,000千円）を利用して，機械（3,000千円）を取得した。また，当該機械の耐用年数は3年，残存価額は取得原価の10％，定額法によって減価償却する。

　交付された国庫補助金は収益（特別利益）計上し，取得した機械の取得原価は3,000千円として計上する。したがって，減価償却費は900千円となる。この場合には，収益計上された国庫補助金の額だけ当期の利益がふくらんでいる。これに基づいて，課税されてしまうと，一括課税になってしまう。

　そこで，**剰余金を処分するとき，交付された国庫補助金の額だけ，例えば「機械圧縮積立金」として積み立てる**。そして，この積立額を課税上，**損金に算入**する。これによって，益金とされた国庫補助金の額と，機械圧縮積立金の額の損金とが相殺されることになるので，その結果，課税上はプラス・マイナス・ゼロとなる。

　しかし，税務上は，圧縮記帳後の価額をベースにした減価償却費（600千円）しか損金として認められない。このため，取得原価3,000千円をベースにして計算された減価償却費900千円を，実質的に600千円にするための調整が行われる。

　取得原価3,000千円の減価償却費900千円と，圧縮記帳による取得原価2,000千円の減価償却費600千円との差額である300千円（＝900千円－600千円）だけ，**機械圧縮積立金を取り崩す**（「機械圧縮積立金取崩額」）。**機械圧縮積立金取崩額は，損益計算書上は利益に含められ，税務上は益金にする**。

　このような手続によって，積立金方式は，圧縮記帳方式と同様に，**課税の繰延**という効果を持つことになる。この方式も，なんと巧妙なことか。積立金方式の場合には，貸借対照表上，固定資産は本来の取得原価で計上され，それに基づいて減価償却が行われるので，会計理論上は，圧縮記帳方式よりも望ましいといえる。

第 2 章

30 評価替資本は資本（剰余金）か，利益（剰余金）か
― 保険差益のケース ―

　受贈資本における，資本（剰余金）か，利益（剰余金）かという問題は，評価替資本についても同様に問題になる。

　評価替資本とは，**著しい貨幣価値の変動や資産の時価評価に伴う評価益**をいう。評価替資本としては，**保険差益，その他有価証券評価差額金，土地再評価差額金**などがある。

　保険差益は，保険をかけておいた固定資産について事故が生じて受け取った保険金が，事故で失った固定資産の帳簿価額を超える差額をいう。資産に保険をかけるときには，**簿価ではなくて時価を保険金とする契約を締結する**ために，時価が帳簿価額を超えている資産について保険事故が起きた場合には，ここにいう保険差益が発生する。

　保険差益は，保険対象の固定資産について，**過年度において減価償却費を過大に計上したことによっても生じる**。過大な減価償却は**帳簿価額を，減価償却の過大な額だけ引き下げてしまう**からである。このような場合の**保険差益は，利益として処理される**。

　保険差益は，貨幣価値の下落によっても生じる。このような原因に基づく保険差益について，資本か，利益かの問題が起こる。

　企業会計原則上は，このような保険差益は資本剰余金と考える。なぜか。**貨幣価値の下落によって生じた保険差益は，資本の価値修正によるものである**。つまり，滅失または損壊した固定資産の取得に保険差益が充当される限り，企業の実体は以前の状態と何ら変わらないからである。

　旧商法と税法は，このような保険差益も利益剰余金と考える。保険差益を利益とすれば，配当や課税を通じてそれが流出してしまい，滅失または損壊した固定資産の再取得が困難になり，保険の目的が達成できなくなる。しかし，**旧商法と税法は，**受贈資本の場合と同じように，保険差益について，**圧縮記帳を認め，課税の繰延を認めている**。

31 「その他有価証券評価差額金」の「その他有価証券」とは何か

　有価証券については，1999（平成11）年に「金融商品に関する会計基準」（以下「金融商品会計基準」という）が公表されている（最終改正2008年）。金融商品に関しては，この基準が「企業会計原則」よりも**優先して適用される**。金融商品会計基準では，有価証券は**保有目的**によって次のように分類される。

(1) 売買目的有価証券
(2) 満期保有目的の債券
(3) 子会社株式および関連会社株式
(4) その他有価証券

　売買目的有価証券は，時価の変動により利益を得ることを目的として保有するものである。つまり，時価あるいは相場の変動をとらえて，頻繁に売買を繰り返し，より大きな投資利益を獲得しようとして保有している有価証券である。このために，売買目的有価証券は期末では**時価評価**される。時価評価によって生じた**評価損益**は，**損益計算書で当期の利益に含められる**。

　満期保有目的の債券は，満期まで保有することを目的にしている社債その他の債券である。これは，満期までの間に，金利変動によって市場価格が変動しても，売却する予定のない債券であるから，**取得原価で評価**される。

　子会社株式・関連会社株式は，親会社が支配する目的あるいは影響力を行使する目的で保有している株式である。このような株式について，市場価格があったとしても処分をすることを考えていない。これは性格上，事業用の資産と同じであるから，**取得原価で評価**される。

　その他有価証券は，上にあげた売買目的有価証券，満期保有目的の債券，子会社株式・関連会社株式のいずれにも該当しない有価証券である。子会社や関連会社ほどには持株比率は高くないが，事業上の関係を強化しようとして，相手企業と相互に保有し合う「**持ち合い株式**」がその例である。

　その他有価証券のうち，市場価格のあるものは**時価で評価**される。市場価格

のあるその他有価証券は売却可能な有価証券であるから，売却すれば，時価の変動からの利益を獲得することができるからである。

売買目的有価証券＝時価
その他有価証券＝時価
満期保有目的の債券＝原価
子会社株式・関連会社株式＝原価

その他有価証券評価差額金は，ここであげた「その他有価証券」の期末における評価損益である。

32 評価替資本は資本（剰余金）か，利益（剰余金）か —その他有価証券評価差額金のケース—

　その他有価証券の評価損益（評価差額）の会計処理には，2つの方法がある。1つは，**評価損益の全額を純資産の部に計上する方法**である。これは「全部純資産直入法」と呼ばれる。もう1つは，**評価益は純資産の部に計上し，評価損は当期の損失として処理する方法**である。これは「部分純資産直入法」といわれる。全部純資産直入法が原則的な方法である。ここでは，評価損益は純資産の部の「評価・換算差額等」の区分に計上されるということを知ってほしい。

　評価損益を純資産の部に計上する理由は，事業遂行上等の必要性から直ちに売買・換金を行うには制約を伴うこともあるので，評価損益を直ちに当期の損益とすることは適切ではないからということのようである。

　このような理由にも表れているように，その他有価証券についての評価損益は，当該有価証券が売却されるまでの間，暫定的に評価・換算差額等の区分に収容される。このために，その評価損益は，他の剰余金とは区別して記載されていることになる。

　これからすれば，**その他有価証券評価差額金は利益剰余金としての性格を**

持っていることになる。しかし，**この評価差額金は，会社法上，配当等の原資にはできない。**

33 評価替資本は資本（剰余金）か，利益（剰余金）か
－土地再評価差額金のケース－

ここでいう土地再評価差額金は，1998（平成10）年に議員立法として成立した「土地再評価に関する法律」（2年間の時限立法）の適用に基づいて計上されたものである。この法律は，翌1999（平成11）年に改正された。そこでは，法律の適用が1年延長された。この結果，2002年3月31日までの決算日に土地の再評価を1回だけ実施できることになった。

また，税効果適用後の再評価差額金を純資産の部（評価・換算差額等の区分）に計上することにした。さらに，純資産の部に計上された再評価差額金（3分の2を上限とする）を自己株式の取得等に利用できるようにした。

例えば，帳簿価額10,000千円の土地を時価25,000千円で評価したとしよう。その場合，実効税率を40％とすれば，税効果会計に基づく繰延税金負債は6,000千円（＝15,000×40％）となる。これは負債の部に計上される。帳簿価額10,000千円と時価25,000千円との差額（＝15,000千円）から繰延税金負債を差し引いた残額9,000千円（＝15,000－6,000）が土地再評価差額金となる。これは純資産の部に計上される。

このようにして計算された土地再評価差額金は，土地の売却，土地の評価減，または自己株式の取得・消却の財源とする場合に限って取り崩すことができる。このような取崩から見ても，土地再評価差額金は特殊な項目であることがわかる。

このこともあって，旧商法では，土地再評価差額金は，貸借対照表の純資産の部において，この名称で区分して掲記しなければならないことになっていた。「土地再評価に関する法律」に基づく土地再評価差額金は，利益剰余金としての性格を持っていると考えることができる。しかし，**この再評価差額金**

は，会社法上，配当原資にはできない。

34 利益剰余金はどのようなものからなるか

利益剰余金は損益取引から生じる剰余金であり，**稼得資本**ともいわれる。利益剰余金ないし稼得資本は営業活動などによって稼得された利益そのものである。

利益は，株主総会を通じて，**配当金などの形で社外に流出した部分**と，**企業内部に留保されている部分**とに分類できる。**内部留保された利益は留保利益**と呼ぶことができるが，貸借対照表上では留保利益は**利益剰余金**として表示される。貸借対照表上の利益剰余金は**利益準備金**と**その他利益剰余金**とに分類される。その他利益剰余金は，さらに**任意積立金**と，次期に繰り越される利益である**繰越利益剰余金**に分類される。

利益剰余金の分類

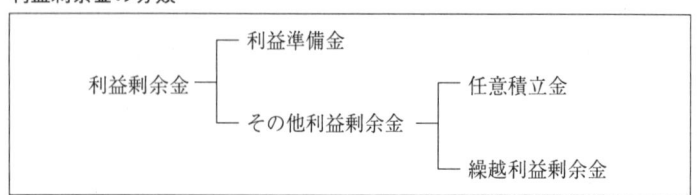

```
                  ┌─ 利益準備金
利益剰余金 ───────┤
                  └─ その他利益剰余金 ──┬─ 任意積立金
                                        │
                                        └─ 繰越利益剰余金
```

35 剰余金（利益）の配当はどのように行われるか

剰余金の配当，わかりやすくいえば利益の配当との関係から利益剰余金を考えることにしよう。株式会社は，**定時株主総会を毎年1回一定の時期に招集し**なければならず，この定時総会は**決算日の翌日から3ヵ月以内に開催**しなければならない。

定時総会においては，前事業年度の事業報告や，計算書類の報告または承認が行われる。会社法では，剰余金の配当はいつでもできるようになったが，定時総会での剰余金の配当は存続すると考えられる。

会社法では，**配当の原資となる剰余金**はその他資本剰余金とその他利益剰余金との合計額である。その他利益剰余金についていえば，**任意積立金**や**繰越利益剰余金**が配当原資となる。

剰余金の配当を行うときには，**配当効力発生日**（この場合は定時総会日）の時点における**剰余金を計算し，それから一定の調整項目の額を加減して分配可能額を求める**。このようにして求めた**分配可能額の範囲内で配当が行われる**。

分配可能額は具体的には，次のように計算される。

(1) **最終事業年度（ここでは前事業年度）の末日の剰余金の計算**
　　前事業年度の貸借対照表上のその他資本剰余金とその他利益剰余金との合計額

(2) **配当効力発生日（ここでは定時総会日）における剰余金の計算**
　　(1)で計算した剰余金に定時総会日までに生じた剰余金の変動額を加減（例えば，（＋）自己株式処分差損益，（－）自己株式消却額など）

(3) **配当効力発生日（ここでは定時総会日）における分配可能額の計算**
　　(2)で計算した剰余金に対して一定の調整項目を加減（例えば，（－）効力発生日の自己株式の帳簿価額，（－）のれん等調整額など）

分配可能額は配当できる上限額というわけであるから，この全額を配当することもできるし，その一部を配当することもできる。言い換えれば，**分配可能額の範囲内での配当ができる**ということである。

配当金は，**出資者である株主への剰余金の分配**である。通常は，金銭による配当が行われる。配当を決定した段階で，企業側に支払義務（債務）が生じる。このために勘定科目としては「**未払配当金**」が使われる。

36 利益準備金の積立と取崩はどのように行われるか

利益準備金という概念は，旧商法上の債権者保護の考え方から生じている。旧商法では，債権者に対する担保となるべく財産としては資本準備金が積み立てられるが，それとは別に，利益からもさらに**担保となるべき財産を内部留保**

第 2 章

させる。**利益から積み立てられるこのような金額を利益準備金**という。**資本準備金**と**利益準備金**は，法において定められた準備金という意味で**法定準備金**ともいわれる。

それでは，利益準備金はどのような形で積み立てられるのであろうか。会社法では，剰余金の配当をする場合には，資本金の額の4分の1（「基準資本金額」）に達するまで，配当により減少する剰余金の額の10分の1を資本準備金または利益準備金として積み立てなければならない（会社法445条4項，会社計算規則45条1項）。

配当原資となる剰余金はその他資本剰余金とその他利益剰余金の合計額であり，両者の一部をそれぞれ配当している場合には，その他資本剰余金からの配当分の10分の1を資本準備金に，またその他利益剰余金からの配当分についてはその10分の1を利益準備金として積み立てる。

旧商法では，資本準備金と利益準備金との合計額（法定準備金）が資本金の4分の1を超える場合，その超過額は株主総会の決議によって取り崩すことができるとされていた。しかし会社法では，このような制約はなくなった。

資本準備金と利益準備金の取崩順序は特に定められていない。**資本準備金を取り崩した場合**は，すでに述べたように，「資本準備金減少差益」として「その他資本剰余金」とする。

利益準備金を取り崩す場合には，**利益準備金取崩額**は，利益準備金設定前の**その他利益剰余金（繰越利益剰余金）に振り戻す**。これは任意積立金の取崩と同じように扱われる。

37 任意積立金にはどのようなものがあるか

任意積立金は，利益準備金のように法律によって強制されないで，定款の規定，契約または株主総会の決議に基づいて積み立てられた利益留保額である。

任意積立金には，減債積立金のような契約に基づいて設定するものがある。減債積立金は，社債契約に基づいて将来の社債償還（減債）のための積立金で

274

ある。

減債積立金は，減債目的という特定目的・使途特定の積立金であるが，このような**特定目的の積立金**としては，ほかに**中間配当積立金**，**配当平均積立金**，**事業拡張積立金**，**偶発損失積立金**，**欠損塡補積立金**などがある。これに対して，**使途を特定しない積立金**としては**別途積立金**がある。このように任意積立金は，契約等に基づくか否か，特定目的をもっているか否かなどのいくつかの観点から分類することができる。

任意積立金の設定は，株主総会の決議によって行うことができる（会社法452条）。

```
                  ┌─ 使途特定の任意積立金
    任意積立金 ───┤
                  └─ 使途が特定されていない任意積立金
                     （別途積立金）
```

38 任意積立金の取崩はどのように行われるか

使途が特定されている任意積立金について，その特定の使途のために当該任意積立金を取り崩すときには，株主総会の承認を得ることなく，**取締役会の決議だけで取り崩すことができる**。過去の株主総会の決議内容に従うものであるからである。

しかし，**配当平均積立金の取崩**は，そのような方法はとらない。**配当平均積立金**は，毎期の配当を安定させるために留保した積立金である。これは，利益の多い期間に配当平均積立金を設定し，利益の少ない期間にそれを取り崩すことによって安定した配当を行うことができるようにする狙いがある。**配当平均積立金の取崩**には，**株主総会の承認が必要**である。株主の利害に直接関係するからである。

このような株主総会の承認による積立金の取崩は，**特定目的の積立金を目的**

第 2 章

外に取り崩して使用する場合，さらに別途積立金の取崩の場合にもみられる。というのは，これらの取崩は，過去の株主総会の決議に反する行為であるから，改めて株主総会の承認を得る必要があるからである。

39 資本金の増加（増資）はどのように行われるか

新株発行などによる会社設立後の資本金の増加は**増資**という。増資は，会社の純資産が増加するかどうかによって，**実質的増資**と**形式的増資**に分類される。実質的増資は**有償増資**，また形式的増資は**無償増資**といわれる。

実質的増資は純資産の増加を伴う資本金の増加であり，これには次のようなものがある。

(1) **通常の新株発行**
(2) **新株予約権付社債の権利行使**
(3) **株式交換による子会社化**
(4) **株式交付による吸収合併**

ここでは通常の新株発行を取り上げよう。**通常の新株発行**とは，**未発行株式の範囲内で新株を発行して，株金の払込みを受けること**をいう。新株を引き受ける権利を誰に与えるかによって，**株主割当，第三者割当および公募**の3つの形態がある。

株主割当は，現在の全株主に，その持株に比例して新株引受権を割り当てる形態である。**第三者割当**は，役員・取引先・金融機関などの特定の第三者に新株引受権を与える形態である。また**公募**は，株主割当や第三者割当のように，特定者ではなく広く一般から株主を募集する形態である。

新株の引受人は，払込金に相当する額の**申込証拠金**を期日までに払い込む。会社はこの金額を株式申込証拠金として処理し，**払込期日に資本金に振り替える**。新株引受人は払込期日に株主となるからである（会社法209条）。

会社は原則として，新株の払込価額の全額を資本金にしなければならない。しかし，払込価額の2分の1までは資本金に組み入れないで，**資本準備金（株**

式払込剰余金）とすることができる。この点は，設立時の株式発行の場合と同じである。

形式的増資は純資産の増加を伴わない株主資本の構成変化による資本金の増加である。これには，次のようなものがある。
(1) 資本準備金の資本組入
(2) その他資本剰余金の資本組入

資本準備金の資本組入は，資本準備金の一部または全部を資本金に振り替えるため，**資本金は増加するが，純資産は増加しない**。これは，**株主総会の決議**によって行うことができる（会社法448条1項2号）。

その他資本剰余金の資本組入は，その他資本剰余金の一部または全部を資本金に振り替えるため，**資本金は増加するが，純資産は増加しない**。これは**株主総会の決議を要する**（会社法450条2項）。

40 株式分割とは何か

株式分割とは，例えば1株を2株に，あるいは10株を11株にするというように，**既存の株式を細分化して，それ以前よりも多数の株式にすること**をいう（会社法183条）。

株式分割は，新株を無償で発行して，株主に対し持株数に応じてその新株を分け与える。このために，株式分割によって会社の純資産および資本金は全く変化せず，**発行済株式数が増加するにすぎない**。

例えば，株価が高くなりすぎて個人株主が購入しにくくなっている状況を緩和するために，取締役会の決議を経て，1株を2株にするなどの株式分割をして発行済株式数を増加させる。

株式分割は，資本準備金またはその他資本剰余金の資本組入に連動させて行われることが多い。資本準備金またはその他資本剰余金の資本組入は形式的増資であり，資本組入額について新株を発行するか否かは会社の任意である。新株を発行した場合は株式分割になるが，資本準備金またはその他資本剰余金の

第 2 章

　資本組入と，それに対する新株を無償で発行する株式分割とは，本来，全く別個の手続である。

　資本準備金の資本組入を行った後に，その組入額に対する株式分割を行った場合には，新株は対価の拠出なしに株主に交付されるので，実務上は，このケースは「**無償交付**」と呼ばれている。

　資本金2,500,000千円の規模のある会社（発行済株式数50,000株）が，取締役会の決議を経て，資本準備金260,000千円およびその他資本剰余金240,000千円を資本に組み入れ，10株につき2株の割合で株式分割を行うと考えてみよう。

　資本準備金とその他資本剰余金の合計額500,000千円が資本に組み入れられる結果，資本金は500,000千円増加する。しかし，純資産は増加するわけではないので，形式的増資である。これについては，10株につき2株の割合で新株が交付されるので，10,000株（＝50,000株×2／10）だけ発行株式数が増加する。このケースが無償交付といわれているものである。

第3章 損益計算論

1　損益計算の課題

　企業会計の中心課題は，利益の計算である。利益を計算する方法には，損益法と財産法がある。ただし，後述するように，現代の会計は，おもに損益法を使いながら，企業活動を期間に区切った損益計算を行うことを中心課題としている。

　こうした会計を期間損益会計という。

　第3章では，期間損益計算において適用される諸基準，損益の計算の仕方，計算結果としての損益計算書の作り方などを学修する。

1　3種類の損益計算

　企業活動の成果は，物量的に見ると，生産高であったり販売量であったりするが，これを会計的に見るとき，売上高（総成果）とか利益（純成果）として測定される。

　企業活動の成果を会計的な側面から見ることを，**損益計算**という。総成果としての売上高を測定し，その成果を得るために費やした犠牲を費用として測定し，両者の差額として，企業活動の**純成果たる利益**を求めるのである。

　ところで，損益計算はその対象によって，次の3つの種類がある。

(1) **全体損益計算**

第 3 章

(2) 期間損益計算
(3) 口別損益計算

2　全体損益計算

　企業が設立されてから解散するまでの，いわば「企業の一生」を対象として行う損益計算をいう。企業存続中に，1度だけ，解散のときに決算を行うものである。

　そこで計算される利益を，「**全体利益**」または「**全期間利益**」という。全体利益は，企業の設立から解散までの間に生じた収入合計から支出合計を差し引いて計算される（期中における利益の分配はないものとする）。全体利益は，企業が解散するときに残される現金の額に等しい。

　なぜなら，期末までに，**収益はすべて収入**となっているし，借入金や株主による拠出資本などの「**収益とならない収入**」はすべて返済（支出）されているので，損益に影響しないし，また，**費用はすべて期末までに支出**となっており，貸付金のように「**費用とならない支出**」はすべて**返済（収入）**を受けているので損益に影響しないからである。

　結局，収入と支出の差額が収益と費用の差額，つまり全体利益となる。収益が収入，費用が支出となることから，利益は収入余剰として計算することができる。

　しかし実際には，企業は永続的に活動することを目的としているので，全期間を通した1度だけの損益計算などは非現実的である。企業を適切に営むには，収益力や資本の効率などを定期的にチェックすることが必要であり，また，課税・納税，配当などを行うためにも，定期的な決算が必要である。そうした意味では，現在，全体損益計算は使われていないといえる。

　全体損益計算による「収入−支出＝全体利益」というシンプルな計算式は，現実には使われてはいないけれど，現在の会計の枠を提供している点で重要である。次にそのことを述べる。

3　一致の原則

　費用とならない支出（貸付金など）は期末までに現金で回収してあるし，**収益とならない収入**（借入金，株主の拠出）はすべて期末までに現金で支払われている。これ以外の収入・支出は，結局，収益と費用であり，となれば，**収支差額はこの期間の利益（全体利益）** となる。

　企業存続中の利益の合計が「**全体利益**」であるのであれば，企業活動を期間に区切って行った損益計算（**期間損益計算**）によって求められた損益（これを**期間利益**という）の合計はこの「**全体利益**」**と一致する**はずである（上記のように，計算を簡略にするために，利益の処分は行われないこととしている）。これを，「**一致の原則**」または「**合致の原則**」といい，

$$期間利益の合計　=　全体利益$$

という算式で示される。

4　期間損益計算

　企業活動の全期間を人為的に区切って（1年とか半年とか）期間損益計算を行う場合，後述するように，**期間の収支計算と損益計算は一致しない**。当期に収入（前受収益）があっても，それは次期の収益であることもあれば，当期に支出（償却資産の取得）があっても，次期以降の費用となることもあるからである。さらには，損益に関係しない収支（借入金，貸付金など）があるからでもある。

　収入・支出と収益・費用が期間的にずれるようになると，期間損益計算の適切性を何かで保証しなければ，期間損益計算で求めた期間利益の合計と，全体損益計算で求める全体利益が一致しなくなる危険性がある。

　そこで，会計では，収支（計算）を期間損益計算のフレームワーク（枠組み）として，各期間において計上される収益・費用は収入・支出をフレームワーク

第 3 章

にして計算・計上することにしている。

　つまり，現在の会計では，収支計算が損益計算の枠となっているのである。**企業会計原則**は，その点を，次のように表現している。

　「**すべての費用及び収益は，その支出及び収入に基づいて計上し，その発生した期間に正しく割当てられるように処理しなければならない**」（第二，一A）

　企業活動は，永続的に営むことを目的としているが，資本の効率や収益性，安全性などを確認したり，課税・納税などを行うために，期間に区切って損益を計算している。

　これを，**期間損益計算**といい，そこで計算される利益を**期間利益**という。

5 口別損益計算

　1つの取引ごとに損益を計算することをいう。昔，ヨーロッパでは，資本家が金を出し合い，国内の珍しい産物を船に乗せて海外に出向き，高値で売って得たお金で，海外の珍しい産物を購入して，本国に帰って高値で売却するという事業があった。船が嵐に遭って沈没すれば，投資は無駄になるが，無事に帰国すれば巨額の利益を手にすることができたという。いわゆる，**冒険事業**である。

　わが国でも，昔，紀州のみかんを江戸に運ぶために資本を集め，無事，江戸にたどり着いて高値で売ることができれば高額の配当を手にすることができたという。

　こうした事業では，上述した全体損益計算と同じ計算が成り立つ。最初に集めた資本を最後に返還した後に残る現金が，この取引の利益なのである。これは，**全体利益**を計算していることにもなる。見方を変えると，全体損益計算は1つの事業（プロジェクト）の損益を計算するものである。

　ただし，ここでいう「**口別損益計算**」は，期間的にいうと短期で，数か月から数年のものをいう。多くの場合，近い将来の解散を予定して営まれる事業の会計である。

現在では，例えば，道路の敷設や橋の建設などの大型の公共事業を受注するために，多くの建設会社や土木会社が資本を出し合って，「ベンチャー・ビジネス」とか「共同事業体」として短期の企業を営む場合や，経営管理のために取引別・製品別などの損益を計算するために用いることはあるが，企業会計としては一般的に使われることはない。

2　損益法と財産法

　企業の利益を計算する方法には，財産法と損益法がある。しかし，どちらの方法にも長所と短所があり，実際には，お互いに補完しあいながら利益を計算している。

　今日の会計は，損益法をベースとして，若干ながら，財産法の考え方を取り込んでいるのである。

　この節では，企業の利益を計算する方法として，損益法と財産法を概説し，それぞれの方法の長所と短所を明らかにする。

1　損益法と財産法はパチンコ・ゲーム

　企業の利益を計算する方法には，**損益法**（そんえきほう）と**財産法**（ざいさんほう）があるといわれている。損益法は，その期間の収益から費用を差し引いて，当期の利益を求める。財産法は，期末の自己資本から期首の自己資本を差し引いた差額として利益を求める。

　簿記や会計学のテキストでは，この2つの計算法を，次のように紹介して，簿記処理上，2つの算式で求めた当期純利益が一致すると説明している。ただし，一致するのはあくまでも簿記処理に誤りがなかった場合だけであり，実際には，以下に述べるような事情から一致しないことが多い。

第 3 章

| [損益法] | 収益 − 費用 = 当期純利益 |

| [財産法] | 期末資本 − 期首資本 = 当期純利益 |

　この2つの計算法は，パチンコの台を例に使うと分かりやすい。

　500円出して100個の玉を借りたとしよう。台には2つのカウンターを取りつけておくのである。1つは，打った玉の数を計算するカウンター(A)，もう1つは出てきた玉の数を数えるカウンター(B)である。

　ゲームを1時間ほど楽しんだとしよう。Aのカウンターから，この1時間に玉を2,000個打ったということが分かるとする。Bのカウンターからは，玉が2,200個出てきたことが分かるとする。

　こうした情報からは，玉が200個増えたということが推理できる。このように**インフロー（流入量）**と**アウトフロー（流出量）**を比較して，**どれだけ財産が増えたか**を計算するのが**損益法**である。

| [損益法] | 流入量 − 流出量 = 増加量（利益） |
| | (出てきた玉の数) (打った数) (増加した数) |

　最初の玉は100個であった。ゲームを終えてから手元にある玉を数えたら300個あった。最初の玉と比べると200個増えている。このように，始まりと終わりの時点における**ストックの量を比較**して，**増加があればそれを利益とする**のが財産法である。

| [財産法] | 終了時の有り高 − 開始時の有り高 = 増加量（利益） |
| | （残った玉300）（最初の玉100） （増加分200） |

　財産法は，実際の財産というストックの増加を確認してこれを利益とするのであるから，**計算は確実であり**，**利益の存在を目で確かめる**ことができる。

他方，**損益法**は，一定期間に生じた収益と費用というフロー同士を比較して，アウトフロー（費用）よりもインフロー（収益）が大きければ財産の増加があったはずだと考えるものであるから，**利益の存在を観念的・抽象的に確認する方法**である。

2 財産法の長所と短所

財産法は，期首と期末の情報だけで利益を計算することができる。**帳簿も要らないし，期中の記録も不要**である。財産法では，期中にどのような営業活動が行われたか，財務活動は効率的であったか，資産の管理は適切であったかなどは本質的な問題とされないのである。

したがって，期中の取引の記録（パチンコの例でいえばカウンターの目盛り）がなくても損益の計算ができる。期中に記録する必要がないのであるから，便利である。

しかし，この方法では，**どうして利益が出たのか，どういう活動が利益を生んだのか**ということが分からないし，期中に盗難や紛失があっても，帳簿から知ることはできない。パチンコの例でいうと，ゲーム台から友人が玉を勝手に借りていっても，受け皿から玉がこぼれ落ちても，記録は残らないのである。

もう1つ，財産法の問題は，**期首・期末の財産の有り高をどのような方法で計算するか**，である。期首と期末の財産の有り高を，誰もが納得する方法で決めることができるならば，財産法は利益の計算方法の1つとしての地位を確立できたかも知れない。会計学の知識のない人たちにも説得力がある。財産法の欠陥については，後でもう一度取り上げる。

3 損益法の長所と短所

損益法にも欠陥がある。損益法は，目に見えない**フローを記録集計して損益を推理**する。上の例でいうと，2,200個のインフローがあり，2,000個のアウト

第 3 章

フローがあったのであるから，玉は200個増えているはずだ，という計算である。

もし，AのカウンターなりBのカウンターが狂っていたら，200個の利益というのは間違いということになる。しかし，では，いくつが正しい数字かというと，損益法では確認できないのである。

これは，損益法の弱点である。**フローを測定するカウンターが，いつも正しく作動していることが損益法を適用する条件**なのである。フローを測定するカウンター（**収益と費用の測定**）が狂い出すと，損益法では正しい利益を計算することができなくなる。

ただし，損益法は，カウンターが正しく作動している限り，**どういう活動から損益が生まれたか，営業活動は活発であったか，投資は十分な成果を上げたか**，というようなことを伝えてくれる。経営者にとっても，投資家にとっても，役に立つ利益計算法である。

利益の計算法として理想的なのは，**財産法と損益法を別々に適用しても，同じ利益額が出るような計算法**である。しかし，そういう便利な方法はない。財産法と損益法を別々に適用すれば，まず，間違いなく，違った利益額が出てくる。原因は主に財産法の側にあるのである。

4　財産法の致命的欠陥

上にも述べたように，財産法には，致命的な欠陥がある。その1つは，**期末を迎えるたびに財産を「評価」しなければならないこと**である。

しかし，現在の大規模企業を考えると，毎期毎期，国中・世界中に散在する多種多様な財産を1つずつ評価するなどということは至難のこと，いや，まず不可能であるし，加えて，その評価を客観的に行うことなどは不可能を通り越している。

もう1つの欠陥は，**財産法では，企業の収益力が読めない**ことである。投資家は，財産法による会計数値を見せられても，どの企業が収益性が高く，どの

企業が低いのか，判断できない。

さらに，「会計学」にとって致命的なのは，**財産法では，会計学などという学問を必要としないこと**である。財産法では，期首と期末の財産の有り高さえ分かれば利益を計算できるのであるから，会計学のテキストにながながと書かれている減価償却の理論も，棚卸資産の原価配分の理論も，のれんや繰延資産の理論もいらないわけである。

なにしろ，帳簿は財産の有り高さえ記録すれば済むのである。複式簿記などという複雑な計算システムを動かすこともないわけである。こうした計算は，会計学を必要としないのであるから，皆さんにも，勉強してもらうこともない。

5 損益法と財産法の補完関係

こうしたことから，今日の会計では，**フローによる利益の計算**，つまり，**損益法**を採用している。

しかし，フローによる利益の計算を重視するあまりストックの計算を軽視すると，いろいろな矛盾が出てくる。ストックはほとんどが視覚できるだけに，貸借対照表に記載される金額と資産の実態との間に差が出てくるし，そうなるとフロー計算に対する信頼が揺らいでくる。

フロー計算だけで利益を計算すると，損益法の行き過ぎを是正するためにストック計算を取り込もうという動きが出てくる。フロー（財産）の計算は会計の第1の目的ではないのであるが，これを無視すると**財務諸表の信頼性**を失うことにもなりかねなくなるからである。

原価主義会計は，伝統的に，こうしたフロー計算とストック計算のギャップを，財務諸表に**注記**をつけたり，**附属明細書**をつけたりして埋めるように工夫してきた。

ところが最近では，さらに，**金融商品に対する時価評価基準**が定められたり，**退職給付の基準**（これは負債の時価評価基準）が定められたり，さらには不

第 3 章

動産を対象として**減損会計の基準**(げんそん)が設定されたりして，フロー計算を主とする現在の会計に対して，ストック計算を取り込もうとする動きが見られるようになってきた。

ストックはほとんどが視覚できるだけに，貸借対照表に記載される金額と知覚した資産価値との間に差が出てくる。そうなるとフロー計算に対する信頼が揺(ゆ)るぎはじめ，フローを中心とする計算システムにストック（財産）の概念が顔を出してくる。フロー計算だけでやる利益計算の行き過ぎを是正するためには，ストックをなおざりにはできないと考えるのであろう。

ただし，こうした動きが行き過ぎると，先程述べたように，**財産法の限界**に突き当たるか，**複式簿記も会計理論も要らない**ことになってしまう危険がある。

今日のように高度に資本が集中し，かつ，企業の資産構成が複雑になってくると，ストック計算によって利益を測定することはほとんど不可能に近いといえる。

あえてそれをやろうとすれば，資産種類別の測定方法が開発される必要があり，そこには会計とか簿記のシステムなどというものは不要になると思われる。

もう一度いうと，今日の会計は，財産を計算することを第1の目的とするシステムとしては機能していないのである。財産の計算ということであれば，会計以外の領域を専門とする人たちの方が向いているかも知れない。商品や製品の価値なら問屋や小売店の人たちの方がよく知っているであろう。有価証券なら証券のプロがいるし，土地や建物なら**不動産鑑定士**という専門家がいる。財産法の世界では，会計学や会計士の出番はないであろう。

3 損益計算の諸原則

1 損益計算の方式はどのようになっているか

　企業の**簿記**では，日々の取引が仕訳帳に記入され，それが元帳に転記されて，**取引のデータベース**が作られていく。このデータベースは，決算のときに**損益計算書と貸借対照表の作成データ**となる。言い換えれば，期中の取引に関するデータベースは，決算のときに損益計算書と貸借対照表が作成できるように，はじめから準備されている。

　ここでは，損益計算書と貸借対照表のうち，**損益計算書**を取り上げ，それを中心にして**企業の損益計算**を考えることにしよう。

　簿記で学習してきたように，損益計算書には**収益と費用**が記載される。そして収益と費用との差額が**当期純利益**（または**当期純損失**）として表示される。当期純損益の計算は次のように行われる。

収益＞費用のとき	収益－費用＝**当期純利益**
収益＜費用のとき	収益－費用＝**当期純損失**

　２つの式をまとめて，簡潔に示すならば，次のようになる。

収益－費用＝損益

　この式に基づく損益計算の方法は「**損益法**」と呼ばれる。もう１つの損益計算の方法として「**財産法**」があるが，ここではこの方法は触れない。

　損益法については，収益の方が費用よりも大きい場合を前提にして，つまり当期純利益が生じる場合を前提にして，以下，述べることにする。収益＞費用を前提にした損益計算書を示すならば，次のようになる。**損益計算書は企業の経営成績を表示する**ことを目的としている。

第 3 章

損益計算書

費　用	収
利　益	益

企業会計原則　第二・一（損益計算書の本質）

　損益計算書は，企業の経営成績を明らかにするため，一会計期間に属するすべての収益とこれに対応するすべての費用とを記載して………当期純利益を表示しなければならない。

2　利益感覚の基礎は収支計算である

　損益法に基づく損益計算の方法を実感してもらうために，卑近なところから出発しよう。私たちの日常の経済生活の中では，犠牲にした財貨やサービスの質と量に比べて，獲得した財貨やサービスの質と量の方がまさっているときには，"得"をしたと考える。逆のケースでは"損"をしたと考える。そしてほとんどの場合，**犠牲量と獲得量は貨幣額の大きさで比較考量する**。

　単純化していえば，**獲得した貨幣量（＝収入）と犠牲にした貨幣量（＝支出）**とを比較して，収入の方が大きいときには，そこで生じる**収入余剰額が**"得"**をした量**を表すと考える。つまり，収入余剰額が「**利益**」というわけである。

　逆に，支出の方が大きいときには，そこで計算される**支出超過額**が"損"をした量を表し，その額を「**損失**」と考える。すなわち，収入・支出計算，略して**収支計算**を基礎にして利益または損失（損益）を求めている。式の形で示すならば，次のようになる。

> 収入＞支出のとき　収入－支出＝**利益**（収入余剰額）
> 収入＜支出のとき　収入－支出＝**損失**（支出超過額）

　このような**収支計算に基づく損益計算**は，私たちの生活実感を表している。このような収支計算に基づく損益計算は，実は，**企業会計においても基本的に成り立つ**。

　なぜならば，貨幣経済社会を構成する担い手であれば，私たち1人ひとりも，また私たちが集団で作り上げている企業であっても，損益計算に関する発想のしかたは基本的には変わらないからである。**企業会計では，損益計算そのものが複雑化している**にすぎないのである。このような考え方のもとに，企業の損益計算を次に考えてみよう。

③ 収支計算と損益法の関係はどのようになっているか

　商品売買業すなわち**商業を営む企業**を取り上げてみよう。**商企業の主要な活動**は，商品を仕入れ，それを販売して利益を上げることである。その場合，仕入価格よりも高い販売価格で販売できるならば利益が得られ，逆のときには損失が発生する。このような活動を収支計算に関係させて説明すると，どのようになるであろうか。

　商品仕入では，商品を発注し，納品書等とともに商品を受け入れ，その代金が支払われる。会計上は，**仕入商品はその支出額に基づく取得原価で記録される**。このように，獲得された商品は，犠牲にされた**貨幣量（支出）によって測定**される。商品の買手側からすれば，獲得された商品は，犠牲にされた貨幣額と同じか，それ以上の価値を持っていると判断されているから，仕入れられる。

　仕入商品はのちに販売される。その時には，商品を受注し，納品書等を添えて商品を引き渡し，その代金を受け取る。商品仕入取引の反対側の当事者を考えればよい。会計上は，商品販売額すなわち売上高は，**代金として受け取った**

第 3 章

収入額によって記録される。

　商品販売では，販売された仕入商品の**取得原価**で表された支出額と，**売上高**で示される収入額とを差引計算して，通常の場合，収入余剰額が求められる。この収入余剰額が**利益**と呼ばれるものである。

　この計算は，販売された商品についての支出額が回収された上に，**回収余剰額**で表される**利益**の算定プロセスを示している。このように，企業会計でも収支計算を基礎にした損益計算が行われる。

　いま商品100が現金仕入され，そしてその全部が当期中に130で現金販売されたと考えてみよう。販売による売上収入130から商品仕入の100の支出額が差し引かれ，収入余剰額30の利益が計算される。売上収入130のうちの100は，商品に投下された貨幣額（支出額）の回収額であり，残りの回収余剰額30が利益となる。

　商品販売時点において計上される「**売上**」は，会計上，「**収益**」といわれる。簡単にいえば，収益は**経営活動によって生み出された成果**である。収益は，商品の販売やサービスの提供に対する対価として受け取った，あるいは受け取ることのできる**貨幣額（収入額）で測定**される。

　商品販売において引き渡された商品の取得原価は，「売上原価」（販売された商品の原価という意味）という形で示される。この売上原価は「費用」といわれる。**費用**は，いわば**収益を獲得するための努力**である。費用は，収益を獲得するために犠牲または費消された財貨などの**貨幣額（支出額）で測定**される。

　経営活動の純成果は，努力と成果とを対応させることによって把握できる。ここに純成果とは利益を表す。したがって，利益は，費用という形で表される努力と，収益という形で表される成果との差引計算によって得られる。

　　　　成果－努力＝純成果
　　　　収益－費用＝利益（損益）

　これは損益法の式であるから，**損益法による損益計算の方法の特徴は，努力と成果の対応にある**といえる。そこで次に，収益と費用の認識と測定について

説明することにする。

4 収益・費用の認識・測定とは何か

収益と費用については，**認識**と**測定**が問題にされる。認識と測定は，どのような内容で理解されているのであろうか。

ここに「**認識**」とは，収益と費用がいつ生じ，どの期間に帰属するかを決定することを意味している（したがって，損益計算書に載せることを意味する）。また「**測定**」とは，認識された収益と費用の金額を決定することである。そして，認識と測定の全体は「**計上**」といわれる。

収益と費用を認識するときには，一定の条件が満たされなければならない。このような条件を「**認識基準**」という。したがって，収益と費用の認識については，**収益認識基準**と**費用認識基準**が問題にされる。

「**現金の収入と支出が起こったこと**」を条件に，その時点およびその期間で収益と費用を認識する基準は「**現金基準**」といってよい。それに対して，「**経済的事実の発生**」を条件にして，その時点およびその期間で収益と費用を認識する基準は「**発生基準**」といえる。

現金基準を認識基準にするときには，収益は，**すでに収入された金額**をもとに測定され，費用は，**すでに支出した金額**をもとに測定される。これに対して，発生基準を認識基準にする場合には，収益は，**すでに収入された金額**か，あるいは**将来収入となるべき金額**をもとに測定される。そして費用は，**すでに支出した金額**か，あるいは**将来支出されるべき金額**をもとに測定される。発生基準のもとでの測定基準は「**収支額基準**」といわれる。

5 収益・費用の計上基準－現金主義－

収益と費用の認識基準に現金基準をとり，すでに授受された収支額に基づいて収益と費用の測定を行うときには，それは「**現金主義**」といわれる。簡単に

第 3 章

いえば，**現金主義は現金をベースにして収益と費用を計上する基準**である（計上基準）。

現金主義という収益・費用の計上基準によれば，**収益は現金収入のとき，費用は現金支出のときに計上される**。このようにして計上された収益と費用を比較して損益を計算する会計は，「**現金主義会計**」といわれる。

例えば，商品100を現金で仕入れ，当期では仕入商品のうち70を90で掛売したと考えてみよう。そして翌期において売掛金90が現金で回収されたと考えてみよう。

現金主義に従うならば，当期の費用は現金支出に基づいて計上されるから，商品仕入における現金支出額100が全額費用となる。また，収益は現金収入に基づいて計上されるので，当期で掛売された時点では収益は計上されない。したがって，損益計算をすれば，損失が100となる。次期では，売掛金が回収されることによって，収益が90計上される。新たな現金による商品仕入が行われているわけではないので，費用は計上されない。

当期と次期の２期間の，現金主義に基づく損益計算を示すならば，次のようになる。

	当 期	次 期
売上収入（収 益）	0	90
仕入支出（費 用）	100	0
損 益	△100	90

現金主義による損益計算は，経営活動の努力と成果を対応させていない。当期についていえば，販売活動において実質的に利益をあげているにもかかわらず，それが損益計算に反映されていない。また次期では，販売活動が全く行われていないにもかかわらず，利益が計上されていて，**実態が反映されていない**。すなわち，**現金主義では，努力と成果の対応が適切にできない**という欠陥を持つ。

現実には，ごく一部の企業を除いては，現金主義会計をとることはない。企

業活動では，掛取引などの信用取引がむしろ一般的であり，また企業は商品在庫と固定資産などを期末において多く所有しているからである。

6 収益・費用の計上基準－発生主義－

企業活動の**努力と成果**をできるだけ忠実に描き出すためには，現金の受払とは関係なく，その努力と成果を生じさせている**経済的事実に注目**することが必要になる。

収益および費用を経済的事実の発生に基づいて計上する基準は，「発生主義」といわれる。そして，**経済的事実の発生に基づいて計上される収益と費用との差引計算によって損益を計算する会計**は，「発生主義会計」といわれる。

発生主義における収益についていえば，それは，**経営活動の成果を表す経済的事実に基づいて認識し，将来受け取るべき貨幣額を含む収入額によって測定**される。

経営活動の成果を表す経済的事実とは，一般的には，**販売活動における商品などの財貨やサービスの提供という事実**を指す。このようにして**認識された収益**は，**実際の現金収入額**だけでなく，信用取引によって生じる売掛金や受取手形などの**将来受け取るべき収入額によっても測定**される。

ここでも，先に使ったと同じ例を使うことにしよう。その例とは，当期に商品100を現金で仕入れ，同じ当期で，仕入商品のうち70を90で掛売し，翌期において売掛金90を現金回収するというものである。

当期の**収益**は，**販売活動において商品を買手側に引き渡した時点で「売上」**として認識され，その測定額は売掛金の金額90となる。次期における収益は計上されない。販売活動による商品の引渡しがないからである。

発生主義における費用についていえば，それは，**経営活動の努力を表す経済的事実に基づいて認識**される。経営活動の努力を表す経済的事実とは，一般的には，**成果である収益を獲得するために商品などの財貨やサービスを犠牲にしたあるいは消費したという事実**を指す。

第 3 章

このようにして**認識された費用**は，**実際の現金支出額**だけでなく，**将来支払うべき貨幣額を含む支出額**によっても**測定**される。言い換えれば，費用は，信用取引によって生じた買掛金や支払手形などの将来支払うべき支出額に基づいて測定することもできる。

先の例を用いるならば，**当期の費用**は，**収益を獲得するために商品を犠牲にし消費した時点**，すなわち**商品を引き渡した時点**で，「**売上原価**」として認識される。そしてこの費用は，引き渡した商品に当たる支出額70で測定される。次期では，販売活動によって犠牲・消費された商品はないので，費用は計上されない。

当期と次期の2期間の，発生主義に基づく損益計算を示すならば，次のようになる。

	当 期	次 期
売 上 高（収 益）	90	0
売 上 原 価（費 用）	70	0
損 益	20	0

発生主義に基づく損益計算では，**努力と成果が対応されて，経営成績が適切に示されている**。この意味では，経営活動の状況が把握できる。今日の企業会計は，**このような発生主義会計を基礎にして成立**している。発生主義会計は，努力と成果とを対応させて，企業の経営成績を明らかにしようとすることを目的にしている。

そこで次に，発生主義会計では，努力と成果の対応，言い換えれば，費用と収益の対応はどのように行われているかについて，説明することにしよう。

> **企業会計原則 第二・一（損益計算書の本質）**
>
> 　損益計算書は，企業の経営成績を明らかにするため，一会計期間に属するすべての収益とこれに対応するすべての費用とを記載して………当期純利益を表示しなければならない。
> 　A　すべての費用及び収益は，その支出及び収入に基づいて計上し，その発生した期間に正しく割当てられるように処理しなければならない。……

7　費用収益対応の原則

　費用収益対応の原則は，損益法に基づく損益計算に実質的な意味を与えるものである。すなわち，**収益－費用＝損益（利益）** という式を，**成果－努力＝純成果** という内容で捉えるのである。すなわち，収益と費用という形でバラバラに存在する収益および費用項目を互いに関連づけて，損益または純成果を導き出すようにする。

　このような式の理解からすれば，**まず**，商品などの財貨やサービスの提供に基づいて（期間）**収益を確定し**，**続いて**収益の獲得に関係した（期間）**費用を求め**，それを**収益に対応する費用**として，収益から差し引くことによって（期間）**損益が計算**される。

　費用収益対応の原則とは，期間損益は収益とそれに対応する費用とによって計算すべきことを要請する原則である。収益がまず決定されて，その次にその収益に対応する費用が決定されるということでは，本来，それは「**収益費用対応の原則**」というべきである。しかし，**費用収益対応の原則**という言い方の方が**一般的**である。

　収益と費用の対応には，次のような2つの形態がある。

第 3 章

> (1) 特定の財貨を媒介とした収益と費用の直接的な対応
> (2) 会計期間を媒介とした収益と費用の間接的な対応

(1) **特定の財貨を媒介とした収益と費用の直接的な対応**

　この収益と費用の直接的対応は，売上高と売上原価のように，その対応が**商品または製品を媒介とする対応**である。これは，通常，販売活動に関係しているので，**因果関係に基づいた対応**である。これは「**個別的対応**」といわれる。例えば，商品を媒介にした個別的対応であれば，次のように図示できる。

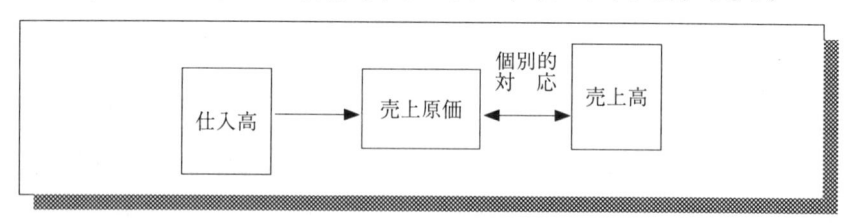

```
仕入高 ──→ 売上原価 ←─個別的対応─→ 売上高
```

(2) **会計期間を媒介とした収益と費用の間接的な対応**

　例えば，本社用建物の減価償却費や支払利息などの費用について，売上高や受取利息などの収益との間に，**財貨等を媒介にした対応関係を見いだすことは困難**である。

　このために，それらは同一期間の経済活動を介して対応しているとみて，**会計期間を媒介として収益と費用を間接的に対応させる**。このような対応は「**期間的対応**」といわれる。期間的対応は，**販売費および一般管理費**に多くみられる。

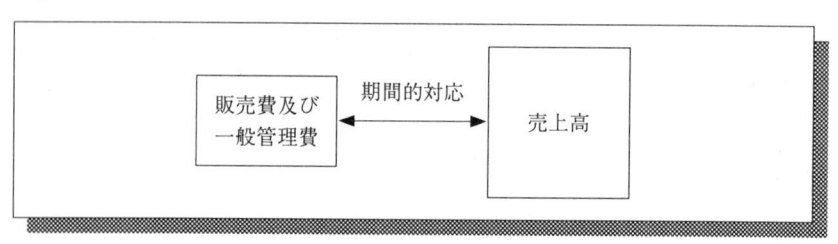

```
販売費及び一般管理費 ←─期間的対応─→ 売上高
```

8 実現主義とは何か －収益の発生と実現－

発生主義によれば，収益と費用は経済的事実の発生に基づいて計上される。そのうち**収益**は，経営活動の成果を表す経済的事実に基づいて認識し，将来受け取るべき貨幣額を含む収入額によって測定される。

製造業の企業では，原材料，労働力その他の財貨やサービスといった生産要素を結合させて，徐々に製品を作り出していく。つまり，このような**製品製造の過程**において，経営活動の成果を形作る価値形成が徐々に行われていく。

これからすれば，製品製造プロセスを通じて新たな価値が形成されるつど，経営活動の成果を表す経済的事実が発生しているとみることができる。このような見方をとれば，**発生主義のもとでは，製造プロセスを通じて新たな価値が形成されるつど，収益を計上することが必要になる**。すなわち，**新たな価値形成が収益の発生を意味している**のである。

このような収益の発生は，商業を営む企業においても同様にみられる。商品などの財貨の場所を移転させる流通活動は，商品の付加価値を高めるので，そこでは新たな価値が形成されている。したがって，**流通活動によって新たな価値形成が行われるつど，収益が計上されるべき**である。

このような考え方に従って，収益の発生時点で収益を計上することが認められるケースもあるが（このようなケースは後で取り上げる），通常みられる製造活動や販売活動を行っている企業の場合には，**収益の発生に基づいて収益を計上することは認められていない**。

というのは，新たな価値形成が行われているとしても，その**価値形成額を客観的に測定することができない**からである。また，かりに価値形成額を測定できたとしても，**商品・製品などの財貨が確実に販売できるとは限らない**からである。すなわち，このような**収益計上はもともと，不確実性と主観性を持って**いる。

このため，通常の販売活動を行っている企業においては，収益の計上に対して確実性と客観性を与えるために，商製品などの財貨やサービスが市場で実際

第 3 章

に取引されるまで，収益の計上を延期する。

このような考え方に基づいた収益の認識は「**実現主義**」といわれる。**実現主義では，収益が「実現」したときに，認識される**。それでは，収益の「実現」とはどのようなことなのか。

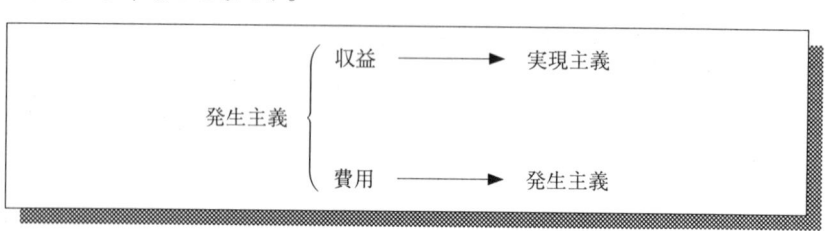

```
                  ┌─ 収益 ──────→ 実現主義
        発生主義 ─┤
                  └─ 費用 ──────→ 発生主義
```

⑨ 実現主義とは何か－実現と未実現－

実現主義にいう「**実現**」とは，辞書上は，「**換価すること**」，「**現金に換えること**」を意味している。会計的に表現すれば，**実現とは，財貨またはサービスが現金・売掛金・受取手形などの貨幣性資産に形を換えること**を意味する。

このような意味を前提にして，収益の「実現」は，次の２つの条件の両方が満たされることをいう。

(1) **財貨またはサービスが相手方に引き渡されること**（このことを簡単に「財貨等の提供」ということにする）

(2) **対価として，現金・売掛金等の貨幣性資産が受け取られること**（このことを簡単に「貨幣性資産の受領」ということにする）

このような(1)財貨等の提供と，(2)貨幣性資産の受領という２つの条件が満たされたときに，**収益は認識**される。このような収益の認識が「**実現主義**」といわれるのである。

収益認識のための２つの条件が満たされる時点は，市場において財貨またはサービスが販売されたときである。つまり，販売時点で収益が計上される。このように，**収益認識時点は，一般的には，販売時点となるから，実現主義は「販売基準」として適用される**。

実現主義では，販売時点で収益が認識されることになるから，このことを逆に見れば，**販売が行われるまでは収益を認識しない**ということになる。これを資産評価に関係づけるならば，**商品などの資産は販売されるまでは取得原価で評価**しなければならないということである。

　先に使った例を思い出してほしい。それは，当期に商品100を現金で仕入れ，同じ当期で，仕入商品のうち70を90で掛売し，翌期において売掛金90を現金回収するというものである。

　当期の期末においては，未販売のために次期に繰り越す商品が30存在している。この30という金額は取得原価である。かりに期末の当該商品の市場価格が40であったとしよう。商品は保有しているだけで，すでに40の価値をもち，したがって実質的には，10（＝40－30）の利益が生じている。

　実現主義によれば，期末に実質的に生じている10の**評価益は計上できない**。なぜならば，当該商品はまだ販売されていないので，実現の２つの条件が満たされていないからである。このように，「実現」していないために認識されない収益は，「**未実現収益**」といわれる。「未実現」の「未」は，「いまだ……せず」という意味である。

　期末の10の評価益は未実現利益のために計上されないということは，当該商品は取得原価の30で次期に繰り越さなければならないということを意味する。**資産評価における原価主義は，収益認識における実現主義と表裏の関係にある考え方**である。つまり，原価主義と実現主義は論理的に首尾一貫しているのである。

---

10 実現主義とは何か
　　　－なぜ未実現収益を計上してはならないのか－

　実現主義によれば，実現収益だけを認識し，未実現収益（利益）は計上してはならない。なぜであろうか。この理由を考えることは，なぜ実現収益だけを認識するのか，その理由を尋ねることと同じである。つまり，**実現主義がとら**

れる根拠とは何か，ということである。

(1) 分配（処分）可能利益算定の要請に応えるということ

　今日の企業会計において計算される利益は，最終的には，利益処分によって株主への配当という形で外部に流出する。外部に流出する配当などは通常は，現金などによって支払われる。

　このような支払に充当できる利益は，当然のことながら，**貨幣性資産の裏付けを持っていなければならない**。言い換えれば，**利益は分配（処分）可能でなければならない**。

　実現主義によれば，販売によって貨幣性資産を受け取ったときに収益が認識される。このようにして計上された収益から費用を差し引いて求める利益は，収益余剰額であるから，当然，**貨幣性資産の裏付けをもつことになる**。**実現主義は，利益に分配可能性という性質を与える**。

　利益は分配可能でなければならない，つまり，分配可能利益を算定するという今日の企業会計の要請に，実現主義は適合している。実現の要件のうちの「貨幣性資産の受領」という条件は，この要請を反映している。このように，**実現主義の第1の根拠は，分配可能利益算定の要請に応えるということである**。

(2) 検証可能で追跡可能な証拠を与えるということ

　実現主義によれば，販売時点で収益が認識される。販売取引では，商品などの財貨が提供されて，通常の場合，それに対する**所有権も移転**する。これによって，**取引それ自体が後で取り消されたりする可能性はほとんどなくなる**。この点で，認識される**収益の確実性**は高まる。実現の要件のうちの「財貨等の提供」は，このような収益の確実性を確保する。

　また通常の販売取引は，独立の当事者間で成立した公正な取引価額によっている。この取引価額は，契約書・送り状その他の証憑によって明確にされている。したがって，このような**取引価額による収益の計上は，客観的な測定額を**

与える。そればかりでない。計上された収益額は，契約書・送り状その他の証憑によって裏付けられているから，後に**取引それ自体と取引額を検証**したり，**追跡したりすることを可能**にする。これによって，**収益の信頼性**が高まる。

実現主義によって収益を認識することは，収益の確実性，客観性および信頼性を与える。これは，販売という事実に基づいて収益が計上されるから，収益は検証可能で追跡可能な証拠によって裏付けられるからである。これが，実現主義の第2の根拠である。

11 例外的に収益に発生主義を採るケースー生産基準ー

(1) 継続的サービス提供契約の取引

継続的サービス提供契約の取引とは，金銭の貸付や不動産の賃貸などのように，**事前に締結された契約に基づいて継続的なサービスを提供する取引**をいう。このような取引によって生じる収益としては，例えば，**受取利息・受取地代・受取家賃**などがある。

このような項目から直ちに想起されるように，継続的サービス提供契約の取引は，簿記の決算整理手続の中で出てきた「**収益の見越・繰延**」の処理を伴う取引である。収益の見越項目として「**未収収益**」，収益の繰延項目として「**前受収益**」が登場したことを憶えているであろう。未収収益や前受収益は「**経過勘定項目**」といわれている（費用の見越・繰延の場合は，**未払費用**と**前払費用**が出てくる）。

例えば，半年分の地代60,000円を9月末日に受け取ったが，10月以降の半年分の地代は翌年の3月末日に受け取る約束であるとする。当企業の決算日は12月末日である。

問題は，10月1日から12月31日の決算日までの3カ月分の地代がどのように扱われるかである。簿記では，決算日に3カ月分の地代30,000円を見越計上する。次のような仕訳をした。

　　（借）未　収　地　代　30,000　　　（貸）受　取　地　代　30,000

第 3 章

借方の未収地代勘定が一般的に「経過勘定」と呼ばれる。このような経過勘定によって処理することによって，まだ受け取ってもいない3カ月分の地代が収益として計上される（貸方の受取地代で示される）。

このような会計処理が行われるのはなぜであろうか。このような取引における収益（および費用）は，実現主義ではなく，**発生主義に従って計上されるのはなぜなのであろうか**。

この取引の場合には，**継続的にサービスを提供する契約**において，契約期間と契約価額が定められる。言い換えれば，契約価額が定められていることによって，当該契約期間にわたる収益総額があらかじめ確定している。

この取引の成果は，時の経過に従ったサービスの提供という経済的事実によって表される。したがって，収益総額があらかじめ確定しているから，サービスの提供に応じて，つまり，時の経過に基づいて収益を確実にしかも客観的に算定することができる。

継続的サービス提供契約の取引については，契約により収益総額が確定しているという特徴があるために，発生主義による収益認識が行われることになる。

発生主義に基づく収益計上基準は，「**生産基準**」とも呼ばれる。継続的サービス提供契約の取引では，経過時間に基づいて収益を計上するので，この場合の収益計上基準は「**時間基準**」といわれる。つまり，**時間基準は生産基準の1つをなす**というわけである。

時間基準に基づく収益の計上には，2つのタイプがある。その1つは，先にあげたケースである。つまり，すでに提供したサービスについて，いまだ対価の支払を受けていない場合である。このケースでは，時の経過に見合う額を当期の収益に含めるとともに，その額を未収収益として資産に計上する。

もう1つのタイプは，前もって対価の支払を受けたが，サービスの提供期間が完了していない場合である。この場合には，未経過の期間に対する額は当期の収益に含まれず，その額は前受収益として負債に計上しなければならない。

先の例についていえば，10月1日に，向こう6カ月分の地代を受け取った

ケースを考えればよい。決算日では，翌期に属する1月から3月までの土地サービスの提供がいまだ行われていないから，次のような仕訳が行われる。

　　（借）受　取　地　代　30,000　　　（貸）前　受　地　代　30,000

(2) **公定価格のある農作物と相対的に安定した価格をもつ鉱産物**

　一部の米や麦のような公定価格での買上げが保証されている農作物は，販売する価額がすでに決まっているので，その意思さえあれば，いつでも販売可能である。

　このために，このような農作物については，その販売または引渡しを待たないで，生産が完了して販売しうる状態になったときに，収益を計上することが認められている。このように収益を計上しても，確実性や客観性が損なわれることがなく，またより良く経済的事実を反映させることができるからである。

　公定価格のある農作物に関する収益計上基準は，「**収穫基準**」と呼ばれる。収穫基準も生産基準の1つである。このような基準は，金や銀などの鉱産物にも適用される。これらの鉱産物には，**相対的に安定した価格で容易に販売可能な市場が存在している**からである。

　収穫基準における収益は，生産完了時点の公定価格または市場価格から，販売までに要する費用を控除した**正味実現可能価額**（正味売却価額）に基づいて計上される。

(3) **長期請負工事契約の取引**

　工期が1年を超えるビル建設や造船などの長期請負工事契約に基づく取引については，発生主義によって収益を計上することが認められている。このような取引における収益計上基準は「**工事進行基準**」と呼ばれる。工事進行基準も**生産基準の1つである**。

　この基準については，実現主義のもとの「**工事完成基準**」と関係させて，後に述べることにする。ここでは，「工事進行基準」という発生主義に基づく基準が存在していることを知っておこう。

第 3 章

> **企業会計原則　第二・一（損益計算書の本質）**
>
> 　損益計算書は，企業の経営成績を明らかにするため，一会計期間に属するすべての収益とこれに対応するすべての費用とを記載して………当期純利益を表示しなければならない。
>
> 　A　すべての費用及び収益は，その支出及び収入に基づいて計上し，その発生した期間に正しく割当てられるように処理しなければならない。……
>
> 　　前払費用及び前受収益は，これを当期の損益計算から除去し，未払費用及び未収収益は，当期の損益計算に計上しなければならない。

> **企業会計原則【注解5】経過勘定項目について**
>
> (2) 前受収益
>
> 　前受収益は，一定の契約に従い，継続して役務の提供を行う場合，いまだ提供していない役務に対し支払を受けた対価をいう。従つて，このような役務に対する対価は，時間の経過とともに次期以降の収益となるものであるから，これを当期の損益計算から除去するとともに貸借対照表の負債の部に計上しなければならない。また，前受収益は，かかる役務提供契約以外の契約等による前受金とは区別しなければならない。
>
> (4) 未収収益
>
> 　未収収益は，一定の契約に従い，継続して役務の提供を行う場合，既に提供した役務に対していまだその対価の支払を受けていないものをいう。従つて，このような役務に対する対価は時間の経過に伴い既に当期の収益として発生しているものであるから，これを当期の損益計算に計上するとともに貸借対照表の資産の部に計上しなければならない。また，未収収益は，かかる役務提供契約以外の契約等による未収金とは区別しなければならない。

4 収益の計上基準

1 通常の販売における収益計上基準

(1) 販売基準

　実現主義によれば，(1)財貨またはサービスが相手方に引き渡されること（**財貨等の提供**），および(2)対価として現金・売掛金等の貨幣性資産が受け取られること（**貨幣性資産の受領**），という2つの条件が満たされたときに，収益が計上される。

　このような2つの条件が満たされる時点は，通常，**市場において財貨等が販売されたときである。つまり，販売時点で収益が計上される**。このように，収益計上の時点は，通常は，販売時点となるから，実現主義は「販売基準」として適用される。逆に言えば，**販売基準が実現主義の一般的な適用形態である**。

　販売基準では，財貨等が取引の相手方に引き渡されたときに，収益が計上されることになるので，それは「引渡基準」といわれることがある。

　例えば，取得原価100,000の商品を130,000で掛売することとし，商品を相手方に引き渡したと考えてみよう。この場合には，次のように仕訳され，売上という勘定科目によって収益が計上される。

　　（借）売　掛　金　130,000　　（貸）売　　　　　上　130,000

　このように簿記では簡単に売上の計上が行われるが，商品等の財貨の引渡しをどのように考えるかによって，**販売基準または引渡基準はさらに，出荷基準と検収基準とに細分される**。つまり，販売あるいは引渡しといっても，その行為にもいくつかの段階があるのである。そこで，出荷基準と検収基準を次に考えてみよう。

第 3 章

> 企業会計原則　第二・三（営業利益）
>
> B　売上高は，実現主義の原則に従い，商品等の販売又は役務の給付によつて実現したものに限る。………

(2) 出荷基準と検収基準

　出荷基準とは，得意先より受注して，商品等を出荷した時点で，収益（売上）を計上する基準である。出荷基準といっても，さらにまた分かれる。例えば次のようなものがある。

　商品等を倉庫または工場から出荷した時点で，出荷報告書に基づいて収益を計上する基準は，「倉庫渡し基準」といわれる。

　商品等を貨車またはトラック等に積み込んだ時点で，運送業者等からの積込報告書に基づいて収益を計上する基準もある。これは「貨車積基準」といわれる。

　また，商品等を相手方の指定する場所に納品した時点で，相手方の物品受領書に基づいて収益を計上する基準もある。これは「**納品基準**」といわれたり，「**着荷基準**」といわれたりもする。

　出荷基準でも，具体的にはどのような基準で収益を計上したらよいのであろうか。このような問題を考える前に，次に検収基準とは何かを説明しよう。

　検収基準では，相手方に引き渡した商品を，相手方が検収受入れした時点で，相手方の検収通知に基づいて収益が計上される。ここに検収とは，相手方が自己の発注した物品の種類，数量，規格，品質等を確認することである。

　検収基準を採れば，出荷基準に比べて収益の計上時点が遅れる。企業は，出荷基準を採るか，あるいは検収基準を採るかを選択できる。また，出荷基準を選択した場合でも，倉庫渡し基準あるいは納品基準などの**どれを選択するかは企業に任せられている**。

　とはいえ，どの基準を選択するかは，商品等の種類および性質，販売についての契約内容等に応じて，合理的であると考えられるものに従わなければなら

ない。当然のことながら，**選択した基準は毎期継続して適用されることが必要**である（継続性の原則）。

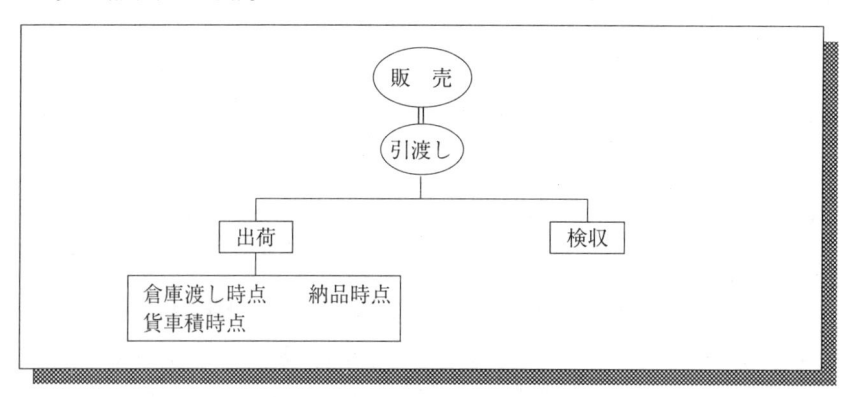

```
            販　売
              ‖
            引渡し
         ┌────┴────┐
        出荷          検収
    倉庫渡し時点　納品時点
    貨車積時点
```

2 特殊な販売における収益計上基準－委託販売－

委託販売とは，**商品の販売を代理店その他の者（受託者）に手数料を支払うことを約して委託する販売形態**である。

例えば，次のような例を考えてみよう。当店は，委託販売のために東京商店に商品（原価140,000，売価180,000）を積送した。東京商店は販売を受託した商品を販売し，同店から売上計算書（売上高180,000，販売手数料9,000，手取金171,000）が送付されてきた。その後，東京商店から手取金171,000の同店振出し小切手を受け取り，直ちに当座預金に預け入れた。

委託者側の当店が収益（売上）を計上する時点はいつになるのであろうか。(A)東京商店に委託販売用商品を**積送した時点**か，(B)東京商店が**受託した商品を販売した時点**か，(C)東京商店から**売上計算書が送付されてきた時点**か，あるいは(D)**東京商店から手取金を受け取った時点**であろうか。

第 3 章

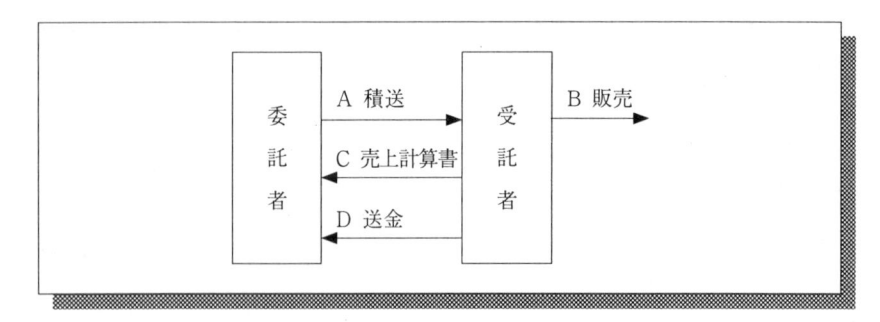

```
委          A 積送        受
託       ─────────→      託
者      C 売上計算書       者       B 販売 ─────→
        ←─────────
         D 送金
        ←─────────
```

(A)は**商品を積送した時点**であるが，これは単なる委託品の移送にすぎないので，この時点では収益は計上できない。**実現主義の条件が満たされていないから**である。**実現主義の条件が満たされるのは，受託者が委託品を販売したとき**である。したがって，**委託販売における収益の計上は，原則として受託者が委託品を販売した**(B)**時点**で行われる。

しかし，実務上は，受託者の販売日を常に正確に把握することが困難な場合も少なくない。このため，**売上計算書が販売のつど送付されている場合には，当該売上計算書が到達した日をもって収益を計上することが認められている。**この基準で収益を継続して計上する場合には，(C)の**売上計算書が送付されてきた時点**が採られることになる。売上計算書は「**仕切精算書**」ともいわれる。

先の例について，**受託者が委託品を販売したときに収益を計上する場合**の仕訳を示してみよう。

(A) （借）積　　送　　品　140,000　　（貸）仕　　　　　入　140,000
(B) （借）積　送　売　掛　金　171,000　　（貸）積　送　品　売　上　180,000
　　　　　販　売　手　数　料　　9,000
　　（借）仕　　　　　入　140,000　　（貸）積　　送　　品　140,000
(C) 　仕訳なし
(D) （借）当　座　預　金　171,000　　（貸）積　送　売　掛　金　171,000

(A)の積送品勘定による処理は，委託品を通常の手許商品とは区別しておくためである。原価で仕入勘定から振り替えられている。(B)における積送品勘定の処理は，委託品の販売により委託品の原価を売上原価に計上する必要があるか

310

らである。

　積送売掛金勘定や積送品売上勘定を使用しているのは，委託販売は通常の販売とは異なり特殊な販売形態であるので，通常の販売と区別するためである。

　売上計算書が送付されてきたときに収益を計上する場合の仕訳を示してみよう。

(A) 　（借）積　　送　　品　140,000　　（貸）仕　　　　　入　140,000
(B) 　仕訳なし
(C) 　（借）積　送　売　掛　金　171,000　　（貸）積　送　品　売　上　180,000
　　　　　販　売　手　数　料　　9,000
　　　（借）仕　　　　　入　140,000　　（貸）積　　送　　品　140,000
(D) 　（借）当　座　預　金　171,000　　（貸）積　送　売　掛　金　171,000

企業会計原則【注解6】実現主義の適用について

　委託販売，試用販売，予約販売，割賦販売等特殊な販売契約による売上収益の実現の基準は，次によるものとする。

(1) 委託販売

　委託販売については，受託者が委託品を販売した日をもつて売上収益の実現の日とする。従つて，決算手続中に仕切精算書（売上計算書）が到達すること等により決算日までに販売された事実が明らかとなつたものについては，これを当期の売上収益に計上しなければならない。ただし，仕切精算書が販売のつど送付されている場合には，当該仕切精算書が到達した日をもつて売上収益の実現の日とみなすことができる。

3　特殊な販売における収益計上基準－試用販売－

　試用販売とは，商品等を試用希望者に送付し，試用希望者の試用吟味後の買取の意思表示によって，販売が成立する契約による販売形態である。

　例えば，次のような例を考えてみよう。試用販売のために，商品100,000（原

第 3 章

価80,000）を得意先に発送した。その後，得意先から商品を買い取りたいとの連絡を受けた。

　この場合における収益（売上）計上の時点としては，試用商品を発送した時点，買取りの意思表示を受けた時点を考えることができる。

　試用商品を得意先に発送した時点では，収益は計上されない。試用のための商品の引渡しでは，**実現主義の条件が満たされていない**からである。つまり，**いまだ販売が成立していない。販売が成立するのは，相手側からの買取りの意思表示があったとき**である。

　試用販売の処理には，２つの方法がある。その１つは，**試用商品を手許商品と区別する方法**である。もう１つは，**対照勘定を用いる方法**である。

　まず，第１の**試用商品を手許商品と区別する方法**によって，先の例の処理をしてみよう。

（試用商品発送時点）

　　（借）試　用　　品　80,000　　　（貸）仕　　　　入　80,000
（買取意思表示時点）

　　（借）売　掛　　金　100,000　　　（貸）売　　　　上　100,000
　　（借）仕　　　　入　80,000　　　（貸）試　用　　品　80,000

　この処理は，委託販売の場合と同様に考えればよい。試用販売という特殊な販売形態であるから，試用商品を発送したときには，それは通常の商品とは区別しておく。買取りの意思表示があったときに，売上原価の計算のために仕入勘定に振り替える。

　第２の**対照勘定を用いた方法**での処理をしてみよう。

（試用商品発送時点）

　　（借）試用販売売掛金　100,000　　　（貸）試　用　販　売　100,000
（買取意思表示時点）

　　（借）売　掛　　金　100,000　　　（貸）売　　　　上　100,000
　　（借）試　用　販　売　100,000　　　（貸）試用販売売掛金　100,000

　対照勘定とは備忘記録用の勘定である。このため，**売価で記録しておく**。買

損益計算論

取りの意思表示があって販売が成立したときに，備忘記録の役割が終わるので，消去される。買取意思表示時点の反対仕訳は，このような内容を表している。貸方科目である「試用販売」に代えて，「試用仮売上」勘定が使われることもある。

> **企業会計原則【注解6】実現主義の適用について**
>
> 　委託販売，試用販売，予約販売，割賦販売等特殊な販売契約による売上収益の実現の基準は，次によるものとする。
> (2) 試用販売
> 　試用販売については，得意先が買取りの意思を表示することによつて売上が実現するのであるから，それまでは，当期の売上高に計上してはならない。

4　特殊な販売における収益計上基準－予約販売－

　予約販売とは，将来の特定期日に，商品の引渡しまたはサービスの提供を行うという条件で，一定の予約金を受けて販売契約を結ぶ販売形態である。

　例えば，次のような例を考えてみよう。来月新譜のＣＤ（売価3,500）の予約受付をして，予約金1,000を現金で受け取った。後日，ＣＤを入荷したので，これを予約客に引き渡し，残金を現金で受け取った。

　この場合の収益（売上）計上の時点としては，予約金を受けた時点，予約品を引き渡した時点が考えられる。

　予約金を受け取った時点では，実現主義の条件が満たされていないので，収益の計上はできない。貨幣性資産の受領はあるが，いまだ財貨等の提供が行われていないからである。**財貨等の提供が行われるのは，予約品を引き渡した時点であるから，その時点で収益の計上が行われる。つまり，予約品を引き渡した時点で，販売が成立する。**先の例の処理を行ってみることにしよう。

第 3 章

（予約金受領時点）
（借）現　　　金　1,000　　（貸）前　受　金　1,000
（予約品引渡時点）
（借）前　受　金　1,000　　（貸）売　　　上　3,500
　　　現　　　金　2,500

　予約金を受け取った時点の前受金は，「予約販売予約金」勘定を使用してもよい。予約品引渡し時には，前受金は売上に振り替えられる。予約販売については，**予約金受領額のうち，決算日までに商品の引渡し等が完了した分だけを当期の売上高に計上し，残額は負債として次期以降に繰り延べられなければならない。**

> **企業会計原則【注解6】実現主義の適用について**
>
> 　委託販売，試用販売，予約販売，割賦販売等特殊な販売契約による売上収益の実現の基準は，次によるものとする。
> (3) 予約販売
> 　予約販売については，予約金受取額のうち，決算日までに商品の引渡し又は役務の給付が完了した分だけを当期の売上高に計上し，残額は貸借対照表の負債の部に記載して次期以後に繰延べなければならない。

5　特殊な販売における収益計上基準－割賦販売－

　割賦(かっぷ)販売とは，月賦等の方法によって代金を数回に分割して一定期間内に支払う契約の販売形態である。

　例えば，次のような例を考えてみよう。商品（売価300,000，原価240,000，月賦金は10ヵ月払）を月賦販売した。販売と同時に第1回月賦金30,000を入金した。第2回よりの月賦金は毎月末入金の契約である。その後の決算日では，月賦未回収額（4回分）は120,000であり，第7回月賦金（決算日支払期日）は5日後に支払う旨の通知があった。

割賦販売における収益（売上）の計上は，原則として，実現主義すなわち販売基準に基づいて行われる。商品の引渡しと貨幣性資産の受領という2つの条件が満たされているからである。設例について，会計処理を示すならば，次のようになる。

（販売時点）
　（借）割 賦 売 掛 金　300,000　　（貸）割 賦 売 上　300,000
（第1回割賦金入金時点）
　（借）現　　　　金　30,000　　（貸）割 賦 売 掛 金　30,000

この仕訳に見るように，**割賦販売が行われたときに，通常の販売と同じように収益が計上される**。この場合の売上利益は60,000（＝300,000－240,000）となる。割賦販売は特殊な販売形態であるので，「割賦売掛金」と「割賦売上」という勘定科目が使われる。

決算日では，割賦売掛金の未回収額は4回分120,000（＝30,000×4）存在している。これは，通常の売掛金と同様に次期に繰り越される。

```
        販売基準
       損益計算書
   売 上 高    300,000
   売 上 原 価  240,000
   売 上 利 益   60,000
```

```
        販売基準
       貸借対照表
   （資産の部）
     割賦売掛金  120,000
```

しかし，**割賦販売**には，次のような問題がある。
① **割賦販売における売掛金**は，一般の売掛金に比べて**現金回収の期間が長期にわたる**。
② **販売商品についての所有権**は，代金が回収されるまで，比較的長期にわたって**売手側に留保される**。
③ **割賦売掛金の回収の危険性**は，一般の売掛金に比べて**高い**。
④ 集金費や債権保全費などの**アフター・コスト**が，**販売後も長い期間にわたって発生する**。

第 3 章

このような問題があるので，収益の計上を確実にしかも客観的に行うために，販売基準に代えて，割賦売掛金の回収時点で収益を計上する方法が認められる。この方法による収益計上基準は「**回収基準**」と呼ばれる。

このほかに，**割賦金の入金の期限が到来すれば，割賦金の入金にかかわらず，期限の到来した割賦金をもって収益を計上する**ことも認められる。この方法による収益計上基準が「**回収期限到来基準**」と呼ばれる。

回収基準と**回収期限到来基準**は，割賦販売に特有な収益計上基準であるので，この2つの基準を総称して「**割賦基準**」といわれる。

割賦販売の収益計上基準を整理して示すならば，次のようになる。

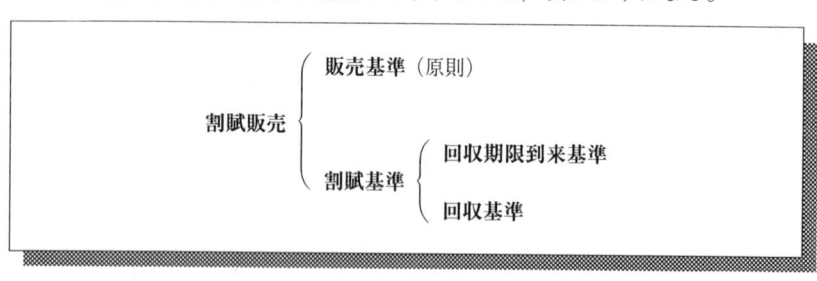

```
         ┌ 販売基準（原則）
割賦販売 ┤
         │           ┌ 回収期限到来基準
         └ 割賦基準 ┤
                     └ 回収基準
```

割賦販売をとる企業は，販売基準・回収基準・回収期限到来基準のうち**選択した方法を，重要な会計方針として注記**しなければならない。また，**選択した基準または方法は，毎期継続して適用する**ことが求められる（継続性の原則）。

(1) 回 収 基 準

先にあげた例に回収基準を適用してみよう。割賦販売について，当期で回収した割賦売掛金は6回分，すなわち180,000（＝30,000× 6回）が当期の収益（売上）になる。

割賦販売された商品の原価を求めて，売上利益を計算してみよう。**売上原価率は，原価／売価**で表されるから，この場合は0.8（＝240,000÷300,000）となる。回収された割賦売掛金の総額に売上原価率（0.8）を乗じれば，売上原価が計算できる。つまり，売上原価は144,000（＝180,000×0.8）となる。したがって，売上利益は36,000（＝180,000－144,000）となる。

割賦販売に販売基準または回収基準を適用したときの売上高，売上原価および売上利益を比較してみよう。回収基準の場合には，収益が少なく計上されるので，売上利益も少なくなっている。**回収基準の方が保守的**であることがわかる。

	販売基準	回収基準
売 上 高	300,000	180,000
売 上 原 価	240,000	144,000
売 上 利 益	60,000	36,000

回収基準を適用するときには，具体的には2つの会計処理方法がある。その1つは，**対照勘定を設けて処理する方法**である（「対照勘定法」という）。もう1つは，**販売基準に基づいて処理しておき，期末で未実現利益を控除する方法**である（「未実現利益控除法」という）。

① **対照勘定法**

設例について，対照勘定法によって処理してみよう。**対照勘定法は，商品の引渡し時点で，対照勘定を用いて売価で記録し，代金回収に伴ってこれらを相殺するとともに，収益（売上）を計上する方法**である。

（A：販売時点）

　（借）割 賦 販 売 契 約　300,000　　（貸）割 賦 仮 売 上　300,000

（B：第1回割賦金入金時点）

　（借）現　　　　　　金　 30,000　　（貸）割 賦 売 上　 30,000
　（借）割 賦 仮 売 上　 30,000　　（貸）割 賦 販 売 契 約　 30,000

（C：決算日）

　（借）繰 越 商 品　 96,000　　（貸）仕　　　　　入　 96,000

販売時点Aの仕訳で使われている勘定科目は，備忘記録のための対照勘定である。割賦販売が行われていることの注意を喚起するための仕訳と考えればよい。借方科目の「**割賦販売契約**」に代えて，「**割賦未収金**」，「**割賦仮売掛金**」という勘定科目を使うこともできる。

割賦金の入金があれば，その金額に相当する割賦販売が実質的に完了するの

第 3 章

で，それに関する備忘記録は消去されていく。つまり，割賦金入金時点Bの仕訳のように，反対仕訳が行われる。

割賦金の入金によって割賦販売が完了した部分は，収益（売上）として計上される。当期では6回分の割賦金の入金が行われているので，割賦金入金時点Bの仕訳が6回記録されている。したがって，当期の割賦売上は180,000となる。

決算日では，4回分の割賦金（120,000）が残高として存在している。言い換えれば，4回分の割賦金で示される割賦販売が完了していない。この**完了していない販売に見合う商品の所有権は，実質的に売手に留保されている**ことになる。当該商品の原価はどのように計算されるか。

先に売上原価率を説明した。このケースでは，売上原価率は0.8である。この原価率を割賦金の未回収額（120,000）に乗じれば，実質的に**未販売の商品の取得原価**を求めることができる。すなわち，96,000（＝120,000×0.8）となり，この金額が**次期に繰り越すべき商品の原価**となる。

決算日Cの仕訳は，割賦販売商品の期末棚卸高を処理するためのものである。この結果，当期の割賦販売の売上原価は144,000（＝240,000（仕入高）－96,000（期末棚卸高））となり，売上利益は36,000となる。このようなデータをもとに，割賦販売に関係する部分の損益計算書と貸借対照表を作成してみよう。

```
            回収基準：対照勘定法
                 損益計算書
  売  上  高                       180,000
  売 上 原 価
    商 品 仕 入 高      240,000
    期 末 棚 卸 高       96,000    144,000
       売 上 利 益                  36,000
```

```
            回収基準：対照勘定法
                 貸借対照表
  （資産の部）
       商     品      96,000
```

② 未実現利益控除法

　続いて，未実現利益控除法で処理してみよう。**未実現利益控除法は，商品の引渡し時点で収益（売上）を計上するが，決算時点で未回収の販売代金に含まれる利益を計算して，これを未実現利益として控除する方法**である。

（Ａ：販売時点）
　　（借）割 賦 売 掛 金　300,000　　（貸）割 賦 売 上　300,000

（Ｂ：第１回割賦金入金時点）
　　（借）現　　　　　金　 30,000　　（貸）割 賦 売 掛 金　 30,000

（Ｃ：決算日）
　　（借）割賦未実現利益控除　 24,000　　（貸）繰延割賦未実現利益　 24,000

　販売時点Ａにおける仕訳は，販売基準を適用したときと全く同じである。すなわち，販売額300,000が収益（売上）として計上される。このため，割賦金の入金は単に売掛金の回収を表しているにすぎない。

　この処理法は，決算日に回収基準に修正されることに特徴がある。それでは，どのように販売基準から回収基準へ変換されるのか。期末では，割賦金の未回収額は４回分の120,000存在している。この未回収額は次期において回収されることになる。次期に回収されることになる**割賦金未回収額のうちには利益が含まれているから，この利益は次期で計上すべき（繰り延べるべき）**であって，当期に計上するべきではない。当期では，それは**未実現利益**であるからである。

　このような未実現利益を収益として計上した額から控除すれば，**販売基準から回収基準に，収益計上基準が事実上，変換されたことになる**。それでは，割賦金の未回収額に含まれる未実現利益は，どのように計算されるであろうか。

　先に売上原価率を計算したが，これを１からマイナスすれば，**売上利益率**になる。先の例では，売上利益率は0.2（＝１－0.8）となるから，未実現利益は24,000（＝120,000×0.2）である。

　決算日Ｃの仕訳は，収益から未実現利益を控除して，次期にそれを繰り延べ

ることを示している。この結果，当期の売上利益は36,000となり，対照勘定法の利益額と同じになる。

このようなデータをもとに，割賦販売に関係する部分の損益計算書と貸借対照表を作成してみよう。**貸借対照表**においては，**繰延割賦未実現利益の表示法**としては，2つの方法がある。その1つは，(a)**割賦売掛金から控除する方法**であり，他は，(b)**負債の部の中で表示する方法**である。

```
              回収基準：未実現利益控除法
                    損益計算書
       売  上  高                       300,000
       売 上 原 価
         商 品 仕 入 高    240,000
         期 末 棚 卸 高          0     240,000
                                         60,000
       割賦未実現利益控除                 24,000
       売  上  利  益                    36,000
```

```
              回収基準：未実現利益控除法
              貸借対照表(a)              貸借対照表(b)
   (資産の部)                      (資産の部)
    割 賦 売 掛 金   120,000         割 賦 売 掛 金   120,000
    繰 越 割 賦                    (負債の部)
    未 実 現 利 益    24,000  96,000   繰 延 割 賦
                                     未 実 現 利 益    24,000
```

(2) 回収期限到来基準

回収期限到来基準は，**割賦金の入金の期限が到来すれば，割賦金の入金にかかわらず，期限の到来した割賦金をもって収益を計上しようとする基準**である。

回収期限到来基準を適用する場合にも，回収基準の場合と同様に，**2つの会計処理方法**がある。その1つは**対照勘定法**であり，もう1つは**未実現利益控除法**である。

先の例を再掲しよう。商品（売価300,000，原価240,000，月賦金は10か月払）を月賦販売した。販売と同時に第1回月賦金30,000を入金した。第2回よりの月賦

金は毎月末入金の契約である。その後の決算日では，月賦未回収額（4回分）は120,000であり，第7回月賦金（決算日支払期日）は5日後に支払う旨の通知があった。

対照勘定法によって処理すれば，次のようになる。

（A：販売時点）
　（借）割賦販売契約　300,000　　（貸）割賦仮売上　300,000
（B：第1回割賦金入金時点）
　（借）現　　　　金　 30,000　　（貸）割賦売上　　 30,000
　（借）割賦仮売上　　 30,000　　（貸）割賦販売契約　30,000
（C：決算日）
　（借）割賦売掛金　　 30,000　　（貸）割賦売上　　 30,000
　（借）割賦仮売上　　 30,000　　（貸）割賦販売契約　30,000
　（借）繰越商品　　　 72,000　　（貸）仕　　入　　 72,000

回収基準における対照勘定法の処理と異なるのは，決算日Cの処理である。設例にあるように，第7回割賦金の回収期限は決算日である。しかし，その割賦金について決算日時点では，**いまだ入金がないものの，回収期限が到来しているので，その割賦金額も収益（売上）に計上される。回収期限の到来は，債権回収を確実にする**からである。

収益計上額の違いに連動して，次期に繰り越すべき期末商品棚卸高も異なる。回収期限未到来の割賦金は3回分（90,000）である。売上原価率は0.8であるから，期末商品棚卸高は72,000（＝90,000×0.8）となる。これについての処理は，決算日Cの仕訳で示されている。

これらのデータによって，割賦販売に関係する部分の損益計算書を作成してみよう。次のようになる。

第 3 章

```
        回収期限到来基準：対照勘定法
   売   上   高                          210,000
   売 上 原 価
     商 品 仕 入 高       240,000
     期 末 棚 卸 高        72,000      168,000
       売  上  利  益                    42,000
```

続いて，**未実現利益控除法**で処理してみよう。

（A：販売時点）

　（借）割 賦 売 掛 金　300,000　　（貸）割　賦　売　上　300,000

（B：第1回割賦金入金時点）

　（借）現　　　　　　金　30,000　　（貸）割 賦 売 掛 金　30,000

（C：決算日）

　（借）割賦未実現利益控除　18,000　　（貸）繰延割賦未実現利益　18,000

回収期限未到来の割賦金は3回分（90,000）である。この金額に含まれる未実現利益は，18,000（＝90,000×0.2）となる。これらのデータによって，割賦販売に関係する部分の損益計算書を作成してみよう。

```
        回収期限到来基準：未実現利益控除法
                 損益計算書
   売   上   高                          300,000
   売 上 原 価
     商 品 仕 入 高       240,000
     期 末 棚 卸 高             0      240,000
                                        60,000
   割賦未実現利益控除                    18,000
       売  上  利  益                    42,000
```

> **企業会計原則【注解6】実現主義の適用について**
>
> 　委託販売，試用販売，予約販売，割賦販売等特殊な販売契約による売上収益の実現の基準は，次によるものとする。
>
> (4) 割賦販売
>
> 　割賦販売については，商品等を引渡した日をもつて売上収益の実現の日とする。
>
> 　しかし，割賦販売は通常の販売と異なり，その代金回収の期間が長期にわたり，かつ，分割払であることから代金回収上の危険率が高いので，貸倒引当金及び代金回収費，アフター・サービス費等の引当金の計上について特別の配慮を要するが，その算定に当つては，不確実性と煩雑さとを伴う場合が多い。従つて，収益の認識を慎重に行うため，販売基準に代えて，割賦金の回収期限の到来の日又は入金の日をもつて売上収益実現の日とすることも認められる。

6　長期請負工事における収益計上基準－工事完成基準－

　長期請負工事とは，建物，道路，ダム，船舶など，その建設に数会計期間を要し，あらかじめ特定契約によって請け負う工事形態である。長期請負工事についての収益計上基準には，「工事完成基準」と「工事進行基準」がある。ここでは，工事完成基準について取り上げよう。

　例えば，次のような設例を挙げることにする。請負工事価額1,000,000千円，01年4月1日着工，04年3月31日完成の建設工事を請け負った。01年度（着工第1期）の工事原価の発生額は200,000千円，02年度（着工第2期）は346,000千円，そして03年度（着工第3期）は324,000千円であった。

　建設業の会計では，通常の製造業の場合とは違って特殊な勘定科目が使われるので，ここで必要な科目を掲げておくことにする。

第 3 章

通常の製造業	建設業
仕 掛 品	未成工事支出金
売 上 原 価	完成工事原価
売 上	完成工事高
売 掛 金	完成工事未収入金

　注文生産形態の建設業では，完成した工事は直ちに注文主に引き渡されるので，製品勘定を経由することなく，ただちに売上原価勘定に相当する完成工事原価勘定に振り替えることができる。

　工事完成基準とは，**工事が完成して引渡しが完了したときに収益を計上する基準**である。これは，**販売基準と同じ考え方に基づくもので，実現主義の適用形態の1つである。**

　先のケースでは，工事が完成して引渡しが行われる期間は着工第3期（03年度）であるので，その期間で収益（完成工事高）が計上される。**工事が完成し引渡しが行われた時点での仕訳**を示すならば，次のようになる。

（着工第3期：完成引渡し時点）

　（借）完 成 工 事　　1,000,000　　（貸）完 成 工 事 高　1,000,000
　　　　未 収 入 金

　（借）完 成 工 事 原 価　870,000　　（貸）未成工事支出金　　870,000

```
          工事完成基準
                    第3期
      完 成 工 事 高    1,000,000
      完 成 工 事 原 価    870,000
      工 事 利 益      130,000
```

　工事完成基準については，次のような問題がある。すなわち，工事は複数の年度にわたるにもかかわらず，工事に係る収益は工事が完成し引渡しが行われた年度だけに帰属する。このために，**工事利益は期間的に著しく変動し，業績を反映しないことになる。**このようなことのため，工事完成基準は**期間損益計**

算を不合理にするというわけである。

このような問題については，次のように反論することも可能であろう。すなわち，長期請負工事が数件しか存在しない場合には，工事完成基準では，たしかに不合理な期間損益計算が行われる可能性がある。しかし，**数多くの工事を請け負っている場合には，期間損益が平準化・平均化され，必ずしも期間損益計算は不合理にはならない**。

長期請負工事では，工事全体の収益を表す取引価額が契約によってすでに確定しているから，工事の進捗・進行度合に応じて，その取引価額（収益）を工事中の各年度に配分する方が合理的である。

なぜならば，全体としての収益が契約によって定まっているために，**収益を確実かつ客観的に計上することができる**からである。また，このような収益の配分によって，**各期の経営活動の業績を反映させることもできる**からである。

このような考え方のもとで認められている収益計上基準が，**工事進行基準**である。

企業会計原則【注解7】工事収益について

長期の請負工事に関する収益の計上については，工事進行基準又は工事完成基準のいずれかを選択適用することができる。

(1) 工事進行基準
決算期末に工事進行程度を見積り，適正な工事収益率によつて工事収益の一部を当期の損益計算に計上する。

(2) 工事完成基準
工事が完成し，その引渡しが完了した日に工事収益を計上する。

---

7 長期請負工事における収益計上基準－工事進行基準－

工事進行基準とは，決算期末に工事進行程度を見積り，適正な工事収益率（工事進行率）によって工事収益の一部をその期の収益として計上する基準で

第 3 章

ある。これは，**発生主義による収益計上基準の適用形態**である。つまり，**工事進行基準は生産基準の1つである。**

先にあげた例を再掲しよう。請負工事価額1,000,000千円，01年4月1日着工，04年3月31日完成の建設工事を請け負った。01年度（着工第1期）の工事原価の発生額は200,000千円，02年度（着工第2期）は346,000千円そして03年度（着工第3期）は324,000千円であった。

さらに，次のような条件を付け加えることにする。01年度（着工第1期）と02年度（着工第2期）の各決算日の翌日から完成までに要する工事原価の見積額は，01年度末（着工第1期末）では600,000千円，02年度末（着工第2期末）では294,000千円である。

このような条件によって，工事進行割合または工事進行率を計算してみよう。着工第3期で工事が完成するので，着工第3期の工事進行率は100％となる。着工第1期と着工第2期のそれぞれの工事進行率は，次の計算式よって求められる。

着工第1期の工事進行率＝第1期工事原価発生額÷見積総工事原価

　　見積総工事原価＝第1期工事原価発生額＋次期以降の工事原価見積額

着工第1期の工事進行率＝200,000÷(200,000＋600,000)

　　　　　　　　　　＝0.25（25％）

着工第2期の工事進行率＝（第1期工事原価発生額＋第2期工事原価発生額）÷見積総工事原価

　　見積総工事原価＝第1期工事原価発生額＋第2期工事原価発生額＋次期以降の工事原価見積額

着工第2期の工事進行率＝(200,000＋346,000)÷(200,000＋346,000＋294,000)

　　　　　　　　　　＝0.65（65％）

損益計算論

　このように計算された工事進行率に基づいて各期の収益を計算すると，次のようになる。

《着工第1期》　1,000,000×0.25＝250,000
《着工第2期》　(1,000,000×0.65)−250,000＝400,000
《着工第3期》　(1,000,000×1)−(250,000+400,000)＝350,000

　これらのデータをもとに各期の仕訳をしてみよう。

(着工第1期末)

　(借) 完成工事未収入金　250,000　　(貸) 完成工事高　250,000

　(借) 完成工事原価　200,000　　(貸) 未成工事支出金　200,000

(着工第2期末)

　(借) 完成工事未収入金　400,000　　(貸) 完成工事高　400,000

　(借) 完成工事原価　346,000　　(貸) 未成工事支出金　346,000

(着工第3期末)

　(借) 完成工事未収入金　350,000　　(貸) 完成工事高　350,000

　(借) 完成工事原価　324,000　　(貸) 未成工事支出金　324,000

	工事進行基準		
	第1期	第2期	第3期
完成工事高	250,000	400,000	350,000
完成工事原価	200,000	346,000	324,000
工事利益	50,000	54,000	26,000

第 3 章

8 工事契約に関する会計基準

2007（平成19）年12月に「工事契約に関する会計基準」が公表され，これは，2010年3月期から適用されることになった（2009年3月期からの早期適用もできる）。

この会計基準では，工事契約に基づく工事の進捗に応じて，それに対応する部分について**成果の確実性が認められるような場合には工事進行基準を適用**し，**この要件に当てはまらない場合には，工事完成基準を適用**することが求められるようになった。

換言すれば，従来のように，工事進行基準と工事完成基準のいずれかを選択適用することはできなくなった。**まず工事進行基準の適用が求められ，その適用ができない場合に，工事完成基準が適用されることになる**。このように適用順序が定められた。

このような会計基準が設定されたのは，**財務諸表の比較可能性を高めること**，**四半期報告書制度の導入に伴って適時な財務情報を提供すること**，また**国際的な会計基準とのコンバージェンス（統合化）を図ること**にある。

損益計算論

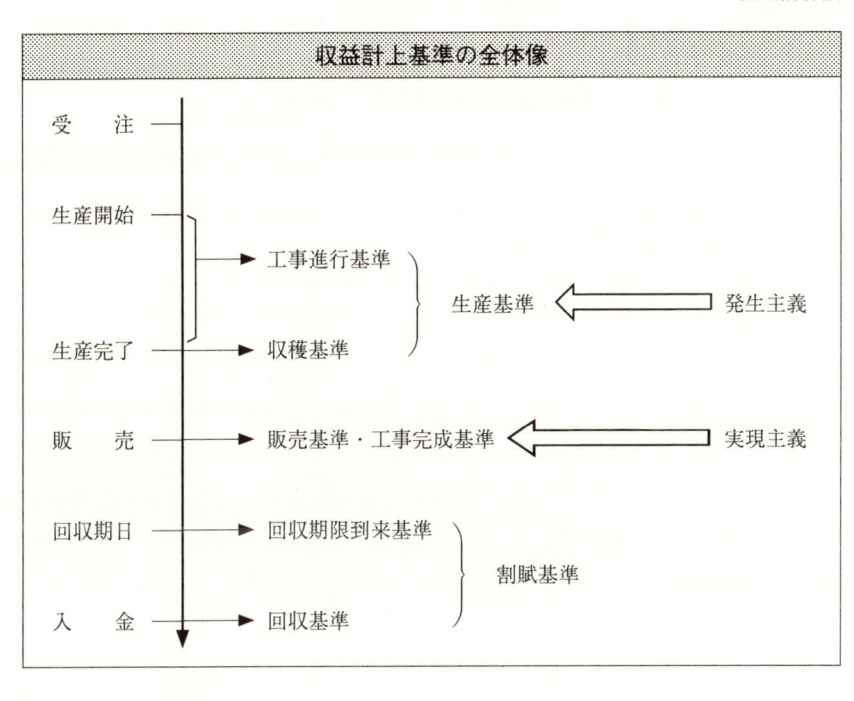

収益計上基準の全体像

```
受　注 ──┐
         │
生産開始 ─┤┐
         ││──► 工事進行基準 ┐
         ││                 ├─ 生産基準  ⇐══ 発生主義
生産完了 ─┤┘──► 収穫基準    ┘
         │
販　売 ──┼──► 販売基準・工事完成基準  ⇐══ 実現主義
         │
回収期日 ─┤──► 回収期限到来基準 ┐
         │                     ├─ 割賦基準
入　金 ──▼──► 回収基準         ┘
```

第3章 損益計算論

第 3 章

5　損益の見越しと繰延べ

1　収益の見越しと繰延べ

　期間収益を正確に算定するためには，当該会計期間に帰属する収益の大きさを正しく把握することが必要となる。現実には，実際の期間収入と期間収益との間にはズレが生じることになる。このズレにはつぎのような2つのタイプがある。

　1つ目のタイプは，当期の収益であるにもかかわらず，まだ収入を伴わない部分であり，これを**未収収益**という。企業会計原則によれば，「未収収益は当期の損益計算に計上しなければならない〔企業会計原則第二，一，A〕」。この未収収益は，会計上は当期に帰属する収益であるので実際の収入を伴っていなくても当期の収益に含められることになる。

　この未収部分については，まだ事象が生じていないにもかかわらず，期間損益計算の観点から**期間損益に作用する**と判断されるので，当期にその事象が生じたかのように計算上，実際の収入に先んじて前倒しで**繰上処理**が行われなければならない。このような手続きを**収益の見越し**という。

　この未収分は，簿記上はまだ収益となっていないために未記帳となっている不足分（あるいは新たに認識された分）であるので，追加の訂正記入を必要とする。このような未収分は，決算時には「**未収○○**」という資産の部に含まれる**経過勘定**において一時的に記録され，翌期首に該当する収益勘定に振替えられることになる。

　ただし，このような「未収○○」は，貸借対照表においてはすべて「未収収益」として，流動資産に属することになる〔財務諸表等規則16条〕。とはいえ，一般にはこの未収収益は，流動資産の中の「その他」に含まれており，その金額が資産の100分の1を超える場合に未収収益として独立した科目によって掲

記されることになる（財務諸表等規則19条）。

　もう1つのタイプは，当期の収入ではあるものの，当期の収益とはならない部分であり，これを**前受収益**という。企業会計原則によれば，「前受収益は，これを当期の損益計算から除去しなければならない〔企業会計原則第二，一，A〕」。この前受収益は，会計上は当期ではなく，次期に帰属する収益であるのですでに実際の収入を伴っていても当期の収益からは除外されることになる。

　この前受部分については，すでに事象が生じているにもかかわらず，期間損益計算の観点から**期間損益に作用しない**と判断されるので，当期分から除外して計算上，次期の収益とするために**繰延処理**が行われなければならない。このような手続きを**収益の繰延べ**という。

　この前受分は，簿記上はすでに収益となっているために記帳済みとなっている過大分（あるいは未経過分）であり，控除の訂正記入を必要とする。このような前受分は，決算時には「前受○○」という負債の部に含まれる経過勘定において一時的に記録され，翌期首に該当する収益勘定に振り替えられることになる。これは厳密には，時の経過に応じて期間収益となる。

　ただし，このような「前受○○」は，貸借対照表においてはすべて「前受収益」として，流動負債に属することになる〔財務諸表等規則48条〕。一般には，この前受収益は，流動負債において前受収益として独立した科目によって掲記されることになる（財務諸表等規則49条）。

2 収益の見越しと繰延べの意義

　収益の見越し・繰延べは，**期間収入と期間収益とのズレを解消すると同時に当期に帰属する期間収益の大きさを確定する**ためには不可欠の手続きである。この期間収入と期間収益との関係を図式化すれば，次のようになる。

第 3 章

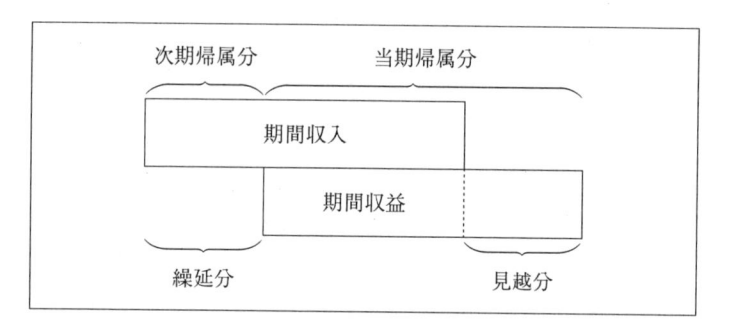

```
          次期帰属分    当期帰属分
         ┌───┴───┐┌─────┴─────┐
         ┌──────────────────┐
         │      期間収入      │
         │         ┌────────┼──────┐
         └─────────┤        │      │
                   │ 期間収益│      │
                   └────────┴──────┘
         └──┬──┘                 └─┬─┘
          繰延分                  見越分
```

　この図から明らかなように，期間収益は期間収入のうちの当期帰属分（繰延分を除いた残余分）と見越分とによって形成されている。

　要するに，期間収入と期間収益とのズレには，繰延計上によるズレの部分（繰延分）と見越計上によるズレの部分（見越分）という2つのタイプがあり，期間収入から繰延分を控除し，そこに見越分を追加することによって当期に帰属する期間収益の全体の大きさが算定されているのである。このようなズレを解消して当期に帰属する実際の収益の大きさを確定することにこそ見越し・繰延べの意義があるといえる。

3　費用の見越しと繰延べ

　期間費用を正確に算定するためには，当該会計期間に帰属する費用の大きさを正しく把握することが必要となる。現実には，実際の期間支出と期間費用との間にはズレが生じることになる。このズレにはつぎのような2つのタイプがある。

　1つ目のタイプは，当期の費用であるにもかかわらず，支出を伴わない部分であり，これを**未払費用**（みはらい）という。企業会計原則によれば「未払費用は当期の損益計算に計上しなければならない〔企業会計原則第二，一，A〕」。この未払費用は，会計上は当期に帰属する費用であるので実際の支出を伴っていなくても当期の費用に含められることになる。

　この未払部分については，まだ事象が生じていないにもかかわらず，期間損

益計算の観点から**期間損益に作用する**と判断されるので，当期にその事象が生じたかのように計算上，実際の支出に先んじて前倒しで**繰上処理**が行われなければならない。このような手続きを**費用の見越し**という。

　この未払分は，簿記上はまだ費用となっていないために未記帳となっている不足分（あるいは新たに認識された分）であるので，追加の訂正記入を必要とする。このような未払分は，決算時には「**未払○○**」という負債の部に含まれる経過勘定において一時的に記録され，翌期首に該当する費用勘定に振り替えられることになる。

　ただし，このような「未払○○」は，貸借対照表においては「未払費用」として，流動負債に属することになる〔財務諸表等規則48条〕。一般には，この未払費用は，流動負債において未払費用として独立した科目によって掲記されることになる（財務諸表等規則49条）。

　もう１つは，当期の支出ではあるものの，当期の費用とはならない部分であり，これを**前払費用**という。企業会計原則によれば，「前払費用は，これを当期の損益計算から除去しなければならない〔企業会計原則第二，一，A〕」。この前払費用は，会計上は当期ではなく，次期に帰属する費用であるのですでに実際の支出を伴っていても当期の費用からは除外されることになる。

　この前払部分については，すでに事象が生じているにもかかわらず，期間損益計算の観点から**期間損益に作用しない**と判断されるので，当期分から除外して計算上，次期の費用とするために繰延処理が行われなければならない。このような手続きを**費用の繰延べ**という。

　この前払分は，簿記上はすでに収益となっているために記帳済みとなっている過大分（あるいは未経過分）であり，控除の訂正記入を必要とする。このような前払分は，決算時には「**前払○○**」という資産の部に含まれる経過勘定において一時的に記録され，翌期首に該当する費用勘定に振り替えられることになる。これは，厳密には時の経過に応じて期間費用となる。

　ただし，このような経過勘定としての「前払○○」は１年以内に費用となることが明白であり，貸借対照表においては「前払費用」として，流動資産に属

第 3 章

することになる〔財務諸表等規則16条〕。一般には，このような前払費用は，流動資産において前払費用として独立した科目によって掲記されることになる（財務諸表等規則49条）。なお，前払費用には固定資産に含まれる長期前払費用もあるが，当然のことながらこの長期前払費用は経過勘定として流動資産に含まれる前払費用とは区別されなければならない。

4 費用の見越しと繰延べの意義

費用の見越し・繰延べは，**期間支出と期間費用とのズレを解消する**ためには不可欠の手続きである。この期間支出と期間費用との関係を図式化すれば次のようになる。

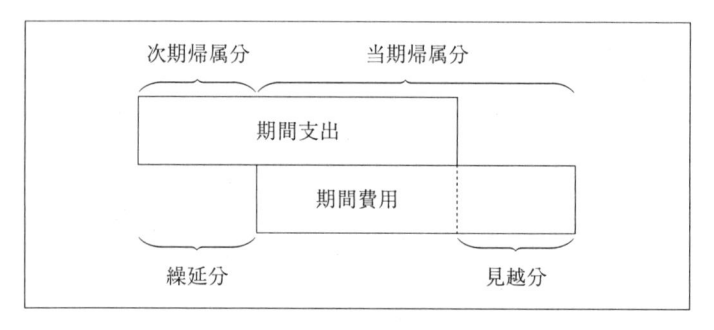

```
          次期帰属分        当期帰属分
        ┌─────────┴──────────────┐
        ┌──────────────────────┐
        │      期間支出          │
        └──────────────────────┘
              ┌────────────────────┐
              │     期間費用        │
              └────────────────────┘
        └──┬──┘                └─┬─┘
          繰延分                 見越分
```

この図から明らかなように，期間費用は期間支出のうちの当期帰属分（繰延分を除いた残余分）と見越分とによって形成されている。要するに，期間支出と期間費用とのズレには，繰延計上によるズレの部分（繰延分）と見越計上によるズレの部分（見越分）という2つのタイプがあり，期間支出から繰延分を控除し，そこに見越分を追加することによって当期に帰属する期間費用の全体の大きさが算定されているのである。このようなズレを解消して当期に帰属する実際の費用の大きさを確定することにこそ見越し・繰延べの意義があるといえる。

5 現行会計にみる費用の見越し・繰延べ

　収益と費用とを比較すれば，収益のほうが見越計上については慎重でなければならないことは明らかであろう。なぜならば，収入の裏づけのない収益を過大に計上することは，最終的には実体の伴わない期間損益の算定につながることになるからである。一般には「収益は小さく，費用は大きく」という**保守主義**（あるいは**慎重の原則**）が作用しているはずである。とはいえ，収益の繰延計上についてもまた慎重でなければならない。むやみに「収益を小さくすればよい」ということではないのである。この場合にも適正な繰延計上が要請されていると考えられる。

　これに対して，費用の見越し・繰延べは比較的寛大に容認されているといえるであろう。つまり，**費用の繰延べ**については，①将来の期間に影響する特定の費用は**繰延資産**として，②長期前払費用とみなされる費用は**固定資産**として，③経過的な費用の繰延べは**流動資産**として，それぞれ次期以降に繰り延べることが認められているのである。

(1) 引当金の設定を伴う費用の見越計上のケース

　また，費用の見越しについても，**引当金の設定を伴う**金額の大きな事例を比較的最近の企業決算において見出すことができる。一時脚光を浴びたいわゆる「Ｖ字回復」といわれる経営成績の急激な回復には，往々にして「**事業構造改革引当金**」が設定されていることが大きく貢献していたのである。これもまた，費用の見越計上といえる。

　この「**事業構造改革費用**」は，企業の再編などに際して，工場等の閉鎖，人員削減など大規模な企業改革に必要な次期以降の支出を前もって費用計上するものであり，次期以降に生じる支出にはこれに伴う「事業構造改革引当金」が対応することになる。したがって，この引当金の金額を超えない限りは追加の支出は行われないので，その期の費用は小さくなり，結果として利益は大きく

第 3 章

なるので,奇跡的な「V字回復」が実現することになる。

　現行の会計規定によれば,適正とみなされることになるこのような手法はまさに次期以降の費用支出の繰上計上といえる。とはいえ,これは,期間損益計算の仕組みを損ない,利益数値の信頼性を揺るがせかねないまさに経営者本位の手続きといわざるを得ない。

(2)　もうひとつの**費用の繰延べ**―消耗品と商品の場合

　前払費用の他に,**消耗品の未消費分の繰越**も費用の繰延べとして理解されることになる。消耗品は一般にその購入高が資産として記録されるのではなく,費用として（したがって消耗品費として）記録されている。その購入高がすべて消費されれば期末に修正の必要はないものの,もし未消費分がある場合にはその分については次期に繰り越しておくことが正確な期間費用の算定にとっては必要となる。この場合には,その未消費分は消耗品として次期に繰り越されることになる。とはいえ,未消費分が僅少である場合には,**重要性の原則**が考慮され,繰越の必要がないことはいうまでもない。

　また,**商品の売れ残り分である期末棚卸高（次期繰越高）の繰越**についても,消耗品と全く同様に費用の繰延べとして考えることができる。商品もまた一般にその購入高が資産として記録されるのではなく,費用として（したがって仕入として,厳密には売上原価として）記録されている。その購入高（及び前期繰越高）がすべて販売されれば修正の必要はないものの,もし未販売分（要するに売れ残り）がある場合にはその分については次期に繰り越しておくことが正確な期間費用の算定にとっては必要となる。この場合には,その未販売分は繰越商品として次期に繰り越されることになる。

6　損益の種類と区分

1　損益の区分

　損益の区分については，損益という概念をどのように定義付けるのか，さらにはその計算要素である費用・収益という概念をどのように定義付けるかによって，その範囲は異なることになる。ここでは，現行の企業会計の前提となっている後述の**当期業績主義**と**包括主義**に基づいて費用・収益を区分してみると次のように区分されることになる。

(1)　**経常的な費用・収益**
(2)　**経常的ではない費用・収益**

　(1)は，さらに営業活動によって発生するものと営業活動以外の活動によって発生するものとに区分することができる。したがって，次のような区分が生じることになる。
①　営業収益および営業費用
②　営業外収益および営業外費用

　①は，いうまでもなく企業の**本来の営業活動・業務から生じる収益・費用**である。これに対して，②は，企業の**本来の営業活動・業務以外の活動**（財務活動・投資活動など）**から生じる収益・費用**である。

　上記の(2)は，**特別利益**または**特別損失**とも呼ばれる。これには，次のような二つのグループが見出される〔企業会計原則注解，注12〕。

第 3 章

① **臨時損益**とみなされるもの：
固定資産売却損益
転売以外の目的で取得した有価証券の売却損益
災害による損失など
② **前期損益修正**とみなされるもの：
過年度における引当金の過不足修正額
過年度における減価償却の過不足修正額
過年度におけるたな卸資産評価の訂正額
過年度償却済債権の取立額など

前述の区分を図式化すれば，次のようになる。

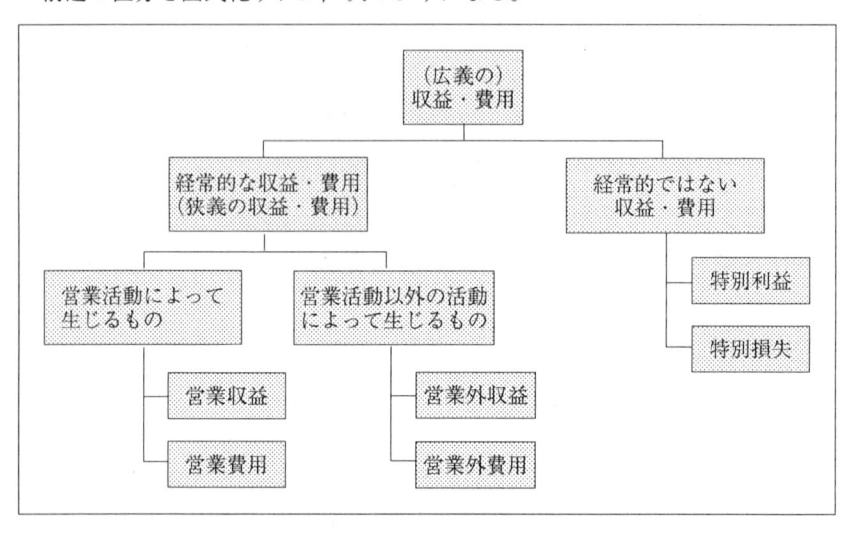

```
                    (広義の)
                    収益・費用
          ┌────────────┴────────────┐
      経常的な収益・費用            経常的ではない
      (狭義の収益・費用)              収益・費用
      ┌──────┴──────┐                ├─ 特別利益
  営業活動によって  営業活動以外の活動              
     生じるもの     によって生じるもの              └─ 特別損失
      ├─ 営業収益      ├─ 営業外収益
      └─ 営業費用      └─ 営業外費用
```

2　売上総利益と営業損益

　実際の期間損益の計算は，損益計算書において行われている。その計算構造においては，まず計算の順序として，最初に**営業収益と営業費用と対比計算**が行われなければならない。この計算の出発点は，商業の場合には売上高である。この**売上高から売上原価**（次頁で詳述）**を控除して売上総利益**がまず計算されることになる。したがって，損益計算書では売上総利益は，売上高から売上原価を控除して表示される。もちろん，役務の給付を営業とする場合には，営業収益から役務の費用を控除して総利益が表示されることになる〔企業会計原則第二，三，D〕。

　この売上総利益からさらに販売費及び一般管理費を控除することによって，営業損益が計算されることになる。したがって，営業損益は，売上総利益から販売費及び一般管理費を控除して表示される〔企業会計原則第二，三，F〕。その際に，販売費及び一般管理費は，適当な科目に分類されなければならない。

　つまり，期間損益の計算構造上は，営業収益と営業費用の対比計算であっても，現実にはその計算は**2つの段階に区分**されているのである。一方は，**売上総利益の計算段階**であり，この段階では営業収益または売上高と営業原価または売上原価との対比計算が行われているといえる。他方は，**営業損益の計算段階**であり，この段階では総利益または売上総利益と残りの営業費用である販売費及び一般管理費との対比計算が行われているのである。

　この計算段階の最終成果である営業損益は，本来の業務活動の結果としての営業活動の成果を表わしている。そして，この営業損益は，次の計算段階の出発点となるのである。

3　売上原価の計算

　売上総利益の計算にあたって，売上高から控除される売上原価は，**販売された商品の仕入原価**あるいは**製造原価**を意味している。この売上原価は売上高と

第　3　章

いう営業収益に対応する営業費用の典型といえる。

　この売上原価は，商業簿記では一般に三分法を前提とする場合の**仕入勘定**において，工業簿記では**製品勘定**において計算されることになる。また，**売上原価勘定**が用いられている場合には，売上原価はその勘定において計算されることになる。

　この売上原価は，次のような計算式によって求められる。

> 前期繰越高＋当期仕入高－次期繰越高＝売上原価

　これらの計算要素のうち，簿記上，もともと仕入勘定に記録されている当期仕入高に繰越商品勘定から前期繰越高を振り替えることによって上記の計算式における左辺での加算が帳簿上あるいは精算表において行われる。

　この前期繰越高と当期仕入高との合計は，もともと手許にあった商品の全体の手許有高を意味している。これが残らず完売されれば，この全体の手許有高が売上原価となる。通常は，売れ残りが発生し，この売れ残りが次期繰越高としてもともと手元にあったその全体の手許有高から控除されなければならない。要するに，もともと手許にあった全体の手許有高から手許に売れ残っている次期繰越高を差し引くことによって，間接的に販売されて手許にはない商品の仕入原価（これを売上原価という）が算定されているのである。

　このような計算にあたって，注意すべきは次期繰越高はあくまでも**帳簿棚卸高**でなければならないということである。なぜならば，帳簿棚卸高は，**計算上の商品の期末残高**を意味しており，これには実際調査の結果である実地棚卸高とこの帳簿棚卸高とを比較すれば生じるはずの**棚卸減耗分**と**評価損分**が含まれているからである。

　もしも上記の計算において，次期繰越高として実地棚卸高を用いれば，売上原価の中に棚卸減耗と評価損とが混入することになる。このようなことを回避するためには，つまり売上原価を不純物の混ざっていない**純粋な売上原価**として算定するためには，次期繰越高は帳簿棚卸高でなければならないのである。

　損益計算書においては，「**売上原価**は，売上高に対応する商品等の仕入原価

又は製造原価であつて，商業の場合には，期首商品たな卸高に当期商品仕入高を加え，これから期末商品たな卸高を控除する形式で表示し，製造工業の場合には，期首製品たな卸高に当期製品製造原価を加え，これから期末製品たな卸高を控除する形式で表示する〔企業会計原則第二，三，C〕」ことになる。

4 販売費及び一般管理費

　営業費用のうち売上原価を除いた残りが販売費及び一般管理費となる。この販売費及び一般管理費は，**営業活動によって経常的に生じる費用である**。これは，その名の通り，商品・製品の販売，あるいはサービスの提供に伴って発生する費用と本来の営業・事業活動を行うことに伴って発生する費用を含んでいる。

　販売費及び一般管理費とは，具体的には，「販売手数料，荷造費，運搬費，広告宣伝費，見本費，保管費，納入試験費，販売及び一般管理業務に従事する役員，従業員の給料，賃金，手当，賞与，福利厚生費並びに販売及び一般管理部門関係の交際費，旅費，交通費，通信費，光熱費及び消耗品費，租税公課，減価償却費，修繕費，保険料，不動産賃借料及びのれんの償却額をいう〔財務諸表規則ガイドライン84〕。」

　この販売費及び一般管理費は，損益計算書では売上高から直接控除されるわけではなく，売上総利益から控除されることになる。したがって，結果として営業利益を小さく，あるいは営業損失を大きくする作用を持っているといえる。

5 営業外損益

　実際の損益計算書における計算構造では，2つ目の計算段階は，**営業外収益と営業外費用との対比計算**である。とはいえ，この計算が完全に孤立して行われるわけではなく，前段階の計算に連続することになる。つまり，前段階の計

第 3 章

算結果である営業損益を出発点として，営業外収益はこれに加算され，営業外費用はこれから減算されることになる。その計算の結果として算定される差額が**営業外損益**である。これは**経常損益**ともいわれる。

この計算段階の計算要素である営業外収益と営業外費用は，**営業活動以外の活動によって経常的に生じる収益・費用**である。この営業活動以外の活動とは，**財務活動と投資活動**である。このような活動は，本来の営業活動以外ではあるものの，企業の経営活動としては重要な活動である。

場合によっては，この活動が本来の営業活動の不振をカバーして企業の危機を乗り越えることもあるが，もちろんその反対に，この活動が本来の営業活動の好結果の足かせになることもないとはいえない。いずれにしても，企業の経営活動は，必ずしも本来の営業活動だけで展開されているわけではなく，このような活動も同時に行われているのである。

企業会計原則では，営業損益計算の区分と経常損益計算の区分とに分けられている〔企業会計原則第二，二，AおよびB〕。この企業会計原則における経常損益計算は，財務諸表等規則および会社計算規則の営業外収益・営業外費用の計算と対応している。

営業外収益とは，「受取利息，有価証券利息，受取配当金，仕入割引その他の金融上の収益，有価証券売却益，有価証券評価益，投資不動産賃貸料及び負ののれんの償却額等をいう。ただし，特別利益に記載することが適当であると認められるものを除く〔財務諸表規則ガイドライン90〕。」

また，**営業外費用**とは，「支払利息，社債利息，売上割引その他の金融上の費用，社債発行費償却，創立費償却，開業費償却，有価証券売却損，有価証券評価損，原材料評価損等をいう。ただし，特別損失に記載することが適当であると認められるものを除く〔財務諸表規則ガイドライン93〕。」

8 特別損益

　実際の損益計算書における計算構造では，3つ目の計算段階は，**特別利益と特別損失との対比計算**である。とはいえ，この計算もまた孤立して行われるわけではなく，前段階の計算に連続することになる。つまり，前段階の計算結果である営業外損益（経常損益）を出発点として，特別利益はこれに加算され，特別損失はこれから減算されることになる。その計算の結果として算定される差額が**純損益**である。これは厳密には**税引前当期純損益**ともいわれる。

　この計算段階の計算要素である特別利益と特別損失は，**非経常的に発生した収益・費用**である。非経常的であるということは，まれにしか発生しないということであり，この意味において，まさに「特別」な収益・費用である。具体的には，前述のような**臨時損益**に属するものと**前期損益修正**に属するものが含まれている。なお，会社計算規則では「特別利益に属する利益は，固定資産売却益，前期損益修正益その他の項目の区分に従い，細分しなければならない（会社計算規則119条2項）」。また，「特別損失に属する損失は，固定資産売却損，減損損失，災害による損失，前期損益修正損その他の項目の区分に従い，細分しなければならない（会社計算規則119条3項）」。しかし，金額が重要でないものについては細分しないことができる（会社計算規則119条4項）ことになっている。

　このような非経常的な収益・費用は，**業績利益の計算**を前提とする**当期業績主義**の考え方の下では，企業の業績評価を歪める要因とみなされ，業績利益の計算からは排除されることになる。

　これに対して，**包括主義**の立場では，非経常的な収益・費用というような**異常項目**を除外することがかえって恣意的な除外につながる恐れがあり，しかも**利益平準化**に利用される可能性もあることから，そのような収益・費用も損益計算に組み込まれることになる。そうすることによって，発生した損益がすべて損益計算書に計算表示されることになり，しかも損益計算書が**多区分計算表示方式**を採用している場合には，業績利益の計算表示も可能となる。

第 3 章

この非経常的な収益・費用を損益計算に含めるか否かは，利益の本質をどのように理解するかということと密接に結びついているといえる。

7　法人税等

実際の損益計算書における計算構造では，税引前当期純利益から**当期に負担すべき法人税等が控除**されて，**当期純利益**が算定されている。厳密に言えば，「当該事業年度に係る法人税，住民税額および事業税（利益に関連する金額を課税標準として課せられる事業税をいう）と法人税等調整額がその内容を示す名称を付した科目をもつて，税引前当期純利益金額又は税引前当期純損失金額の次に記載しなければならない〔財務諸表等規則95条の5〕。」のである。

つまり，損益計算書においては，「当期純利益は，税引前当期純利益から当期の負担に属する法人税額，住民税額等を控除して表示する〔企業会計原則第二，八〕」ことになっている。

ちなみに，会社計算規則では，以下の項目の金額は，「その内容を示す名称を付した項目をもって，税引前当期純利益金額又は税引前当期純損失金額の次に表示しなければならない」ことになっている。

　一　当該事業年度に係る法人税等
　二　法人税等調整額

なお，ここにいう法人税等調整額は，**税効果会計**の適用により計上される調整額を意味している。

いずれにしても，損益計算書においては，税引前当期純利益あるいは税引前当期純損失の次に記載されるべき計算要素は，当期に負担すべき法人税額等であり，しかも税効果会計を適用する場合にはその調整額もここに考慮されなければならない。その計算結果として**当期純利益**または**当期純損失**が示されることになる。

このような計算方法が採用されている理由は次のような点に見出される。
(1) 法人税等の納税義務は，事業年度終了の時点で成立しているので，これを

債務として貸借対照表に計上しなければならない。
(2) 債務として成立している租税は，社会的強制費用であるので，法人税等の性質がどのように解されようとも，これを配当可能利益から控除して示さなければならない。

8 内部利益の控除

　ある程度の規模の会社になれば，通常は**本社（本店）**があり，地域ごとに**支社（支店）**があったり，同一の社屋に所在していたとしても，製品別あるいは顧客別の**事業部**が設けられていたりする。これらは，すべて１つの会社を構成する要素であり，会社全体を１つの経営組織の集合体とみれば，その部分組織を形成しているといえる。

　このような会社の部分組織である本社（本店）あるいは支社（支店）などが相互に取引を行うことがある。このような取引は，まさに企業内部の取引であり，一般に**内部取引**と呼ばれている。

　これは，通常の対外的な取引とは異なり，その企業全体からみれば，仮にその取引によって商品等の移動を伴ったとしても，その商品は依然としてその企業内部に留まっていることになる。その商品が対外的な取引を通じて販売された時に，初めてその企業としての利益が実現したことになるのである。

　ところが，このような内部取引によって移動する商品にも原価に一定の利益を加えた金額が付されることがある。このような場合には，簿記上は通常の取引とは区別するために，本店では「支店へ売上」，支店では「本店から仕入」という特別の勘定口座が開設されることになる。この本店から仕入れた商品が期末に在庫として残っていたり，支店に未達になっている場合には，その棚卸高あるいは未達高には利益が含まれていることになる。このような企業内部において生じた利益を**内部利益**という。

　企業会計原則によれば，「内部利益とは，原則として，本店，支店，事業部等の企業内部における独立した会計単位相互間の内部取引から生ずる未実現の

第 3 章

利益〔企業会計原則注解，注11〕」と定義されている。この内部利益は，その企業にとっては**未実現の利益**である。したがって，これを期末商品棚卸高から減額することが必要となる。この減額の手続きを**内部利益の控除**あるいは**内部利益の除去**という。

　内部利益の控除は，次のような手順にて行われる。

　「本支店等の合併損益計算書において売上高から内部売上高を控除し，仕入高（又は売上原価）から内部仕入高（又は内部売上原価）を控除するとともに，期末たな卸高から内部利益の額を控除する方法による。これらの除去に際しては，合理的な見積概算額によることも差支えない〔企業会計原則注解，注11〕。」

　この手順から明らかなように，要するに3つの手続きが必要となる。つまり，
① 本店側の売上高から支店への売上高（内部売上高）を控除する，
② 支店側の仕入高から本店からの仕入高（内部仕入高）を控除する，
③ 支店の期末棚卸高から内部利益を控除し，売上総利益等からもこの内部利益分を控除する。

　その際に，内部利益は次のような計算式によって求められる。

内部利益を含んだ期末商品棚卸高÷（1＋利益加算率）＝棚卸商品原価

内部利益を含んだ期末商品棚卸高－棚卸商品原価＝内部利益

あるいは，

$$\text{内部利益を含んだ期末商品棚卸高} \times \frac{\text{利益加算率}}{(1+\text{利益加算率})} = \text{内部利益}$$

---

9 費用の計上基準

費用の計上にあたっては，その費用種類を特定することとその金額を確定することが必要となる。このような費用の計上についても，収益の計上の場合と同様に，**認識と測定**という視点は不可欠である。なぜならば，

(1) どのような費用が，
(2) いつの時点で，
(3) いくら，発生したのか，

という3つの要素が確定されなければ，費用の計算を行うことはできないからである。

とはいえ，(1)の「どのような費用が」発生したのかということについては，その発生原因となる会計事実によって費用種類は，ほぼ必然的に特定されることになる。

また，(2)の「いつの時点で」発生したのかということについては，認識時点をどのように理解するかによって次の2つの考え方が可能となる。一方は，**現金主義**であり，他方は**発生主義**である。

これらの基準は，次節において解説されている。

そして，(3)の「いくら」発生したのかということについては，一般に費用の大きさは，**現在あるいは将来の支出**の大きさによって測定されている。したがって，費用の測定尺度は，現在あるいは将来の支出であるといえる。

通常の費用把握が一般的にはそのように行われているとしても，期間費用の認識・測定にあたっては，期間収益との対応が考慮されなければならない。厳密に言えば，費用は本来，収益の獲得に利用されたものでなければならないはずである。ここに，**費用収益対応の原則**が見出されることになる。

この費用収益対応の原則の下では，期間費用と期間収益との対応には，売上高と売上原価のような個別的な対応関係にあるもの（**個別対応**）と，期間収益との直接の関連は明確ではないものの会計期間を媒介として期間的に対応する

第 3 章

もの（期間対応）との2つのパターンが考えられる。

　要するに，まず費用が発生し，その大きさが把握されたとしても，それが期間費用であるのか否か，その大きさが期間費用の大きさであるのか否かは，期間収益との関連（個別的な対応あるいは期間的な対応）において認識・測定されているのである。

　このことは，つぎのような事例によってより一層明らかとなるであろう。つまり，

① 商品の仕入によって，その仕入額が一応費用として把握されるものの，決算時点において販売された商品の購入原価を売上原価として売上高に対応させていること，

② 借入金の利息の支払いによってその支払額が一応費用として把握されるものの，決算時点において支払われた利息のうち当期に帰属する分を期間的に対応させていること，

である。

　このように，費用の把握段階と期間費用の認識・測定の段階とが厳密には区別されなければならない。ここにいう**期間費用の認識**とは，費用を**決算書に記載すること**であり，**期間費用の測定**とは，**決算書に記載されるその大きさを確定すること**に他ならない。したがって，費用の計上とは，このような**期間費用の認識・測定**を意味しているといえる。

10 費用の認識基準としての現金主義

　現金主義は，収益・費用の認識基準の1つであり，費用の場合には**現金の支出という事実に基づいて費用を認識する考え方**をいう。この「現金の支出」という事実は，極めて客観的なものであり，費用発生の時点確定にあたって恣意性の介入の余地を小さくしているといえる。

　しかし，例えば，1年分の保険料を現金にて支払ったにもかかわらず，その支払い時点から半年で決算日となる場合には，半年分は未経過となり，この現

金主義による費用の認識は，**期間対応に難点がある**といわざるを得ない。

さらに，現金主義の下では，減価償却費の計上・引当金の設定・費用収益の見越し・繰延べが行われないことになるために，**適正な期間損益計算を行うことは必然的に困難**となる。

このように現金主義の適用は，期間損益計算にとって大きな障害となるために，その全面的な適用は困難である。したがって，これは，給料，運送費などの支出時に全額費用計上される特定の項目に限って適用されているに過ぎない。もちろん，このような適用は，重要性の原則の枠内での簡便法に過ぎない。

11 費用の認識基準としての発生主義

発生主義は，収益・費用の認識基準の1つであり，費用の場合には，**財・用役の費消という事実**によって費用を認識する考え方をいう。このように財・用役の費消という事実が発生した期間に費用を帰属させることが，**期間損益計算を適正化**することにつながるので，この発生主義は，**現行会計における費用の認識基準**として一般に採用されている。

この発生主義の下では，前述の現金主義の場合とは異なり，**減価償却費の計上，引当金の設定，費用収益の見越し・繰延べ**が行われることになる。したがって，この場合の費用の範囲は，現金主義の場合に認識される費用はもちろん，さらには評価性引当金および負債性引当金の設定に伴って発生する費用，資産の（減価）償却・評価に伴って発生する費用，そして見越し・繰延べに伴って発生する費用にまで拡大されることになる。

費用の認識基準としての発生主義は，必ずしも一義的に理解されているわけではない。本来，この発生主義は，時の経過に基づいて費用を計上する時間基準を意味していたのである。しかし，今日では，広く解釈されるようになってきており，発生主義会計における費用全般に関する唯一の認識基準として理解

第 3 章

されているといえる。

　しかし，このような理解には異論の余地もある。

　そこで，発生主義会計と発生主義（基準）についてのもう1つの解釈を確認しておくことにする。発生主義会計によれば，「費用は，その発生に基づいて計上される」と説明されている。これは，費用の計上に際して，発生主義が適用されていることを意味している。したがって，この場合にはすべての費用が発生主義によって計上されていると理解されることになる。これは，広義の発生主義といえる。

　この考え方が，費用収益対応の原則にも適用されることによって，個別的対応のみならず期間的対応という収益に対する費用の対応関係が見出されることになる。

　これに対して，財・用役が消費された時点で費用を認識するという意味での発生基準は，製造費用と販売費および一般管理費などの費用にはあてはまるものの，収益との対応関係に基づいて認識される売上原価などの費用にはあてはまらないという考え方が見出される。

　この場合には，発生主義会計は，発生主義によって支えられているわけではないといわざるを得ない。つまり，発生主義が発生主義会計における費用の認識基準をすべて含んでいるわけではないのである。つまり，これは狭義の発生主義といえる。

　この考え方の下では，費用収益対応の原則は，損益計算上より一層重要な意味を持つことになり，個別的対応との関連のみが認められることになる。したがって，費用の計上は，この原則と発生主義とが一体となって行われると考えられているのである。

第4章 財務諸表論

1 簿記のシステムと財務諸表

　会計は，**複式簿記のシステムを前提**としている。会計から複式簿記を取り上げたら会計としての仕事ができなくなるのだ。それはちょうど，大工からカンナとノコギリを取り上げたら大工でなくなるのと同じである。

　なぜなら，複式簿記のシステムを使わなければ，会計のデータは相互に脈絡のない数字の羅列に終わってしまうからである。簿記のシステムを使うことによって，**貸借対照表と損益計算書のデータが有機的・組織的な結びつきを持つようになる**のである。

　ここでは，複式簿記のシステムにインプットされる経済情報が，どのように加工されて損益計算書と貸借対照表としてアウトプットされるのかを見てみよう。

1 「完全な財務諸表」はあるか

　会計は，**複式簿記のシステムを前提**としている。複式簿記のシステムにインプットできないものは，会計では扱えない。例えば，将来性の高い取引を契約したとか，新製品の開発に成功したとか，企業経営にとって非常に重要なことであっても，複式簿記のシステムにインプットできないものは会計では扱えないのだ。

第 4 章

　また，このシステムからアウトプットできないものは，本来，「会計情報」とは呼べない。例えば，株価やＰＥＲ（株価収益率）などは，投資家にとって重要な情報であるが，簿記のシステムから得られる情報ではないので，会計情報とか会計データとはいえない。

　複式簿記のシステムは，会計の枠組み(わくぐみ)を決めるという意味では，非常に重要なコンセプトであり，「会計を会計たらしめているもの」なのであるが，他方では，簿記のシステムにインプットできないものは会計では扱えないという点で「**会計の限界**」にもなっている。

　会計の主役である**財務諸表**は，こうした**複式簿記の産物**でもあるわけであるが，残念ながら，以下に述べるように「**完全な財務諸表**」とはいえそうもない。しかし，私達は，車でも教育でもゴミ処理でも，完全なシステムを持つことは不可能である。いつでもすぐに時速100キロが出せて，絶対に事故を起こさない車，誰もがすぐに秀才になる教育，誰もが文句をいわないゴミ処理，あればいいのであるが，それは「無い物ねだり」である。

　財務諸表も，損益計算書を主役にすれば，貸借対照表が不満を言いだすし，かといって，貸借対照表を主役にすれば，損益計算書の側から不満が噴(ふ)き出す。完全な財務諸表などはないのである。

2　会計と複式簿記のシステム

　いま，複式簿記のシステムをブラック・ボックスとしよう。この複式簿記というブラック・ボックスに，**企業活動を金額的に捉(とら)えたデータをインプット**（システムにデータを入力すること）すると，アウトプット（システムから取り出せるデータのこと）としていろいろ**加工したデータ**が取り出せる。

　例えば，**毎日の仕入れと売上げのデータをインプット**すれば，月次や年次の**仕入高と売上高**がアウトプットとして取り出せるし，さらに期首と期末の**商品有り高をインプット**すれば，**売上総利益**を計算してくれる。

352

財務諸表論

```
┌─────────────────────────────────────────────────────────┐
│ ┌──────────────┐    ┌──────────┐    ┌──────────┐      │
│ │ 当期売上高    │    │          │    │          │      │
│ │ 当期仕入高    │ →  │ 複式簿記  │ →  │ 売上総利益 │      │
│ │ 期首商品有り高 │    │          │    │          │      │
│ │ 期末商品有り高 │    │          │    │          │      │
│ └──────────────┘    └──────────┘    └──────────┘      │
│  インプット・データ  （ブラック・ボックス）  アウトプット・データ │
└─────────────────────────────────────────────────────────┘
```

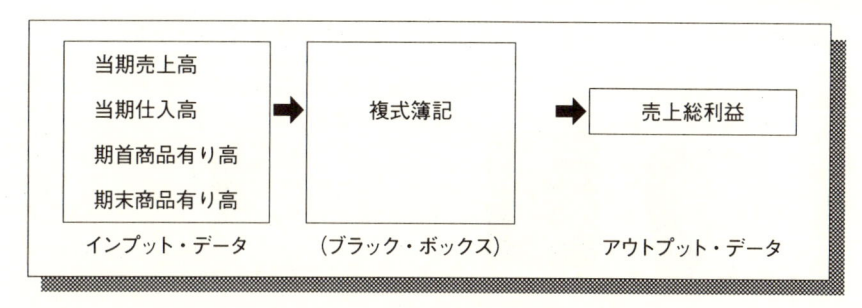

ここで，ブラック・ボックスの中で行われる計算は次のとおりである。

期首商品有り高＋当期仕入高－期末商品有り高＝売上原価

当期売上高－売上原価＝売上総利益

　複式簿記から取り出せるアウトプット・データの中から，ある目的に合うデータだけを集めてみよう。例えば，**利益を計算する目的に必要なデータ**を集めるとする。利益を計算するのに必要なデータとは，より具体的には**フローに関するデータ**，あるいは**企業活動量を表すデータ**といってよいであろう。上の売上高，仕入高などはこの活動量を表すフロー・データである。

　ブラック・ボックスから取り出せるデータのうちからフロー情報だけを選別するフィルターを用意し，このフィルターを通る情報だけを集め，これらを組み合わせて作ったのが，**損益計算書**である。

　複式簿記のシステムから出てきた加工データのうち，このようにある目的（利益の計算）に合うものを取り出したあと，残りのデータ（フィルターを通らなかったデータ）を観察すると，**財産に関するデータ**が多いことに気がつく。

　これは，**ストックに関する情報**といってもよいであろう。この残りのデータを，寄せ木細工のように組み合わせると，**貸借対照表**ができる。次の図表は，以上の関係を図示したものである。

353

第 4 章

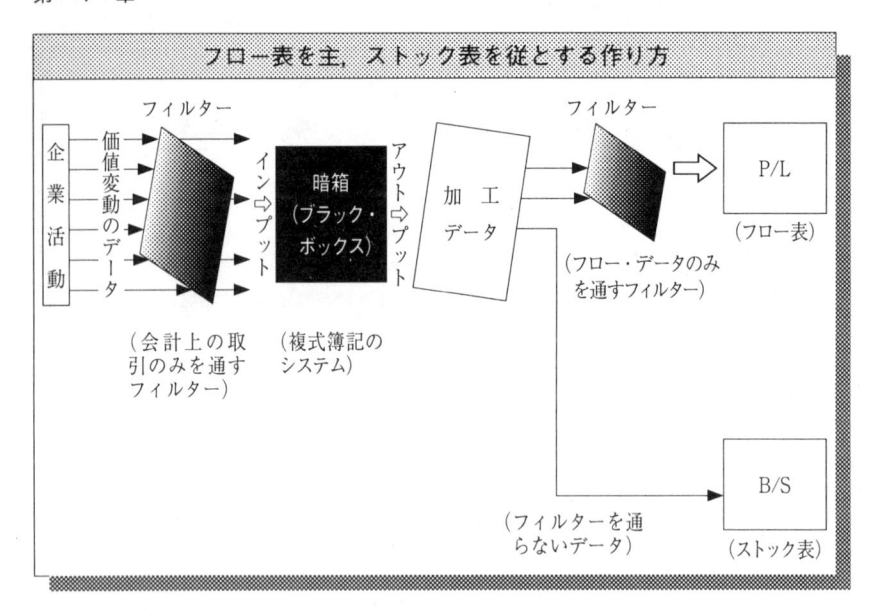

```
┌─────────────────────────────────────────────────────────┐
│         フロー表を主，ストック表を従とする作り方            │
└─────────────────────────────────────────────────────────┘

     フィルター                    フィルター
企 価                             
業 値  ─→ イ  暗箱   ア  加     ─→      P/L
活 変  ─→ ン （ブラック・ウ  工
動 動  ─→ プ   ボックス）ト  データ            （フロー表）
   の  ─→ ッ           プ
   デ       ト           ッ
   ー                    ト      （フロー・データのみ
   タ                              を通すフィルター）
     （会計上の取  （複式簿記の
      引のみを通す  システム）
      フィルター）
                                                    B/S

                              （フィルターを通
                               らないデータ）      （ストック表）
```

フローに関するデータだけを通すフィルターを1枚用意するだけで，ブラック・ボックスから取り出されたときは雑然としていた加工データが，整然と**フロー表（損益計算書）**と**ストック表（貸借対照表）**に収まる。500年も昔に作られたシステムとは思えないほど見事というほかはない。

3 ストック表としての貸借対照表

ところで，今の説明では，最初にフロー・データだけを通すフィルターを用意した。そして，残りのデータを集めてストック表とした。

この場合，**ストック表（貸借対照表）**は，**フロー表（損益計算書）**とは違って，最初に目的を与えてデータを集めたわけではない。あくまでも，フロー表を作成するのに必要なデータを取り出したあとに残ったものを組み合わせて作った表にすぎない。

詳しくストック表を眺（なが）めてみると，**財産**とか**ストック**とは呼べそうもないものや，**財産表**とか**ストック表**というなら違う金額を付したほうがいいようなも

のも混じっていることに気がつくであろう。

では，フィルターを換えてみよう。**ストック・データ**（**財産の有り高に関するデータ**）だけを通すフィルターに換えるのである。フィルターを通るデータはすべて，ストックに関するデータである。

そうすると，**ストック表としての貸借対照表**が先にできるが，この貸借対照表には，例えば，**繰延資産**のような**擬制資産**や**前払費用**などは出てこない。また，損益計算書には，当期の損益計算とは関係のない項目がいろいろ計上されるようになる。

最初に損益計算書を作成すると，残されたデータで作った貸借対照表には，何か不純物が紛れ込んだ。今度は，貸借対照表から先に作ったのであるが，そうすると，貸借対照表には不純物が紛れ込まないが，損益計算書に，期間損益計算の観点からは繰延経理（次期に費用計上）すべき費用などの不純物が紛れ込むのである。

なぜかというと，複式簿記というシステムから取り出されるアウトプットのデータをストックのデータとフローのデータにきれいに２分割できないからである。

表現を変えると，**複式簿記では，純粋なフロー・データと純粋なストック・データだけをアウトプットするわけではない**のである。ストックでもフローでもない，あるいは，ストックとフローの中間とか両方の性格をそなえたデータもアウトプットとして出てくるのである。

4 フロー表としての損益計算書

今日の会計では，**フロー・データで損益計算書を先に作って，残りのデータで貸借対照表を作成**している。そのため，作成された貸借対照表をストック表として観察すれば，そこにはいろいろな不満が残る。

例えば，資産性が疑われる項目が**繰延資産**や**のれん**として計上されるとか，土地や有価証券の金額が**現在の価値**を示していないというのは典型である。

第 4 章

かといって、では**ストック表**（**貸借対照表**）から先に作って、残りのデータで**フロー表**（**損益計算書**）を作成したらどうであろうか。次の図は、フィルターを取り替えて、ストック・データだけを通すものにしたチャートである。

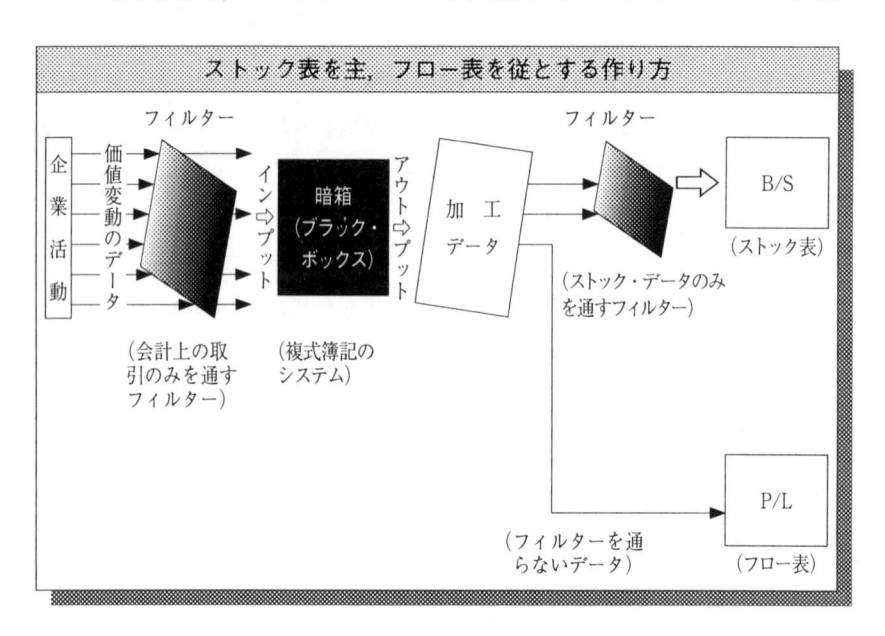

```
ストック表を主，フロー表を従とする作り方
```

企業活動 → フィルター（会計上の取引のみを通すフィルター）→ インプット → 暗箱（ブラック・ボックス）（複式簿記のシステム）→ アウトプット → 加工データ → フィルター（ストック・データのみを通すフィルター）→ B/S（ストック表）／（フィルターを通らないデータ）→ P/L（フロー表）

今度は、繰延資産のような擬制資産は「その支出の効果が次期以降に及ぶ」と認められても、「**期間損益計算の適正化**」に役立つにしても、ストックでない以上、ストック表には掲げられない。

建物や機械は、これまでのように減価償却費を計算して期間配分するのではなく、毎期末に建物や機械を評価して金額を決め、毎期の評価差額が損益計算書に計上されることになるであろう。そういうことになると、今の会計理論を根底から大きく変える理論構成が必要になるのである。

会計学ではこれまで、**損益計算書は企業の経営成績**を示し、**貸借対照表は企業の財政状態**（**財務状態**）を示す、と説明してきた。2つの計算書に、それぞれ違った役割を与えてきたために、**2つの計算書を一元的・統一的に解釈**することは行われてこなかったのである。損益計算書が示す経営成績と貸借対照表

356

が示す財政状態を、統一的に説明する「接着剤」は、いまだに開発されていない。

こうした問題は、**複式簿記という不完全なシステム**を採用しているから生じるのであるが、かといって、今のところ、複式簿記に取って代わるだけの利益計算の体系はない。15世紀に誕生して、さしたる構造変化も経なかった簿記のシステムをうまく使いながら、会計の目的を達成するしか手はないのである。

システムに完全なものはない。教育システムも、交通信号システムも、ゴミ処理システムも、原子力発電システムも、どれもこれも不完全なシステムである。しかし、不完全なところを承知して、システムを動かしていくしかないのである。

企業が作成する財務諸表にも、そうした限界や不完全なところがあるということを理解した上で利用する必要がある。会計や財務諸表は、15世紀に誕生した複式簿記に依存するものである。限界があることはやむをえないことである。

5 第三の計算書

少し、昔の話をする。昔の話だからといって読み飛ばさないでいただきたい。この話は、今日の損益計算書と貸借対照表を正しく理解する上で、きわめて重要な話だからである。

会計の宿命は、**複式簿記のシステム**から逃れられないことである。**複式簿記のシステムを前提として会計の理論**が組まれ、実務が行われている。もしも、複式簿記から離れて会計が行われるなら、そのときの会計は、たんなる財産価値の測定論に席を譲るか、パッチワーク的な利益の測定技術になるであろう。損益計算書と貸借対照表には、お互いに関係のない、場当たり的なデータが並ぶことであろう。

会計が会計であるためには、複式簿記を前提としなければならない。そうである以上、すでに述べたように、簿記のシステムからアウトプットされるデー

第 4 章

タを，何らかのフィルターを通して分類しなければならない。

　問題は，①1つのシステムから取り出される多様なデータを，むりやり2つのグループに分割すること，②一方の計算書を重視すると，他方の計算書に不純物が紛れ込み，「ごみ箱」化しかねないこと，③損益計算書と貸借対照表という2つの計算書ですべての要求を満たそうとしていること，にある。

　1つの解決法は，**第三の計算書を作る**ことである。今は，複式簿記からアウトプットされるデータに，フロー・データしか通さないフィルターをかけて損益計算書を作成し，残りのデータで貸借対照表を作っている。そうすると，貸借対照表には，ストックとフローの中間くらいの性格を持つデータとか，フローに近いけれど，何らかの事情で損益計算書に載せられなかったデータとかまでも含まれることになる。

　そこで**貸借対照表から不純物を取り除く**ために，もう1枚，フィルターを用意してみる。フロー・データを取り去った後のデータに，**ストック・データだけを通すフィルター**をかけるのである。

　ストック・データだけを通すフィルターであるから，それを通るデータで作成した計算書は**ストック表**と呼んでもいいであろう。これで，貸借対照表は，**純粋なストック表**となる。

　2枚のフィルターを通らなかったデータが残る。この残りのデータで第三の計算書を作るのである。以上のプロセスをチャートにしたのが，次の図である。

　この第三の計算書は，過去において損益計算書を純化するためにも使われたことがある。損益計算書に載せるデータを当期の経営成績に関係するものに限定して，「**超期間の損益**」「**期間外損益**」あるいは「**前期損益修正**」などを第三の計算書に移すのである。そうすることによって，**損益計算書が「当期の経営成績を示す計算書」に純化される**と考えたのである。これを「**当期業績主義**」という。

　期間外損益や前期損益修正を第三の計算書に移すことで，**損益計算書は純粋な当期のフロー表**に，**貸借対照表は純粋な期末のストック表**になる。

財務諸表論

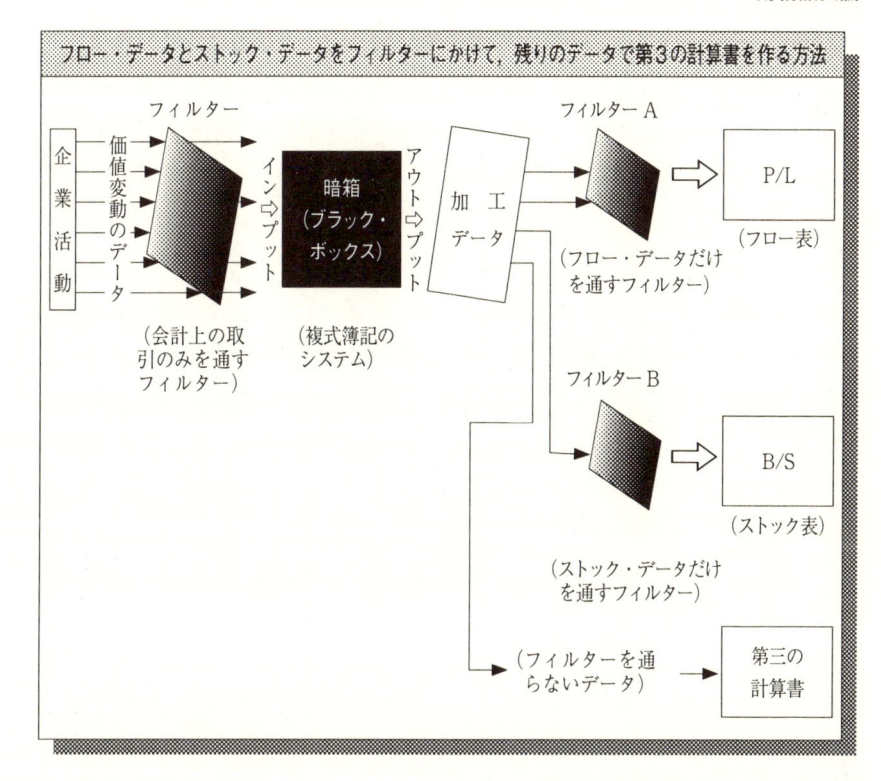

フロー・データとストック・データをフィルターにかけて、残りのデータで第3の計算書を作る方法

```
企業活動 →[フィルター(会計上の取引のみを通すフィルター)]→ インプット → 暗箱(ブラック・ボックス)(複式簿記のシステム) → アウトプット → 加工データ
                                                                                              ↓
                                                                          →[フィルターA(フロー・データだけを通すフィルター)]→ P/L（フロー表）
                                                                          →[フィルターB(ストック・データだけを通すフィルター)]→ B/S（ストック表）
                                                                          →（フィルターを通らないデータ）→ 第三の計算書
```

　ところが、損益計算書と貸借対照表が純化されればされるほど、おのずと第三の計算書に収容されるデータが増えてくる。複式簿記のシステムからアウトプットされるデータのうち、損益計算書にも貸借対照表にも収容されないデータは、すべて第三の計算書に記載されることになる。**第三の計算書は、次第に、損益計算書と貸借対照表の「ごみ箱」と化してしまうのである。**

　これは、架空の話ではない。わが国では、昭和49年（1974年）に修正されるまで、企業会計原則は、「当期業績主義」を採用していた。**損益計算書には、企業の正常な経営活動に伴って反復的・経常的に発生する収益と費用だけを計上し、当期の正常かつ経常的な業績を示そうというものであった。**

　ところが、この当期業績主義は、一部の企業経営者によって悪用されたのである。ある収益または費用が正常性を持っているか経常的に発生するかは、そ

の企業の経営者にしか分からない。それをいいことに，損益計算書に載せると都合が悪い項目は，「正常性」「経常性」「反復性」がないとして，第三の計算書に移したり，逆に，臨時・異常な損益項目でも，当期の業績を良く見せるために損益計算書に記載したりするような実務が横行し始めたのである。

例えば，原価性のある（すなわち，経常的に発生している）棚卸資産評価損や修繕費を，臨時・異常に発生したとして，第三の計算書に回したり，長期所有の有価証券をいったん流動資産に区分変えしておいて，次期に売って売却益を出すような処理である。長期所有の有価証券は，売却益が出ても「特別損益」として第三の計算書に記載するが，これを短期保有の有価証券（流動資産）に区分を変えれば，売却益は営業外損益（当期の経常損益の一部）として損益計算書に計上することができるようになるのである。

その結果，どうなったか，また，現在の損益計算書は，「経常性」「反復性」「正常性」のある損益と，それ以外の「異常性」「非反復性」「非経常性」を持った損益項目をどのように扱っているか，などの点については，後で詳しく述べる。

6　最近の動向

現在の財務諸表体系が，会計の理論を根底から変えるほどの欠陥を持っているわけではない。しかし，フロー表を中心とした体系では，どうしてもストック情報の不備が目立ってくる。

最近の**時価主義**の動きや**減損会計**のねらいは，フロー・データを通すフィルターの目を，少し粗めにして，一部のストック・データをも通るようにしようというものである。

そうした傾向には，いくつかの問題がある。1つは，ストックの評価，もう1つは，評価差額の扱いである。

会計は長い歴史を持つが，どちらかというと，ストックを評価することを避けてきた。会計は，評価が苦手なのである。ストックを評価するのは取得した

時点だけとして，後は，ストックの原価（取得時点の時価）を期間に配分するか（減価償却や棚卸資産の原価配分），ストックを処分するまで再評価しないのである。

こうした会計を「**取得原価主義会計**」「**原価主義会計**」と呼んできた。取得原価主義会計の最大の特徴は，「**資産・負債を再評価しない**」点にある。

会計は長い時間をかけて，資産・負債を評価せずに利益を計算する方法を編み出してきたのである。逆に言うと，**会計は「評価が苦手」**なのである。会計では，資産・負債を評価する手法として確立したものを持っていないともいえる。

資産・負債を再評価しないで利益を計算する方法を使ってきたこともあって，再評価差額（評価差額）の処理に関する理論も確立していない。資産の再評価差益（含み益）を利益とするべきなのか資本とするべきなのか，再評価差損なら，損失とするのか，資本の減少として処理するべきなのか，こうした点について，会計学上の定説とか一般に通用する理論といったものがないのである。

そのために，**土地の再評価差額**を「負債の部」（平成10年の土地の再評価に関する法律）に掲げることにしたり，「資本の部」（平成11年，同法の改正法）に掲げることにしたり，**短期保有有価証券の評価益**を当期の利益に計上するかと思えば，**長期保有の有価証券の含み損益**は自己資本の増減項目として扱ったり，評価差額の処理に一貫性がない。

第 4 章

2　貸借対照表の構造

貸借対照表とは，一定時点における企業の財政状態を示す表である。ここでは，貸借対照表における表示，貸借対照表の構造，そして貸借対照表の役割について学ぶ。表示と構造については主に「企業会計原則」によって，役割については会計理論によって解説する。

1　貸借対照表における表示

企業会計原則第三，貸借対照表原則一において，貸借対照表は次のように述べられている。

「**貸借対照表は，企業の財政状態を明らかにするため，貸借対照表日におけるすべての資産，負債及び資本**を記載し，株主，債権者その他の利害関係者にこれを正しく表示するものでなければならない」。

企業会計原則における用語に従うならば，貸借対照表とは，貸借対照表日（決算日）における企業の財政状態を明らかにした表である。ここに財政状態とは，資金の源泉とその使途との，言い換えれば資金調達源泉と資金運用形態との財務関係を示すものである。したがって，貸借対照表とは，「一定時点における企業の財務状態を示す表」，と言い換えることができる。

上記貸借対照表原則一の定義のうち，「**すべて**」に注目して解釈された原則として，「**貸借対照表完全性の原則**」がある。貸借対照表完全性の原則とは，すべての資産，すべての負債，そしてすべての資本（適宜「純資産」という）がもれなく貸借対照表に記載されることを要求する原則ということになる。

しかしながら貸借対照表原則一は前記文言に続けて次のようにいう。

「ただし，**正規の簿記の原則**に従つて処理された場合に生じた**簿外資産及び簿外負債**は，**貸借対照表の記載外**におくこと**ができる**」。

これは，貸借対照表完全性の原則の例外として，簿外資産と簿外負債を認める場合もあるということである。

ここで，正規の簿記の原則として認められるものは，重要性の乏しいものの計上省略を容認する**重要性の原則**である。重要性の原則が適用された結果，簿外資産あるいは簿外負債として認められる項目例を，企業会計原則注解・注1に従い次に示す。

簿外資産	消耗品，消耗工具器具備品などの費用処理容認 前払費用・未収収益の計上省略容認 たな卸資産の各種付随費用の費用処理容認
簿外負債	未払費用・前受収益の計上省略容認 引当金の計上省略容認

また，貸借対照表原則一のBには次のような規定がある。

「資産，負債及び資本は，**総額によつて記載する**ことを原則とし，資産の項目と負債又は資本の項目とを**相殺**することによつて，その全部又は一部を貸借対照表から除去**してはならない**」。

この規定を「**総額主義の原則**」という。総額主義の原則は，**相殺表示の禁止**を求めたものでもある。例えば，受取手形と支払手形を相殺して手形金額の差額のみを記載するような会計処理は，総額主義の原則により禁じられることになる。

第　4　章

2 貸借対照表の構造

　貸借対照表の「区分」については，企業会計原則によれば次のようになる。

　「貸借対照表は，**資産**の部，**負債**の部及び**資本**の部の**三区分**に分ち，さらに資産の部を**流動資産**，**固定資産**及び**繰延資産**に，負債の部を**流動負債**及び**固定負債**に区分しなければならない」（貸借対照表原則二）。

　さらに，資産および負債をそれぞれ流動・固定に区分する基準，特に流動資産および流動負債を区分する基準として，**1年基準**と**営業循環基準**がある。
　1年基準とは，決算日の翌日から1年以内に現金化または費用化する資産は流動資産とし，1年以内に支払期限が到来するかまたは収益化する負債は流動負債とする基準である。
　対して**営業循環基準**とは，現金→商品・製品→現金という営業活動の正常な循環内にある資産および負債を，流動資産および流動負債とする基準である。
　この2つの区分基準により，資産および負債は流動・固定に区分されるのであるが，より正確にいうと，まず営業循環基準が適用され，次いでこの基準では適切に分類できないものあるいは状況に対して，1年基準が適用される。例えば，当該企業の主目的たる営業取引により発生した受取手形は，たとえ期日が1年後であっても，まず正常営業循環基準が適用され，流動資産として区分される。しかしながら，相手先が倒産して，手形金額が1年以内に回収されない状況が生じた場合，当該債権は1年基準により固定資産に区分されることになる。
　なお，繰延資産は，そもそも支払能力を持たない特殊な資産とみなされ，流動・固定の区分からは最初から除外された形になっている。

　次に，貸借対照表の「配列」である。貸借対照表の配列については，企業会計原則によれば，**流動性配列法**によるものとされる（貸借対照表原則三）。

流動性配列法とは，貸借対照表の項目を，**流動性の高い順に配列する方法**である。すなわち，**資産**については入金可能性，つまり**換金の可能性の高い順に配列**し，**負債**については出金可能性，つまり**支払期限が早い順に配列**する方法である。

したがって，貸借対照表借方側については，流動資産，固定資産の順となり，貸方側については，流動負債，固定負債，純資産（資本）の順となる。なお，繰延資産は，当初から流動・固定の区分からは除外されているため，貸借対照表借方側の最後に配列される。

流動性配列法は，リスクの高い流動負債に対して流動資産をどの程度保有しているのかという，**債務支払能力**を見るのに適している。

貸借対照表の配列については，流動性配列法以外に，固定性配列法がある。**固定性配列法**とは，貸借対照表の項目を，**流動性の低い順に配列する方法**である。したがって，貸借対照表借方側については，固定資産，流動資産の順となり，貸方側については，純資産（資本），固定負債，流動負債の順となる。ただし，繰延資産は，当初から流動・固定の区分からは除外されているため，貸借対照表借方側の最後に配列される。固定性配列法は，固定資産が支払期限のない純資産（資本）によってどの程度まかなわれているのかという，**財務健全性**を見るのに適している。最後に，両配列法の概略図を次に示す。なお，繰延資産は除外している。

流動性配列法 B/S		固定性配列法 B/S	
流動資産	流動負債	固定資産	純資産（資本）
	固定負債		固定負債
固定資産	純資産（資本）	流動資産	流動負債

第 4 章

③ 貸借対照表の役割

　貸借対照表の役割についての解釈は，まず大きく２つに分かれる。１つは「**ストック表としての貸借対照表**」であり，もう１つは「**残高表としての貸借対照表**」である。さらに，貸借対照表をストック表とみなす考え方には，厳密には２つの異なる考え方が存するため，全体で**３つの解釈**があることになる。ここでは，３つの異なる解釈を対比しながら，それぞれの解釈に基づく貸借対照表の役割を学ぶ。

◇静態論

　まず，貸借対照表をストック表として解釈する１つ目の会計思考であるが，この解釈は，静的貸借対照表論（「**静態論**」と略される）と呼ばれる。静態論において最も重要となるのは，お金を貸した人あるいは会社を保護すること，つまり**債権者保護**である。したがって，貸借対照表は債権者保護の手段，つまり**債務返済能力**を示す重要な表という位置づけとなる。そこでは，債務返済余力を，資本（純資産）というバッファーが充実しているかどうかで判断させることになる。

　貸借対照表はバランスシートの日本語訳であるが，静態論において「バランス」とは一般的な「均衡」あるいは「平均」を意味するため，「バランスシート」とは「均衡した表」あるいは「平均した表」という意味になる。この場合，均衡しているということは，ストックとして評価された資産に対して，返済義務が確定している負債がバッファーとしての資本（純資産）を伴って互いに同額となっているということである。当該貸借対照表は，実地調査による財産目録から作成されるため，**複式簿記を前提としていない**ことになる。

　静態論においては，債権者保護理念のもと，資産は債務弁済能力を表すものでなければならない。したがって，資産とは売ってお金に換えられるもの，つまり**現在**において**換金可能**なものという定義になり，資産評価も**売却時価**が基本となる。ところで，「売却時価が明らかな換金性の高い資産」とは，具体

には「商品」であるから、静態論が対象とした主たる資産は商品であったと指摘することが可能である。さらに、毎期末に個々の売却時価を測定することは、その時々の資産の給付能力を比較することになるため、静態論は**実体資本維持**を指向していると言うこともできる。

◇収益費用アプローチ

これに対して、貸借対照表を残高表として解釈する会計思考もあるが、この解釈は、動的貸借対照表論（「**動態論**」と略される）、あるいは別に**収益費用アプローチ**とも呼ばれる。厳密に言えば、動態論と収益費用アプローチは全く同じ会計思考ではないが、ここでは貸借対照表の役割について同じ解釈をするものとして説明する。

収益費用アプローチにおいて最も重要なのは、**適正な利益の計算**であり、したがって重要な財務諸表は貸借対照表ではなく損益計算書となる。貸借対照表は、正確な損益計算書を導出するための、**連結環**あるいは**利益計算の補助手段**にすぎないという位置づけとなる。収益費用アプローチに基づく貸借対照表は、**複式簿記**による会計帳簿から作成される。その際、残高のある勘定が最後に集計され、貸借対照表となる。収益費用アプローチにおいて、「バランス」とは「均衡」という意味ではなく、「残高」という特殊な意味を指す。したがって、「バランスシート」とは「均衡した表」ではなく、「残高表」という意味になるのである。この場合、残高表は、借方あるいは貸方残高が決算に際して振り替えられて形成されたものであり、残高集合という簿記的な意味を表すものとなる。

収益費用アプローチにおいては「適正な利益計算」が重視されるが、これは未実現利益を排除した収益と、これに対応した費用との差引計算により達成される。そこで差し引かれる費用は、資産の取得原価を期間配分したものであるため、当然資産評価は**過去の取得原価**が基本となる。また、資産の定義も、取得原価のうち当期の費用として配分されたもの以外、つまり**支出未費用分**あるいは**未費消原価**という消極的なものとならざるを得ない。このように収益費用

アプローチは，資産の解釈については若干の難があるが，例えば**有形固定資産の原価配分**，つまり減価償却などの説明理論としては優れたものとなっている。別な見方をすれば，商品とは異なり売却市場などない巨大な有形固定資産を，貸借対照表において計上可能なものと位置づけるためには，静態論とは異なる「コペルニクス的転換」を伴った資産解釈が必要だったとも言えよう。なお，収益費用アプローチは，利益計算を行うにあたり個別資産の給付能力や貨幣価値の変動を除外するため，**名目資本維持**が指向されていると指摘することができる。

◇資産負債アプローチ

しかしながら，収益費用アプローチでは捉えきれない新たな経済事象が生じるにつれ，貸借対照表を残高表ではなく再びストック表として解釈する考え方が生じることになった。ただし，この新たな解釈は従来の静態論とは異なる会計思考に立脚しているため，新静態論，あるいは**資産負債アプローチ**に基づく貸借対照表観と呼ばれたりする。資産負債アプローチにおいて最も重要なのは，**外部利用者の意思決定に有用な情報を提供**することである。資産負債アプローチにおいては，静態論と同じく，重要な財務諸表は損益計算書ではなく貸借対照表となる。ただし貸借対照表は，債務返済能力を示す情報ではなく，**投資意思決定に役立つ情報**が記載された表であるべきであり，そこには**経済的便益の流入・流出**，およびその**差額としての企業の豊かさ（富）**が示されていると解釈されることになる。

資産負債アプローチに基づく貸借対照表は，静態論と異なり，複式簿記により作成される。しかしながら，ストックとしての財産表示機能を重視するあまり，結果的に非連携（同一の利益額でB／SとP／Lが結びついていないこと）を指向する財務諸表体系まで容認されるようになった。さらに，生じた評価あるいは換算の差額がすべて資本（純資産）の部において収容される構造を有するため，資本維持概念が不明瞭とならざるを得ない。

資産負債アプローチにおいて，資産とは「**経済的便益の流入が見込まれるも**

の」という定義になり，そのためにも，資産の評価にあたっては「**将来においてキャッシュ・インフローをどの程度もたらすのか**」を反映することが望まれる。したがって，資産評価は原価ではなく時価，その中でも特に**割引現在価値**が基本となる。資産負債アプローチに基づけば，重要なのは，資産が経済的便益の流入を，負債が経済的便益の流出を，資本がその差額として企業の豊かさ（富）を適正に表示し，外部利用者の投資意思決定に役立っているかどうかなのである。その意味で，再び貸借対照表が重要な役割を担うことになるのである。ただし，静態論とは，その根本理念，資産の定義および評価，時制，B／S作成方法等が全く異なることに注意しなければならない。

　最後に，資産負債アプローチでなければ捉えられない資産の一例として，リース資産をあげておく。借手にとってリース物件は，所有しておらず使用しているだけなので，売却不能でありかつ取得原価が存在しない。したがって当該物件は，静態論あるいは収益費用アプローチに基づくならば，貸借対照表に計上される能力がないことになる。しかしながら，リース物件を使用することで将来においてキャッシュ・フローの流入が見込まれるため，資産負債アプローチに基づくならば当該リース物件を資産計上する道が開かれることになる。つまり，資産負債アプローチは，所有権などの法的形式ではなく，将来キャッシュ・フローなどの**経済的実質**に重点を置いた会計思考であると言うこともできる。なお，現代会計における根本思考は，収益費用アプローチから資産負債アプローチに移行したと指摘されることが多い。ただし，会計の基準および実務においては，両アプローチが混在しているのが実情である。

第 4 章

3 損益計算書の構造

損益計算書は，その企業の**収益性**（具体的には，経営効率や資本の運用効率）を示すものであるから，財務諸表の中では一番重要なものである。

財務諸表を利用する立場の人たちには，株主，債権者，投資家，課税当局，消費者，取引先など多様な人たちがいる。こうした人たちは，企業と何らかの利害関係を持っているために，利害関係者（ステークホルダー）と呼ばれる。

財務諸表を利用する人たち（ステークホルダー）が，損益計算書に何を求めているか，損益計算書から何を知ろうとしているか，そうした情報ニーズに対して，損益計算書は十分な満足を与えているか，これらが損益計算書を読み解くカギである。

以下，そうした視点を忘れずに読んでいただきたい。貸借対照表に比べて，損益計算書が複雑な構造になっているのは，こうした各種の利害関係者（いろいろな立場から財務諸表を利用する人たち）の情報ニーズに対応しようとしているからである。

1 勘定式と報告式

貸借対照表に比べると，損益計算書は複雑である。特に，**売上総利益の計算過程**を表示したり，**営業損益**や**営業外損益**，**経常損益**などを区分表示したりする形式の損益計算書は，数字を追いかけるだけでも骨が折れるが，その数字の意味を理解するにはかなりの学修が必要である。

貸借対照表は勘定式なので簿記や会計の知識がある者には分かりやすいが，勘定式の損益計算書は，逆に，非常に複雑で，数字を追いかけるだけでも大変である。そこで，現在では，損益計算書は**報告式**となっている。

勘定式と報告式の貸借対照表

勘定式——借方と貸方を左右対称形式で表示する方法。簿記の知識がある者には分かりやすいが，知識がないと左右に分ける意味が理解できず，必ずしも分かりやすいといえない。貸借対照表の表示形式としては一般的であるが，損益計算書の表示形式としては複雑になりすぎるために，最近では，使われない。

貸借対照表（勘定式）

資　産	負　債
	純資産（資本）

報告式——借方と貸方を左右に分けて表示するのではなく，上下に分けて記載する方式。俗に「ずらずら方式」ともいう。一般に，損益計算書は，勘定式にすると複雑になるために，この報告式が採用されている。

貸借対照表（報告式）

資　産
負　債
純資産（資本）

そういうことから，現在では，会社法上の損益計算書も金融商品取引法上の損益計算書も，報告式となっている（報告式の損益計算書は後掲する）。

貸借対照表がストックの一覧表・有り高表であったのに対して，**損益計算書はフローの計算書**である。ストックは，多くの場合，目で見て確かめられるが，フローは観念的・抽象的なものなので，目で見て確かめることはできない。会計の知識がないと，この計算書は理解しにくいのである。

そういうことを反映して，損益計算書を作るに当たって，2つの考え方がある。1つは，あまり**専門的知識がなくても損益計算書を読めるように工夫**しようとする考え方で，これを**当期業績主義**という。

もう1つの考え方は，投資家，特に**株主が一番知りたいこと**，つまり，株主に対する**分配可能利益を計算・表示**しようとする考え方である。これを，**包括**

第 4 章

主義という。

2 損益計算書の役割

損益計算書は，企業の「**経営成績**」を計算・表示するというが，ここで「経営成績」とは，いったい，何を指すのであろうか。

経営成績という言葉の代わりに，「**収益力**」とか「**収益性**」ということもある。会計の用語法に従えば，「**収益力**」というより「**利益力**」という方が合っている。「**利益を生み出すパワー**」「**利益を稼ぎ出す能力**」という意味であろうか。

損益計算書では，**利益の源泉となる収益**（売上高，営業収益など）とその**収益を生み出すために費やした費用**が対比されて，**残額としての利益**が計算表示される。

したがって，損益計算書は，利益が，いかなる企業活動を源泉としているかを示すとともに，企業がいかなる活動をどれだけ行っているかということも示している。その意味では，損益を計算表示するだけのものではなく，**企業活動表**でもあるのである。

ただし，損益計算書の内容を詳しく見てみると，例えば，特別損益の中には，**災害損失**とか**前期損益修正**など，「経営成績」あるいは「企業活動量」とはいえない項目も含まれている。

上に述べたように，損益計算書を作る方法には，当期業績主義と包括主義という2つがある。以下，この2つの方法・考え方について述べる。

3 当期業績主義の考え方

当期業績主義の基本的な考え方は，当期の損益計算書だけを見れば，その企業の**経常的な収益力**，あるいは，**正常な収益力**を読み取れるように工夫して損益計算書を作るということである。

そのためには，当期において発生したり認識したりした収益・利得・費用・損失を「**正常性**」とか「**経常性**」といったフィルターを通して，そのフィルターを通る項目だけで損益計算書を作成するのである。

　そうすると，例えば，**臨時の項目，異常な項目・異常な金額**，当期だけではなく**過年度または次期以降にも関係するような項目，過年度の損益修正項目**などは，損益計算書には載ってこない。

　そうした項目は，もう1つ別の計算書を用意して，それに記載するのである。そうした計算書を，かつては「利益剰余金計算書」と呼んだ。損益計算書，貸借対照表に続く，第3の計算書であった。

　この方式の利点は，**企業の通常の収益力（経営成績）を知るには，当期の損益計算書だけを見れば済む**ことである。売上高利益率を計算しても，**資本利益率**を計算しても，この企業の正常な経営活動を前提とした利益率が計算できる。したがって，**来期もこの企業が正常な経営を続けるとすれば，当期とほぼ同じような収益力や利益率を期待することができる**と考えるのである。

　この当期業績主義は，財務諸表を，専門的知識を持たない人たち（しろうと）でも理解できるようにしようという，教育的・啓蒙(けいもう)的な考えに立っているものである。

4　当期業績主義の欠点

　当期業績主義の欠点は，2つある。1つは，損益が2つの計算書に分割して記載されるから，この企業の本当の収益力を知るためには，2つの計算書を合わせて読む必要があることである。しろうとには便利であるが，アナリストや専門知識のある投資家には不便だといえるであろう。

　もう1つの欠点は，当期に発生・認識した収益・費用項目を，**正常な項目・経常的な項目とそうでない項目に分ける**ことが難しいということである。

　項目によっては，毎期発生するので，項目としては正常・経常的であるが，その金額が異常に大きいこともある。また，毎期は発生しないけれど，2年に

第 4 章

1回程度，必ず発生するような項目もある。

こうした項目について，正常かどうか，経常的に発生するかどうかを決めるのは，どうしても主観的にならざるを得ないであろう。

5　当期業績主義の悪用

損益項目が，**損益計算書と利益剰余金計算書**に分けて記載されるようになると，本来なら損益計算書に記載されるべき項目が，そうすることが企業にとって不都合ということから，**利益剰余金計算書**に回されてしまうような実務が横行しかねない。

例えば，ある損失項目を損益計算書に計上すると損益計算書の末尾に書かれる当期純利益が大きく減少してしまうので，これを利益剰余金計算書に回して，損益計算書を「美化」するようなことが行われるのである。

財務諸表の利用者も，損益計算書だけに目を奪われて，第三の計算書である利益剰余金計算書に何が書かれているかには関心を持たなくなる。

経営者は，それをいいことにして，損益計算書だけを美しく仕上げることに専念するのである。第3の計算書はますます「ごみの山」と化してしまう。

これは，架空の話ではない。すでに紹介したように，昭和49年（1974年）の修正までは，**企業会計原則**では「**当期業績主義**」を採用していた。これが，一部の経営者によって悪用されたのである。

ある収益項目または費用・損失項目が経常性を持っているか反復性を持っているかは，その企業の経営者にしか判断できない。それをいいことに，損益計算書を美化する手段として，第3の計算書にさまざまな項目が記載されるようになったのである。

こうした弊害を除くために，その後，わが国では「**包括主義損益計算書**」を採ることになった。

6　包括主義の考え方

　包括主義の基本的な考え方は，すべての損益項目を損益計算書に記載するというものである。つまり，利益剰余金計算書のような第3の計算書を認めないのである。簿記のデータを損益計算書と貸借対照表に2分割するというのは，まさしく，包括主義の方法である。

　この場合，損益計算書には，当期の損益がすべて記載されるから，損益計算書の末尾に掲げられる数字は，**「当期における配当可能利益の増加額」**になる。こうしたことから，包括主義の損益計算書は，投資家，特に株主が必要としている情報を**「配当可能利益」「処分可能利益」**だと考えて，当期における「配当可能利益」または「処分可能利益」の増加分を計算・表示しようとするものであると考えることができる。

　包括主義の損益計算書は，すべての損益を計上するのであるから，ごまかしがきかない。しかし，包括主義の損益計算書を使って，企業の「経常的な収益性」「正常な収益力」を読むには，数期間の損益計算書を比較したり通算したりする，専門的な知識を必要とする。

　そうしたことから考えると，包括主義の損益計算書は，専門的知識を持った投資家やアナリスト向けの計算書といってよいかもしれない。

7　現在の損益計算書

　現在，わが国で採用している損益計算書は，**当期業績主義と包括主義を折衷**したものとなっている。当期業績主義の長所を活かしながら，全体としては包括主義の損益計算書としているのである。

　少し詳しく見てみよう。次のひな形は，**企業会計原則による損益計算書**である。分かりやすくするために，金額を入れてある。

　現在の損益計算書は，次のひな形のように，**本業の損益**を計算する**「営業損益計算の区分」**，当期の経常的損益を計算する**「経常損益計算の区分」**，包括主

第 4 章

義的損益を計算する「純損益計算の区分」という3区分から構成されている。

その企業の主たる営業活動の成果を最初に示しておき，その損益に，営業外損益（主として財テクの損益）を加減して，いったん，当期業績主義に基づく**「経常利益」**を計算表示する。ここまでが，**当期業績主義による損益計算書**となっている。

これに続けて，特別利益・特別損失という，超期間的・非経常的な損益項目や前期損益修正項目などを加減して，**「税引前の当期純利益」**を求め，これから法人税等の税負担額を控除して，最終的に，**株主にとっての利益**である「**当期純利益**」を計算表示する。**包括主義による損益計算書**である。

財務諸表論

<table>
<tr><th colspan="2"></th><th colspan="4">損益計算書</th><th></th><th></th></tr>
<tr><td rowspan="9">営業損益計算</td><td>Ⅰ</td><td colspan="3">売上高</td><td></td><td>100</td><td rowspan="20">当期業績主義による損益計算書</td><td rowspan="27">包括主義による損益計算書</td></tr>
<tr><td>Ⅱ</td><td colspan="3">売上原価</td><td></td><td></td></tr>
<tr><td></td><td>1</td><td colspan="2">商品期首棚卸高</td><td>10</td><td></td></tr>
<tr><td></td><td>2</td><td colspan="2">当期商品仕入高</td><td>54</td><td></td></tr>
<tr><td></td><td>3</td><td colspan="2">商品期末棚卸高</td><td>12</td><td>52</td></tr>
<tr><td colspan="4">売上総利益</td><td></td><td>48</td></tr>
<tr><td>Ⅲ</td><td colspan="3">販売費及び一般管理費</td><td></td><td></td></tr>
<tr><td></td><td colspan="3">販売手数料</td><td>4</td><td></td></tr>
<tr><td></td><td colspan="3">広告宣伝費</td><td>13</td><td></td></tr>
<tr><td rowspan="9">経常損益計算</td><td></td><td colspan="3">給料・手当</td><td>10</td><td></td></tr>
<tr><td></td><td colspan="3">減価償却費</td><td>6</td><td>33</td></tr>
<tr><td colspan="4">営業利益</td><td></td><td>15</td></tr>
<tr><td>Ⅳ</td><td colspan="3">営業外収益</td><td></td><td></td></tr>
<tr><td></td><td colspan="3">受取利息及び割引料</td><td>1</td><td></td></tr>
<tr><td></td><td colspan="3">受取配当金</td><td>15</td><td>16</td></tr>
<tr><td>Ⅴ</td><td colspan="3">営業外費用</td><td></td><td></td></tr>
<tr><td></td><td colspan="3">支払利息</td><td>1</td><td></td></tr>
<tr><td></td><td colspan="3">有価証券評価損</td><td>1</td><td>2</td></tr>
<tr><td colspan="4">経常利益</td><td></td><td>29</td></tr>
<tr><td rowspan="7">純損益計算</td><td>Ⅵ</td><td colspan="3">特別利益</td><td></td><td></td></tr>
<tr><td></td><td colspan="3">固定資産売却益</td><td></td><td>13</td></tr>
<tr><td>Ⅶ</td><td colspan="3">特別損失</td><td></td><td></td></tr>
<tr><td></td><td colspan="3">為替損失</td><td></td><td>2</td></tr>
<tr><td colspan="4">税引前当期純利益</td><td></td><td>40</td></tr>
<tr><td colspan="4">法人税等</td><td></td><td>20</td></tr>
<tr><td colspan="4">当期純利益</td><td></td><td>20</td></tr>
</table>

第 4 章

4 キャッシュ・フロー計算書

1 キャッシュ・フロー計算書の意義

　キャッシュ・フロー計算書は,「一会計期間におけるキャッシュ・フローの状況を一定の活動区分別に表示するものであり,貸借対照表及び損益計算書と同様に企業活動全体を対象とする重要な情報を提供するものである〔連結キャッシュ・フロー計算書等の作成基準の設定に関する意見書（以下,キャッシュ・フロー意見書）：二〕」

　これまで,資金情報としては,**個別ベースの資金収支表**が開示されていた。しかし,1999年4月1日以後開始する事業年度から,これに代えてキャッシュ・フロー計算書の開示,さらには2000年4月1日以後開始する事業年度から中間キャッシュ・フロー計算書の開示が,証券取引法（現・金融商品取引法）によってそれぞれ義務づけられるようになった。この会計制度改革は,**連結財務情報**を重視する視点の下で行われたものであったために,基本的には**連結ベースのキャッシュ・フロー計算書**が導入され,連結財務諸表を作成しない企業については**個別ベースのキャッシュ・フロー計算書**の作成が求められることになった。

　この従来の資金収支表は,財務諸表外の情報として位置づけられてきたが,これに代えて導入されたキャッシュ・フロー計算書は,財務諸表の1つとして位置づけられている。ただし,従来の商法と同様に,会社法においてはキャッシュ・フロー計算書の作成は個別・連結を問わず要請されていないので,いわば任意の計算書類と位置づけられているといえる。

　なお,第5章「特殊論点」の4「キャッシュ・フロー会計」においてキャッシュ・フロー計算書の使い方・読み方について学ぶので,ここでは,主として,キャッシュ・フロー計算書の作り方について述べることにする。

2 キャッシュ・フロー計算書の種類とキャッシュの意義

　前述のようにキャッシュ・フロー計算書の中心は，**連結キャッシュ・フロー計算書**である。この他にも，キャッシュ・フロー計算書としては，(個別)キャッシュ・フロー計算書，**中間連結キャッシュ・フロー計算書**および中間(個別)キャッシュ・フロー計算書がある。したがって，キャッシュ・フロー計算書には4つのタイプがあるといえる。これらの作成基準は，基本的に同一であるので，「連結キャッシュ・フロー計算書作成基準」が設定され，他の計算書にはこれが準用されている。

　近年の会計制度の改革に伴って，連結ベースによる情報開示が基本となっているので，連結キャッシュ・フロー計算書および中間連結キャッシュ・フロー計算書が**主要な開示手段**といえる。もちろん，連結財務諸表を作成していない企業は，(個別)キャッシュ・フロー計算書と中間(個別)キャッシュ・フロー計算書を作成しなければならない。反対に，連結財務諸表を作成している企業は，これらの個別ベースのキャッシュ・フロー計算書を作成する必要はない。

　キャッシュ・フロー計算書の種類にかかわりなく，キャッシュは，資金を意味しており，その範囲は，**現金**(手許現金および要求払預金)**および現金同等物**と考えられている。ここにいう「現金および現金同等物」のうち現金同等物とは，「容易に**換金可能**であり，かつ，価値の変動について**僅少なリスク**しか負わない**短期投資**」であり，価格変動リスクの高い株式等は資金の範囲には含まれない。この場合の短期投資としては，キャッシュ・フロー計算書の比較可能性を考慮して，取得日から3ヶ月以内に満期日または償還日が到来する短期的な投資が一般的な例とみなされている。

　なお，この現金同等物に何を含めるのかについての判断は経営者に委ねられており，この資金の範囲に含めた現金同等物の内容については注記が必要となる。また，キャッシュ・フロー計算書の現金および現金同等物の期末残高と貸借対照表上の科目との関連性についても併せて注記が必要とされている。もし，資金の範囲を変更した場合には，その旨，その理由および影響額を注記す

第 4 章

ることが求められている。

3 キャッシュ・フロー計算書の構造

キャッシュ・フロー計算書には，次の3つの計算区分が設けられなければならない。
(1) 営業活動によるキャッシュ・フロー
(2) 投資活動によるキャッシュ・フロー
(3) 財務活動によるキャッシュ・フロー

(1) 営業活動によるキャッシュ・フローの計算区分

ここには，営業損益計算の対象となった取引のほか，投資活動および財務活動以外の取引によるキャッシュ・フローが記載される。具体的には，例えば次のようなものが記載されることになる。
① 商品および役務の販売による収入
② 商品および役務の購入による支出
③ 従業員および役員に対する報酬の支出
④ 災害による保険金収入
⑤ 損害賠償金の支払い

なお，法人税等に係るキャッシュ・フローは，この区分に記載されることになる。この計算区分の計算結果として「営業活動によるキャッシュ・フロー」が示される。

この計算区分の表示方法には，**直接法**と**間接法**がある。

直接法：主要な取引ごとに収入と支出を総額表示する方法をいう。理論的には優れているといわれているものの，この方法の適用には多くの基礎資料と手数を必要とする。

間接法：税金等調整前当期純利益の金額に当期のキャッシュ・フローに無関係な取引額の修正分を表示する方法をいう。一般にはこの方法

が利用されている。

(2) 投資活動によるキャッシュ・フローの計算区分

ここには，固定資産の取得および売却，現金同等物に含まれない短期投資の取得および売却等によるキャッシュ・フローが記載される。具体的には，例えば次のようなものが記載されることになる。

① 有形固定資産および無形固定資産の取得による支出
② 有形固定資産および無形固定資産の売却による収入
③ 有価証券（現金同等物を除く）および投資有価証券の取得による支出
④ 有価証券（現金同等物を除く）および投資有価証券の売却による収入
⑤ 貸付けによる支出
⑥ 貸付金の回収による収入

この計算区分の計算結果として「投資活動によるキャッシュ・フロー」が示される。

(3) 財務活動によるキャッシュ・フローの計算区分

ここには，資金の調達および返済によるキャッシュ・フローが記載される。具体的には，例えば次のようなものが記載されることになる。

① 株式の発行による収入
② 自己株式の取得による支出
③ 配当金の支払い
④ 社債の発行および借入れによる収入
⑤ 社債の償還および借入金の返済による支出

この計算区分の計算結果として「財務活動によるキャッシュ・フロー」が示される。

これらの３つの計算区分における計算は，常に「営業活動によるキャッシュ・フロー」，「投資活動によるキャッシュ・フロー」そして「財務活動によるキャッシュ・フロー」の順に行われることになる。なお，**利息および配**

第 4 章

当に係るキャッシュ・フローは，次のいずれかの方法により記載されることになる。

(a) 受取利息，受取配当金および支払利息を「営業活動によるキャッシュ・フロー」の区分に記載し，支払配当金を「財務活動によるキャッシュ・フロー」の区分に記載する。

(b) 受取利息および受取配当金を「投資活動によるキャッシュ・フロー」の区分に記載し，支払利息および支払配当金を「財務活動によるキャッシュ・フロー」の区分に記載する。

4 連結キャッシュ・フロー計算書の様式

連結キャッシュ・フロー計算書の様式について，一般に採用されている直接法の場合と間接法の場合のそれぞれを示せば次のようになる〔連結財務諸表等規則：様式第7号，第8号〕。なお，直接法については，営業キャッシュ・フローの計算区分のみを示しておくことにする。両者の相違点はその部分のみであり，「投資活動によるキャッシュ・フロー」と「財務活動によるキャッシュ・フロー」との計算区分については，どちらの方法でも同じ内容となることはいうまでもない。

直接法の場合〔様式第7号〕ただし営業キャッシュ・フローの計算区分のみ

【連結キャッシュ・フロー計算書】

(単位：円)

	前連結会計年度 (自 平成 年 月 日 至 平成 年 月 日)	当連結会計年度 (自 平成 年 月 日 至 平成 年 月 日)
営業活動によるキャッシュ・フロー		
営業収入	×××	×××
原材料又は商品の仕入れによる支出	△×××	△×××
人件費の支出	△×××	△×××
その他の営業支出	△×××	△×××
小計	×××	×××
利息及び配当金の受取額	×××	×××

利息の支払額	△×× ×	△×× ×
損害賠償金の支払額	△×× ×	△×× ×
………	×××	×××
法人税等の支払額	△×× ×	△×× ×
営業活動によるキャッシュ・フロー	×××	×××

間接法の場合〔様式第8号〕

【連結キャッシュ・フロー計算書】

(単位:円)

	前連結会計年度 (自 平成 年 月 日 至 平成 年 月 日)	当連結会計年度 (自 平成 年 月 日 至 平成 年 月 日)
営業活動によるキャッシュ・フロー		
税金等調整前当期純利益	×××	×××
(又は税金等調整前当期純損失)		
減価償却費	×××	×××
減損損失	×××	×××
のれん償却額	×××	×××
貸倒引当金の増加額(△は減少)	×××	×××
受取利息及び受取配当金	△×× ×	△×× ×
支払利息	×××	×××
為替差損益(△は益)	×××	×××
持分法による投資損益(△は益)	×××	×××
有形固定資産売却損益(△は益)	×××	×××
損害賠償損失	×××	×××
売上債権の増減額(△は増加)	×××	×××
たな卸資産の増減額(△は増加)	×××	×××
仕入債務の増減額(△は減少)	×××	×××
………	×××	×××
小計	×××	×××
利息及び配当金の受取額	×××	×××
利息の支払額	△×× ×	△×× ×
損害賠償金の支払額	△×× ×	△×× ×
………	×××	×××
法人税等の支払額	△×× ×	△×× ×
営業活動によるキャッシュ・フロー	×××	×××

第 4 章

投資活動によるキャッシュ・フロー		
有価証券の取得による支出	△×××	△×××
有価証券の売却による収入	×××	×××
有形固定資産の取得による支出	△×××	△×××
有形固定資産の売却による収入	×××	×××
投資有価証券の取得による支出	△×××	△×××
投資有価証券の売却による収入	×××	×××
連結の範囲の変更を伴う子会社株式の取得による支出	△×××	△×××
連結の範囲の変更を伴う子会社株式の売却による収入	×××	×××
貸付けによる支出	△×××	△×××
貸付金の回収による収入	×××	×××
・・・・・・・・	×××	×××
投資活動によるキャッシュ・フロー	×××	×××
財務活動によるキャッシュ・フロー		
短期借入れによる収入	×××	×××
短期借入金の返済による支出	△×××	△×××
長期借入れによる収入	×××	×××
長期借入金の返済による支出	△×××	△×××
社債の発行による収入	×××	×××
社債の償還による支出	△×××	△×××
株式の発行による収入	×××	×××
自己株式の取得による支出	△×××	△×××
配当金の支払額	△×××	△×××
少数株主への配当金の支払額	△×××	△×××
・・・・・・・・	×××	×××
財務活動によるキャッシュ・フロー	×××	×××
現金及び現金同等物に係る換算差額	×××	×××
現金及び現金同等物の増減額（△は減少）	×××	×××
現金及び現金同等物の期首残高	×××	×××
現金及び現金同等物の期末残高	×××	×××

5　連結財務諸表

1　連結財務諸表とはどのようなものか

　私たちの周りに存在する企業は，法人格をもった法律上の企業単位としてそれぞれ個別に独立して存在し，企業活動を行っている。しかし，それらの企業は個々の会社として独立に活動しているだけでなく，互いにグループを作るなどして企業集団を形成し，その中で企業活動を展開していることが多い。

　企業集団は，親会社が中心になって，その支配下に数多くの子会社を従えるという形態をとっている。このような子会社としては，例えば，新規事業を始めるために設立されたもの，生産部門から販売部門を独立させて別会社とされたもの，あるいは有望な事業を展開している別会社の株式を取得して支配下に入れたものなどがある。

　親会社と子会社による企業集団は，子会社を通じて事業内容を多角化し，海外に進出するなど，企業の多角化・国際化が進展している。200社から300社の子会社を抱える企業集団もそう珍しくもない。

　企業集団を構成している企業は，単独に独自に企業活動を行っているようにみえるが，実は，企業集団全体の業績を高めるために，互いに結束を強め，親会社のコントロールのもとで「**グループ経営**」(「**連結経営**」ともいわれる) が推し進められている。

　これからすれば，企業集団を構成している個々の企業は，**法律上はそれぞれ別個の実体**である (「**法的実体**」という) が，**経済的には支配従属関係をベースにできあがった1つの組織体として認識できる**ことになる (「**経済的実体**」という)。

　このような状況の中で，例えば，企業集団の中心にある親会社に投資しようとしたとき，親会社だけの財務情報だけに基づいて投資意思決定をしたら，

第 4 章

誤った判断を行う可能性が強い。いわば「木を見て森を見ない」意思決定を行うことになるからである。

したがって，**投資者の投資意思決定に役立つ財務情報を提供**するためには，親会社の情報だけでなく，**親会社の情報を含めて企業集団全体の状況がわかる情報**が提供されなければならない。ここに**連結財務諸表**が必要とされる理由がある。

連結財務諸表は，支配従属関係にある2以上の会社からなる企業集団を単一の組織体とみなして，親会社が当該企業集団の財政状態および経営成績等を総合的に報告する目的で作成される。これに対して，法律上の個々の企業を会計単位とする財務諸表は，個別財務諸表といわれる。

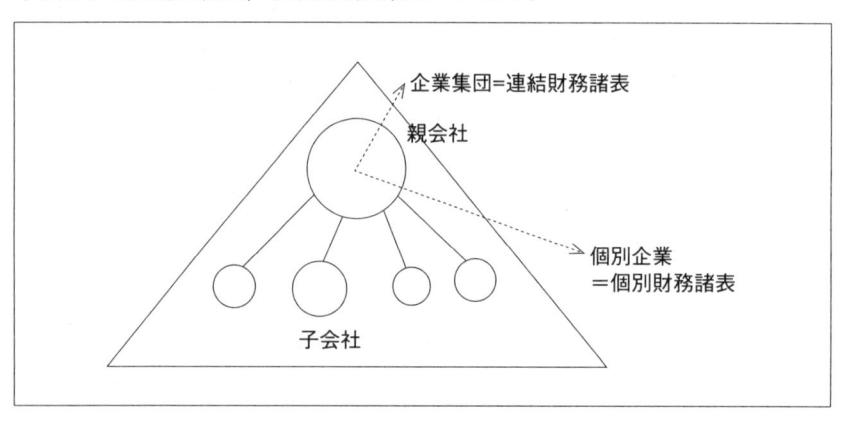

```
         企業集団＝連結財務諸表
              親会社

                        個別企業
                        ＝個別財務諸表
              子会社
```

2 連結財務諸表の制度はどのように変化してきたか

わが国の場合には，1960年代の半ばに，親会社が子会社等との取引を通じて**利益操作を行い，その結果，子会社等が連鎖的に倒産したことが，連結財務諸表に関心が寄せられる契機**となった。

その後，わが国の会計制度を作ってきた企業会計審議会が，1975（昭和50）年に「**連結財務諸表の制度化に関する意見書**」と「**連結財務諸表原則**」を公表した。ここに**連結財務諸表が制度化**されることになった。連結財務諸表は1977

（昭和52）年4月以降に開始する事業年度から導入された。

　連結財務諸表制度の導入から20年後，会計基準の国際的調和化・統一化の動向に沿って，**連結財務諸表を中心にしたディスクロージャー制度をつくる**ために，1997（平成9）年に，企業会計審議会によって「**連結財務諸表制度の見直しに関する意見書**」と，改正された「**連結財務諸表原則**」が公表された。

　この新しい連結財務諸表制度は，1999（平成11）年4月以後に開始する事業年度より本格的に実施され，わが国における企業情報の開示は**連結情報を中心とするディスクロージャーへと転換**された。

　連結財務諸表の作成は，本来，**金融商品取引法（金商法）の前身の証券取引法（証取法）の会計制度**として始まっている。証取法は，**有価証券報告書を作成し開示する親会社**に対して，決算期ごとに**連結財務諸表を作成して，有価証券報告書の中で公開する**ことを義務づけている。2000（平成12）年3月期からは**個別財務諸表よりは連結財務諸表の方が優先**されている。また，半年たった時点（上半期）で作成される**半期報告書**では，**中間連結財務諸表**が開示されている。

　2007年9月30日から全面適用されるようになった金商法では，2008年4月1日以降開始の事業年度から**四半期財務諸表**の作成が求められることになった。上場会社と店頭登録会社は，半期報告書に代えて四半期財務諸表を作成しなければならない。四半期財務諸表は連結情報を中心にしており，四半期報告書では**四半期連結財務諸表**が開示される。

　会社法会計の場合には，法律上の個々の会社を会計単位とする**個別財務諸表が中心**に置かれている。

　しかし，会社法以前の商法の会計制度においても連結財務諸表が導入されることになった。商法上の**大会社**（**資本金5億円以上または負債合計額200億円以上の株式会社**）のうち，**旧証取法の適用を受けて連結財務諸表を作成する企業**は，2003（平成15）年4月以降に開始する事業年度から，「**連結計算書類**」をも株主に報告しなければならないことになった。この場合，**連結貸借対照表と連結損益計算書**が連結計算書類とされていた。

第 4 章

　会社法でも，連結計算書類の提供は受け継がれている。**大会社かつ有価証券報告書提出会社**は**連結計算書類を提出**しなければならない。また，会計監査人を置いている会社（会計監査人設置会社）は**連結計算書類を提出することができる**とされている。会社法における連結計算書類には，**連結貸借対照表**，**連結損益計算書**，**連結株主資本等変動計算書**および**連結注記表**がある。連結キャッシュ・フロー計算書はない。

　連結財務諸表には，次のものがある。

　　　　　　有価証券報告書に記載される連結財務諸表
　　　　　　　　連結貸借対照表
　　　　　　　　連結損益計算書
　　　　　　　　連結株主資本等変動計算書
　　　　　　　　連結キャッシュ・フロー計算書
　　　　　　　　連結附属明細表

　　　　　　半期報告書に記載される中間連結財務諸表
　　　　　　　　中間連結貸借対照表
　　　　　　　　中間連結損益計算書
　　　　　　　　中間連結株主資本等変動計算書
　　　　　　　　中間連結キャッシュ・フロー計算書

　　　　　　四半期報告書に記載される四半期連結財務諸表
　　　　　　　　四半期連結貸借対照表
　　　　　　　　四半期連結損益計算書
　　　　　　　　四半期連結キャッシュ・フロー計算書

３　改正連結財務諸表原則の特徴は何か

　連結財務諸表の作成は連結財務諸表原則に基づいている。2008（平成20）年

12月に，企業会計基準委員会は「連結財務諸表に関する会計基準」を公表した。これは2010（平成22）年4月1日以後開始する会計年度から適用される。ここでは，1997年の改正連結財務諸表原則の大きな特徴を次にあげておこう。

(1) 連結情報が拡充されていること

貸借対照表に載らなかったようなオフバランス情報やリスク情報が開示されるようになった。また，連結をベースにしたキャッシュ・フロー情報が提供されるようになった。

(2) 子会社の範囲の決定基準として，支配力基準が導入されたこと

わが国では，従来，**持株基準**（50％超の株式所有）をベースにして子会社等の範囲が決定されてきた。持株基準では，子会社等への持株比率を引き下げて，業績が悪化した子会社や公開されると都合の悪い子会社を意図的に連結範囲から除外することができた。このような操作は「**連結はずし**」といわれてきた。

支配力基準では，例えば，取締役などの役員が親会社から派遣されていて実質的に取締役会が親会社によって支配されている場合には，その会社は連結範囲に含められる。支配力基準では，このような実質的な側面から連結範囲が決定されるので，持株基準ではできた連結業績の操作は封じられることになった。

(3) 子会社の資本連結の手続が大きく変化したこと

連結貸借対照表は，親会社の貸借対照表と子会社の貸借対照表とを合算して作成される。それまでは，連結貸借対照表の作成においては，子会社貸借対照表を帳簿価額のままで連結することができた。

しかし，改正連結財務諸表原則では，**子会社の貸借対照表について，時価評価した上で親会社の貸借対照表と連結**されることになった。したがって，含み損を抱えている子会社があれば，連結貸借対照表の財政状態を悪化させることになるから，会社再編などが必要になってくる。資本連結手続は，連結経営にも大きな影響を及ぼすことになった。

第 4 章

6 四半期連結財務諸表

1 投資者保護のための適時開示の要請

　金融商品取引法（以下，「金商法」という）は，企業内容等の開示（ディスクロージャー）制度を整備することにより，国民経済の健全な発展および投資者の保護を図ることをその目的としている（金商法1条）。この**投資者保護**は，企業情報が**適時開示**（タイムリー・ディスクロージャー）されること等により達成される。金商法適用会社はそもそも，事業年度を1年とする決算期ごとに**有価証券報告書**を内閣総理大臣に提出しなければならない。これに加えて，適時開示の要請に応えるために，有価証券報告書提出会社は，さらに四半期ごとの**四半期報告書**を内閣総理大臣に提出することが義務づけられるようになったのである（金商法第24条4の7）。

2 四半期財務諸表－用語の定義と性格付け－

　上述の四半期報告書とは，主に四半期財務諸表が含まれた報告書のことをいう。この四半期財務諸表に適用される会計処理および開示を定めることを目的として，「四半期財務諸表に関する会計基準（企業会計基準第12号）」（以下，「四半期会計基準」という）が平成19年に制定された。四半期財務諸表は同基準に準拠する必要があるため，以下の説明も全て同基準に基づき行うこととする。
　まず，**四半期会計期間**とは，一事業が3か月を超える場合に，当該年度の期間を3か月ごとに区分した期間をいう（第4項(1)）。そして，**四半期財務諸表**とは，**四半期連結財務諸表および四半期個別財務諸表**をいう（第4項(3)）。四半期財務諸表の性格については，「実績主義」と「予測主義」という2つの異なる考え方がある。**実績主義**とは，「四半期会計期間を**年度と並ぶ一会計期間とみ**

た上で，四半期財務諸表を，原則として年度の財務諸表と**同じ会計処理の原則及び手続を適用して作成することにより，当該四半期会計期間に係る**企業集団又は企業の財政状態，経営成績及びキャッシュ・フローの状況に関する**情報を提供**するという考え方」（第39項）である。これに対し**予測主義**は，「四半期会計期間を**年度の一構成部分**と位置付けて，四半期財務諸表を，年度の財務諸表と**部分的に異なる**会計処理の原則及び手続を適用して作成することにより，**当該四半期会計期間を含む年度の業績予測**に資する情報を提供するという考え方」（同項）である。四半期会計基準では，実務処理上の容易さや恣意性介入余地の少なさ等の理由から，**実績主義が基本**とされている。

しかしながら，実績主義にこだわらない方が，経済的実態をより適切に開示できる場合に限り，**四半期特有の会計処理**が認められている。具体的には，①**原価差異の繰延処理**，②**後入先出法における売上原価修正**および③**税金費用の計算**があげられている（第11項）。①と②は，実績主義を貫徹すると，売上と売上原価の対応関係が適切に開示されない可能性が生じるため，例外的に繰延処理を認めようとするものである。また③は，そもそも法人税は年度末でしか確定しないし，しかも累進税率が適用されるような場合もあるため，例外的に実績主義より予想主義の方が適切な処理となるものである。

3 四半期連結財務諸表
－その範囲および作成における会計処理原則－

前述したように，四半期財務諸表は四半期連結財務諸表および四半期個別財務諸表をいうため，本来四半期財務諸表の説明は，連結・個別別々に行う必要がある。ただし，四半期連結財務諸表を開示する場合には，四半期個別財務諸表の開示は要しないため（第6項），以下，四半期連結財務諸表に絞って説明を行うことにする。

四半期連結財務諸表の範囲は，**四半期連結貸借対照表，四半期連結損益計算書および四半期連結キャッシュ・フロー計算書**とされている（第5項）。これら

第 4 章

の四半期連結財務諸表を作成するにあたって,四半期会計基準では,3つの会計処理原則が示されている。

まず,「**四半期個別財務諸表への準拠**」である。これは,四半期連結財務諸表は,四半期個別財務諸表を基礎として作成しなければならないとしたものである(第8項)。2つめは,「**年度連結財務諸表の会計処理の原則および手続への準拠**」である。これは,四半期連結財務諸表の作成のために採用する会計処理の原則および手続は,原則として年度の連結財務諸表の作成にあたって採用するそれに準拠しなければならないとしたものである(第9項)。3つめは,「**会計処理の原則および手続の継続適用**」である。前年度の連結財務諸表および直前の四半期連結財務諸表等を作成するために採用した会計処理の原則および手続は,これを継続して適用し,みだりに変更してはならないとしたものである(第10項)。

4 四半期連結財務諸表
―簡便的な会計処理および表示科目の集約―

上述の「年度連結財務諸表の会計処理の原則および手続への準拠」で確認されたように,四半期連結財務諸表の作成のために採用する会計処理の原則および手続は,原則として年度の連結財務諸表の作成にあたって採用するそれに準拠しなければならない。ただし,**適時開示**(タイムリー・ディスクロージャー)のためには,企業集団の財政状態,経営成績およびキャッシュ・フローの状況に関する財務諸表利用者の判断を誤らせない限り,**簡便的な会計処理によることができる**とされている(第9項)。具体的には,棚卸資産の実地棚卸の省略や,減価償却方法に定率法を採用している場合の減価償却費の期間按分計算等が,簡便的な会計処理として考えられている(第47項)。

またこれに関連して,四半期連結財務諸表における**個々の科目の表示方法**についても,原則は年度連結財務諸表に準じるとしながらも,企業集団の財政状態,経営成績およびキャッシュ・フローの状況に関する財務諸表利用者の判断

を誤らせない限り，**集約して記載することができる**とされている（第17項）。

7 株主資本等変動計算書

　会社法では，剰余金の配当は，期末や中間決算時に限らず，期中のいつでも，期中に何回でも，行うことができる。

　さらにまた，**純資産の部の計数を変動すること**や役員賞与等は，決算手続とは切り離して行うことができるようになった。そのため，会社法では，「**利益処分案**」や「**損失処理案**」は，制度上，廃止された。

　そこで，純資産の部の計数を変動させる取引や損益取引に含まれない取引については，独立した計算書として「**株主資本等変動計算書**」を作成する。

　企業集団の場合は，**連結株主資本等変動計算書**，持分会社（合名会社，合資会社，合同会社）の場合は，**社員資本等変動計算書**を作成することになった（会社計算規則93条，127条）。

　会社法では，新たに計算書類の1つとして「**注記表**」を作成することになった。旧商法で，貸借対照表や損益計算書の末尾等に記載されていた注記をとりまとめて，1つの計算書類とすることになったのである。

　ここでは，株主資本等変動計算書に記載される項目とその表示方法，さらに注記表について紹介する。

1 株主資本等変動計算書を作成する目的と理由

　株主資本等変動計算書は，一会計期間における**純資産の部における変動額**のうち，「**主として，株主に帰属する部分である株主資本の各項目の変動事由を報告するために作成**」（企業会計基準委員会企業会計基準6号「株主資本等変動計算書に関する会計基準」）するものである。

第 4 章

◇利益処分案の廃止と変動計算書の創設

　旧商法では，株主に対する配当を期末配当と中間配当に限定していた。**会社法では，剰余金の配当は，期末や中間決算時に限らず，期中のいつでも，期中に何回でも，行うことができる。**

　さらにまた，株式会社の純資産の部の計数を変動することや役員賞与等は，決算手続とは切り離して行うことができるようになったため，**会社法では，「利益処分案」や「損失処理案」は，制度上，廃止された。**

　そこで，次のような純資産の部の計数を変動させる取引や損益取引に含まれない取引については，独立した計算書として「**株主資本等変動計算書**」（企業集団の場合は**連結株主資本等変動計算書**，持分会社の場合は**社員資本等変動計算書**）を作成することになった。

　この**株主資本等変動計算書等**（会社法では，上記の３つの計算書を総称するときに「等」をつけている）に記載される取引には，次のようなものがある。

株主資本等変動計算書に記載される取引

資本の部（株主資本）の計数を変動する取引
- 剰余金（その他資本剰余金またはその他利益剰余金）の配当
- 資本金の減少による準備金または資本剰余金の増加
- 自己株式の処分による剰余金の増減
- 自己株式の消却に伴う剰余金の減少
- 準備金の減少による資本金または剰余金の増加
- 剰余金の減少による資本金または準備金の増加
- 剰余金の減少による準備金の増加
- 任意積立金の積み立て・取り崩し

損益取引に含まれない(株主資本以外の，損益計算書に計上されない)取引
- その他有価証券評価差損益の増減
- 繰延ヘッジ損益の増減
- 土地再評価差額金の増減
- 新株予約権の増減
- （連結の場合）少数株主持分

◆従来の損益計算書の末尾

　これまで，損益計算書は，税引後の当期純利益を表示した後に，次のような未処分利益に関する項目等を記載して，最終的に「当期未処分利益」を表示していた。

当期純利益	24
前期繰越利益（＋）	22
中間配当積立金取崩額（＋）	10
中間配当金（－）	10
中間配当利益準備金積立額（－）	1
当期未処分利益	45

第 4 章

　当期の損益ではない項目を損益計算書に記載するのは，旧商法の事情からであった。旧商法は，損益計算書において，「当期に株主に配当処分することができる利益の額」，つまり，「**当期未処分利益**」を表示させようとしたのである。

　その場合の「利益」は，必ずしも「当期純利益」に限らない。旧商法は，過年度までの「**留保利益**」を含めて，「**次期に入ってから開催される株主総会において利益処分することができる財源**」を計算表示させようとしたのである。

◇会社法における損益計算書の末尾

　会社法では，損益計算書の末尾は，会計学が主張する「税引後当期純利益」とすることとし，年度中における純資産の部の計数の増減は，新設の「株主資本等変動計算書」において計算・表示することにしている。

　この計算書が作成されることによって，前期のバランスシートにおける純資産の部の各項目の残高と，当期の純資産の部の残高に連続性が保たれるようになる。

◇株主資本等変動計算書における「当期純利益」の表示

　個別損益計算書では，当期純利益（または当期純損失）は，（個別）株主資本等変動計算書において「**その他利益剰余金**」または，その内訳科目である「**繰越利益剰余金**」の変動事由として表示する（企業会計基準6号）。

　連結損益計算書では，当期純利益（または当期純損失）は，連結株主資本等変動計算書において「利益剰余金」の変動事由として表示する（同上）。

◇純資産の部の表示

　会社計算規則では，貸借対照表を，「**資産の部**」,「**負債の部**」,「**純資産の部**」に分けて表示することにしている（会社計算規則105条）。企業会計基準委員会企業会計基準5号「貸借対照表の純資産の部の表示に関する会計基準」（純資産会計基準）も同様である。

財務諸表論

　これまでは，総資産から負債を差し引いた残りの部分を「**資本の部**」として表示してきた。負債を返済した後に株主の手元に残る「**株主資本**」という意味合いであった。

　しかし，最近は，**貸借対照表の貸方**に，「**その他有価証券評価差額**」とか「**土地再評価差額**」など，「**株主資本**」**と呼べない項目**が記載されるようになり，総資産から負債を差し引いた差額を「資本」として説明することができなくなったからである。そこで企業会計基準委員会も会社法も，「総資産（バランスシートの借方合計）から負債を差し引いた差額」を「純資産」と呼ぶことにしたのである。

　ここで，では「**純資産とは何か**」という問いを発しても，残念ながら，「**総資産から負債を差し引いた差額**」といった消極的な説明しかできない。これまでのように，より積極的に，「出資者である株主の取り分（持分）」として説明することができないのである。

　企業会計基準委員会が公表した「貸借対照表の純資産の部の表示に関する会計基準」（純資産会計基準）では，**純資産の部**を次のように表示することとしている。**会社法**でも，ほぼ同様の様式を規定している（会社計算規則108条）。

純資産の部の表示例（個別貸借対照表）
純資産の部
I　株主資本
1　資本金
2　新株式申込証拠金
3　資本剰余金
(1)　資本準備金
(2)　その他資本剰余金
資本剰余金合計
4　利益剰余金
(1)　利益準備金
(2)　その他利益剰余金

第 4 章

```
            ××積立金
          繰越利益剰余金
              利益剰余金合計
    5  自己株式
    6  自己株式申込証拠金
          株主資本合計
  Ⅱ 評価・換算差額等
    1  その他有価証券評価差額金
    2  繰延ヘッジ損益
    3  土地再評価差額金
          評価・換算差額金等合計
  Ⅲ 新株予約権
     （控除 自己株式予約権）
          純資産合計
```

 連結貸借対照表の場合は，Ⅱの3「土地再評価差額金」の後に，「4　為替換算調整勘定」が，Ⅲの「新株予約権」の後に，「Ⅳ　少数株主持分」が入る。

 株主資本等変動計算書においても，上に紹介した純資産会計基準の表示区分に従う（変動計算書会計基準）。

2　株主資本等変動計算書の様式

 株主資本等変動計算書は，純資産の各項目を横に並べる様式によって作成する。ただし，純資産の各項目を縦に並べる様式により作成することもできる。

 次に，**株主資本等変動計算書の作成例**として，変動計算書会計基準に関する「適用指針」（正式には，企業会計基準委員会企業会計基準適用指針9号「株主資本等変動計算書に関する会計基準の適用指針」）が示しているものを掲げる。ここでは，（個別）株主資本等変動計算書を「純資産の各項目を横に並べる様式」で作成している（注は省略）。

財務諸表論

株主資本等変動計算書

	株主資本										評価・換算差額等 (*2)			新株予約権	純資産合計 (*3)
	資本金	資本剰余金			利益剰余金				自己株式	株主資本合計	その他有価証券評価差額金	繰延ヘッジ損益	評価・換算差額等合計 (*3)		
		資本準備金	その他資本剰余金	資本剰余金合計 (*3)	利益準備金	その他利益剰余金		利益剰余金合計 (*3)							
						××積立金	繰越利益剰余金								
前期末残高	×××	×××	×××	×××	×××	×××	×××	×××	△×××	×××	×××	×××	×××	×××	×××
当期変動額 (*4)															
新株の発行	×××	×××		×××						×××					×××
剰余金の配当					×××		△×××	△×××		△×××					△×××
当期純利益							×××	×××		×××					×××
自己株式の処分			×××	×××					×××	×××					×××
××××															
株主資本以外の当期変動額 (純額)											(*5) ×××	(*5) ×××	×××	(*5) ×××	×××
当期変動額合計	×××	×××	-	×××	×××	-	×××	×××	△×××	×××	×××	×××	×××	×××	×××
当期末残高	×××	×××	×××	×××	×××	×××	×××	×××	△×××	×××	×××	×××	×××	×××	×××

第 4 章

◇注 記 事 項

　株主資本等変動計算書には，次の事項を注記する（変動計算書会計基準および会社計算規則136条，137条）。

株主資本等変動計算書に注記する事項

(1) 連結株主資本等変動計算書の注記事項
　① 発行済株式の種類および総数に関する事項
　② 自己株式の種類および株式数に関する事項
　③ 新株予約権および自己新株予約権に関する事項
　④ 剰余金の配当に関する事項

(2) 個別株主資本等変動計算書の注記事項
　　自己株式の種類および株式数に関する事項
　（上の(1)①，③，④に準じた事項を注記することができる。）

　なお，連結財務諸表を作成しない会社の場合は，(2)の事項に代えて，(1)に準じた事項を注記する。

財務諸表論

8 注 記 表

会社法では、新たに計算書類の1つとして「**注記表**」を作成することになった。企業集団の場合は、「**連結注記表**」を作成する。

旧商法では、計算書類に関する注記事項は、貸借対照表または損益計算書の末尾等に記載することとされていた（旧商法施行規則46条）。

しかし、注記すべき事項の中には、貸借対照表あるいは損益計算書だけではなく、両方の計算書に関連するものもある。そこで、**会社法**では、注記すべき事項をまとめた書面を、**注記表**という独立した計算書類とすることにしている。

注記表に記載する事項（会社計算規則129条）
1　継続企業の前提に関する注記
2　重要な会計方針に係る事項に関する注記（連結注記表の場合は、連結計算書類の作成のための基本となる重要な事項に関する注記）
3　貸借対照表等に関する注記
4　損益計算書に関する注記
5　株主資本等変動計算書（または連結株主資本等変動計算書）に関する注記
6　税効果会計に関する注記
7　リースにより使用する固定資産に関する注記
8　関連当事者との取引に関する注記
9　1株当たり情報に関する注記
10　重要な後発事象に関する注記
11　連結配当規制適用会社に関する注記
12　その他の注記

第 4 章

なお，一部の注記表（例えば，会計監査人設置会社以外の株式会社など）については，記載が免除される項目がある（会社計算規則129条2項）。

◇継続企業の前提に関する注記

ここで，**継続企業の前提に関する注記**とは，**会社計算規則**によれば，次の(1)のような事象または状況が存在する場合に，(2)の事項をいう（会社計算規則131条）。

(1) 継続企業の前提に疑義がある場合とは
会社計算規則では，「当該会社の事業年度の末日において，財務指標の悪化の傾向，重要な債務の不履行等財政破綻の可能性その他会社が将来にわたって事業を継続するとの前提（継続企業の前提）に重要な疑義を抱かせる事象又は状況が存在する場合」(131条)をいうとしている。

(2) 「継続企業の前提」に疑義を抱かせる事象・状況がある場合の注記事項（会社計算規則131条）
1　当該事象・状況が存在する旨とその内容
2　継続企業の前提に関する重要な疑義の存在の有無
3　当該事象・状況を解消または大幅に改善するための経営者の対応・経営計画
4　当該重要な疑義の影響の計算書類（連結計算書類）への反映の有無

◇重要な会計方針に関する注記

重要な会計方針に関する注記は，「計算書類の作成のために採用している会計処理の原則及び手続並びに表示方法その他計算書類作成のための基本となる事項（これを**会計方針**という）」であって，次の事項についてなされる（会社計算規則132条1項）。

重要な会計方針に関する注記
1　資産の評価基準と評価方法
2　固定資産の減価償却の方法
3　引当金の計上基準
4　収益および費用の計上基準
5　その他計算書類の作成のための基本となる重要な事項

◇会計方針を変更した場合の注記

　会計方針を変更した場合には，次に掲げる事項（重要性の乏しいものを除く）も，重要な会計方針に関する注記となる（会社計算規則132条2項）。

会計方針を変更した場合の注記
(1)　会計処理の原則・手続を変更したときは，その旨，変更の理由，その変更が計算書類に与えている影響の内容
(2)　表示方法を変更したときは，その内容

◇連結計算書類に関する注記

　連結計算書類の作成のための基本となる重要な事項に関する注記としては，次のような事項がある（会社計算規則133条）。

第 4 章

連結計算書類に関する注記事項

(1) 連結の範囲に関する次の事項
　　イ　連結子会社の数と主要な連結子会社の名称
　　ロ　非連結子会社の名称，連結除外の理由
　　ハ　過半数所有会社等を連結から除外した場合の会社等の名称と子会社としなかった理由

(2) 持分法の適用に関する次の事項
　　イ　持分法を適用した非連結子会社・関連会社の数と主要な会社等の名称
　　ロ　持分法を適用しない非連結子会社・関連会社がある場合は，その主要な会社等の名称と，持分法を適用しない理由

(3) 会計処理基準に関する次の項目
　　・重要な資産の評価基準と評価方法
　　・重要な減価償却資産の減価償却の方法
　　・重要な引当金の計上基準
　　・その他連結計算書類の作成のための重要な事項

(4) 連結子会社の資産・負債の評価に関する事項

第5章 特殊論点

1 ストック・オプションの会計

1 ストック・オプションとはなにか

　近年，経営者や従業員へのボーナスを自社の利益や株価などの企業業績に連動させた報酬制度が，日本でもよくみられるようになった。**自社株購入権**とも呼ばれる**ストック・オプションも業績連動型報酬**の1つである。

　ストック・オプションとは，将来の株価上昇が見込まれる企業が，**経営者や従業員**など（以下，従業員等という）に対して，あらかじめ設定した安い価格で自社株式を購入する権利を与えるというものである。つまり，ストック・オプションを付与された従業員等は，一定の期間経過後に**自社の株価が上昇**していれば，権利を行使して，その時点の時価よりも低い「**行使価格**」で自社株を購入することで利益を得ることができることになる。

　たとえば，行使価格が「**付与日**」の自社株式の時価と同額の¥400と設定されていて，「**権利行使日**」の時価が¥600ならば，従業員等には権利行使（自社株式購入）によって，1株当たり¥200の**権利行使益**が生じたことになる（購入した株式を直ちに売ったとすれば，¥200の売却益が得られる）。さらに，この株式を保有し続けた後に，時価が¥900になったところで株式を売れば，1株当たり¥500（＝¥900－¥400）の売却益が得られる。通常の株式売買ならば，この場合には¥300（＝¥900－¥600）の売却益しか得られないので，差額の¥200（＝

第 5 章

権利行使益）が，従業員等に対するストック・オプションによる報酬（給与・ボーナス）とみなされる。

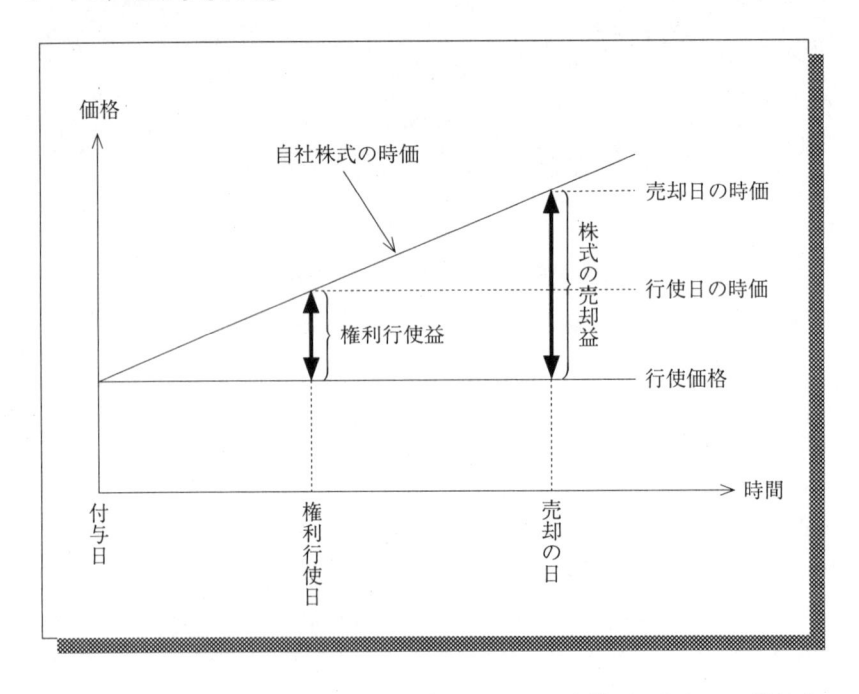

（図：価格と時間のグラフ。自社株式の時価、売却日の時価、株式の売却益、行使日の時価、権利行使益、行使価格、付与日、権利行使日、売却の日）

　実際のストック・オプションでは，**付与日**から一定期間にわたって勤続することなどが権利確定のための条件となっていることが多い。その場合，**勤続期間などの権利確定条件を満たさない**と，従業員等が自社株式購入の権利を取得できないことになる。これを「**権利不確定による失効**」という。また，ストック・オプションによる自社株式購入は，権利確定以後の一定期間に限られる。この期間を「**権利行使期間**」といい，権利行使期間内に自社株式の購入を行わないことによる失効を「**権利不行使による失効**」という。なお，**付与日から権利確定日**までの期間を「**対象勤務期間**」という。権利確定日が明らかでない場合は，権利行使期間の開始日の前日を権利確定日とみなす。

特 殊 論 点

```
付与日        権利確定日    権利行使期    権利      権利行使期
                          間の開始日   行使日     間の最終日
                       ┌──── 権利行使期間 ────┐
                                    ┌─────┐
                                    │権利行使│
                                    └─────┘
                                      Yes
          ◇                          ◇
        権利確定    Yes   ┌─────┐    権利を行
        条件を達  ─────→ │権利 │   使したか
        成したか         │確定 │
                         └─────┘        No
                                    ┌─────────┐
                   ┌─────────┐      │権利不行使│
                   │権利不確定│      │による失効│
                   │による失効│      └─────────┘
                   └─────────┘
```

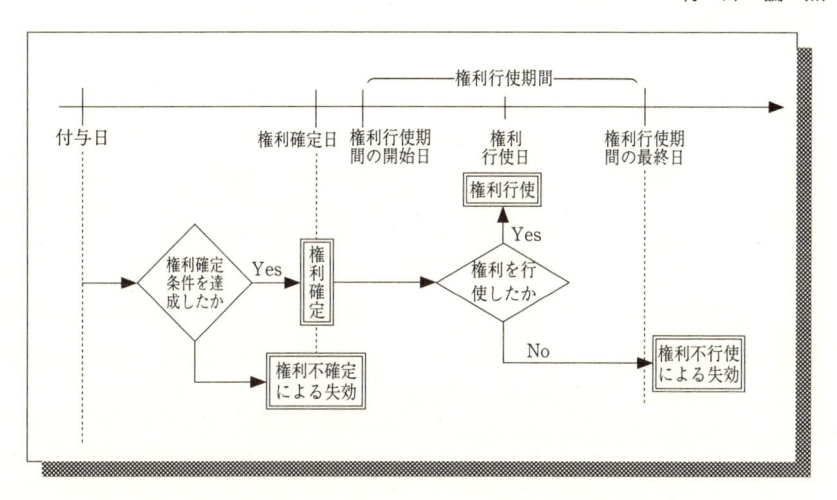

後述するように，実際のストック・オプションでは，行使価格が付与日時点の時価よりも高く設定されることがふつうである。また，ストック・オプションの会計では，従業員等の権利行使益が，そのまま企業の報酬費用となるわけでない。

2 アメリカにおけるストック・オプション会計の変遷

アメリカでは，ストック・オプションによる経営者報酬制度が1920年代に生まれ，1950年代には広く利用されるようになった。ストック・オプション制度の普及にともない，1948年にストック・オプションについての会計基準が公表され，1953年に改訂された。その後，1972年に公表されたＡＰＢ（会計原則審議会）意見書25号が，長いあいだストック・オプションの会計基準となっていた。

ＡＰＢ意見書25号では，ストック・オプションの数量および行使価格が確定した時点における**本源的価値**に基づいてストック・オプションによる経営者報酬額を測定する。本源的価値とは，測定時点における**当該株式の時価と行使価格との差額**である。ただし，時価よりも行使価格の方が高い場合には，行使さ

407

第 5 章

れるとは考えられないので，その場合の本源的価値はゼロとなる。ストック・オプションの**行使価格は，通常，付与時点の時価を上回る**金額に設定される。したがって，ストック・オプションを行うほとんどの企業は**本源的価値がゼロ**の自社株購入権を経営者に付与して，この会計基準で**費用を計上することはなかった**。

しかし，1980年代に経営者報酬を費用計上しないストック・オプションが劇的に増加する中で，ストック・オプションの行使よって**莫大な報酬を獲得する経営者の増大**に社会的な関心が高まった。さらに，1990年代の初頭には，ストック・オプションが「**隠匿された報酬**」として米国議会で追及された。

このような批判を受けて，FASB（財務会計基準審議会）は，1993年にストック・オプションによる経営者報酬を公正価値で測定するとした会計基準の草案を公開した。**公正価値**とは，**将来の株価上昇で得られるであろう利益を現在価値で割り引いたもの**である。この会計基準公開草案に従えば，付与時点で，行使価格が時価を上回っていて**本源的価値がゼロあっても，公正価値に基づいて費用を計上しなければならない**ことになる。

この公開草案に対しては，多額の費用の計上を余儀なくされることになる**多くの企業が反発**し，反対意見が続出した。そして，公正価値によるストック・オプション会計基準については，米国大統領をも巻き込む**政治問題**に発展した。その結果，FASBは，公正価値による測定を原則とするものの，**従来の本源的価値による測定も許容するという妥協的な基準**を公表した。

1996年から新しいストック・オプション会計基準が適用されることになったが，ストック・オプションを活用している企業のなかで，その測定に**公正価値を採用している企業はほとんどなかった**。しかし，21世紀初頭のエンロン社やワールドコム社の破綻に伴い，巨額の会計不正が社会問題化するなかで，ストック・オプションの**隠匿された報酬**が，**インサイダー取引や相場操縦**などの不正の温床であると非難されるようになった。また，2004年2月にIASB（国際会計基準審議会）が，報酬費用の計上を義務付けるストック・オプション会計基準を公表した。こうした動きのなかで，FASBも，公正価値に基づいて報酬

費用の計上を要求するように会計基準を改訂した。

その一方で，コカ・コーラ社やGE社のように改定基準の施行を待たずに，ストック・オプションを費用計上する大企業が増加し，マイクロソフト社のようにストック・オプション制度を廃止して，株式そのものの支給に報酬制度を変更する企業も現れた。最近のアメリカでは，大半の企業でストック・オプションから現金支給額の引き上げや現物株式の支給に移行する傾向が高まっているが，インターネット関連企業ではストック・オプション制度や従業員持株制度の拡大が続いているいわれる。

3 日本のストック・オプション会計基準

日本のストック・オプション制度は，**1997年の商法改正によって導入され**，2001年の商法改正で新株予約権制度が設けられて以来，**従業員等に対するインセンティブ報酬制度として利用が広がった**。また，既述のように，FASBやIASBがストック・オプション会計基準を整備しつつあるなかで，日本の企業会計基準委員会は，2002年5月から検討を開始して，**2005年12月に企業会計基準第8号「ストック・オプション等に関する会計基準」（以下，オプション基準という）を公表した**。

オプション基準では，ストック・オプションに関する会計処理を，**①権利確定日以前の会計処理**，**②権利確定日後の会計処理**，**③ストック・オプションに係る条件変更の会計処理**，および**④未公開企業における取扱い**の4つに分けて規定している。

権利確定日以前の会計処理では，**付与日現在の公正価値**で算定されたストック・オプション1単位あたりの価額を「**公正な評価単価**」と呼ぶ（公正な評価単価は，条件変更の場合を除き，その後は見直さない）。**公正な評価単価にストック・オプション数を乗じてストック・オプションの「公正な評価額」を算定する**。そして，公正な評価額は**対象勤務期間**などを基礎として**各会計期間に配分**する。各会計期間に配分された金額は，その期間に従業員等から取得する**勤労**

第 5 章

サービスの対価として**費用計上する**（従業員等とは，**使用人，取締役，会計参与，監査役及び執行役**並びにこれに準ずる者と定義されている）。費用計上に対応する貸方勘定科目は**新株予約権**として，ストック・オプションが行使されるか失効するまでのあいだ**貸借対照表の純資産の部**に計上する。

権利確定日以前の会計処理で，ストック・オプション数の算定とその見直しに関するものは，説明の便宜上，後述する。

権利確定日後の会計処理では，ストック・オプションが行使されて新株を発行したときには，前述した新株予約権の計上額のうち，**権利行使に対応する部分を払込資本（資本金）**に振り替える。**権利行使による失効**が生じた場合には，新株予約権計上額のうちの失効に対応する部分を，**新株予約権戻入益**として利益（特別利益）に計上する。

以上の会計処理を，設例を用いて説明していこう。

【設例】

付与日：20X6年7月1日

ストック・オプションの数：100個（取締役1名当たり10個，取締役の人数は10名。ストック・オプション1個当たりの発行株式数は10株）

公正な評価単価：8,000円（公正な評価額は800,000円＝8,000円×100個）

行使価格：10,000円（1株当たり払込金額：1,000円。10,000円＝1,000円×10株）

権利確定日：20X8年6月30日（対象勤務期間：2年間＝24ヵ月）

権利行使期間：20X8年7月1日から1年間

上の設例に基づき，さらに，権利不確定により失効はなく，100個のストック・オプションのうち，95個が権利行使期間の開始日に一斉に行使されたけれども，5個は期間内に行使されずに権利不行使による失効になったものとして，以下に仕訳を示していく。

特　殊　論　点

20X6年7月1日（付与日）　仕訳なし

20X7年3月31日（決算日）
（借）株式報酬費用　300,000　　（貸）新株予約権　300,000

　※300,000円＝8,000円×100個×（9ヵ月÷24ヵ月）
　　9ヵ月は20X6年7月1日から20X7年3月31日までの月数

20X8年3月31日（決算日）
（借）株式報酬費用　400,000　　（貸）新株予約権　400,000

　※400,000円＝（8,000円×100個×（21ヵ月÷24ヵ月））－300,000円
　　　　　　＝8,000円×100個×（12ヵ月÷24ヵ月）
　　21ヵ月は20X6年7月1日から20X8年3月31日までの月数

20X8年7月1日（権利行使期間の開始日。この場合は権利行使日）
（借）現　金　預　金　950,000　　（貸）資　本　金　1,710,000
　　　新　株　予　約　権　760,000

　※950,000円＝10,000円×95個＝1,000円×950株
　　760,000円＝8,000円×95個

20X9年3月31日（決算日）
（借）株式報酬費用　100,000　　（貸）新株予約権　100,000

　※100,000円＝8,000円×100個－（300,000円＋400,000円）
　　　　　　＝8,000円×100個×（3ヵ月÷24ヵ月）

第 5 章

20X9年7月1日(権利行使期間の最終日の翌日)
(借)新株予約権　40,000　　(貸)新株予約権戻入益　40,000

※　40,000円＝8,000円×5個

　上の例では，権利不確定による失効がないものとしたが，**権利確定日以前の会計処理で**，ストック・オプション数は，付与数から権利不確定による失効の**見積数を控除**して算定することになっている。そして，対象勤務期間内に権利不確定による失効の**見積数に重要な変動**が生じた場合には，**見直し後のストック・オプション数**に基づいて，その期までに費用計上すべき額を算出して，それと前期までの計上額の累計との差額を見直した期の損益とする。

　上記の例を今度は，対象勤務期間中の20X8年3月31日に，取締役10名のうち1名分のストック・オプションが，権利不確定で失効することが判明していたというように，前提を変えて以下に仕訳を示す。なお，権利行使数は85個（＝95個－10個）に減るとし，不行使による失効は5個のままとする。

20X7年3月31日　前例と同じなので省略

20X8年3月31日
(借)株式報酬費用　330,000　　(貸)新株予約権　330,000

※330,000円＝8,000円×10個× 9名×(21ヵ月÷24ヵ月)－300,000円

20X8年7月1日
(借)現　金　預　金　950,000　　(貸)資　本　金 1,630,000
　　新　株　予　約　権　680,000

※680,000円＝8,000円×85個

20X9年3月31日
(借)株式報酬費用 90,000　　(貸)新株予約権 90,000

※90,000円＝8,000円×10個×9名－(300,000円＋330,000円)

20X9年7月1日　前例と同じなので省略

　ストック・オプションの行使価格を変更する等の条件変更で，公正な評価単価を変動させた場合は，次のように処理する。
(1) 条件変更日の公正な評価単価が付与日のそれを上回る場合は，条件変更前から行ってきた費用計上を継続することに加えて，公正な評価単価の上昇に見合う公正な評価額の増加額を，条件変更日以後，追加的に費用計上する。
(2) 条件変更日の公正な評価単価が付与日のそれを下回る場合は，条件変更前から行ってきた費用計上を継続する。条件変更日以後も，公正な評価単価の低下に見合う費用の減額は行わない。

4　ストック・オプション会計基準の理論的な問題点

　前述のように，アメリカではストック・オプションの会計基準の改定が政治問題に発展し，基準改定問題が決着するまでにかなり長いあいだ論争が続いた。その原因として，会計基準がどうなるかは，高額報酬で人材を確保しなければならないけれども，現金で支払う資金的余裕のないＩＴ関連のベンチャー企業などにとって死活問題であったという面が大きい。しかし，それだけでなく，ストック・オプションを会計上どう処理するかについては，**理論的に多くの問題がある**ことも，論争がなかなか収束しなかった原因の1つと考えられる。

第 5 章

　ストック・オプション会計の理論的問題として，まず，従業員等が得る所得が，**会社の費用として認識されるべきか否か**という点が挙げられる。

　ストック・オプションが従業員等に対する報酬だとしても，それについて企業は何らの**財貨を従業員等に支給するわけではない**。ストック・オプションの所得は企業から得るのではなく，株式市場から得ている。つまり，**会社財産の流出はなく，新旧の株主間で富が移転するだけである**。また，報酬額は，株価に依存するだけで，従業員等が企業に提供する労働サービスの量・質には全く関係なく，**株価次第で報酬がゼロとなる**。したがって，ストック・オプションを費用認識すべきではないという考え方も有力である。

　ただし，報酬の存否や金額が状況次第で変動するという点は，現金支給のボーナスであっても，企業利益に依存するような**業績連動型報酬一般**にいえることで，そのことをもって費用認識を否定することはできないであろう。

　しかし，会社財産の流出がなく，株主間の富の移転に過ぎないものを費用認識するのであれば，**時価未満の新株発行でも，時価と発行価額との差額についても会計処理を行わなければ，整合性が保てなくなる**との考え方もある。これに対しては，**労働サービスの提供という対価**のある取引と，時価未満の増資などの取引とは異なるとの反論がある。もし，そうであれば費用額の測定は，株価を基礎とした公正価値の見積額ではなく，労働サービスの価値の見積額でなされなければ，整合しなくなるであろう。

　ストック・オプションの報酬性・費用性は認めても，自己創設無形資産と同様に，**金額測定の見積額に信頼性**がないので，費用認識は不適当であるとの考え方もある。これに対しては，金融理論に基づいた「**株式オプション価格算定モデル**」で**信頼性のある見積り**ができるとの反論もある。しかし，そうならば金融理論を駆使して一時は収益性の高さを誇った米英の巨大金融機関が，サブプライム問題で相次いで経営危機や破産に陥ったことを，どのように説明するのであろうか。

　このほかにも，例えば，ストック・オプションの費用計上の相手勘定である**新株予約権を**，負債の部ではなく，**純資産の部（資本金）に計上するのは**，簿

記理論と整合しない（さりとて，債務でない新株予約権を負債の部に計上しなければならないという積極的理由も乏しい）とか，報酬費用の事前の見積計上額と事後に従業員等が得た権利行使益との差額調整処理をしないのは，引当金計上などの**他の費用の見積計上と整合しない**とか，**失効**による新株予約券の取崩し額は利益に振り替えざるをえないが，そうすると，その**戻入益は従業員等のただ働きによる会社への寄付**ということになってしまうとか，理論的な問題が多々ある。

【参考】ストック・オプションの所得税法上の取扱い

ストック・オプションの行使や取得株式の譲渡によって，従業員等が得た所得に対しては，1998年の所得税法施行令の改正により，権利行使益をストック・オプションにかかわる所得の収入金額とすることが定められた。また，国税庁は，ストック・オプションにかかわる所得を給与所得として課税するようになった。

しかし，所得の種類については何も規定がなかったために，それ以前には，一時所得として取り扱われることが多かった。国税庁は，一時所得として申告して納税したものに対して追徴課税を行った（給与所得の税率は一時所得のほぼ2倍）。この処分に対して，これを不当とする多数の納税者から訴訟が起こされた。

ストック・オプションにかかわる所得の区分をめぐる地方裁の判断は裁判所によって異なり，納税者を勝訴とする判決と国税庁勝訴の判決が混在した。しかし，2006年の最高裁判所の判決で，ストック・オプションの権利行使益は，雇用契約またはこれに類する原因に基づいて提供された労務の対価として，給与所得とされ，この問題に決着が付けられた。

2 セグメント情報等の開示

1 セグメント情報とはどのようなものか

　本章の「連結財務諸表原則」の節のなかで学修したように，連結財務諸表は，企業集団を単一の組織体として，企業集団を構成する個別企業の財務諸表を集約して作成され，企業集団全体の売上高や利益額，資産額などを開示する。しかし，連結貸借対照表や連結損益計算書に集約された情報のうちで，売上高や利益額，資産額などの重要な項目の情報は，**セグメント**（segment＝部分，区分）ごとに分割して，**セグメント情報**として**連結財務諸表に注記**することになっている。ただし，後述するように，従来のセグメント情報の開示基準では連結財務諸表のみの注記事項であったが，**新基準では，連結財務諸表を作成していない場合は，個別財務諸表にセグメント情報の注記**が求められる。

　セグメントは，企業（企業集団または単独企業）の事業活動にしたがって，たとえば，製品・サービス別（事業種類別），地域別（所在地別），規制環境別，またはそれらの組合せなどで分けられる。**事業種類別セグメント**は，たとえば電機メーカーならば，家電製品事業やＩＴ機器事業など，食品関連メーカーならば，酒類事業・食品事業・バイオ事業というように分ける。**地域別セグメント**は，たとえば，国内・北米・欧州・アジア・その他の地域というように分ける。

　このように，セグメント情報とは，財務諸表の重要項目を，事業種類別や地域別などのセグメントごとに分割した情報である。

2 セグメント情報の必要性

　なぜ企業の会計情報には，貸借対照表や損益計算書などの情報だけではな

く，事業種類別や地域別などに分割したセグメント情報が必要なのだろうか。損益計算書や貸借対照表によって，企業の全体的な経営成績や財務状況を把握することはできるが，**企業の過去の業績に対する評価や将来の予想をよりよくするためには，きめ細やかな情報が必要**となる。

　たとえば，ある企業Ａの事業活動が，事業分野の異なる２つの構成単位からなりたっていて，どちらの分野でも現在のところは，利益率などに大きな差がないとしよう。別の企業Ｂも構成単位が２つで，同じＸとＹの分野に属していて，両企業の売上高や利益額にも，資産の規模や資本構成にも大差がないとする。

　もし，セグメント情報が開示されていなくて，連結情報だけで企業Ａと企業Ｂとを比較したならば，それらの将来に対して，どのような判断をすることになるだろうか。おそらく両企業に対して同様の評価をすることになってしまうだろう。

　しかし，１つの構成単位の事業活動は成熟産業Ｘに属していて今後の発展があまり期待できず，もう１つの構成単位は今後の大きな成長が期待できる産業Ｙに属しているとする。そして，セグメント情報が開示されていて，企業ＡはＸ事業のセグメントの比重が大きく，企業ＢはＹ事業の比重が大きいとすれば，両企業に対して同様の判定をするであろうか。企業Ａに対する評価よりも，企業Ｂの評価のほうが高くなるだろう。

　なお，セグメント情報の公開制度は，他の財務情報公開制度の多くと同じように，アメリカで先鞭が付けられた。アメリカでは，1960年代に多発したコングロマリット合併（相互に関連性のない多角化によるＭ＆Ａ）の会計問題に対する解決手段として，1969年・1970年にＳＥＣ（証券取引委員会）がセグメント情報公開を要求した。その後，1970年代半ばにＦＡＳＢ（財務会計基準審議会）が，ＳＥＣ基準よりもセグメント情報の範囲を拡大した財務報告基準を公表した。そこでは，「**企業の過去の業績と将来のリスク及び将来予測に関してよりよい評価を可能にすることによって企業の財務諸表の分析及び理解において財務諸表利用者を支援する**」ことが目的とされている。ただし，このセグメント情報

の開示強化の背景には，当時，米国多国籍企業が世界各地で贈収賄問題を起こしていて，当事者諸国からの批判ばかりでなく，国連の場でも糾弾されていたので，米国議会は対処せざる得なくなったという背景があるといわれている。

3 これまでのセグメント情報開示基準の問題点

わが国のセグメント情報開示制度は，1980年代に日本企業の多国籍化や経営多角化等の傾向が急速に高まるなかで，1988（昭和63）年5月に「**セグメント情報の開示に関する意見書**」（企業会計審議会第一部会）が公表されたことに始まる。

このときに「**セグメント情報の開示基準**」も公表され，同年9月の「企業内容等の開示に関する省令」の一部改正によってセグメント情報開示が義務付けられることになった。その後，1993（平成5）年の「**連結財務諸表規則**」の改正で**セグメント情報が連結財務諸表の注記事項**となった。

「セグメント情報の開示基準」では，「**事業の種類別セグメント情報**」，「**所在地別セグメント情報**」，及び「**海外売上高**」について，連結財務諸表の重要項目の情報を分解した情報を開示することになっていた。

しかし，セグメントの区分の方法やセグメント間の共通費の配賦方法などについて明確な基準がなかった。そのために，**企業の多角化を適切に反映していないのではないか**などといった，セグメント情報の有用性に対する疑問や問題が指摘されてきた。企業会計基準委員会の2001（平成13）年11月のテーマ協議会では，**セグメントの区分が不十分**であるという問題点が，次のように示されている。

「現在，我が国を代表する大企業の2割近くが単一セグメント，もしくは重要性が低いとの理由で事業の種類別セグメントを作成しておらず，現行制度が十分に機能していないと思われる。」

セグメント会計では，**セグメントをどのように区分するかが出発点**となる。しかし，セグメントの区分は，日本に限ったことではないが，基本的に経営者

の判断に委ねられているので、**経営者の恣意性が介入する余地**がある。これまでの基準では、たとえば、**業績の悪い事業部門と良い事業部門とを組み合わせて1つのセグメントにして、業績不振事業部門をカムフラージュ**することが可能である。また、収益性や成長性、リスクの程度などが異なる事業部門が1つのセグメントにまとめられた場合には、前述した、財務情報のよりよい評価を可能にすることによる財務情報利用者の支援という目的を果たせなくなる。

こうした問題を解決する必要に迫られたことにくわえて、**国際会計基準審議会（IASB）との会計基準のコンバージェンス**（収斂化, 統一化）のための共同プロジェクトでも、セグメント情報の開示が優先的な検討課題の1つとされた。このような状況から、アメリカ基準や国際会計基準で用いられている**マネジメント・アプローチ**に基づいた「**セグメント情報等の開示に関する会計基準**」が2008（平成20）年3月に公表された（企業会計基準第17号。以下、特に必要な場合を除き、セグメント基準と略記する）。

4 セグメント情報の開示はどのように変わるのか

2011年の3月期決算（平成22年4月1日以降開始する会計年度）から適用される新しいセグメント基準は、マネジメント・アプローチを採用することで、**これまでのセグメント基準とは一変することになった。**

マネジメント・アプローチとは、企業の経営者が経営戦略・経営計画の策定などの意思決定や事業部・子会社などの業績評価に用いている情報が、**財務報告の利用者にとって有用である**という考え方に基づくものである。ただし、経営者が実際に利用している情報そのもののすべてを開示したならば、複雑・詳細すぎて、かえって財務報告利用者に有用とはならないだろう。また、企業の情報作成コストなどの報告負担も過大となってしまうだろう。したがって、**企業外部に報告するさいには、適当な基準に基づいて情報を集約・結合することになる。**

さて、**マネジメント・アプローチ**に基づいたセグメント情報は次のような**長**

第 5 章

所があるといわれる。

(1) 財務報告の**利用者が経営者の視点で企業をみる**ことができるので，経営者の行動を予測することが可能となり，その予測を企業の将来に対する判断に役立てられる。

(2) 外部に報告するセグメント情報は，経営者が利用するためにすでに作成された情報を基礎にすることから，**企業の追加的費用が少ないので報告負担が小さい。**

(3) 実際の企業の組織構造に基づいたセグメントの区分を行うので，**経営者の恣意性が入りにくい。**

最後の点については，疑問に思われるかもしれない。経営者が企業の組織構造そのものを決定するので，セグメントの区分も経営者の主観によることになるために，従来のように会計基準で区分方法を決めている方が，客観的で恣意性が少なくなるのではなかろうかと。しかし，**従来の基準では，外部報告目的のために内部情報を組み替える**ことができるので，前述のような，**恣意的なセグメントの区分**をすることが可能である。これに対し，**マネジメント・アプローチに基づく新しい基準**によれば，内部情報の集約・結合にあたっては経営者の主観の入る余地はあるものの，**外部報告のために内部情報を組み替えることができない。**また，外部報告目的からセグメントの区分を変えようとするならば，**企業組織そのものを改変**しなければならないことになる。恣意的な報告のために，情報だけを組み替えるのと，組織改革をしなければならないのとでは，どちらが容易かはおのずと明らかであろう。

マネジメント・アプローチに対しては，その情報が各企業の組織構造に基づくので，**企業間の比較を困難にし**，また，**同一企業の年度間比較も，組織改革が行われると，難しくなる**という短所も指摘されている。この点に関しては，会計情報の**比較可能性**よりも，**意思決定関連性や信頼性という会計情報の有用性が優先する**と考えられている。

こうして，2008年3月にマネジメント・アプローチによる新セグメント基準が公表されることになった。従来の基準では，連結財務諸表の注記としてだけ

セグメント情報が求められていたが、**新基準では、連結財務諸表を作成していない場合は、個別財務諸表にセグメント情報の注記**が要求される。これは、マネジメント・アプローチの目的は、企業の内部情報を基にした情報を財務報告利用者に提供することにあるから、開示される情報を企業の**組織形態で差別化すること**が適当ではないと考えられているためである。

従来の基準が「セグメント情報」の基準であったのに対し、新基準は、「**セグメント情報等**」の基準として、セグメント情報の「**関連情報**」や「**固定資産の減損損失及びのれんに関する情報**」ついても規定している。

5 新しいセグメント情報等の開示基準の特徴

新しいセグメント基準は、既述のように、マネジメント・アプローチに基づいているために、セグメントの区分が経営者の意思決定や業績評価といった企業の内部情報・管理情報を基礎にしているというところに特徴がある。

セグメントの区分にあたっては、まず、**経営管理上の組織構造に基づいてセグメントを識別**する。これを**事業セグメント**と呼ぶ。事業セグメントは、後述する条件を満たせば、**複数の事業セグメントを集約**して1つの事業セグメントにすることができる。次に、事業セグメントのなかから、後述する量的基準に基づいて財務諸表の注記で報告すべきセグメントを決定する。これを**報告セグメント**という。

このように、新しいセグメント基準では、従来の基準のようにセグメントの区分が特定の方法に限定されず、企業の**経営構造に依存したセグメントの区分**になる。したがって、**報告セグメントを決定する方法は企業によって異なる**。また、同一企業でも、**組織改革が行われた場合にはセグメントの区分が変化**することになる。

従来のセグメント基準では、セグメントの売上高及び利益（又は損失）並びに資産について、一定の情報が開示されてきた。例えば、会計処理の原則及び手続きに準拠して測定されたセグメントの営業利益（又は損失）や経常利益

(又は損失)が開示されてきた。これに対して，**新しい基準**では，財務諸表の作成のための**会計処理の原則及び手続きに準拠することを求めていない**。開示されるセグメントの利益は，特定の段階利益項目ではなく，最高経営意思決定機関に提供される金額に基づくものである。

さらに，新しいセグメント基準の特徴として，セグメント情報そのもののほかに，**セグメントに関係する関連情報**と，**減損損失とのれんについての報告セグメント別情報**の開示を求めていることをあげることができる。

それでは，新セグメント基準の規定の内容を以下にみていこう。

6 事業セグメント・報告セグメントとは何か

「セグメント情報等の開示に関する会計基準」では，まず，**事業セグメント**を識別し，事業セグメントから**報告セグメント**を決定することになっている。事業セグメントとは，企業の構成単位であって，**下記の3つの要件のすべてに**該当するものと定義されている。

(1) **収益を稼得し，費用が発生する事業活動**に関わるもの（同一企業内の他の構成単位との取引に関連する収益及び費用を含む）

(2) 企業の**最高経営意思決定機関**が，当該構成単位に配分すべき資源に関する**意思決定**を行い，また，その**業績を評価**するために，その経営成績を定期的に検討するもの

(3) **分離された財務情報**を入手できるもの

なお，セグメント基準では，本社などの企業の構成単位であっても収益を稼得しないものは，事業セグメントにならないとしている。

事業セグメントの区分方法が複数ある場合は，事業活動の特徴や管理者の存在，取締役会への提出情報などに基づいて，区分方法を決定することになっている。また，複数の事業セグメントについて，それらの**事業セグメントの経済的特徴が概ね類似していて，かつ，製品及びサービスの内容など5つの要素のすべてが概ね類似している**という要件を満たせば，複数の事業セグメントを集

約して1つの事業セグメントとすることができる。5つの要素とは，①製品及びサービスの内容，②製品の製造方法又は製造過程，サービスの提供方法，③製品及びサービスを販売する市場又は顧客の種類，④製品及びサービスの販売方法，及び⑤銀行，保険，公益事業等のような業種に特有の規制環境の5つである。

セグメント基準では，事業セグメントのうち，**次の3つの量的基準のいずれかを満たすものは，報告セグメント**として開示しなければならないとしている。

(1) 売上高（事業セグメント間の内部売上高又は振替高を含む）が**すべての事業セグメントの売上高の合計額の10％以上であること**（売上高には役務収益を含む。以下同じ）

(2) **利益又は損失の絶対値**が，①利益の生じているすべての事業セグメントの利益の合計額，又は②損失の生じているすべての事業セグメントの**損失の合計額の絶対値のいずれか大きい額の10％以上であること**

(3) 資産が，**すべての事業セグメントの資産の合計額の10％以上であること**

以上の10％以上という3つの量的基準のいずれにも満たない事業セグメントでも報告セグメントにすることができる。また，量的基準を満たしていない複数の事業セグメントについて，**経済的特徴が概ね類似していて，上記の5つの要素のうちの過半数が概ね類似してれば，それらの事業セグメントを結合して1つの報告セグメントにすることができる。**

セグメント基準によれば，**報告セグメントの外部顧客への売上高合計額が，連結または個別の損益計算書の売上高の75％以上になるまで，報告セグメントとする事業セグメントを追加**しなければならない。たとえば，損益計算書に対する売上高の比率が34％の事業セグメントが1つあって，それ以外の事業セグメントには10％以上の量的基準を満たすものがない場合に，報告セグメントを1つだけにして，それ以外を「その他」として一括表示することはできない。この場合には売上高の10％基準を満たさない5つ以上の事業セグメントをそれぞれ報告セグメントにするか，複数の事業セグメントを結合して報告セグメン

第 5 章

トをつくるか，あるいはその両方をしなければならないことになる。

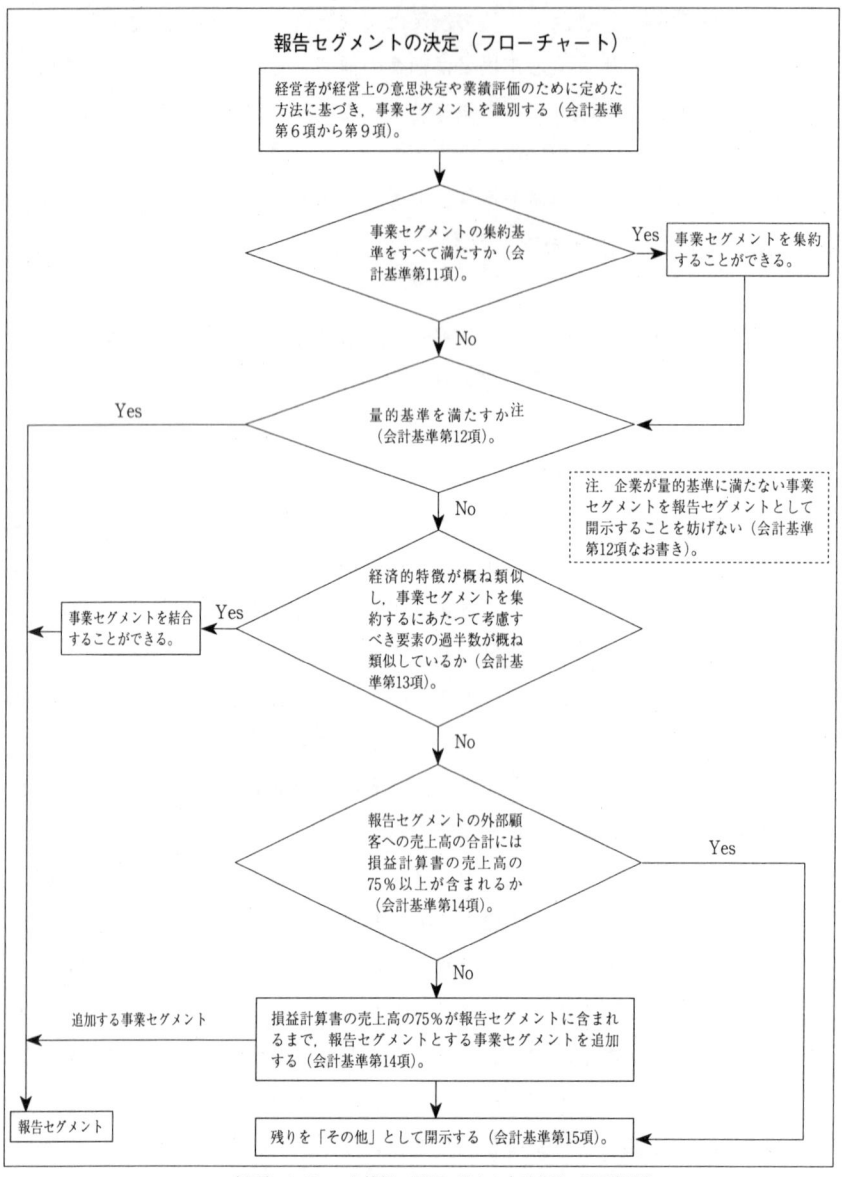

報告セグメントの決定（フローチャート）

```
経営者が経営上の意思決定や業績評価のために定めた
方法に基づき，事業セグメントを識別する（会計基準
第6項から第9項）。
            ↓
    事業セグメントの集約基準を      Yes    事業セグメントを集約
    すべて満たすか（会計基準   ─────→  することができる。
    第11項）。
            ↓ No
    量的基準を満たすか注        ←──────┐
    （会計基準第12項）。                 │
            │                          注．企業が量的基準に満たない事業
        Yes─┘ No                       セグメントを報告セグメントとして
            ↓                          開示することを妨げない（会計基準
                                       第12項なお書き）。
    経済的特徴が概ね類似
    し，事業セグメントを集
    約するにあたって考慮す   Yes    事業セグメントを結合
    べき要素の過半数が概ね ─────→  することができる。
    類似しているか（会計基
    準第13項）。
            ↓ No
    報告セグメントの外部顧
    客への売上高の合計には
    損益計算書の売上高の        Yes
    75％以上が含まれるか   ─────→
    （会計基準第14項）。
            ↓ No
    損益計算書の売上高の75％が報告セグメントに含ま
追加する事業セグメント  れるまで，報告セグメントとする事業セグメントを追加
    ←──────   する（会計基準第14項）。
            ↓
報告セグメント   残りを「その他」として開示する（会計基準第15項）。
```

（出所：セグメント情報の開示に関する会計基準の適用指針）

特 殊 論 点

　財務諸表の注記では，(1)**報告セグメントの概要**，(2)**報告セグメントの利益又は損失，資産，負債及びその他の重要項目の額**，及び(3)**報告セグメントの開示項目の合計額と対応する損益計算書の計上額との差異**というセグメント情報を開示しなければならない。

7　セグメント情報等の「等」とは何か

　新しいセグメント基準の名称は，「セグメント情報等の開示に関する会計基準」となっていて，セグメント情報のことばの後に「等」の語がついている。「セグメント情報」ではなく，「**セグメント情報等**」になっている点に注意を要する。

　セグメント情報等となっているのは，セグメント情報そのもののほかに，セグメントに関係する情報を含むという意味である。セグメント基準に規定されたセグメント関係の情報は，**セグメントについての補足説明**である「**関連情報**」と，**固定資産の減損損失及びのれんに関する**「**報告セグメント別情報**」との2つに大きく分けることができる。

　さらに，**関連情報**は，(1)**製品及びサービスに関する情報**，(2)**地域に関する情報**，及び(3)**主要な顧客に関する情報**の3つに分けられている。

　製品及びサービスに関する情報については，同種，同系列のグループ（製品・サービス区分）ごとに，外部顧客への売上高を開示する。地域に関する情報については，①外部顧客への売上高を国内売上高と海外売上高とに分類した額，②国内の有形固定資産と海外の有形固定資産のそれぞれの額を開示する。なお，①②とも，主要な国がある場合には，これを区分して開示しなければならない。主要な顧客に関する情報については，主要な顧客があれば，その旨，主要な顧客の名称又は氏名，主要な顧客への売上高，主要な顧客との取引に関連する報告セグメントの名称などを開示する。

　固定資産の減損損失に関する報告セグメント別情報の開示規定では，損益計算書に固定資産の減損損失を計上している場合に，その報告セグメント別の内

第 5 章

訳を開示するとしている。また，**のれんに関する報告セグメント別情報**の開示規定では，損益計算書にのれんの償却額又は負ののれんの償却額を計上している場合に，その償却額及び未償却残高についての報告セグメント別の内訳を開示するとしている。減損損失についても，のれんについても，報告セグメントに配分されていないものがあれば，その額及び内容を開示する。ただし，それらと同様の情報がセグメント情報のなかで明示されている場合には，当該情報の開示は必要ない。

情報の種類		主要開示項目	備考
セグメント情報		報告セグメント別の利益又は損失，資産及び負債等	負債は経営意思決定に定期的利用の場合
関連情報	(1)製品及びサービスに関する情報	製品・サービス区分別の外部顧客への売上高	当該事項の開示が困難な場合はその理由
	(2)地域に関する情報	①国内・海外別の外部顧客の売上高 ②国内・海外別の有形固定資産	主要な国がある場合には区分して表示
	(3)主要な顧客に関する情報	主要な顧客の名称等，当該顧客への売上高，関連する報告セグメント	
固定資産の減損損失に関する報告セグメント別情報		報告セグメント別の固定資産の減損損失	同様の情報がセグメント情報にあれば開示不要
のれんに関する報告セグメント別情報		報告セグメント別のれん又は負ののれんの償却額及び未償却残高	同様の情報がセグメント情報にあれば開示不要

特 殊 論 点

3 リース会計

1 リース会計基準整備に対する要望

　リース取引とは，リース物件の所有権は**貸手**（レッサーともいう）に残したまま，その使用権のみを**借手**（レッシーともいう）に，リース期間にわたり貸与する取引である。かつてはその法的形式，つまり所有権は移転していないという面から，通常の賃貸借取引として処理されていた。したがって，かつてリース取引は，リース料の受取および支払処理のみが記録の対象とされる損益取引であり，貸借対照表への計上とは関係ないオフバランス取引とみなされていた。

　しかしながら，リース取引の中には，当該リース物件を売買した場合と同様の効果があるとみなされるものが増えてきた。さらに，特に借手企業に対して，購入物件と同様な状態にあるものは，購入物件と同様にオンバランスしてもらわねば適切な経営分析が行えないというアナリストからの批判もあった。ここに，取引実態を，**法的形式ではなく，経済的実態**に基づきより的確に反映させるためのリース会計基準の整備が求められることとなったのである。

2 リース取引の定義およびリース取引の分類

　「リース取引に関する会計基準（企業会計基準第13号，平成19年）」（以下，「リース会計基準」という）では，「リース取引」という用語を次のように定義している。「リース取引」とは，特定の物件の所有者たる**貸手**（レッサー）が，当該物件の**借手**（レッシー）に対し，合意された期間（以下「リース期間」という）にわたりこれを**使用収益する権利を与え**，借手は，合意された使用料（以下「**リース料**」という）を**貸手に支払う取引**をいう（リース会計基準第4項）。

　リース取引は，「ファイナンス・リース取引」と「オペレーティング・リー

ス取引」という2種類に分類され，このうちファイナンス・リース取引と認められるものについては，売買処理に準じた処理（つまりオンバランス化）を求められた。その際，リース取引を上記2種類に分類するために，「ノンキャンセラブル」と「フルペイアウト」という要件が用いられる。

　ノンキャンセラブルとは，「リース契約に基づくリース期間の中途において当該契約を解除することができないリース取引」（リース会計基準第5項）をいう。つまり，**法的あるいは経済的に当該リース取引を解除することが不可能な取引**をいうのである。対して**フルペイアウト**とは，「リース物件からもたらされる経済的利益を実質的に享受することができ，かつ，当該リース物件の使用に伴って生じるコストを実質的に負担することとなるリース取引」（同上）をいう。つまり，当該リース物件を所有しているとすれば得られるであろう**経済的利益をほぼ全て獲得できる代わりに**，使用に伴って生じる費用や陳腐化リスクなど**ほぼ全てのコストを負担する**ことをいうのである。これら「ノンキャンセラブル」かつ「フルペイアウト」であるリース取引が**ファイナンス・リース取引**とされ，ファイナンス・リース取引以外のリース取引が**オペレーティング・リース取引**とされる。正確な記述ではないが，オペレーティング・リース取引とは，「レンタル」に近いものであると捉えておけば，ここでは十分であろう。オペレーティング・リース取引は，賃貸借取引に係る方法に準じて会計処理が行われる。

❸ ファイナンス・リース取引の分類

　前述のように，ノンキャンセラブルかつフルペイアウトであるかどうかが，リース取引をファイナンス・リース取引とオペレーティング・リース取引に分類する要件であった。ここでさらに，ファイナンス・リース取引に対し，「**リース物件の所有権が借手に移転すると認められる**」（リース会計基準第8項）かどうかという所有権移転についての要件が加えられる。所有権移転が認められるファイナンス・リース取引は，「**所有権移転ファイナンス・リース取**

引」とされ，それ以外の取引は，「所有権移転**外**ファイナンス・リース取引」に分類される。これまでの分類説明を図示すると，次のようになる。

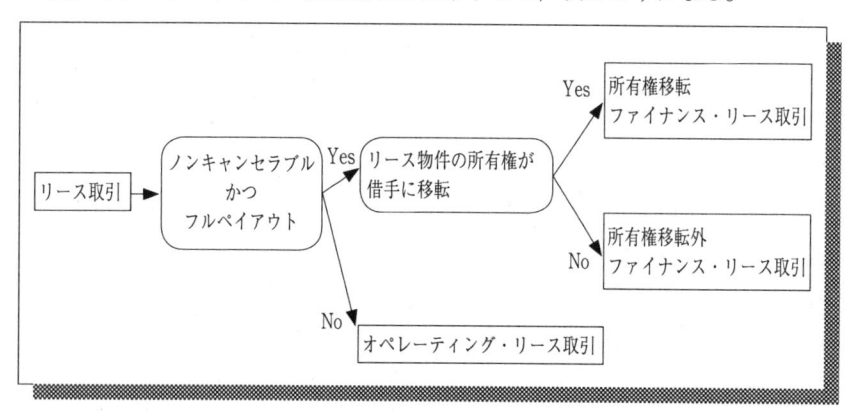

```
リース取引 → ノンキャンセラブル かつ フルペイアウト
  Yes → リース物件の所有権が借手に移転
    Yes → 所有権移転ファイナンス・リース取引
    No → 所有権移転外ファイナンス・リース取引
  No → オペレーティング・リース取引
```

　かつて，改正前旧リース会計基準（平成5年）では，所有権移転外ファイナンス・リース取引に対し，賃貸借取引に準じた例外的会計処理を認めていた。しかしながら，リース会計基準（改正平成19年）においては，会計上の情報開示および国際的な会計基準のコンバージェンス（収斂）の観点から，所有権移転外ファイナンス・リース取引に対する例外処理は廃止された。したがって，所有権が移転するかどうかという要件にかかわらず，**ファイナンス・リース取引**はすべて，**通常の売買取引に係る方法に準じて会計処理**されることになった（リース会計基準第9項）。所有権が移転するかどうかという分類要件は，例外的処理が認められる取引かどうかという点ではなく，主にリース資産の減価償却の算定において異なる場合が生じ得るという点において重要となっている。

4　ファイナンス・リース取引の会計処理

　ここで，ファイナンス・リース取引に対する会計処理を，借手側および貸手側からそれぞれ，リース会計基準（第9～14項，第38～40項）に即して捉えてみる。まず**借手側**であるが，借手に貸与されたリース物件はこれを使用することによって経済的利益を享受する権利を得るために，**リース資産**として資産計

第 5 章

上されることになる。借手は，固定資産としてリース資産を計上するので，会計処理上は決算ごとに**減価償却**を行うことになる。所有権が移転する物件に対しては，現在自己保有中の固定資産に適用されている減価償却方法が適用されるが，所有権が移転しない物件に対しては，残存価額ゼロでリース期間にわたる定額法償却が原則的に適用される。減価償却方法の違いは，**所有権移転ファイナンス・リース取引**は**リース物件そのものの売買**と同様の取引と考えられるのに対し，**所有権移転外ファイナンス・リース取引**はリース物件を使用する**権利の売買**取引と考えられることに起因している。リース物件に係る債務については，リース資産に見合う未経過リース期間における分を**リース債務**として負債計上する。当該負債は，リース料の支払いごとに減額されていく。なお，リース資産（リース債務）の**計上額**については，リース契約締結時に合意された**リース料総額からこれに含まれている利息相当額を控除して算定**されるのが原則とされる。つまり，リース資産計上額は，原則的にリース料総額の割引現在価値となる。

　ファイナンス・リース取引の**貸手側**の会計処理についても，借手側と同様通常の売買処理に係る方法に準じて行う。つまり，リース料を受取る権利を資産計上するのであるが，**所有権移転ファイナンス・リース取引**の場合は**リース債権**として，**所有権移転外ファイナンス・リース取引**の場合は**リース投資資産**として，それぞれ別名称で資産計上される。別名称である理由は，それぞれのリース取引における回収方法に差異があるからである。回収方法の差異として，**所有権移転ファイナンス・リース取引**の場合，貸手は借手からの**リース料**と**割安購入選択権の行使価額**で回収するが，**所有権移転外ファイナンス・リース取引**の場合，**リース料**と**見積残存価額**の価値により回収することがあげられる。リース物件の未払債務については，リース債権（リース投資資産）と両建計上される場合と，売上原価と両建計上される方法がある。リース債権（リース投資資産）は，リース料を受取るごとに減額されていく。

特殊論点

5 オペレーティング・リース取引の会計処理

オペレーティング・リース取引については，通常の**賃貸借取引**に係る方法に準じて会計処理を行う（リース会計基準第15項）。つまり，リース料の発生に伴い，借手側は支払リース料を費用計上し，貸手側は受取リース料を収益計上するのである。貸手は，購入リース物件の資産計上および当該物件の減価償却処理も併せて行う。なお，借手側および貸手側ともに，オペレーティング・リース取引のうち**解約不能のものに係る未経過リース料**については，貸借対照表日後1年以内のリース期間に係るものと，貸借対照表日後1年を超えるリース期間に係るものとに**区分して注記**しなければならない（リース会計基準第22項）。

4 キャッシュ・フロー会計

第4章「財務諸表論」の4「キャッシュ・フロー計算書」では，キャッシュ・フロー計算書の構造と様式について学んだ。本節では，キャッシュ・フロー計算書の作り方と読み方について学ぶことにする。

営業活動に投下された資金は，最初は現金の形を取る。この現金で商品や原材料を仕入れる。仕入れた商品や原材料を加工してできた製品を販売して改めて現金（現金になる前に売掛金や受取手形の形を取ることもある）を回収する。こうした「投下した現金」から「回収される現金」への資金の動きを「**営業循環**」という。

この営業循環は，見方によっては，現金からスタートして現金に戻る「**資金循環**」でもある。「**キャッシュ・フロー計算書**」は，この**資金循環**における**資金運動量を測定**したものである。

第 5 章

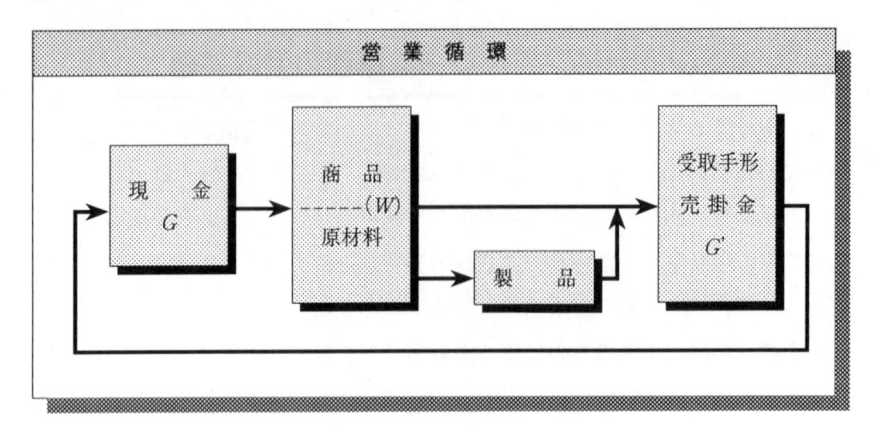

```
┌─────────────────── 営 業 循 環 ───────────────────┐
│                                                  │
│   ┌─────┐    ┌─────────┐            ┌─────┐     │
│   │ 現 金│───▶│ 商  品  │            │受取手形│    │
│   │  G  │    │---(W)---│─────────▶│売掛金 │    │
│   │     │    │ 原材料  │            │  G'  │     │
│   └─────┘    └─────────┘   ┌────┐   └─────┘     │
│      ▲            └──────▶│製品│──────▶          │
│      │                    └────┘       │        │
│      └───────────────────────────────────┘       │
└──────────────────────────────────────────────────┘
```

1　キャッシュ・フローとは

　キャッシュ・フローは，おおざっぱにいうと，上の図の資金循環に入ってくるフローと現金に戻ってくるフローを**キャッシュ・インフロー**として把握し，資金循環から出ていくフローと現金が他の資産に変わるフローを**キャッシュ・アウトフロー**として把握するものである。企業を1つの大きな貯金箱として見たときの，貯金（現金）の出し入れをキャッシュ・フローというのである。

　1年間（または半年）のキャッシュ・インフローとアウトフローを，その種類別に分けて一覧表にしたのが，**キャッシュ・フロー計算書**である。

特 殊 論 点

◆キャッシュ・フロー計算書の種類

キャッシュ・フロー計算書には，次のような種類がある。

連結財務諸表として作成される計算書
① 連結キャッシュ・フロー計算書 ② 中間連結キャッシュ・フロー計算書
個別財務諸表として作成される計算書
① キャッシュ・フロー計算書 ② 中間キャッシュ・フロー計算書

個別のキャッシュ・フロー計算書も連結キャッシュ・フロー計算書も，作り方は基本的に同じである。そこで，以下では，両者を合わせて，単に，キャッシュ・フロー計算書という。

2 キャッシュには何が入るか

キャッシュの概念には，「**現金**」と「**現金同等物**」が入る。この場合の「現金」には，①**手許現金**と②**要求払預金**が含まれる。ここで，要求払預金とは，普通預金，当座預金，通知預金のように，預金者がいつでも引き出せる預金をいう。**定期預金は満期が来ないと引き出せないため，現金には含めない。**

◆現金同等物には何が入るか

「**現金同等物**」は，「容易に換金可能であり，かつ，価値の変動について僅少なリスクしか負わない短期投資」としての性格を持つ資産をいう。株式のように価格変動リスクの大きいものは資金（キャッシュ）の範囲から除かれる。

第 5 章

資金（キャッシュ）の範囲（例示）
現金＝①手許現金，②要求払預金（当座預金，普通預金，通知預金など） 現金同等物＝取得日から満期日（償還日）までが３ヶ月以内の定期預金，譲渡性預金，コマーシャル・ペーパー，売戻し条件付き現先，公社債投資信託

　会計基準では，現金同等物に何を含めるかを「経営者の判断」に委ねることにしている。経営者が「**容易に換金可能**」で「**価値変動が小さい短期投資**」と考えるものを資金（現金同等物）概念に含めてよいとする。

◇なぜ経営者の判断に委ねるのか

　経営者の判断が入る余地を大きく認めるのは，１つには，上の例示に示されるように，該当すると考えられる投資等が非常に多岐にわたり，個別の判断が必要なためである。もう１つは，キャッシュ・フロー計算書が次のような性格を持つからである。

　キャッシュ・フロー計算書は，財務諸表の１つとして作成されることになったが，貸借対照表や損益計算書と違って，財産の計算や損益の計算，あるいは，利益の分配（配当など）とは関係がない。また，この計算書は複式簿記のシステムからアウトプットされるものではない。あくまでも，資金の流れに関する情報を公開するために会計データを寄せ集めて作った計算書である。そのために，資金として何を含めようとも，利益が変わったり財産の有り高が変化することはない。そこで，細かいルールを設けずに，各企業が資金（現金同等物）と考えるものを含めてもよいことにするのである。

特殊論点

ⓒ キャッシュ・フローの源泉別分類

キャッシュ・フロー計算書では，**資金の流れを企業活動の種類**に合わせて，次の3つに区分する。

> (1) 営業活動によるキャッシュ・フロー
> (2) 投資活動によるキャッシュ・フロー
> (3) 財務活動によるキャッシュ・フロー

(1) 営業活動によるキャッシュ・フロー

ここで，営業活動によるキャッシュ・フローとは，主として，商品や製品を仕入れたり販売したりする取引（営業活動）に伴うキャッシュ・フローである。営業活動に伴って取得した受取手形を銀行で割り引いた場合の収入もここに含まれる。

(2) 投資活動によるキャッシュ・フロー

投資活動によるキャッシュ・フローは，機械装置や車両運搬具を購入したり売却したりしたときのキャッシュ・フローや，短期投資（現金同等物に含まれるものを除く）を取得したり売却したりしたときの資金フローをいう。

(3) 財務活動によるキャッシュ・フロー

財務活動によるキャッシュ・フローは，資金調達と返済によるキャッシュ・フローをいう。具体的には，株式を発行したときの収入，自社株を取得したときの支出，社債の発行・償還や，借入金の増減による資金収支などである。

「**投資活動**」と「**財務活動**」というのは，通常の事業会社にとっては，いずれも本業以外の活動である。損益計算書を作成するときに，「営業損益」を計算する区分と，営業損益に営業外損益を加減して「経常損益」を計算する区分があった。キャッシュ・フロー計算書では，この「営業外（本業以外）」の活動を「投資活動」と「財務活動」に分けているのである。

上で示したように,「投資活動」は,利子・配当・売却益が出るような資産への資金の投下で,「財務活動」は営業資金の調達とその返済に関わる活動をいう。

収入	営業活動によるキャッシュ・フロー		支出
	商品・製品の販売による収入 利息・配当金の受取りによる収入	商品の仕入れによる支出 法人税等の支払いによる支出	
	投資活動によるキャッシュ・フロー		
	固定資産の売却による収入 有価証券の売却による収入 貸付金の回収による収入	固定資産の取得による支出 有価証券の取得による支出 貸し付けによる支出	
	財務活動によるキャッシュ・フロー		
	株式の発行による収入 社債の発行による収入 借入れによる収入	自己株式の取得による支出 社債の償還による支出 借入金の返済による支出 配当の支払いによる支出	

4 直接法と間接法

キャッシュ・フロー計算書には,営業収入(売上高)からスタートする形式と税引き前当期純利益からスタートする形式がある。前者を直接法,後者を間接法という。

◇直接法と間接法のメリット

直接法は,売上高からスタートするために,営業活動のキャッシュ・フローが総額で示されるというメリットがあり,間接法は,純利益と営業活動のキャッシュ・フローとの関係が明示されるというメリットがある。いずれの方法で作成することも認められているが,直接法は実務上手数がかかるということから,間接法によって作成する会社が多いようである。

間接法で作成したキャッシュ・フロー計算書のひな形（モデル）を示しておく。－（マイナス）の記号がついているのは減少項目ということであるが，必ずしもキャッシュ・アウトフローを意味していない。

間接法では当期純利益をスタート地点とする。当期純利益は発生主義に基づいて測定されたものであるから，売上げの対価を現金で受け取っているかどうか，計上した費用を現金で支払い済みかどうかとは関係がない。そこで，収益のうち現金で回収していない部分と費用のうち現金で支払っていない部分を調整する必要がある。

例えば，営業活動によるキャッシュ・フローに「**減価償却費**」が入っているのは，これが**現金支出を伴わない費用**であるからである。**売掛金の増加がマイナス項目**なのは，当期の売上高よりも**売掛金の増加分だけ現金の回収が少ない**ということである。

商品（在庫）が増加するということは，次期以降に販売する商品を余分に仕入れ，その代金を支払ったということになる。在庫が減少すれば，逆に，仕入れる商品への支払いが減ったということになる。

買掛金が増加するというのは，当期の仕入れ代金を買掛金が増加した額だけ少なく支払っているということになる。買掛金が減少すれば，その逆になる。

第 5 章

キャッシュ・フロー計算書

I	営業活動によるキャッシュ・フロー	
	税引き前当期純利益	300
	減価償却費	30
	有価証券売却損	20
	売掛金・受取手形の増加額	－60
	棚卸資産の減少額	40
	買掛金・支払手形の増加高	30
	小　計	360
	法人税等の支払額	－150
	営業活動によるキャッシュ・フロー	210
II	投資活動によるキャッシュ・フロー	
	有価証券の売却による収入	200
	有形固定資産の取得による支出	－160
	投資活動によるキャッシュ・フロー	40
III	財務活動によるキャッシュ・フロー	
	短期借入れによる収入	100
	社債の償還による支出	－80
	財務活動によるキャッシュ・フロー	20
IV	現金及び現金同等物の増加額	270
V	現金及び現金同等物の期首残高	2,400
VI	現金及び現金同等物の期末残高	2,670

5 3つのキャッシュ・フロー

◆営業活動のキャッシュ・フロー

　キャッシュ・フローには，3つの種類がある。最も重要なのは，営業活動のキャッシュ・フローである。このキャッシュ・フローは，本業による資金収支の残高であるから，普通**営業利益**に近い金額になる。

　もしも，営業活動からのキャッシュ・フローが営業利益の額よりも大幅に小さいときは，在庫が増えたか，仕入債務（買掛金や支払手形）が増加しているはずである。逆に，営業利益よりも大きい場合には，在庫が減少したり買掛金の回収が早まっているということである。

> 営業利益　＞　営業活動によるキャッシュ・フロー
> 　　主な原因：在庫の増加，買掛金の増加
>
> 営業利益　＜　営業活動によるキャッシュ・フロー
> 　　主な原因：在庫の減少，買掛金の減少

◆投資活動のキャッシュ・フロー

　わが国の場合，「投資活動によるキャッシュ・フロー」は，余裕資金（余資ともいう）の運用によるキャッシュ・フローという側面がある。英米の企業は，余裕資金が出たら配当や自社株買いなどを使って株主に返すが，日本の企業は，余裕資金が出たら他社の株などに投資して運用する。

　この区分のキャッシュ・フロー総額がプラスになっているときは，投資を引き上げているということであり，マイナスになっているときは，資金を追加投下していることを表している。

　プラスのときは引き上げた資金を何に使っているかを見ておく必要があり，マイナスのときは，どこから手に入れた資金を投資しているかを見ておく必要があろう。いずれも，キャッシュ・フロー計算書をよく観察するとわかる。

第 5 章

投資活動によるキャッシュ・フローが増加
主な原因：投資の回収
見るポイント：回収した資金のゆくえを見る
投資活動によるキャッシュ・フローが減少
主な原因：新規の投資か追加の投資
見るポイント：資金の出所を見る

◇財務活動のキャッシュ・フロー

　「財務活動によるキャッシュ・フロー」は，総額でプラスになっていれば，それだけ純額で資金を調達したということを意味する。マイナスであれば，調達した資金を純額でそれだけ返済したということである。

　資金を返済したときは，その返済財源が何であったかを調べてみる必要がある。また，資金を調達したときは，その資金を何に使っているかを見てみる必要がある。これも，キャッシュ・フロー計算書をながめているとわかることである。

財務活動によるキャッシュ・フローが増加
主な原因：追加の資金を調達
見るポイント：資金を何に使ったか
財務活動によるキャッシュ・フローが減少
主な原因：資金を返済
見るポイント：何を財源として返済したか

　キャッシュ・フロー計算書の末尾には，当期首のキャッシュ残高と期末のキャッシュ残高が示されている。キャッシュ残高は，きわめて流動性の高い「現金」と「現金同等物」の合計であるから，次期においてすぐに支払手段として使える。

◆キャッシュ残高を読む

　期首の残高と比べて期末の残高が小さいときは，支払能力が低下していることを意味し，残高が大きくなっているときは，支払能力が増大していることを意味している。

　ただし，ここでいう「キャッシュ」は，すでに現金になっているか，おおむね3ヶ月以内に現金に変わる資産のことであるから，きわめて**短期的な支払能力**を見ていることになる。

　企業の経営分析では，「**流動比率**」とか「**当座比率**」が使われる。中期的な支払能力，あるいは，企業の正常な営業活動を前提にした支払能力を見るには流動比率がよく，即時の，あるいは，短期的な支払能力は当座比率を見るとよい，といわれている。当座比率は「返済能力のリトマス試験紙」である。

　では，これらの比率と，キャッシュ残高は，どのように使い分けたらよいのであろうか。

◆キャッシュ残高と流動比率の使い分け

　流動比率と当座比率は，比率である。絶対額（金額）ではない。キャッシュ残高は，比率ではなく，絶対額である。もしも，キャッシュ残高を使って比率を求めるのであれば，次のような計算をすればよいであろう。

　3ヶ月以内の支払能力＝キャッシュ残高／流動負債×100（％）

6　日本の大企業は資金繰りでは倒産しない

　キャッシュ・フロー計算書はアメリカで誕生したものである。それは，ある時期，アメリカの企業が資金繰りに失敗してバタバタと何万社も倒産したからである。

　損益計算書や貸借対照表では，会社の資金繰りがよいのかどうかまではわからない。そこで，アメリカでは，資金繰りの状況を投資家に報告するために，

第 5 章

キャッシュ・フロー計算書を作成するようになった。

ところで，わが国の場合であるが，資金繰りに失敗して倒産するのは，決まって中小企業である。大手の企業は，資金繰りで倒産することはほとんどない。

最近になって倒産した企業を思い浮かべてみるとよい。大手の証券会社，大手の銀行・生保，大手の建設会社，どの例を取っても，資金繰りに失敗したわけではない。

わが国の場合，大手の会社が倒産に至るのは，ほぼ間違いなく，**債務超過**が原因である。会社の純資産よりも負債のほうが大きくなって倒産するのである。

そうしたことを考えると，わが国の場合，キャッシュ・フロー計算書（あるいは，資金繰り表）が必要なのは，大企業ではなく，中小企業であろう。

今度の会計ビッグバンでは，大企業にキャッシュ・フロー計算書の作成が義務づけられたが，これが1つの契機となって，中小企業でもキャッシュ・フロー計算書が活用されるようになることが期待されている。

5 退職給付会計

1 退職給付会計の必要性

基本的な労使関係において，従業員は企業に労働力を提供するのに対し，企業は従業員にその対価として給与を支払う。ただし，この労使関係は，従業員が現役の時に限定される。**退職後の元従業員の生活保障**のためには，まず厚生年金などの公的年金が支給されることになる。これに加えて企業側も，当該公的年金を補完するために，**私的な企業年金制度**を設けている。企業年金制度に基づいて，企業は**将来支払う退職金あるいは年金を債務として計上する義務**を負う。しかしながら，この債務を正確に測定するのは極めて困難である。なぜ

なら，各々の現役従業員があと何年勤務するのかといった将来の不確定事項を，そのような債務を測定する際の基礎に据えざるを得ないからである。実はこういった背景のもと，日本を含め各国の企業は，将来の退職年金に係る金額を債務として計上することを長らく行おうとはしなかった。

しかしながら，結果的に貸借対照表に未計上となってしまう当該債務に対して，特に企業分析を行う立場からは，企業の「**隠れ債務**」ではないかという批判がなされた。さらに，投資意思決定に役立つ情報の提供という観点からも，将来のキャッシュ・アウトフローを伴うような債務は，できるだけ認識・測定の対象とする方が望ましいと考えられるようになった。このような**将来リスクの開示**という声の高まりの中，各基準設定団体は従業員の退職以後発生する債務に対する会計基準，特に当該将来債務をオン・バランスにする会計基準を整備していくこととなった。

ここでは，平成10年に当時の企業会計審議会が公表した，「**退職給付に係る会計基準**」（以下「退職給付会計基準」とする）を中心に，退職給付をめぐる会計について解説していく。

2 退職給付会計基準の考え方

退職給付会計基準においては，昭和43年に企業会計審議会報告として公表された「企業会計上の個別問題に関する意見第二 退職給与引当金の設定について」（以下「旧基準」とする）では見られなかった新しい考え方が導入されている。旧基準の考え方とは異なる，重要な2点について次に説明する。

▶「退職給付」という新しい概念を導入した

退職給付会計基準では，旧基準で述べられていた「退職金」とは異なり，「**退職給付**」という言葉が使われている。旧基準が対象としていた「退職金」とは，正確には「退職一時金」といい，退職する従業員に対し企業が直接支給するものであった。しかしながら退職者の中には，この一時金以外に，例えば

第 5 章

毎月企業年金（退職年金）を受け取れる人達もいる。ただし，この企業年金制度に基づく退職年金は，わが国では**比較的新しい**制度であったため，旧基準では対象にならなかった。新基準である退職給付会計基準の特徴は，この**新しい**「**退職年金**」を旧来の「**退職金**」と区別せず，両者を「**退職給付**」として包括的に検討した点にある。

▶ 利子の考えを取り入れた（現価方式の本格的採用）

退職給付はその支給までに相当の期間があるため，その期間に発生すると見込まれる利子について考えてみる必要がある。例えば，退職時に見込まれる退職給付の総額（「**退職給付見込額**」という）のうち，ある期末までに発生している額（「**退職給付債務**」という）を計算するためには，予想される退職時から現在までの期間（「**残存勤務期間**」という）に発生する利子を取り除く必要がある。利子を取り除くことを「**割引**」といい，その割合を「**割引率**」という。したがって，退職給付債務は，退職給付見込額を一定の割引率と残存勤務期間に基づいて割引計算したものとになる。

3 退職給付をめぐる従業員・企業・年金運用機関の関係

ここでは，退職給付の基本概念をおさえると共に，退職給付に関連する現実の諸関係についても理解しておきたい。「**退職給付**」とは，「一定の期間にわたり**労働を提供**したこと等の事由に基づいて，**退職以後に従業員に支給される給付**」と定義されている。簡単に言えば，従業員が退職した後，退職一時金や企業年金（退職年金）として支払われる金銭をいう。

上述の定義にもあるように，退職給付とは，**退職以後**に従業員に支給される給付である。この給付はそもそも，従業員が現役時において自らの**労働力を企業に提供したことにより支給**されるものである。ただし，すぐに支給される給

与と異なり、退職後に年金として**後払い**されることが特徴の1つである。もう1つの特徴は、この**退職年金**を支給するのは、従業員が労働力を提供した企業自体ではないということである。当該企業は、従業員が退職後に年金等の給付を受け取れるように、一定の**掛金**を外部の**年金運用機関**に拠出する。年金運用機関は、この掛金を金融資産等で運用することで、退職後の従業員に年金を支給する原資の確保・増大に努める。つまり、退職年金を支給するのは、企業ではなく年金基金等の年金運用機関なのである。以上の関係を、次に図示する。

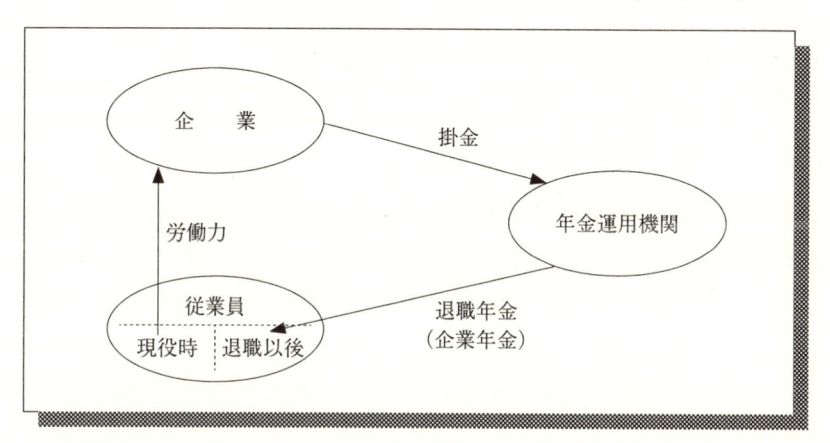

```
        企業 ──掛金──→ 
         ↑              年金運用機関
        労働力              │
         │          退職年金
        従業員 ←─────(企業年金)
    現役時 | 退職以後
```

4　退職給付引当金

　退職給付のうち、「認識時点までに発生していると認められるもの」を、**退職給付債務**という。退職給付債務は、既述のように**割引計算**により測定される。

　わが国において、退職給付に関連した債務は、具体的には「**退職給付引当金**」という科目で**貸借対照表において負債計上**されることになる。ただし、年金資産などが存在する場合、**調整**が行われる。この調整過程の理解こそ、退職給付の会計処理における中心課題となる。

　以下、退職給付会計基準に従いその解説を行うが、その際、退職給付引当金

第 5 章

の計算過程を順を追って理解してもらうために，〔ステップ①退職給付債務の見積り〕〔ステップ②年金資産の評価等〕〔ステップ③差異の加減〕という段階を設けて説明していく。なお，基準に厳密に従うなら，〔ステップ②〕と〔ステップ③〕の順番は逆になるが，ここでは退職給付引当金の理解を最優先して順番を設定した。また，初学者に対する理解を優先して，会計基準変更時差異等は取り扱わないこととした。

5 退職給付引当金の会計処理手続き

〔ステップ①〕退職給付債務の見積り

既述のように，**退職給付債務**とは，「一定の期間にわたり労働を提供したこと等の事由に基づいて，退職以後に従業員に支給される給付（「**退職給付**」）のうち**認識時点までに発生していると認められるもの**」（退職給付会計基準一・1）をいい，割引計算により測定される。したがって，認識時点（通常は決算期末）の退職給付債務は，何らかの前提に基づいて算定された将来の退職給付債務を割り引いて測定されることになる。

将来の退職給付債務，つまり**退職給付見込額**の算定に対しては，一般に3種類ほどの見積方法が知られている。次に，3種類の見積方法を，図と共に例示する。

① 確定給付債務：ＶＢＯ（Vested Benefit Obligation）
　ＶＢＯとは，**受給資格を有している従業員のみに**限定した退職給付の現在価値をいう。算定条件としては，**将来の昇給を見込まない**現在の給与水準を用いる。

② 累積給付債務：ＡＢＯ（Accumulated Benefit Obligation）
　ＡＢＯとは，ＶＢＯに加え，**未だ受給資格を有していない従業員により提供された労働力も含めて**算定された退職給付の現在価値をいう。算定条件としては，**将来の昇給を見込まない**現在の給与水準を用いる。

特　殊　論　点

③　予測給付債務：ＰＢＯ（Projected Benefit Obligation）

　ＰＢＯとは，ＡＢＯと同様，受給資格の有無とは関係なく，全従業員により提供された労働力に対して算定された退職給付の現在価値をいう。ＡＢＯと異なる算定条件としては，**将来の昇給**による給付の増加を見込んでいる点があげられる。日本および世界において，退職給付額は基本的にＰＢＯにより算定されることになっている。

① 　VBO = A
② 　ABO = A + B
③ 　PBO = A + B + C

（図：入社－受給権獲得－退職の時間軸において，現在の給与水準と将来の給与水準を示す三角形。Aは受給権獲得から退職までの現在給与水準部分，Bは入社から受給権獲得までの部分，Cは将来の昇給分。）

　退職給付会計基準では，「退職給付見込額は，**合理的に見込まれる退職給付の変動要因を考慮して見積らなければならない**」（二・2・(2)）としている。退職給付会計注解では，この「合理的に見込まれる退職給付の変動要因」として，「確実に見込まれる**昇給**等が含まれる」（注3）としている。したがって，我が国の基準・注解は，退職給付見込額をＰＢＯにより見積もることを要求していると考えられる。そして，この**退職給付見込額**を，一定の割引率および予想される退職時から現在までの期間（「**残存勤務期間**」）に基づき，**割り引いて計算されたもの**が**退職給付債務**となる。次頁に，以上の関係を図示する。

第 5 章

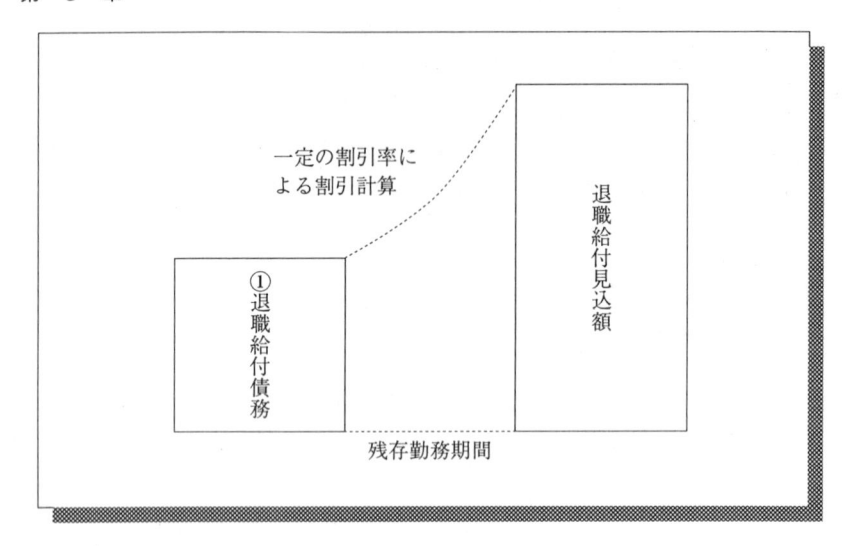

```
           一定の割引率に
           よる割引計算
                                      退
                                      職
                                      給
                  ①                   付
                  退                   見
                  職                   込
                  給                   額
                  付
                  債
                  務

                     残存勤務期間
```

〔ステップ②〕 年金資産の評価額把握と控除計算

　前記の退職給付債務は，その名の通り，企業の債務をあらわしている。したがって，財務諸表上は，もちろん負債に計上されることになる。しかしながら，将来のキャッシュ・アウトフローが確実に予想されるのに，企業がこれに対し何も準備していないわけではない。

　既述のように，企業は通常，従業員に対する将来の退職給付の支払いのため，掛金を定期的に年金運用機関に拠出している。年金運用機関は，この掛金を金融資産などで運用しながら将来の支払原資の増大を目指すが，この**掛金を元手とする支払原資のことを「年金資産」**という。**年金資産**は，**退職給付債務を支払う原資**なので，**退職給付債務が年金資産を超える額は，原資不足**ということになる。そしてこの原資不足額こそ，退職給付引当金の本質なのである。

　ここで改めて，年金資産の定義および性格を確認しておく。**年金資産**とは，「企業年金制度に基づき**退職給付に充てるため積み立てられている資産**をいう」（退職給付会計基準一・2）。つまり，退職給付引当金算定のために，年金資

特 殊 論 点

産は**退職給付債務から控除すべき性格**を有していることになる。なお，年金資産の額は，「**期末における公正な評価額**」（同二・3）によるとされている。実務の上では，年金運用機関が企業に対して行う回答書面により確認される。

〔ステップ③〕　未認識過去勤務債務および未認識数理計算上の差異の加減

　退職給付引当金を，もし金額的にのみ見るならば，〔ステップ②〕までの手続き（退職給付債務－年金資産＝退職給付引当金）の理解で十分である。ただし，退職給付引当金のより正確な理解を目指す場合，〔ステップ③〕における「過去勤務債務」や「数理計算上の差異」といった会計専門用語の理解が必要となるので，退職給付会計基準等に従って次に解説を行う。

▶　過去勤務債務

　「**過去勤務債務**とは，**退職給付水準の改訂等に起因して発生した退職給付債務の増加又は減少部分**をいう」（退職給付会計基準一・5）。

　例えば，退職給付水準が引き上げられた場合，企業は，従業員が**過去に勤務した分**に対して**水準引上幅だけ，退職給付債務を未計上にしている**ことになる。この未計上部分のことを，過去勤務債務という。上記の関係を次に図示す

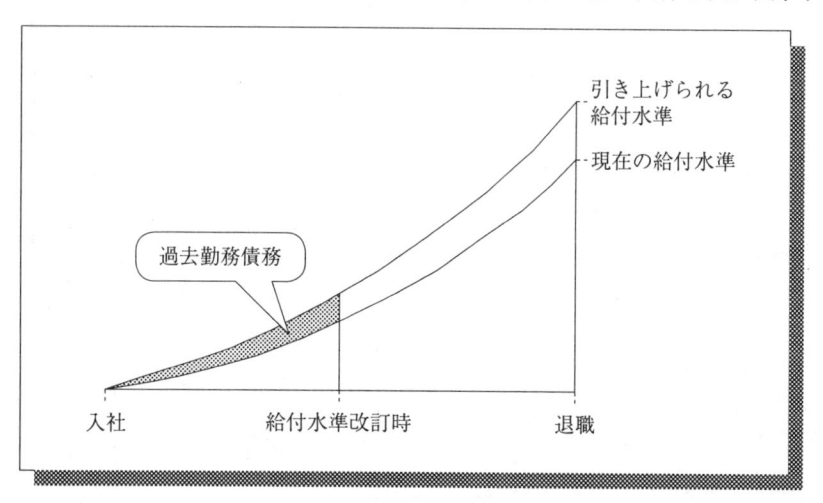

第5章　特殊論点

449

第 5 章

る。

▷ 数理計算上の差異

「**数理計算上の差異**とは，年金資産の期待運用収益と実際の運用成果との差異，退職給付債務の数理計算に用いた見積数値と実績との差異及び見積数値の変更等により発生した差異をいう」（退職給付会計基準一・6）。

例えば，株式市況全体が悪く，年金運用機関の運用成果が当初の期待を下回ってしまった場合，結果的に退職給付債務は増加することになる。この増加分を，数理計算上の差異という。数理計算上の差異には，①見積数値と実際数値の差異，および②見積数値自体の差異という，2種類の差異があることになる。ここで，退職給付債務の数理計算に用いた割引率が引き下げられ，数理計算上の差異が発生した場合の関係を次に図示する。

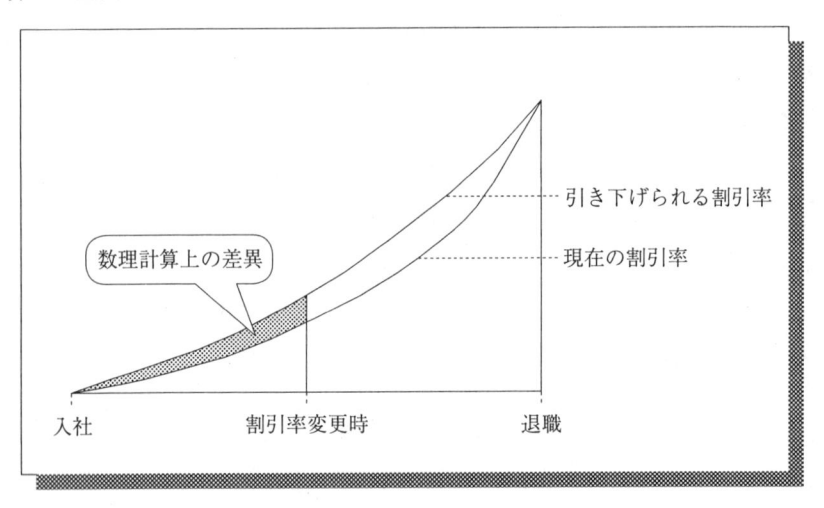

▷ 未認識過去勤務債務および未認識数理計算上の差異

以上の「過去勤務債務」および「数理計算上の差異」に対し，「**費用処理されていない**」部分を「**未認識**」部分という。「費用処理」とは，費用化処理だけでなく「費用の減額処理又は費用を超過して減額した場合の利益処理を含

む」（退職給付会計基準一・5）とされている。**未認識**とは，言い換えれば，**財務諸表**（貸借対照表はもちろん損益計算書にも）**に未計上**であるということである。したがって，**「過去勤務債務」のうち費用処理（認識）されていないもの**を，**「未認識過去勤務債務」**といい，**「数理計算上の差異」のうち**同様に**費用処理（認識）されていないものを「未認識数理計算上の差異」**という。

　これら「未認識過去勤務債務」および「未認識数理計算上の差異」を，〔ステップ②〕（退職給付債務－年金資産）に加減した額が，より正確な退職給付引当金となる。

　これで，退職給付引当金の会計処理手続きは，〔ステップ①（退職給付債務の見積り）〕〔ステップ②（年金資産の評価額把握と控除計算）〕〔ステップ③（未認識過去勤務債務及未認識数理計算上の差異の加減）〕と全て終了したことになる。最後に，以上の退職給付引当金の会計処理手続き全体を，計算式と共に次頁に図示する。

第 5 章

```
┌─────────────────────────────────────────────┐
│         退職給付引当金の会計処理手続き        │
│                                             │
│  〔ステップ①〕退職給付債務の見積り           │
│  〔ステップ②〕年金資産の評価額把握と控除計算 │
│  〔ステップ③〕未認識過去勤務債務及び未認識数理計算上の差異の加減 │
│                                             │
│                    未認識過去勤務債         │
│  退職給付引当金＝(①退職給付債務－③務および未認識数)－②年金資産 │
│                    理計算上の差異           │
│                                             │
│  ┌─────────────┬─────────────────┐          │
│  │ ② 年 金 資 産 │                 │          │
│  │               │ ① 退 職 給 付 債 務 │    │
│  ├─────────────┤                 │          │
│  │ 退職給付引当金※│                 │          │
│  │               ├─────────────────┤        │
│  │               │ ③ 未認識過去勤務債務 │    │
│  │               │      および       │       │
│  │               │ 未認識数理計算上の差異 │  │
│  └─────────────┴─────────────────┘          │
│                                             │
│  ※については，反対側に計上される場合もある。 │
└─────────────────────────────────────────────┘
```

6 退職給付費用

　退職給付会計意見書は，退職給付に係る基本的な会計処理の考え方を，「将来の退職給付のうち**当期の負担に属する額**を**当期の費用**として引当金に繰り入れ，当該引当金の残高を貸借対照表の負債の部に計上すること」（四・1）であると述べている。つまり，退職給付引当金の当期増加額は，退職給付費用の把握により算定されることになる。

　ここでは，この退職給付費用の会計処理手続きを，退職給付会計基準等に従い解説する。その際，退職給付費用の計算過程を順を追って理解してもらうために，退職給付引当金の計算と同様，〔ステップ①〕〔ステップ②〕〔ステップ③〕〔ステップ④〕という段階を設けて説明していく。

特 殊 論 点

◇退職給付費用の会計処理手続き

〔ステップ①〕 勤務費用の計算

　退職給付費用の中核を占めるのが，この勤務費用である。**勤務費用**とは，「**一期間の労働の対価として発生したと認められる退職給付**をいい，割引計算により測定される」（退職給付会計意見書四・2・(4)・①）ものをいい，「**退職給付見込額のうち当期に発生したと認められる額**を一定の割引率及び残存勤務期間に基づき**割り引いて計算**」（退職給付会計基準三・2・(1)）される。

　ここでのポイントは，将来の退職給付のうち当期の負担に属する金額をどのような方法で計算するのか，ということにある。労働力対価そのものを測定することは困難なため，将来見込まれる退職給付に対して，何らかの合理的な方法で各期の発生額を見積るしかない。各期の発生額の見積り方法として，退職給付会計意見書で挙げられているものは，①**勤務期間を基準とする方法**，②全勤務期間における給与総支給額に対する各期の給与額の割合を基準とする方法，③退職給付の支給倍率を基準とする方法，の3つである。このうち，同意見書では，「労働の対価として退職給付の発生額を見積る観点から」，①を原則的な方法であるとしている。

　そして，原則的に**勤務期間基準法**で見積もられた各期の発生額は，一定の割引率および残存勤務期間に基づいて割り引かれる。この割引計算により現在価値額として測定された額が，勤務費用となる。以上の流れを次に示す。

退職給付見込額　　→　　各期の見積り発生額　　→　　勤務費用
　（原則：勤務期間基準法）　　　　　（割引計算）

第 5 章

〔ステップ②〕 利息費用の計算

　退職給付に係る費用は，〔ステップ①〕の勤務費用だけではない。割引計算により算定された**期首時点における退職給付債務**については，**時の経過により計算上の利息が発生する**ため，当該利息（「**利息費用**」）も退職給付費用の基本的な構成要素となる。

　利息費用の具体的な計算方法は，期首時点における退職給付債務に対して，退職給付債務を計算する際に用いた**割引率を乗じて計算**する。退職給付会計基準では，「利息費用は，期首の退職給付債務に割引率を乗じて計算する」（三・2・(2)）としている。次に，利息費用の計算式を示す。

　　　　　利息費用 ＝ 期首の退職給付債務 × 割引率

〔ステップ③〕 期待運用収益の計算

　〔ステップ①〕〔ステップ②〕で学んだ勤務費用および利息費用は，退職給付費用を構成する基本的要素といってよいものである。これらに加え，退職給付を見積り計算する際には，特有の項目が発生する。この特有の項目の1つに，「期待運用収益」という要素がある。

　期待運用収益とは，企業年金制度を採用している場合，**年金資産の運用により生じると期待される収益**である。具体的には，期首の年金資産に対して，期待運用収益率を乗じて算定する。退職給付会計基準では，「期待運用収益相当額は，期首の年金資産の額について合理的に予測される収益率（「**期待運用収益率**」）を乗じて計算する」（三・2・(3)）としている。

　ここで重要なのは，①勤務費用および②利息費用は退職給付債務を増加させるが，この期待運用収益は，退職給付債務を減少させるものなので，**退職給付**

費用の計算においてはマイナス（控除）されることである。以下に，期待運用収益の算定式を示す。

期待運用収益　＝　期首の年金資産　×　期待運用収益率

〔ステップ④〕　過去勤務債務及び数理計算上の差異に係る費用処理

　〔ステップ③〕で学んだ期待運用収益のほかに，退職給付の見積計算に係る特有の項目として，「過去勤務債務のうち費用として処理した額」および「数理計算上の差異のうち費用として処理した額」がある。

　退職給付会計意見書において，両費用処理額の説明があるので，次に引用する。まず，「過去勤務債務のうち費用として処理した額」とは，「退職給付の給付水準の改訂等により従前の給付水準に基づく計算との差異として発生する過去勤務債務のうち，費用として処理した額」（四・2・⑷・④）とされている。また，「数理計算上の差異のうち費用として処理した額」とは，「年金資産の期待運用収益と実際の運用成果との差異，退職給付債務の数理計算に用いた見積数値と実績との差異及び見積数値の変更等により発生した差異のうち，費用として処理した額」（四・2・⑷・⑤）とされている。

　どちらも，退職給付引当金の会計処理手続きにおいてすでに説明した，「過去勤務債務」および「数理計算上の差異」に対しての費用処理額，つまり償却額である。具体的な処理については，退職給付会計基準で次のように定められている。「**過去勤務債務及び数理計算上の差異は，原則として，各期の発生額について平均残存勤務期間以内の一定の年数で按分した額を毎期費用処理**しなければならない」（三・2・⑷）。ただし，過去勤務債務及び数理計算上の差異に係る費用処理額を，平均残存勤務期間以内の一定の年数で按分した額とするのは「原則」であって，発生時一括費用処理も認められている（退職給付会計意見書四・3）。

第 5 章

　これで，退職給付費用の会計処理手続きは，〔ステップ①〕〔ステップ②〕〔ステップ③〕〔ステップ④〕と全て終了したことになる。最後に，以下において，退職給付費用の計算式および全体の会計処理手続きを示す。

```
退職給付費用＝①勤務費用＋②利息費用－③期待運用収益
　　　　　　±④過去勤務債務及び数理計算上の差異に係る費用処理額
```

退職給付費用の会計処理手続き

〔ステップ①〕勤務費用の計算
〔ステップ②〕利息費用の計算
〔ステップ③〕期待運用収益の計算
〔ステップ④〕過去勤務債務および数理計算上の差異に係る費用処理

退職給付費用＝①勤務費用＋②利息費用－③期待運用収益
　　　　　　±④過去勤務債務および数理計算上の差異に係る費用処理額

③　期待運用収益	①　勤　務　費　用
退職給付費用	②　利　息　費　用
	④過去勤務債務および数理計算上の差異の費用処理額※

※④については，反対側に計上される場合もある。

特 殊 論 点

6 税効果会計

1 税効果会計の必要性

　税効果会計に関する包括的な会計基準は1998（平成10）年に公表され，翌年の1999（平成11）年4月1日以後開始する事業年度から適用された。したがって，2000（平成12）年3月期から実質的に適用された（早期適用も認められた）。ここでは，税効果会計がなぜ必要なのかについて考えよう。

I期－P/L	
収　益	4,000
費　用	3,000
税引前当期純利益	1,000
法人税等	520
税引後当期純利益	480

II期－P/L	
収　益	4,000
費　用	3,000
税引前当期純利益	1,000
法人税等	280
税引後当期純利益	720

　これら2つの損益計算書は，収益・費用の金額が全く同じ2期間の損益計算書である。税引後当期純利益に注目してみると，II期の金額の方が大きいので，II期の方が業績がよいように見える。しかし，注意深く見ると，税引前当期純利益は2期とも同額であることに気付く。

　企業会計上の利益（税引前当期純利益）は同額であるから，各期の業績は同一であると評価できるはずである。それにもかかわらず，税引後当期純利益だけでII期の業績がよいと業績評価を行ったとすれば，その投資者は誤った評価をし，その結果，誤った投資意思決定をした可能性がある。

　そのような誤った業績評価を招いた主因は法人税の金額である。いま法人税率が40％とすれば，企業会計の立場からは，税引前当期純利益は2期とも1,000であるから，税金費用（法人税）は400（＝1,000×40％）となり，税引後当

第 5 章

期純利益は2期とも600となるはずである。このような考えで損益計算書を作成すると，次のようになる。

Ⅰ期－P/L	
収　益	4,000
費　用	3,000
税引前当期純利益	1,000
法人税等	**400**
税引後当期純利益	600

Ⅱ期－P/L	
収　益	4,000
費　用	3,000
税引前当期純利益	1,000
法人税等	**400**
税引後当期純利益	600

　このように税引後当期純利益が示されていれば，投資者に誤った業績評価をさせないで済んだはずである。**投資決定に役立つ情報を提供するために，同じ業績では同じ税金が計算され，その結果，同じ税引後当期純利益が計算表示できるようにする仕組みが**「税効果会計」である。

　ここで，税引前当期純利益を計算する企業会計を「企業利益計算」，法人税等の税金を計算する税務会計を「課税所得計算」ということにする。**同じ業績でありながら，法人税等が異なるのは，企業利益計算と課税所得計算との間に何らかのズレがあるからである。このズレを調整して税引前当期純利益に対応する法人税等を計算し直す会計が「税効果会計」である**といえる。

　「税効果会計に係る会計基準」によれば，税効果会計とは「**法人税等を控除する前の当期純利益と法人税等を合理的に対応させることを目的とする手続**」（税効果会計基準第一）である。したがって，**税効果会計は税務会計の領域の問題ではなく，企業会計の領域の問題である**ことに注意しよう。

2　法人税はどのように計算されるか

　税効果会計の対象になる税金は，企業の所得（利益）に対する税金すなわち**所得を課税標準とする税**である。具体的には，**法人税，住民税，事業税が税効果会計の対象**となる。損益計算書上の「法人税等」の「等」は住民税と事業税

を示している。

　会計基準では，税効果会計の対象になる税金は「**法人税その他利益に関連する金額を課税標準とする税金**」と述べられている（税効果会計に係る会計基準前文　一）。ここでは，法人税を中心にして考えていくことにしよう。

　法人税は法人組織の企業の所得（利益）にかける税金であり，この所得は「**課税所得**」といわれる。**法人税は，各事業年度の（課税）所得に一定の税率を掛けて計算**される。1999年度以降の一般企業（普通法人）の法人税率は30％であるので，法人税は課税所得に30％を掛けて次のように計算される。

$$\text{課税所得} \times \text{法人税率30％} = \text{（納付すべき）法人税}$$

　この式における**課税所得は益金（えききん）から損金（そんきん）をマイナスして**次のように**計算**する。

$$\text{課税所得} = \text{益金} - \text{損金}$$

　課税所得を計算するための益金と損金は，以下に示す企業会計上の企業利益計算における収益と費用をもとに求められる。

$$\begin{array}{rcccc}
\text{企業利益} & = & \text{収益} & - & \text{費用} \\
& & \downarrow & & \downarrow \\
\text{課税所得} & = & \text{益金} & - & \text{損金}
\end{array}$$

　このことは，収益≒益金，費用≒損金であるということを意味している。言い換えるならば，企業会計上の**税引前当期純利益がほぼ課税所得になる**ということである。

　もしも税引前当期純利益と課税所得とが完全に一致するのであれば，税効果会計はもともと問題にならない。逆に言えば，税引前当期純利益と課税所得とが一致しないから，税効果会計が企業会計の側から必要になるのである。

第 5 章

3 課税所得の計算には確定決算主義がとられている

　課税所得の計算は，会社法によって作成される計算書類に基づいて行われる。会社法では，株式会社は，計算書類（損益計算書や貸借対照表等）を「一般に公正妥当と認められる企業会計の基準」に基づいて作成し，株主総会でそれについて承認（または報告）を受けなければならない。

　法人税法は，株主総会で承認（または報告）を受けた計算書類で示されている企業利益に基づいて課税所得を計算することを求める。株主総会で計算書類の承認（または報告）を受けたことを「**確定した決算**」というので，**株主総会で承認（または報告）を受けた計算書類に基づいて課税所得を計算することは，「確定決算主義」**といわれる。確定決算主義によって，会社法における計算書類と法人税法上の確定申告書の作成が密接に結びついている。

　確定決算主義をとる理由として次のようなことがあげられる。すなわち，計算書類は，株主総会という会社の機関の承認決定を受けることによって，信頼性が与えられている。また承認された計算書類に基づいて課税所得を計算することは，課税所得を改めて始めから計算し直すことを考えれば，徴税にかかるコストを下げて徴税の効率性を高めることになる。

4 益金と収益，損金と費用はどこが違うか

　法人税法では，企業会計上の収益・費用を「別段の定めがあるものを除き」益金・損金にする。したがって，**課税所得を計算するうえでの益金と損金は，収益と費用に対して「別段の定めがあるもの」を調整して計算される**ことになる。この調整は「**税務調整**」といわれる。

　「別段の定めがあるもの」は４つに分類され，図式化すると以下のようになる。

① 益金算入項目

　企業利益の計算では収益とされないが，課税所得の計算では益金に加える

項目（交換によって有形固定資産を受け入れたときの交換差益など）

② 益金不算入項目

企業利益の計算では収益とされるが，課税所得の計算では益金から除外する項目（**受取配当金や資産評価益**など）

③ 損金算入項目

企業利益の計算では費用とされないが，課税所得の計算では損金に加える項目（**交換差益等について圧縮記帳をする場合の圧縮損**など）

④ 損金不算入項目

企業利益の計算では費用とされるが，課税所得の計算では損金から除外する項目（**限度額を超えた減価償却費や引当金繰入額**など）

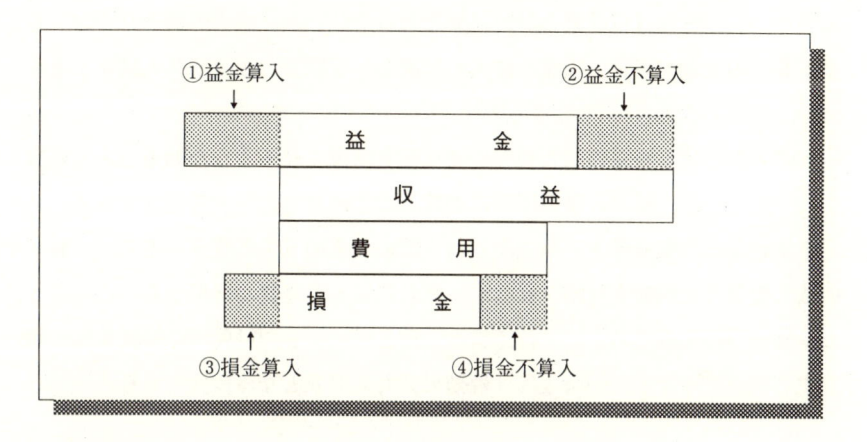

```
①益金算入                    ②益金不算入
   ↓                            ↓
┌──────┬──────────────────┬──────┐
│      │   益      金     │      │
├──────┴──────────────────┴──────┤
│        収        益            │
├────────────────────────────────┤
│        費        用            │
├──────┬──────────────────┬──────┤
│      │   損      金     │      │
└──────┴──────────────────┴──────┘
   ↑                            ↑
③損金算入                    ④損金不算入
```

このように「別段の定め」を設けて益金と損金を定めるのは，税金の負担が公平になるようにする（**租税負担の公平化**）という目的や，企業の体質を強化するために一時的に税を減免するといった**政策上の目的**があるからである。この「**別段の定め**」が，企業利益と課税所得との間にズレを生じさせる。このズレのすべてを対象とするものではないが，**企業会計の立場から，このようなズレ（差異）を調整する会計が「税効果会計」**である。

第 5 章

⑤ 企業利益と課税所得との差異の種類

　企業利益と課税所得との「差異」（ズレ）について，企業会計の立場から，将来の課税所得に対する影響（効果）があるかどうか，言い換えれば，**将来の法人税等の支払額に対する影響（効果）**があるかどうか，さらに言えば「**税効果**」があるかどうかによって，差異は分類される。

　企業利益と課税所得との間の差異は，次の2つに分類される。

　　(1)　「永久差異」（税効果会計の対象とならない差異）
　　(2)　「一時差異」（税効果会計の対象となる差異）

　永久差異とは，将来の法人税等の支払額を増減させるような効果が全くない差異をいい，それは税効果会計の対象とならない。永久差異の例としては，益金不算入の受取配当金，損金不算入の罰課金，交際費の損金不算入額などをあげることができる。

　一時差異とは，将来の法人税等の支払額を増減させるような効果がある差異をいい，それは，将来の課税所得に加算したり減算したりする差異である。

　企業利益と課税所得との間で生じた当期の差異のうちの特定の差異は，将来の法人税等の支払額を増減させるが，それによって差異が解消する。このような差異が一時差異である。一時差異は，例えば収益または費用の帰属年度が相違する場合に生じる。一時差異は税効果会計の対象となる差異である。

⑥ 一時差異の種類－将来減算一時差異と将来加算一時差異－

　一時差異には，将来の法人税等の支払額（あるいは将来の課税所得）を減額させるような効果がある差異がある。これは「**将来減算一時差異**」と呼ばれる。将来減算一時差異は，当期の企業利益の計算では費用処理したが，課税所得の計算では損金として認められず，翌期以降に損金として認められる差異である。

　この差異には例えば，貸倒引当金等の損金算入限度超過額，減価償却費の損

特 殊 論 点

金算入限度超過額，有価証券の評価損（有税部分），固定資産の減損損失などがある。

もう１つの一時差異は，**将来の法人税等の支払額（あるいは将来の課税所得）を増額させるような効果がある差異**である。これは「**将来加算一時差異**」と呼ばれる。この差異の例としては，圧縮記帳による圧縮記帳積立金，租税特別措置法上の特別償却準備金などがある。

7 将来減算一時差異と税の配分

【仮設例】Ⅰ期末において，企業利益の計算上，貸倒引当金繰入額500を設定し費用にした。しかし課税所得の計算上，貸倒引当金繰入額500のうち300が損金不算入となった。税率は40％とする。翌期のⅡ期では，実際に売掛金が貸倒れになり，Ⅰ期で損金不算入とされた貸倒引当金繰入額300が損金として認定された。Ⅰ期・Ⅱ期とも，企業利益（税引前当期純利益）は1,000とする。

仮設例では，Ⅰ期の企業利益1,000と課税所得1,300（＝1,000＋300）との間に300の将来減算一時差異が生じる（ここでは「将来減算一時差異」だけを考えているので，以下では単に「一時差異」という）。**この一時差異に関する税金（法人税等）は120（＝300×40％）となる**（一時差異に関する税金を「**税効果額**」という）。一時差異に関する税金120は，次のように考えることができる。

企業利益を計算する企業会計の側からは，企業利益は1,000であるから，それに対する税金は400（＝1,000×40％）であると考える。これに対して，課税所得を計算する税務会計の側からは，課税所得は1,300であるから，それに対する税金は520（＝1,300×40％）と計算する。企業は，法令によって課税所得をもとに計算した520を税金として支払う。

企業利益に基づく税金400と課税所得に基づく税金520との間に 120（400－520＝－120）の差額が生じ，この差額が一時差異に関する税金120になってい

463

第 5 章

る。

　このような一時差異に関する税金は，Ⅰ期において生じてはいるが，貸倒引当金繰入額限度超過額が損金不算入とされたⅠ期に，その税金を計上すべきであろうか。それとも貸倒引当金繰入額限度超過額が損金として認定されたⅡ期まで繰り延べて計上すべきであろうか。このように，**一時差異に関する税金については，次に，どの期間に配分して計上すべきかという問題が生じる。**

　企業会計の側からは，一時差異に関する税金は，一時差異が生じた期間の税金として計上するのではなく，一時差異が解消する期間で計上しなければならない。

　いま考えているケースでは，Ⅰ期で生じた一時差異に関する税金120は，Ⅰ期の税金として計上するのではなく，一時差異が解消するⅡ期の税金として計上すべきである。したがって，Ⅱ期では一時差異に関する税金120を追加計上する。もしも一時差異に関する税金120をⅠ期で計上したとすると，計上する税金は520となり，税引前当期純利益1,000に対応しない税金が計上されてしまうからである。

8　将来減算一時差異に関する会計処理

　仮設例では，法人税等の税金の支払額は，Ⅰ期は520（＝1,300×40％），Ⅱ期は280（＝700×40％）である。このような税金の支払額に対して，企業会計の立場から，税引前当期純利益と法人税等を合理的に対応させるための修正処理をすることになる。

　Ⅰ期で生じた一時差異に関する税金120は，一時差異が生じた期間の税金として計上しないので，Ⅰ期の税金の額を120だけ減額しなければならない。このような修正は「**法人税等調整額**」という科目を使って，次のようにすれば，Ⅰ期の税引前当期純利益と対応する法人税等を計算することができる。

特　殊　論　点

> 法人税等支払額520－法人税等調整額120＝対応法人税等額400

　Ⅰ期で生じた一時差異はⅡ期で解消されるので，一時差異に関する税金120はⅡ期の法人税等として追加計上される。Ⅰ期の場合と同じように，Ⅱ期の税引前当期純利益と対応する法人税等を計算すると，次のようになる。

> 法人税等支払額280＋法人税等調整額120＝対応法人税等額400

　税効果会計に関係する損益計算書の計算表示を含めて，この関係を図示すると次のようになる。

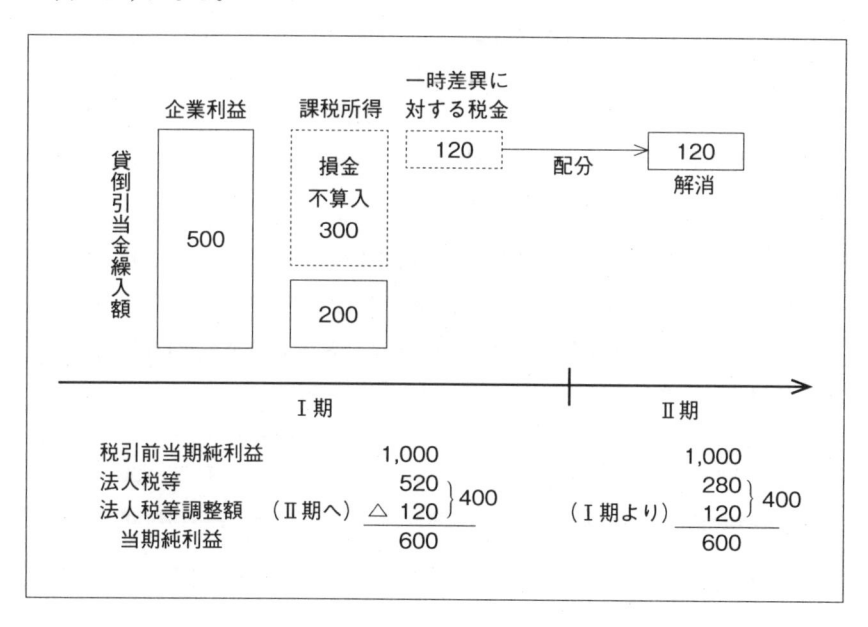

```
                          一時差異に
        企業利益   課税所得  対する税金
貸                         ┌───┐          ┌───┐
倒                         │120│ →配分→ │120│
引                  ┌───┐ └───┘          └───┘
当                  │損金│                   解消
金       ┌───┐     │不算入│
繰       │   │     │ 300 │
入       │500│     └───┘
額       │   │     ┌───┐
         │   │     │200│
         └───┘     └───┘
─────────────────────────────────────────────→
              Ⅰ期              │         Ⅱ期

       税引前当期純利益      1,000                    1,000
       法人税等               520 ⎫              280 ⎫
       法人税等調整額（Ⅱ期へ）△120⎬400  （Ⅰ期より）120 ⎬400
       当期純利益             600                     600
```

第 5 章

　Ⅰ期の法人税等の税金の支払額は520（＝1,300×40％）であり，企業利益を計算する企業会計の側からは，企業利益に対応する法人税等額は400（＝1,000×40％）である。このため，**これらの差額120（＝520－400）は税の先払いであり，「前払い」したものと考えられる。**

　このような**税金（費用）の前払額は，**一時差異が解消される期間の税金の支払額を減額することになる。言い換えれば，**税金（費用）の前払額は，一時差異が解消される期間まで「繰り延べ」られる**ことになり，それまでは**経過的に貸借対照表において「資産」として計上される。**このような資産を表す科目が「**繰延税金資産**」である。

　Ⅰ期の一時差異に関する税金120は，税金の前払額と考えられるから，Ⅰ期の貸借対照表では，それを繰延税金資産として計上することになる。この関係を仕訳で示すならば，次のようになる。

（借）　繰 延 税 金 資 産　120	（貸）　法人税等調整額　120

　それでは一時差異が解消するⅡ期では，一時差異に関する税金はどのように会計処理されるであろうか。**Ⅱ期で一時差異が解消するということは，Ⅰ期末の繰延税金資産120として示された税の前払分はⅡ期で精算される**ということである。つまり，**繰延税金資産120は減少して，法人税等調整額120が法人税等として追加計上される。**この関係を仕訳で示すならば，次のようになる。

（借）　法人税等調整額　120	（貸）　繰 延 税 金 資 産　120

　先に使った図に繰延税金資産に関する仕訳と貸借対照表上の表示を付け加えると，次のようになる。

特 殊 論 点

```
                        一時差異に
         企業利益  課税所得  対する税金
貸                              ┌───┐      ┌───┐
倒                   ┌─ ─ ─┐   │120│ 配分  │120│
引       ┌───┐   │損金 │   └───┘ ────→ └───┘
当       │   │   │不算入│                    解消
金       │500│   │ 300 │
繰       │   │   └─ ─ ─┘
入       │   │   ┌───┐
額       │   │   │200│
         └───┘   └───┘
──────────────────┼──────────────→
         Ⅰ 期                    Ⅱ 期

損益  ┌ 税引前当期純利益       1,000              1,000
計算書│ 法人税等                 520 ⎫            280 ⎫
      │ 法人税等調整額 (Ⅱ期へ) △120 ⎬400 (Ⅰ期より) 120 ⎬400
      └ 当期純利益               600              600

      Ⅰ期：(繰延税金資産) 120   (法人税等調整額) 120
      Ⅱ期：(法人税等調整額) 120  (繰延税金資産)  120

貸借  ┌      資産の部              資産の部
対照表 │   繰延税金資産 120     繰延税金資産  0
```

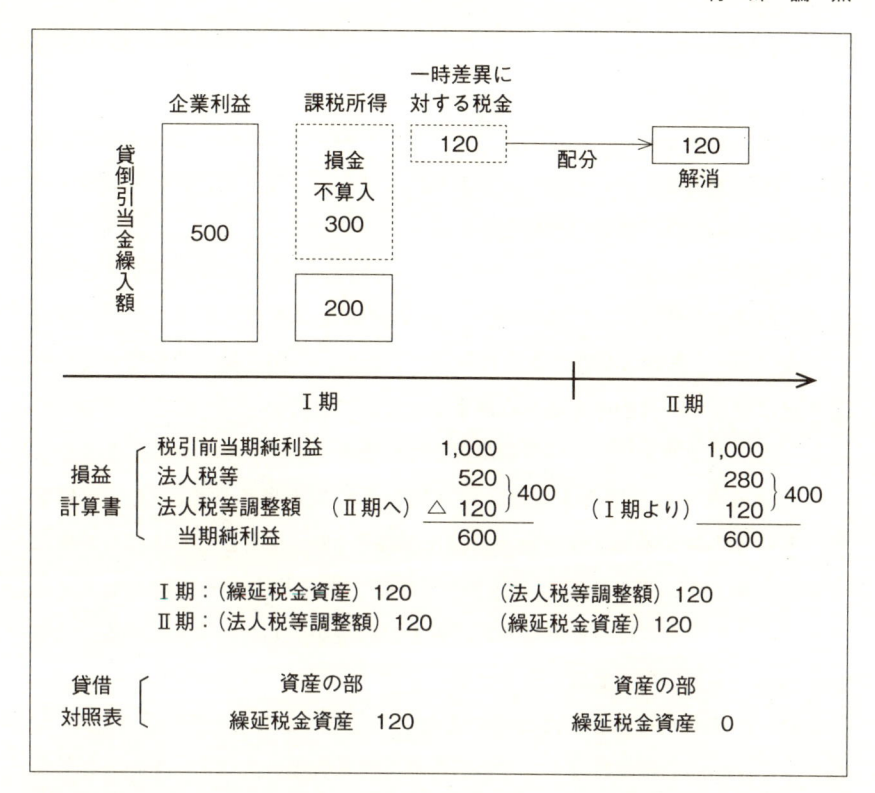

9 将来加算一時差異と税の配分

将来加算一時差異とは，将来減算一時差異とは逆に，**将来の法人税等の支払額（あるいは将来の課税所得）を増額させるような効果がある差異**である。この差異の例としては，圧縮記帳による圧縮記帳積立金，租税特別措置法上の特別償却準備金などがある。ここでは，**圧縮記帳による圧縮記帳積立金**を取りあげよう。

◆圧縮記帳とはどのようなことか

圧縮記帳は税法特有な方法であり，固定資産の取得価額を圧縮（すなわち減

467

額) して記帳するものである。

例えば，国や地方公共団体から産業育成のための資金助成として，土地や建物等の固定資産を取得する補助金を受けたとする。会計上は，このような補助金は「国庫補助金」といわれる。**法人税法では，資本等取引以外の収益はすべて益金に含められ，課税の対象とされる**。

例えば国庫補助金100を受け，それを使って特定の土地100を取得すると想定する。税率40％とすれば，受け取った国庫補助金は課税されるので，税金40（＝100×40％）を納めなければならない。このため，**国庫補助金を受けても資金不足になって，目的の土地を取得することができない**ということになる。つまり，**税法が補助金交付の目的を阻害してしまう**。

このような矛盾を回避するための方法として編み出されたのが，「**圧縮記帳**」という方法である。受け取った国庫補助金100は益金として課税の対象にするが，他方で，それと同額の損失（圧縮損）100を損金として計上し，プラス・マイナス・ゼロにして実質的に課税上の利益が生じないようにする。この場合には，**土地の取得価額はゼロ**となる。

しかし，**税金が免除されたわけではない**。将来，この土地を処分（売却）したとき，土地の取得価額はゼロであるので，売却代金のすべてが土地売却益になり，この売却益に対して課税される。すなわち，**売却益の中に含まれる国庫補助金の受入額に相当する額にも課税される**ことになる。たんに**課税が売却時まで延期された**にすぎない。

◇圧縮記帳には2つの方式がある

圧縮記帳には，直接減額方式と積立金方式がある。直接減額方式とは，先の国庫補助金を用いた土地の取得のケースで示した方式である。**直接減額方式は，企業会計において採用することが認められているので，この方式が企業会計で採用されるときは税効果会計の問題は生じない**。企業利益と課税所得が一致するからである。

積立金方式とは，先の例でいえば，受け入れた国庫補助金と同額の任意積立

金（圧縮記帳積立金）を設定する方式である。会社法では，このような積立金の設定と取崩は株主総会の決議を経る必要がない。圧縮記帳積立金が設定された場合には，この積立額は課税所得の計算では損金として控除することが認められる。

積立金方式によるときには，**固定資産の取得価額は本来の価額で貸借対照表に計上される**。先の例でいえば，土地の取得価額は100で貸借対照表に記載されることになる。減価償却を行う資産の場合には，計上された減価償却費に対応するように，圧縮記帳積立金は徐々に取り崩されて，課税所得に加えられていく。したがって，**積立金方式では，取り崩された圧縮記帳積立金に応じて，徐々に国庫補助金に課税されていく。**

積立金方式を圧縮記帳にとっているとき，税効果会計が必要になる。なぜなら，企業利益と課税所得との間にズレが生じて，それらの金額が異なることになるからである。

◇将来加算一時差異の仮設例と税の配分

【仮設例】Ⅰ期において国庫補助金100を受け入れ，それに基づいて土地100を取得した。期末において受け入れた国庫補助金と同額の圧縮記帳積立金100を設定した。Ⅱ期において当該土地を100で売却した。Ⅰ期とⅡ期の税引前当期純利益は1,000とし，税率は40％とする。
（注）国庫補助金により購入した土地は，目的外の使用や譲渡が禁じられているが，ここでは，学修の便宜上，Ⅱ期に売却したことにしてある。

参考のために，支払うべき法人税の金額を含めて，これらの関係を表にすると，次のようになる。

第 5 章

	I 期	II 期
税引前当期純利益	1,000	1,000
圧縮記帳積立金		
積立額	△ 100	
取崩額		100
	900	1,100
法人税等（40%）	360	440

　I 期の企業利益（税引前当期純利益）は1,000であるから，これに基づく税金（法人税等）は400（＝1,000×40%）となる。圧縮記帳積立金100は損金にするので，課税所得は900（＝1,000－100）となる。この結果，課税所得に基づく税金は360（＝900×40%）となる。

　企業利益と課税所得との差額は100であり，それに対する税金は40（＝100×40%）となる。この金額40は，企業利益と課税所得のそれぞれに基づいて計算した税金の両者の差額40（＝400－360）とも一致する。

　企業利益と課税所得との差額100は一時差異となり，この一時差異に対する税金（税効果額）は40となる。この一時差異は将来加算一時差異となる。何故か。

　II 期では国庫補助金によって取得された土地が売却される。取得価額100の土地が売却価額100で売却されて，土地売買そのものでは売却損益が生じていない。つまり，損益計算書上では，土地売却の影響は全くない。この取引も含められたうえで，II 期の税引前当期純利益1,000は求められている。

　圧縮記帳積立金はどのようになるか。積み立てられていた圧縮記帳積立金は，土地の売却によって取り崩される。取り崩された圧縮記帳積立金は，貸借対照表上の繰越利益剰余金（「留保利益」といってもよい）に振り替えられる。したがって，企業利益の計算上，税引前当期純利益1,000の金額には影響しない。このため，企業会計の側では，税引前当期純利益に対応する税金は400（＝1,000×40%）と計算される。

特殊論点

しかし，課税所得の計算では，取り崩された圧縮記帳積立金は課税の対象となる。Ⅰ期で損金とされた圧縮記帳積立金の設定額は，Ⅱ期では当該土地の売却によって，その圧縮記帳積立金は取り崩されて益金に加えられ，その結果，課税所得は増えることになる。

このようにして，Ⅰ期で生じた一時差異，すなわち圧縮記帳積立金の額に相当する金額は，Ⅱ期での当該土地の売却によって，解消されることになる。この解消によって，Ⅱ期の課税所得は増額し，法人税等の支払額も増額することになる。このように考えると，圧縮記帳による圧縮記帳積立金は将来加算一時差異となることがわかる。

この結果，Ⅱ期の課税所得は1,100（＝1,000＋100）となり，それに基づく税金は440（＝1,100×40%）となる。Ⅰ期において税金とならなかったものが，Ⅱ期では税金として徴収されてしまうことになるので，これによって課税の繰延べという意味を理解することができよう。

10 将来加算一時差異に関する会計処理

Ⅰ期について，企業会計の立場からは，企業利益（税引前当期純利益）1,000に対応する税金（法人税等）は400（＝1,000×40%）と計算される。これに対して，課税所得に基づく税金は360（＝900×40%）となる。圧縮記帳積立金100は損金にするために，課税所得は900（＝1,000－100）となったからである。企業会計上の税金と課税所得における税金との差額40は，**将来加算一時差異**（以下では単に「一時差異」という）**に関する税金40**（＝100×40%）と一致する。

このような考え方からすると，Ⅰ期では税引前当期純利益1,000に対応する**法人税等400を損益計算書に表示しなければならない**。このとき注意すべきことは，**損益計算書上に表示される法人税等の金額は，法人税法に従って支払うべき金額がベースになっている**ということである。

Ⅰ期において圧縮記帳積立金を損金にしたときの課税所得は900で，支払うべき法人税等は360（＝900×40%）であった。**企業会計の立場から計算した，**

471

第 5 章

　税引前当期純利益に対応する法人税等は400であるから，この金額と課税所得に基づく法人税等360との差額40は，将来支払わなければならない税金として認識されることになる。

　言い換えると，企業会計の立場からは，Ⅰ期では，一時差異に対する税金40は将来支払わなければならない税金として，Ⅰ期における課税所得に基づく法人税等360に加算しなければならない。つまり，一時差異に対する税金40は将来支払うべき「未払い」のものと考える。

　損益計算書では，一時差異に対する税金40は「法人税等調整額」として課税所得に基づく支払うべき法人税等360に加算する形で計算表示されることになる。このことを式で表すと，次のようになる。

> （課税所得に基づく）法人税等360＋法人税等調整額（一時差異に対する税金）40
> ＝対応する法人税等400

　Ⅰ期においてこのように処理したとき，Ⅱ期では法人税等はどのように考えられることになるか。Ⅱ期の税引前当期純利益も1,000であると想定しているので，企業会計の立場から計算した法人税等は400（＝1,000×40％）である。

　これに対して，Ⅱ期では国庫補助金の対象になっていた土地が売却され，圧縮記帳積立金100が取り崩されて課税されることになるので，Ⅱ期の課税所得は1,100（＝1,000＋100）となる。この課税所得に基づく税金は440（＝1,100×40％）である。つまり，Ⅰ期で生じた圧縮記帳積立金に相当する一時差異100はⅡ期で解消され，それに対する税金40はⅡ期の税金として加算される。

　このことは，Ⅰ期において将来支払うべき「未払い」のものとされていた一時差異に対する税金40は，Ⅱ期において精算されたことを意味する。この一時差異に対する税金は，Ⅰ期が負担すべき法人税等としてすでにⅠ期において計上されているから，Ⅱ期ではその税金は，逆に，Ⅱ期において負担すべきものではないとして，支払うべき法人税等からマイナスされることになる。このことを式で表すと，次のようになる。

特　殊　論　点

> （課税所得に基づく）法人税等440－法人税等調整額（一時差異に対する税金）40
> ＝対応する法人税等400

　この内容を図にしてみると，次のようになる。この図では，損益計算書における法人税等調整額も示されている。

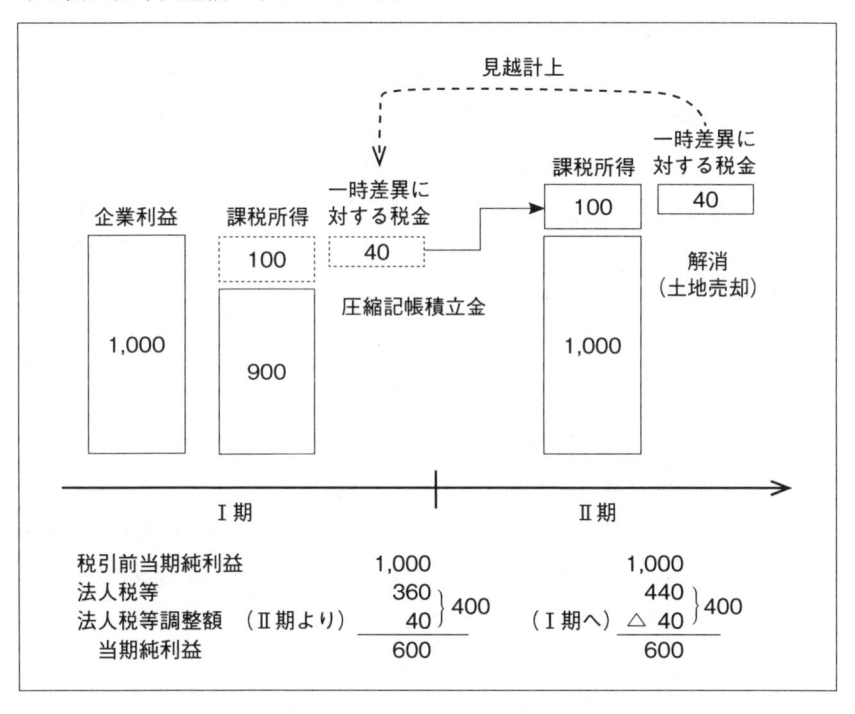

```
                                見越計上
                        ┌ ─ ─ ─ ─ ─ ─ ─ ─ ┐
                        ↓                 │
                                      一時差異に
                            一時差異に   課税所得  対する税金
                            対する税金    100      40
  企業利益   課税所得       40
              100                                 解消
                                                 （土地売却）
   1,000                      圧縮記帳積立金
              900                      1,000

  ─────────────┼──────────────→
        Ⅰ期                    Ⅱ期

  税引前当期純利益      1,000            1,000
  法人税等               360 ⎫           440 ⎫
  法人税等調整額（Ⅱ期より） 40 ⎬ 400 （Ⅰ期へ）△40 ⎬ 400
  当期純利益             600             600
```

　これは**損益計算書の側**から処理したものである。つまり，費用の側から説明したものである。次に，**貸借対照表の側**から考えてみよう。具体的には**負債の側**から見ることになる。なぜなら，Ⅱ期で支払うことになる一時差異に関する税金は，Ⅰ期において「未払い」になっていると考えて，法人税等調整額という項目を使ってⅠ期の法人税等に加算しているからである。

　仮説例における一時差異に関する税金40は，Ⅰ期が負担すべき税金としてⅠ

473

第 5 章

期の課税所得に基づく法人税等360に加算された。損益計算書において，法人税等調整額として法人税等に40を加算して表示することによって，そのことが示された。

　この法人税等調整額として計上された額は，貸借対照表においては未払費用として表示されることになる。この場合，その未払費用は「**繰延税金負債**」という項目によって示される。仕訳の形で示してみると，次のようになる。

　　　　　　（借）法人税等調整額　40　　　（貸）繰延税金負債　40

　Ⅰ期において生じた一時差異に関する税金40はⅡ期において解消されるので，その解消は次のような式で表された。

　（課税所得に基づく）法人税等440－法人税等調整額（一時差異に対する税金）40
　＝対応する法人税等400

　この式は次のようなことを意味していた。つまり，一時差異に対する税金は，Ⅰ期が負担すべき法人税等としてすでにⅠ期において計上されるので，Ⅱ期ではその税金は，逆に，Ⅱ期において負担すべきものではないとして，支払うべき法人税等からマイナスされるということである。Ⅰ期において未払分として計上された繰延税金負債が，Ⅱ期で精算されたということである。このことを仕訳の形で示すならば，次のようになる。

　　　　　　（借）繰延税金負債　40　　　（貸）法人税等調整額　40

　先に使った図に繰延税金負債に関する仕訳と貸借対照表上の表示を付け加えると，次のようになる。

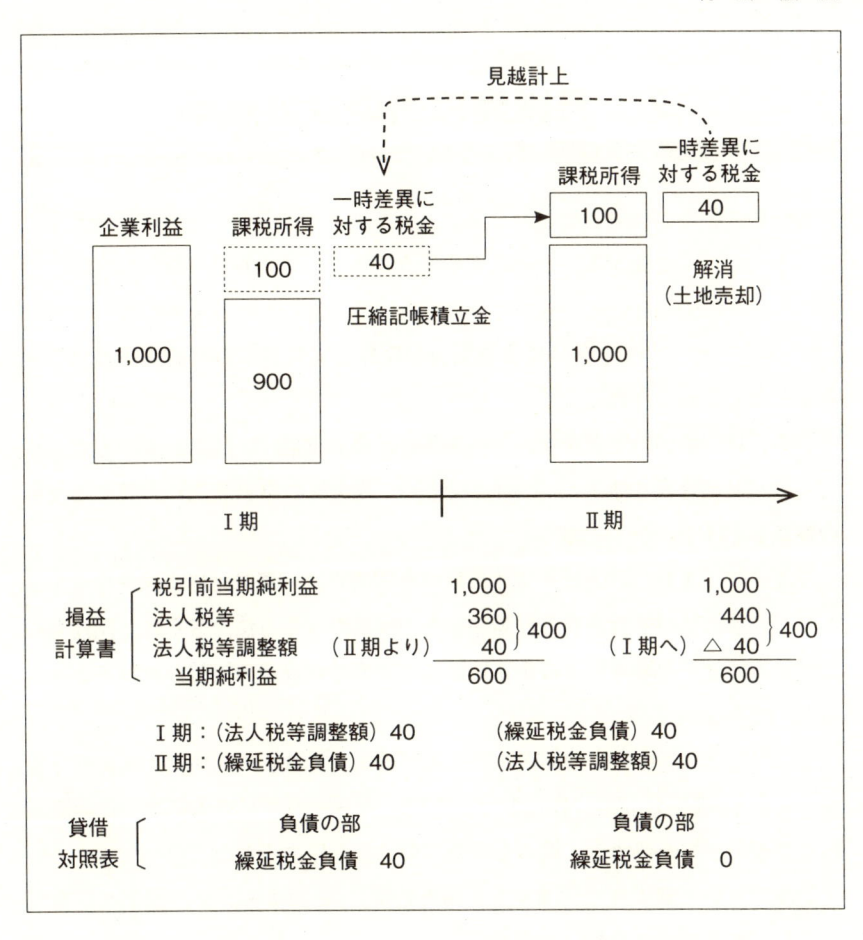

特 殊 論 点

```
                                          見越計上
                                    ┌─ ─ ─ ─ ─ ─ ─ ─ ┐
                                    ↓                 │    一時差異に
                                                   課税所得  対する税金
                         一時差異に                   ┌──┐   ┌──┐
              課税所得    対する税金                   │100│   │ 40│
  企業利益     ┌──┐    ┌──┐   ──────→        └──┘   └──┘
              │100│    │ 40│                                    解消
  ┌──┐    └──┘    └──┘                              （土地売却）
  │    │     圧縮記帳積立金
  │    │    ┌──┐                         ┌──┐
  │1,000│   │    │                         │     │
  │    │   │ 900│                         │1,000│
  │    │   │    │                         │     │
  └──┘   └──┘                         └──┘
  ─────────────────┼─────────────────→
         Ⅰ 期                       Ⅱ 期
```

		Ⅰ期		Ⅱ期	
損益 計算書	税引前当期純利益 法人税等 法人税等調整額 当期純利益	1,000 360 (Ⅱ期より) 40 600	}400	1,000 440 (Ⅰ期へ) △ 40 600	}400

Ⅰ期：（法人税等調整額）40　　（繰延税金負債）40
Ⅱ期：（繰延税金負債）40　　　（法人税等調整額）40

貸借　　　　　　負債の部　　　　　　　　負債の部
対照表　　　繰延税金負債　40　　　　繰延税金負債　0

第 5 章

7　外貨建取引の会計基準

　わが国の企業が海外活動を行う場合，会計上，少なくとも3つの問題が生じる。1つ目は，企業が海外との取引を行うときに，その決済（代金の支払い，または，代金の受け取り）を，円で行わずに，外貨（米ドル，イギリスのポンド，EUのユーロなど）で行う場合，**外貨建取引の換算と外貨表示の財務諸表項目の換算をどうするか**，である。

　2番目は，海外に支店を持っている場合，海外支店（在外支店という）が作成している財務諸表（外貨で表示されている）を**親会社の財務諸表に合算するための換算をどうするか**，である。

　3番目は，海外に子会社や関連会社がある場合に，連結財務諸表を作成するとして，**子会社の外貨表示の財務諸表を円に換算する方法**，さらに，**関連会社に対する持分法の適用による損益連結における外貨表示の損益の換算**をどうするか，である。

　ここでは，以上の3つの問題を取り上げるが，これらの問題は，主題が「換算」であり，「測定」や「評価」ではない。あるものさしで測定または評価された結果としての数値を，他のものさしの目盛りにするといくらになるかという問題である。日本円で「測定」すると100億円となるものを，米ドルで表現すると1億ドルになるという話である。

　ところが，外貨換算の話は，それで終わらない。換算とはいいながら，換算に付随して「測定」「評価」が顔をだしてくるのである。

1　為替相場（為替レート）の登場

　わが国の企業が海外の企業と取引をするときに，日本円で支払う（または，受け取る）条件で契約するときもあれば，受け払いを外貨でする条件で契約す

るときもある。後者は，自社の製品を海外にある企業に販売する契約を結び，代金を米ドルで払ってもらう約束をしたようなケースである。逆に，外国の企業から製品を輸入する場合に，代金をイギリスのポンドとかＥＵのユーロで支払う約束をすることもある。

　日本円で支払うとか受け取る契約の場合は，契約時の円貨額で記帳すれば，その後において帳簿価額が変動することはない。また，外貨による受け払いを条件とした場合でも，契約と同時に代金の受け払いが行われるのであれば，問題はそれほど大きくはない。輸出品の代価をドルで受け取ったケースでいうと，そのドルを即時に売却すれば売上を円で「測定」できる。また，輸入品の代価をドルで支払うケースでは，支払いのために購入したドルの取得原価が，輸入品の仕入原価になる。

　ところが，外貨での受け払いを条件として契約する場合で，契約が成立してから代金の決済までに時の経過がある場合には，(1)**契約時**，(2)**期末**，(3)**決済時**，という３つの時点での「換算」が問題となる。契約時の外国為替相場（為替レート）と，期末，決済時の為替相場が変わるからである。

　ここで，**為替相場**とは，**為替レート**ともいい，**２つの通貨**（例えば，円と米ドル）の**交換比率**をいう。

2　外貨建取引の会計基準

　外貨建ての取引や外貨表示の財務諸表の換算に関しては，企業会計審議会から「**外貨建取引等会計処理基準**」（以下，外貨換算基準），「同・注解」（以下，注解），日本公認会計士協会から「**外貨建取引等の会計処理に関する実務指針**」（以下，実務指針）が発表されている。

　そこでは，主として，次の３種類の取引等を取り扱っている。

第 5 章

> **(1) 外貨建取引と外貨表示財務諸表の換算**
>
> 　企業が海外との取引を行うときに，その決済（代金の支払，または，代金の受け取り）を，円で行わずに，外貨（米ドル，イギリスのポンド，EUのユーロなど）で行う場合，外貨建取引の換算と外貨表示の財務諸表項目の換算をどうするか。
>
> **(2) 在外支店財務諸表の換算**
>
> 　海外に支店を持っている場合，海外支店（在外支店という）が作成している財務諸表（外貨で表示されている）を親会社の財務諸表に合算するための換算をどうするか。
>
> **(3) 在外子会社財務諸表の換算**
>
> 　海外に子会社や関連会社がある場合に，連結財務諸表を作成するとして，子会社の外貨表示の財務諸表を円貨に換算する方法，さらに，関連会社に対する持分法の適用による損益連結における外貨表示の損益の換算をどうするか。

　以下においては，この3つの種類の取引等について，どのように外貨の項目を円貨の額に換算するかを説明する。本論に入る前に，ここでの「換算」は，会計上の「測定」や「評価」とどういう違いがあるかを明らかにしておく。

◇「換算」と「測定」「評価」はどう違うか

　いま，アメリカの企業に製品を販売することになったとしよう。契約において，代金1万ドルは，3ヵ月後に米ドルで受け取ることにした。この取引を記帳する場合，

（借方）売　掛　金　1万ドル	（貸方）売　　　上　1万ドル

とすると，日本円で記帳されているデータと合算することができない。こうした場合には，契約時の1ドルが100円と等価であれば，ドルで契約した取引を

1ドル＝100円として換算して記録すればよい。

| （借方）売　掛　金　100万円 | （貸方）売　　　　上　　100万円 |

　換算とは，上に述べたように，あるものさしで測定または評価された結果としての数値（ここでは，売上高1万ドル）を，他のものさし（日本円）の目盛りにするといくらになるかをいう。米ドルで測定すると1万ドルとすると，日本円で言い換えると100万円になるという話である。

◇「換算」から「評価」「測定」へ

　換算は，同じ測定の対象を，ものさしを替えて測定することである。いま，メートルで測定した長さを，英米で使われているヤードで測定するといくらになるか，ということである。

　珍しい話ではない。日本のゴルフ・コースは，ほとんどすべて，コースの全長やホールまでの距離をメートルではなく「ヤード」で表示している。

　メートルは，今は，光が真空中で伝わる行路の長さという生活ばなれしたものさしを使っているが，ヤードは，大人が歩くときの歩幅（約91センチ）であるから，ゴルフ・プレイヤーにとっては，「ホールまで何ヤード」といった情報のほうが役に立つ。

　以上の話は，換算の比率が変わらない場合の話である。いつの時代にも，1メートルは，「光が真空中で1秒の2億9,979万2,458分の1に伝わる行路の長さ」であり，イギリスやアメリカで使われている「1ヤード」は，91.44センチである。

　ところが，企業間取引で使われる外貨は，時の経過とともに，為替相場の変動によって，換算の比率も変化する。取引を契約したときは，1ドル＝100円であったのが，期末には1ドル＝90円になったとか，支払いをするときには1ドル＝110円になっていたということもある。

　企業会計において外貨の換算が問題となるのは，このように，**(1)外貨建てで契約した取引を記録するとき**，**(2)外貨建ての取引が期末までに決済されず，決**

第 5 章

算を迎えたとき，(3)在外事業体（在外支店，在外子会社）の財務諸表を連結するとき，である。そのうち，一番重要なのは，(2)である。

(1)の場合は，契約時（取引時）の為替相場（レート）で換算する。これの詳細は後述する。(2)については，決算において，①取引日のレートのまま据え置く方法と，②決算日のレートで換算する方法がある。(3)については，在外事業体の貸借対照表項目を円に換算する方法として，①流動・非流動法，②貨幣・非貨幣法，③テンポラル法，④決算日レート法，⑤カレント・レート法などがある。以下，これらの換算方法について説明する。

◆流動・非流動法

これは，外貨建ての項目，在外支店・在外子会社の外貨表示財務諸表を日本円に換算する場合，**流動資産・負債については決算日の為替相場で換算し，非流動資産・負債については取引日の為替相場で換算**する方法である。

◆貨幣・非貨幣法

これは，外貨建の項目，在外支店・在外子会社の外貨表示財務諸表を日本円に換算する場合，**貨幣性資産・負債については決算日の為替相場で換算し，非貨幣性資産・負債については取引日の為替相場で換算**する方法である。

◆テンポラル法

これは，換算する項目の属性に従って換算する相場（レート）を選択するもので，**過去の取引価格で記録されているものは過去の為替相場で換算し，現在の価格で評価される項目は決算時の為替相場で換算**する方法である。例えば，取得原価で記録されている固定資産とその減価償却費は，その固定資産を取得したときの為替相場で換算し，時価で評価されている有価証券は決算日の為替相場で換算する。

◆**決算日レート法**

在外子会社等の財務諸表項目を，一律に，**決算日の為替相場で換算**する方法である。

◆**カレント・レート法**

決算日レート法の変形として考案されたもので，**資産・負債は一律に決算日の為替相場で換算**し，**資本を当初計上時の為替相場**で，**損益項目を期中平均為替相場で換算**する方法である。

3 外貨換算における為替相場の選択

外貨で測定された項目を円に換算するとき，為替相場（為替レート）を使う。ところが，為替相場には，**外貨建ての取引が行われた時点の相場**もあれば，**決済する時点の相場**もあり，**期末における為替相場**もある。以下に述べるように，**期中の平均相場**を使うこともある。

外貨で測定された項目を，どの時点の為替相場により換算を行うかについては，上述したように，流動・非流動法，貨幣・非貨幣法，決算日レート法，テンポラル法などがある。

わが国では，従来，**貨幣・非貨幣法に流動・非流動法を加味した考え方**を採用してきた。そこでは，貨幣項目の換算については，為替相場の変動が企業会計に与えている暫定的な影響（為替差額）も認識する考え方を原則としつつ，長期の金銭債権債務については，その為替相場の変動の確定的な影響（為替決済損益）が短期的には発生しないことを考慮し，為替換算による暫定的な為替相場の影響を認識しない，というものであった（外貨換算意見書，二，1）。

具体的にいうと，決算時において，短期の外貨建金銭債権債務は決算時の為替相場により，長期のものは取得時または発生時の為替相場により円換算するというものであった。

第 5 章

改訂された**外貨建取引等会計処理基準**では，金融商品会計基準の考え方と整合性を取るために，**為替相場の変動を財務諸表に反映させることをいっそう重視する考えを採用している。**そこでは，

> (1) **外貨建金銭債権債務**については，円価額では為替相場の変動リスクを負っていることを重視し，流動・非流動法による区分は行わず，原則として，**決算時の為替相場により換算**する。
>
> (2) **満期保有目的の債券**については，**決算時の為替相場により換算**し，その**換算差額を当期の損益として処理**する。これは，金銭債権との類似性を考慮したものである。
>
> (3) 外貨建有価証券のうち，時価評価の対象となる**売買目的有価証券やその他有価証券の換算**には，**決算時の為替相場**を用いる。これは，売買目的有価証券等を時価評価するための換算であることから，期末のレートを使うのである。

4 外貨建取引が発生したときの会計処理

外貨で代金を支払うことを条件（例えば，半年後に1万ドルを支払う）にして海外から商品・原料などを輸入するような場合，あるいは，外貨で代金を受け取る条件（例えば，半年後に1万ドルを受け取る）で海外に商品・製品を輸出するような場合を**外貨建取引**という。

外貨建取引は，原則として，取引が発生した時点の為替相場（例えば，1ドル＝110円）によって円に換算した金額（円換算額）をもって記録する。

「取引発生時の為替相場」といっても，必ずしも，取引が発生した日の為替相場に限定されない。合理的な基礎に基づいて算定された平均相場，例えば，取引が行われた月（または週）の前月（前週）の直物為替相場の平均のように，決算日近くの一定期間の為替相場に基づいて算出されたものも「取引発生時の為替相場」である。

特殊論点

なお，取引が発生した日の直近の一定の日における直物為替相場によることもできる。例えば，取引が行われた月（または週）の前の月（週）の末日，または，当月（当週）の初日の直物為替相場などがある。

5 外貨建金銭債権・債務と為替予約等（ヘッジ会計）

外貨建ての金銭債権・債務に**為替予約**を付すことがある。ここで為替予約とは，将来の特定の日に，特定の通貨の外国為替を一定の条件で売買することを約定することをいう。例えば，海外からドル建てで商品を輸入するようなときに，取引後の為替相場の変動による損失（1ドルが，100円から110円になる場合は，1ドルにつき10円の損失が生まれる）をカバーするために，先物取引で保険をかけることが行われる（これを**ヘッジ**という）。

ヘッジ目的の先物取引には，**為替予約**の他，**通貨先物**，**通貨スワップ**，**通貨オプション**などがある。外貨換算会計基準では，これらを合わせて「**為替予約等**」と呼んでいる。

6 金融商品会計基準におけるヘッジ会計

金融商品会計基準では，キャッシュ・フローを固定させて満期までの成果を確定する「**キャッシュ・フロー・ヘッジ**」の概念のもとで，時価評価にかかる損益を繰り延べてその成果を期間配分する「**繰延ヘッジ**」の会計処理が認められている。

外貨換算会計基準では，**原則的な換算方法**の他に，**為替予約等**（**通貨先物，通貨オプション，通貨スワップを含む**）によって，円貨でのキャッシュ・フローが固定されているときには，その円貨額で金銭債権債務を換算し，**直物為替相場**（現物為替相場）との差額を期間配分する方法（これを，**振当処理**という）を適用できることとしている。これは，キャッシュ・フロー・ヘッジと共通する考え方に基づくものである。

483

第　5　章

　このヘッジ会計処理は，外貨建取引の発生時における換算（原則は，取引発生時の為替相場による換算）と，決算時における外貨，外貨建金銭債権債務，外貨建金融商品の換算（原則は，決算時の為替相場）に適用することができる。
　なお，外貨建取引にヘッジ会計を適用するには，金融商品会計基準に定める，次のような要件をすべて満たしていなければならない。

---
(1) ヘッジ取引が企業のリスク管理方針に従ったものであることが確認できること
(2) ヘッジ手段の効果が定期的に確認されていること

◆ヘッジ会計の原則的処理方法

　金融商品会計基準では，時価評価されているヘッジ手段に係る損益または評価差額を，ヘッジ対象に係る損益が認識されるまで純資産の部において繰り延べる方法を原則としている。

◆振　当　処　理

　外貨換算会計基準では，金融商品会計基準が指示するヘッジ会計の方法の他に，為替予約等により確定する決済時における円貨額によって外貨建取引等を換算し，直物（現物）為替相場との差額を期間配分する方法，つまり，「振当処理」によることもできるとしている。
　外貨建金銭債権債務に為替予約等を付している場合，当該金銭債権債務を取得（または発生）したときの為替相場によって円換算した額と，為替予約等による円貨額との差額は，次のように処理する。

・予約等の締結時までに生じた為替相場の変動による額――予約日の属する期の損益
・残額――予約日の属する期から決済日の属する期にわたって配分。各期の損益
・次期以降に配分される額――資産の部または負債の部に記載
---

7 期末における外貨建取引の会計処理

◆換算の方法

　外国通貨，外貨建金銭債権債務，外貨建有価証券，外貨建デリバティブ取引等の金融商品については，原則として，次のような処理を行う。

> (1) **外国通貨**——決算時の為替相場による円換算額を付す。
> (2) **外貨建金銭債権債務**——外貨預金を含む。決算時の為替相場による円換算額を付す。
> (3) **外貨建有価証券**
>   ① 満期保有目的の外貨建債券——決算時の為替相場による円換算額を付す。
>   ② 売買目的有価証券とその他有価証券——外国通貨による時価を決算時の為替相場により円換算した額を付す。
>   ③ 子会社株式と関連会社株式——取得時の為替相場による円換算額を付す。
>   ④ 外貨建有価証券について時価（または実質価額）が著しく下落した場合——外国通貨による時価（または実質価額）を決済時の為替相場により円換算する。
> (4) **デリバティブ取引等**——上記(1)-(3)に掲げたもの以外の外貨建ての金融商品を時価評価するには，外国通貨による時価を決算時の為替相場により円換算する。
>   　強制評価損の計上

　上の，(3)の④では，「外貨建有価証券の時価または実質価額が著しく下落」した場合に評価減を計上することを求めている。外貨建有価証券全部が対象であるから，子会社株式も関連会社株式も「時価または実質価額が著しく下落」した場合は，③の扱い（取得時の為替相場）ではなく，④の扱いとなる。

第 5 章

ここで,「実質価額」とは何か。また,「著しく下落」とはどの程度の下落なのかが問題となる。

◇実 質 価 額

「実質価額」とは,「実価」ともいい,純資産を発行株式数で除して求める。**1株当たりの純資産額**をいう。有価証券のうち時価がないものは,価値の下落を,この実質価額で判定する。有価証券を発行した会社の財政状態が悪化すると,純資産額が減少し,実質価額が下落する。

◇「著しい下落」

「著しい下落」とは,時価のある有価証券の場合は,時価が取得原価を50%超下落した場合,時価のない有価証券の場合は,実質価額が取得原価を50%超下落した場合をいう。

8 在外支店の財務諸表項目の換算

◇本店と同じ処理が原則

在外支店における外貨建取引は,原則として,本店と同様に処理する。すなわち,本店が,外貨建取引発生時の処理として取引発生時の為替相場によって円に換算していればそれにならい,決算時の処理として,外貨建金銭債権債務については決算時の為替相場により換算することにしていれば,在外支店のものも同じ処理をする。

◇簡 便 法

ただし,外貨で表示されている在外支店の財務諸表を基に本支店合併財務諸表を作成する場合には,原則としては,上に書いたような「外貨建取引」の処理を使うが,次の方法によることもできる(外貨換算会計基準,二)。

特　殊　論　点

(1) **収益・費用の換算**——期中平均相場による換算
(2) **外貨表示財務諸表項目の換算**——（非貨幣性項目の額に重要性がない場合）すべての貸借対照表項目を決算時の為替相場による円換算額を付す（この場合は，収益・費用も決算時の為替相場を使うことが認められる）（外貨換算会計基準，二）。

9 在外子会社等の財務諸表の換算

　在外子会社等とは，海外（外国）にある子会社または関連会社である。これらの会社が作成する財務諸表は，通常，その国の通貨（外貨）で作成される。連結財務諸表を作成するにあたり，こうした外貨で表示されている項目を円に換算するには，次のような方法による。

(1) **資産・負債**——決算時の為替相場により円換算する。
(2) **資本**——親会社が子会社の株式を取得したときとその後にわけて，株式を取得したときにおける資本に属する項目は株式取得時の為替相場による円換算額，株式の取得後に生じた資本に属する項目の換算は，その項目が発生したときの為替相場による。
(3) **収益・費用**——収益と費用は，原則として，期中平均相場による。ただし，決算日の為替相場によることもできる。

◆**為替換算調整勘定**

　この科目は，**子会社等を連結**するときに使うものである。在外子会社等の財務諸表項目のうち，資産と負債を決算時の為替相場で換算し，他方，資本を株式取得時または項目発生時の為替相場で換算すると，借方と貸方に差額が生じる。この**為替差額**は，為替換算調整勘定として，貸借対照表の純資産の部に記載する。

さくいん

(この「さくいん」は，探している項目の説明などが書かれている最初の頁を示しています。)

〔あ行〕

圧縮記帳	265, 468
後入先出法	128
委託販売	309
一時差異	462
著しい下落	486
1年基準	100
一致の原則	281
売上原価	339
売上総利益	339
売上割戻引当金	222
営業外損益	341
営業循環（基準）	99
営業損益	339
益金	460

〔か行〕

外貨建取引	476
開業費	175
会計基準・会計原則	60
会計公準	26, 60
会計責任	11
会社分割	256
会社法会計	32, 56
確定決算主義	54
貸倒引当金	213
課税所得	459
割賦販売	314
株式交換剰余金	254
株式交付費	167
株式分割	277
株主資本等変動計算書	393
貨幣・非貨幣法	480
貨幣性資産	102
貨幣的測定の公準	28
為替換算調整勘定	487
間接開示	40
管理会計	8, 13
関連会社株式	116
期間損益計算	1, 281
企業会計原則	63, 246
企業結合会計	252
企業実体の公準	26
キャッシュ・フロー計算書	378, 431
級数法	139
金銭債権	104
金融商品取引法会計	41, 56
金融負債	190
偶発損失	201
口別損益計算	282
繰延資産	160
継続開示	50
継続企業の公準	27
継続記録法	122
継続性の原則	80
決算日レート法	481
減価償却	136
原価配分の原則	→費用配分の原則
研究開発費等	180
現金主義	293, 348
検収基準	308
減損会計	147
現物出資	131

現物出資説………………	252
減耗償却…………………	142
交換………………………	131
公告………………………	41
工事完成基準……………	323
工事進行基準……………	325
工事負担金………………	248
公認会計士監査…………	64
子会社株式………………	116
国庫補助金………………	248
固定資産…………………	96, 129
個別償却…………………	146

〔さ行〕

サービス・ポテンシャル説………	92
債権者……………………	34
財産計算機能……………	2
財産法……………………	283
財務会計…………………	8
債務保証損失引当金……	224
債務免除益………………	248
資金の循環………………	98
自己株式…………………	117
自己株式処分差益………	260
自己資本…………………	117, 234
資産・負債アプローチ……	87
資産の分類………………	95, 101
実現主義…………………	299
実質価額（実価）………	486
私的自治…………………	6
四半期財務諸表…………	390
資本金……………………	238
資本準備金………………	243
資本準備金減少差益……	260
資本剰余金………………	251, 263
資本的支出………………	133

資本取引・損益取引区別の原則……	74
資本の本質………………	88
社債………………………	193
社債発行差金……………	170
社債発行費等……………	169
収益・費用アプローチ……	87
収益的支出………………	133
収益の見越し・繰延べ……	330
収益力……………………	5
修繕引当金………………	227
重要性の原則……………	73
授権資本制度……………	237
受贈資本…………………	248, 262
受託責任…………………	11
出荷基準…………………	308
取得………………………	252
取得原価主義会計………	93
純資産（の部）…………	250
償却原価法………………	109
償却性資産………………	84
上場会社…………………	50
試用販売…………………	311
剰余金……………………	272
賞与引当金………………	216
人格合一説………………	254
新株予約権付社債………	194
真実性の原則……………	67
スチュワードシップ……	11
ストック・オプションの会計………	405
正規の簿記の原則………	70
税効果会計………………	457
生産主義…………………	303
生産高比例法……………	140
静態論……………………	4, 91
製品保証引当金…………	220
税務会計…………………	53, 58

セグメント情報	416
全体損益計算	280
総額主義	77
総合償却	146
贈与	132
創立費	173
その他有価証券	114, 269
その他有価証券評価差額金	248, 269
損益計算書の構造	320
損益法	283
損害補償損失引当金	224
損金	460

〔た行〕

貸借対照表能力	93
貸借対照表の構造	362
退職給付会計	442
退職給付引当金	218
タイムリー・ディスクロージャー	45
棚卸計算法	122
棚卸資産	120
他人資本	235
単一性の原則	85
着荷基準	308
注記表	401
直接開示	39
定額法	139
低価法	127
定率法	139
店頭取引会社	50
テンポラル法	480
当期業績主義	372
投資意思決定機能	2
動態論	4, 91
特別修繕引当金	225
特別損益	343

特別法上の引当金	231
土地再評価差額金	248, 271
トライアングル体制	55
取替法	142

〔な行〕

内部利益	345
任意積立金	274
のれん	156

〔は行〕

廃棄法	143
発行開示	49
発生主義	295, 349
払込資本	236
販売基準	307
販売費及び一般管理費	341
非貨幣性資産	102
引当金	197
評価替資本	248, 268, 270
評価性引当金	204
費用収益対応の原則	297
費用の見越し・繰延べ	332
費用配分の原則	136
負債会計	188
負債性引当金	204
負ののれん	254
振当処理	484
フル・ディスクロージャー	45
ヘッジ会計	483
返品調整引当金	221
包括主義	375
法人税	458
法人税等	344
簿外資産・負債	72
保険差益	248, 268

保守主義の原則……………… 83

〔ま行〕

無形固定資産……………… 153, 159
明瞭性の原則……………………… 76
持分の結合……………………… 254

〔や行〕

有価証券…………………… 111, 114
有価証券届出書提出会社……… 50
有価証券報告書………………… 50
有形固定資産…………………… 129
予約販売………………………… 313

〔ら行〕

リース会計……………………… 427
利益準備金………………… 245, 273
利益剰余金………………… 264, 272
利益留保性引当金……………… 233
流動・非流動法………………… 480
流動資産………………………… 96
流動比率………………………… 98
連結財務諸表…………………… 385

〔わ行〕

ワン・イヤー・ルール………… 100

著者のプロフィール

田 中　　弘（たなか　ひろし）
　神奈川大学教授・博士（商学）（早稲田大学）
　早稲田大学商学部卒業後，同大学院博士課程修了。
　主な著書に『新財務諸表論』『不思議の国の会計学』『会計学の座標軸』など。
　「遊んだ分だけ仕事をする」がモットー。趣味は，スキー，テニス。

岡 村 勝 義（おかむら　かつよし）
　神奈川大学教授
　中央大学大学院博士課程の所定単位を取得して退学。
　主な著書に『基礎から学ぶ財務会計』『明解 簿記・会計テキスト』（共著）など。
　「いつも前向きに」がモットー。趣味は，ドライブ，クラシック鑑賞。

西 川　　登（にしかわ　のぼる）
　神奈川大学教授・博士（経済学）（京都大学）
　京都大学経済学部卒業後，一橋大学大学院博士課程単位取得退学。
　主な著書に『三井家勘定管見』『わが国上場企業の会計行動』（編著）など。
　「無理せず，楽せず」がモットー。趣味は，ギター演奏。

奥 山　　茂（おくやま　しげる）
　神奈川大学教授
　神奈川大学大学院博士課程修了。
　主な著書に『明解 簿記・会計テキスト』（共著）『連結財務諸表ハンドブック』
　（共訳）など。
　「一意専心」がモットー。趣味は，音楽・映画・古典芸能鑑賞，スポーツ観戦など。

戸 田 龍 介（とだ　りゅうすけ）
　神奈川大学教授
　九州大学大学院博士課程修了。
　主な著書に『明解 簿記・会計テキスト』（共著）など。
　「何でもやるなら前のめりに」がモットー。趣味は，旅行，映画鑑賞。

質問などがありましたら，下記へメールしてください（田中　弘）。
akanat@mpd.biglobe.ne.jp

担当箇所一覧

田 中　　弘
　総論1～3，第1章6～8（1～3），第2章1～4・7・10～13・17～19，
　第3章1・2，第4章1・3・7・8，第5章4・7

岡 村 勝 義
　第1章1～5，第2章6・20，第3章3・4，第4章5，第5章6

西 川　　登
　第5章1・2

奥 山　　茂
　総論4，第2章5・14・15，第3章5・6，第4章4

戸 田 龍 介
　第1章8（4～7），第2章8・9・16，第4章2・6，第5章3・5

著者との契約により検印省略

平成21年5月1日 初版第1刷発行

通説で学ぶ 財務諸表論

著者	田中　　弘
	岡村　勝義
	西川　　登
	奥山　　茂
	戸田　龍介

発行者	大坪　嘉春
製版所	株式会社東美
印刷所	税経印刷株式会社
製本所	株式会社三森製本所

発行所　東京都新宿区下落合2丁目5番13号　株式会社 税務経理協会

郵便番号　161-0033　振替00190-2-187408　電話(03)3953-3301(編集部)
FAX(03)3565-3391　(03)3953-3325(営業部)
URL http://www.zeikei.co.jp/
乱丁・落丁の場合はお取替えいたします。

© 田中・岡村・西川・奥山・戸田 2009　Printed in Japan

本書を無断で複写複製（コピー）することは、著作権法上の例外を除き、禁じられています。本書をコピーされる場合は、事前に日本複写権センター（JRRC）の許諾を受けてください。
JRRC〈http://www.jrrc.or.jp　eメール：info@jrrc.or.jp　電話：03-3401-2382〉

ISBN978-4-419-05216-4　C1063